修訂六版

國貿業務丙級檢定
學術科試題解析

康蕙芬 編著

三民書局

國家圖書館出版品預行編目資料

國貿業務丙級檢定學術科試題解析／康蕙芬編著.
－－修訂六版一刷.－－臺北市：三民，2019
　面；　公分

ISBN 978–957–14–6569–2　（平裝）
1.國際貿易實務

558.7　　　　　　　　　　　　　　　107023915

© 國貿業務丙級檢定學術科試題解析

編 著 者	康蕙芬
發 行 人	劉振強
著作財產權人	三民書局股份有限公司
發 行 所	三民書局股份有限公司
	地址　臺北市復興北路386號
	電話　(02)25006600
	郵撥帳號　0009998–5
門 市 部	(復北店)臺北市復興北路386號
	(重南店)臺北市重慶南路一段61號
出版日期	初版一刷　2008年6月
	修訂六版一刷　2019年2月
編　　號	S 552330

行政院新聞局登記證局版臺業字第○二○○號

有著作權，不准侵害

ISBN　978–957–14–6569–2　（平裝）

http://www.sanmin.com.tw　三民網路書店

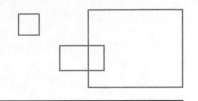

編輯大意

　　本書係依據勞動部公告之「國貿業務丙級技術士技能檢定」學科題庫與術科範例題目撰寫：

一、學科部分

- 考試方式：自勞動部所公告的 800 題選擇題題庫中選取 80 題，每題 1.25 分，答錯不倒扣，總分 60 分（含）以上為及格。

- 本書將學科題庫 800 題選擇題，依據貿易流程的先後順序作有系統的分類整理，共十一章。每章先作重點整理、分析，再就較難理解的題目進行解析，使讀者得以融會貫通，輕鬆記憶學科題庫，節省準備考試的時間。

二、術科部分

- 考試方式：依勞動部公告之範例，共分為基礎貿易英文、貿易流程、出口價格核算、商業信用狀分析與貿易單據製作等五大部分，總分 60 分（含）以上為及格。

- 本書依據上述術科五大部分，以五個章節分別解說。首先提示重點與說明解題技巧，接著附上範例與解析，並有自我評量單元供讀者練習，最後還有歷屆試題與解析。讀者只要依照本書按部就班的研讀與練習，必能輕鬆考取。

三、請特別注意

- 技術士技能檢定將加考四個共用工作項目，在學科的 80 題當中，將從四個共用工作項目中各抽 4 題，合計 16 題、總分 20 分。此部分，請考生自行至「勞動部勞動力發展署技能檢定中心」網頁下載這四個部分的試題：90006 職業安全衛生、90007 工作倫理與職業道德、90008 環境保護及 90009 節能減碳。

國貿業務丙級檢定學術科試題解析

目 次

編輯大意

第二篇　術科重點整理及範例演練　157

第一篇

學科重點整理
及試題解析

第一章

商業道德、經貿常識

一 我國對外貿易發展

㈠貿易管理制度

「原則自由，例外管制」的負面表列制度。

㈡對外貿易概況

1. 第一大出口國：中國大陸（含香港）。

2. 第一大進口國：中國大陸（含香港）。

3. 第一大順差國：中國大陸（含香港）。

4. 第一大逆差國：日本。

二 貿易法規

㈠母 法

《貿易法》。

㈡子 法

重要的有：

1. 《貨品輸出管理辦法》

   原則自由，例外管制（負面表列）。

2. 《貨品輸入管理辦法》

   原則自由，例外管制（負面表列）。

3. 《出進口廠商登記辦法》

   無資本額限制，但須預查英文名稱。

三　經貿組織

㈠國際經貿組織

1. 世界貿易組織 (World Trade Organization, WTO)

⑴性質：1995 年成立，基本理念在創造自由、公平的國際貿易環境，是現今最重要的國際經貿組織。

⑵最高決策機構：部長會議。

⑶會員：共有一百多個會員。

　　★我國於 2002 年以「臺澎金馬關稅領域」名義入會。

⑷基本原則：

◆ 經由談判逐步開放市場。　　　◆ 無歧視之貿易：

◆ 建立市場開放之可預測性。　　・最惠國待遇原則。

◆ 促進公平競爭。　　　　　　　・國民待遇原則。

◆ 鼓勵發展與經濟轉型。

2. 亞太經濟合作會議 (Asia-Pacific Economic Cooperation, APEC)

1989 年成立，為亞太地區各經濟體高階代表之間非正式的諮商論壇。

3. 經濟合作暨發展組織 (Organization for Economic Cooperation and Development, OECD)

1961 年成立，其宗旨在促進會員國的經濟發展、提高效率、改進市場體系、擴大自由貿易。

　　★我國為 WTO 與 APEC 的會員。

㈡區域經貿整合

1. 歐洲聯盟 (European Union, EU)

⑴會員：目前（截至 2018 年 12 月為止）共有二十八個成員國。

⑵目標：整合經濟與貨幣。

2. 北美自由貿易協定 (North American Free Trade Agreement, NAFTA)

於 1994 年生效，是由北美地區三個國家，即加拿大、美國和墨西哥所簽署的區域性經貿協定。

3. 東南亞國協 (Association of Southeast Asian Nations, ASEAN)

簡稱「東協」，1967 年成立，係包括東南亞地區十個國家的區域性經貿組織，其宗旨在促進區域內國家的經濟貿易合作。此外，為積極發展經濟，並解決區域內的安全問題，東協亦向外尋求合作夥伴，希望建構新的區域經濟與安全合作機制，故「東協加一」（中國大陸）與「東協加三」（中國大陸、日本與南韓）的構想乃應運而生。

試題暨解析

（3）1. 貿易從業人員從事國貿業務開發時，下列作為何者錯誤？　①應主動推銷　②注意國際禮儀　③可製作誇大的產品型錄　④態度應誠懇實在。

（1）2. 出進口人應秉持下列何項原則，利用仲裁、調解或和解程序，積極處理貿易糾紛？　①誠信原則　②利潤至高原則　③迴避不理會原則　④堅持不妥協原則。

（3）3. 在國外參展向客戶介紹商品規格時，應該抱持著何種態度？　①視客戶與自己的關係而決定　②可以誇大商品品質　③不論對象是誰，均應詳細與其解說　④看客戶的採購數量多寡決定。

（2）4. 依照我國貿易法規定，未依誠實及信用方法履行交易契約之出進口人，經濟部國際貿易局得處以新臺幣多少罰鍰？　①一萬元以上，十萬元以下　②三萬元以上，三十萬元以下　③五萬元以上，五十萬元以下　④十萬元以上，一百萬元以下。

（4）5. 下列何者非我國貿易法第 17 條規定，出進口人執業禁止之行為？　①侵害我國或他國依法保護之智慧財產權　②未依規定標示來源產地或標示不實　③未依規定申報商標或申報不實　④未依規定支付進口銷售代理商高額佣金。

（2）6. 下列何者非我國貿易法之規定，出進口人會損害我國商譽或產生貿易障礙之執業禁止行為？　①未依誠實及信用方法履行交易契約　②未依規定委託報關行辦理報關手續　③以不正當方法擾亂貿易秩序　④使用不實之輸出入許可證或相關貿易許可、證明文件。

解析　貨主可委託報關行辦理報關，也可自行報關。

（4） 7.出進口人有違反我國貿易法第 17 條規定執業禁止之行為時，經濟部國際貿易局得予以：a.警告；b.處新臺幣三萬元以上，三十萬元以下罰鍰；c.停止其一個月以上，一年以下輸出入貨品；d.情節重大者得撤銷其出進口廠商登記，下列何者正確？ ① bcd ② acd ③ abc ④ abcd。

（1） 8.從事國際貿易時，一般而言買賣雙方相距遙遠，下列何者正確？ ①遵照買賣雙方契約規定或合意進行交易 ②取得貨款後，即使發生糾紛也可不予理會 ③刻意挑剔對方貨品並殺價以降低進口成本 ④開發信用狀時，語句故意模糊以利殺價甚至拒付。

（3） 9.為行銷商品到其他國家，貿易業者常至海外參展，有關參展行銷下列何者正確？ ①會展現場新產品眾多，公司可以不必進行研發新產品，只要仿冒即可低價快速推出新產品 ②公然展示未參展公司之仿冒品 ③尊重智慧財產權，以正常方式取得品牌授權生產出口 ④複製其他公司設計之產品，以低價搶單賺取最大利潤。

（1） 10.貿易從業人員經手國外客戶資料時，下列何者正確？ ①應保守機密 ②販售給競爭同業 ③販售給名單業者 ④未經公司許可大肆宣傳。

（4） 11.代表公司招待國外客戶時，下列何者錯誤？ ①注意國際禮儀 ②尊重客戶文化背景 ③事先瞭解客戶有無飲食禁忌 ④強行要求客戶接受我國習俗。

（3） 12.代表公司與國外客戶洽談交易時，下列何者錯誤？ ①遵守誠信原則 ②努力爭取公司的最大利益 ③誇大不實說明公司產品優點 ④注意傾聽，瞭解客戶需求。

（1） 13.貿易從業人員離職後對於前公司之營業秘密之處理方式，下列何者正確？ ①仍應保守機密 ②販售機密給競爭同業 ③透露給媒體獲取利益 ④可善加利用以獲取利益。

（4） 14.貿易從業人員對於本國進出口簽審規定，下列何者錯誤？ ①應遵守相關規定從事貿易 ②隨時注意規定有無更新或修改 ③對於規定不清楚時可請教主管機關或專家 ④對於規定不清楚時可以不遵守。

（4） 15.我國目前最大的貿易逆差對手國主要位在 ①西歐 ②北美 ③東南亞 ④東北亞。

解析　日本（位於東北亞）為我國第一大進口國及第一大貿易逆差國。

（ 1 ） 16.世界貿易組織 (WTO) 的最高決策機構為　①部長會議　②總理事會　③爭端解決機構　④貿易政策檢討機構。

（ 2 ） 17.我國自哪一年起正式加入世界貿易組織 (WTO) 成為會員國？　① 2001 年　② 2002 年　③ 2003 年　④ 2004 年。

（ 3 ） 18.我國各項對外貿易法規之母法為　①輸出管理辦法　②輸入管理辦法　③貿易法　④出進口廠商管理辦法。

（ 3 ） 19.下列何者非金磚四國 (BRICs) 之一？　①中國　②印度　③印尼　④俄羅斯。

解析　BRICs：Brazil（巴西）、Russia（俄羅斯）、India（印度）、China（中國）。

（ 3 ） 20.以保護瀕臨絕種野生動植物為目的之國際條約或協定書為　①蒙特婁議定書　②京都議定書　③華盛頓公約　④里約宣言。

（ 2 ） 21.我國加入 WTO 係以下列哪一名義申請加入？　①臺灣　②臺澎金馬關稅領域　③臺灣關稅領域　④中華民國。

（ 2 ） 22.每年 G8 高峰會由成員國輪流接任主辦，與會國會在政治、經濟、軍事等各方面交流意見，何謂 G8？　①世界八大貿易國組織　②世界八大工業國組織　③世界八大農業國組織　④世界八大已開發國家組織。

解析　G8 (Group 8)：八大工業國組織，成員有英國、法國、德國、義大利、美國、加拿大、日本、俄羅斯。

（ 1 ） 23.我國目前已加入下列哪些「國際經濟組織」？ a. WTO； b. APEC；　c. ASEAN； d. EU　① ab　② bc　③ ac　④ bd。

（ 1 ） 24.下列哪一項規定違反 WTO 國民待遇原則？　①政府規定來自外國的童裝必須檢驗是否含有螢光物質，國產童裝則毋須檢驗　②政府規定來自中國的進口貨品必須航經第三國港口，其他國家的進口產品則可以直航　③政府規定來自外國的汽車與國產汽車均須通過相同的檢驗標準　④政府規定來自狂牛疫區的牛肉不准進口。

解析　國民待遇原則 (National Treatment)：貨品進入本國市場後，在內地稅及其他貿易措施上，即享有與同類國產品相同的待遇。①違反國民待遇原則；②、④與國民待遇原則無關；③符合國民待遇原則。

（2）25.會員國間無關稅，對外採取一致性關稅，勞力及資本可以自由移動，請
問這是哪一類經濟組織？ ①關稅同盟 ②共同市場 ③經濟聯盟
④自由貿易區。

解析 區域經濟整合旨在消除各國之貿易障礙，依其整合程度之差異，可區分為：

指　　標 型 態	消除區域內貿易數量限額與關稅等貿易障礙	採用共同的對外關稅及貿易政策	區域內人員、貨物、勞務、資金等均自由流通	區域內經濟貨幣政策調和，並發展超國家機制
自由貿易區	＊			
關稅同盟	＊	＊		
共同市場	＊	＊	＊	
經濟同盟	＊	＊	＊	＊

註 依照題意，③經濟聯盟亦應為正確答案。但作答時請依官方公布之標準答案。

第二章

貿易概論、進出口流程

一　國際貿易的型態

㈠依交易進行方式區分

1. 直接貿易 (Direct Trade)

　　由輸出入兩國的業者直接完成交易，無第三國業者介入的貿易。

2. 間接貿易 (Indirect Trade)

　　兩國間的貨物輸出入透過第三國商人之手而完成的貿易方式。常見的有：

⑴轉口貿易 (Entrepôt Trade)：

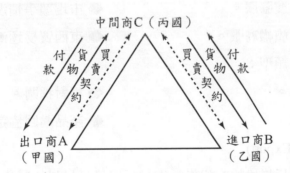

⑵媒介貿易 (Merchanting Trade) 或三角貿易 (Triangle Trade)：

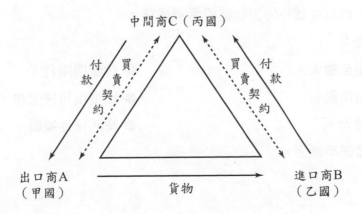

⑶轉換貿易 (Switch Trade)。

㈡依交易商品型態區分

1. 有形商品貿易 (Tangible Goods Trade)

交易商品為有形商品。

2. 無形商品貿易 (Intangible Goods Trade)

交易商品為無形商品。不辦理進出口報關，也不列入海關貿易統計。

㈢特殊貿易型態

1. 相對貿易 (Counter Trade)

⑴意　義：買賣雙方中之一方，以全部或部分之商品（或勞務）抵償他方所供應商品價款的交易行為。

⑵興起的原因：

◆ 外匯短缺。　　　　　　　　　◆ 平衡雙邊貿易逆差。

◆ 能源危機。　　　　　　　　　◆ 提升工業水準。

◆ 外債的急遽膨脹。　　　　　　◆ 市場競爭情況激烈。

◆ 保護主義旗幟高張。　　　　　◆ 東西貿易逐漸擴展。

⑶相對貿易的類型：

◆ 易貨交易。　　　　　　　　　◆ 相對採購。

◆ 補償交易。　　　　　　　　　◆ 產品購回協定。

2. 整廠輸出 (Plant Export)

⑴意　義：包括構成整廠設備的機械、器具及材料的製作、買賣、與發揮整廠設備整體機能所需 Know-How 及技術人員勞務在內的一切有形或無形的事物、人員的輸出，以及在國外的工程建設承攬業務。

⑵特　性：

◆ 交易金額大。　　　　　　　　◆ 付款期限長。

◆ 交易期間長。　　　　　　　　◆ 須提供售後服務。

◆ 風險大。　　　　　　　　　　◆ 契約條件複雜。

◆ 國際競爭激烈。

3. OEM、ODM、OBM 貿易

	OEM	ODM	OBM
原　文	Original Equipment Manufacturing	Original Design Manufacturing	Own Brand Marketing
中　文	原廠委託製造	原廠設計製造（原廠委託設計）	自創品牌行銷
意　義	委託廠商將設計好或確認過的圖樣、規格、零件、半成品或成品，委託另一廠商生產，然後將所生產的產品以委託廠商的品牌或商標，由委託廠商在市場上行銷，受託廠商僅負責生產，賺取加工費用	委託廠商也是委託受託廠商生產，但是受託廠商具產品的設計開發能力，將自行設計開發的產品掛上委託廠商的品牌或商標出貨，由委託廠商在市場上行銷。除加工費用外，受託廠商也可賺取設計產品的附加價值	受託廠商在累積技術、研發與行銷能力之後，建立自我品牌，於市場上以自我品牌行銷產品，創造更多的附加價值，增強競爭優勢
受託廠商在市場上的層次	低	中	高

二　國際貿易的風險

(1)信用風險 (Credit Risk)

(2)匯兌風險 (Exchange Risk)

(3)價格風險 (Price Risk)

(4)政治風險 (Political Risk)

(5)運輸風險 (Transportation Risk)

(6)產品責任風險 (Product Liability Risk)

三　國際貿易主管機關

㈠貿易主管機關

經濟部。

㈡業務辦理機關

國際貿易局。

四　一般貿易程序

見第 13 頁貿易流程圖。

五　交易前的準備

㈠市場調查

1. 調查項目

　(1)一般調查項目：該市場所屬國家的概況。

　(2)個別調查項目：交易商品在該市場的產銷狀況。

2. 資料來源

　(1)次級資料 (Secondary Data)：他人已蒐集整理的資料。

　(2)初級資料 (Primary Data)：自己實地蒐集而獲得的資料。

貿易流程圖

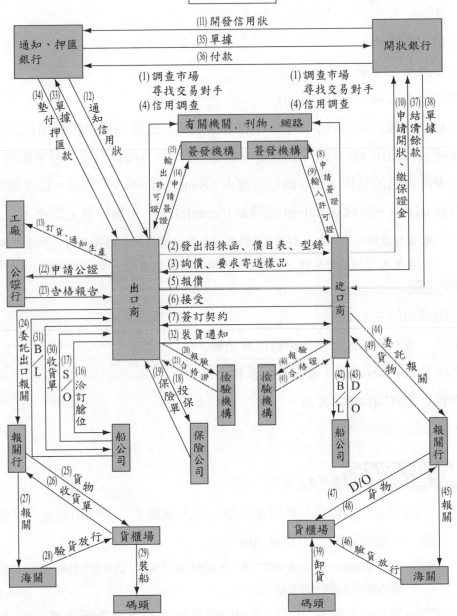

說明：貿易條件－CIF
　　　付款方式－信用狀
　　　運輸方式－海運

(二)尋找交易對象

1. 方　法

(1)自己直接物色。

(2)委託第三者間接物色。

2. 寄發招徠函 (Letter of Proposal)

貿易商在找到交易對手後，除了當面洽談外，通常尚可直接發出招徠函電，進一步接洽。由出口商主動寄發的招徠函電，除向對方提供自己的往來銀行名稱，供對方查詢自己的信用（此即銀行備詢人，Bank Reference）以外，往往另附上價目表 (Price List)、型錄 (Catalog) 或樣品 (Sample) 等，供國外買主參考。

> ★價目表的寄送不視為報價，僅供買方對賣方所擬銷售的商品內容參考之用，一般僅視為「報價的引誘（引誘買方向賣方發出報價）」，賣方不受價目表的約束。

(三)信用調查

信用調查的三 C：

(1)品　性 (Character)：商業道德及信譽。

(2)能　力 (Capacity)：經營技能及實力。

(3)資　本 (Capital)：資力。

試題暨解析

（2）1.下列何者非國內貿易所可能面臨的特有風險？　①信用風險　②匯兌風險　③價格風險　④商貨風險。

解析 國內貿易通常採用本國貨幣交易，不涉及貨幣的轉換，故無匯兌風險。其他風險則不論國內貿易或國際貿易都會面臨。

（4）2.我國現行申請登記出進口廠商的最低資本額下限為新臺幣　① 4 百萬　② 5 百萬　③ 6 百萬　④無限制。

（4）3.下列貿易方式，何者不屬於間接貿易？　①三角貿易　②轉口貿易　③轉換貿易　④相對貿易。

（3）4.我國目前貿易業務主管機關是　①中央銀行外匯局　②財政部金融局　③經濟部國際貿易局　④行政院經濟建設委員會。

（ 3 ）　5. 若與外匯短缺的國家從事貿易，適合使用下列何種方式進行？　①過境貿易　②郵購貿易　③相對貿易　④無形貿易。

（ 3 ）　6. 下列何者貿易方式係以貨品為償付的工具？　①過境貿易　②寄售貿易　③易貨貿易　④轉口貿易。

（ 2 ）　7. 下列何者是出口商將貨物運往國外，委託國外廠商代為銷售，國外廠商僅從中抽取佣金，而盈虧風險仍出出口商自行負責者？　①三角貿易　②寄售貿易　③商業方式貿易　④易貨方式貿易。

> 解析　依照題意「委託國外廠商代為銷售」，可知答案為②寄售貿易。

（ 2 ）　8. 外匯指定銀行是由下列何者指定授權辦理有關進出口外匯業務的銀行？　①國貿局　②外匯局　③檢驗局　④金融局。

（ 3 ）　9. 在國際貿易過程中，可能出現進口商藉故不開發信用狀之情況，此一風險稱為　⑴政治風險　⑵匯兌風險　⑶信用風險　⑷法律風險。

（ 3 ）　10. 下列何者屬於有形貿易？　①專利　②保險　③成衣　④觀光。

（ 2 ）　11. 對無形貿易，下列敘述何者有誤？　①保險屬無形商品　②需辦理進出口報關　③不列入海關貿易統計項目中　④國際旅遊屬無形商品。

（ 2 ）　12. 進出口貿易業務中所利用的市場資料中屬次級資料者為　①出國訪問所得資料　②本國公會及各職業團體所發佈之經貿刊物　③通信調查所獲資料　④委託國外市調機構取得之資料。

（ 3 ）　13. 貨物如通過第三國，但第三國並不介入其中貿易過程，就該第三國而言，係屬　①出口貿易　②進口貿易　③過境貿易　④三角貿易。

> 解析　貨物僅通過第三國國境，但該第三國的業者並未參與交易，就該第三國而言，既非出口，亦非進口，而是過境貿易。④三角貿易係由第三國業者分別與出口國的業者以及進口國的業者簽買賣契約（介入貿易過程），而且貨物直接由出口國運送至進口國，不經過第三國。

（ 2 ）　14. 有關國際貿易交易與國內貿易交易之不同，下列說明何者較不合適？　①交易對手不同　②交易貨物種類不同　③風險不同　④使用幣別不同。

（ 3 ）　15. 下列何者是國際貿易的客體？　①貿易商　②進口商　③貨品　④出口商。

> 解析　國際貿易的主體為交易的當事人；客體為所交易的商品。

（ 3 ）　16. 有關轉口貿易的敘述，下列何者錯誤？　①為自負盈虧的主體制交易

②有兩個買賣契約　③貨物由出口國直接運往進口國　④貨款以契約當事人各自清算。

（１）17.下列何者不是採行相對貿易之原因？　①外匯充裕　②外債增加　③能源危機　④市場競爭激烈。

（１）18.下列何者與信用風險無關？　①罷工暴動　②惡意詐欺　③拒付貨款　④市場索賠。

（３）19.在商品買賣風險中，下列何者為常見的非市場風險？　①消費者拒買　②市場索賠　③外匯兌換損失　④仿冒品及假貨風險。

> 解析　③外匯兌換損失屬於「外匯市場」的變化造成的損失，而非「所交易的商品市場」的變化導致的風險。

（２）20.負責為進出口廠商辦理洽訂艙位、倉庫及提領貨物等業務的營利事業為①公證行　②報關行　③貨運行　④外匯指定銀行。

（３）21.出口商開具匯票向銀行辦理押匯，此種行為多在下列何種出口程序之後？①詢報價　②簽訂契約　③辦理出口報關　④辦理出口簽證。

（３）22.生產廠商自行建立國際行銷網路，以自有品牌或商標銷售產品稱為
① OEM　② ODM　③ OBM　④ ORM。

（４）23.在從事三角貿易的保險條件中，由何者負責購買保險較佳？　①進口商②出口商　③運送人　④中間商。

> 解析　④中間商從事三角貿易，只居間以文件傳遞往來方式達成交易，並賺取買賣差價。故實務上，中間商以 CFR 貿易條件購入，以 CIF 貿易條件售出最為理想。亦即由中間商投保，運費由發貨人預付，則不僅在保險金額和理賠地點等方面較不易出錯，而且發貨人因為不知道確實的保險金額，所以無法從保險金額中推算中間商的轉售價格（通常，轉售價格 × 1.1 = 保險金額）。

（３）24.大陸「來料加工」的工廠，其身分應屬於　①進口商　②中間商　③受委託之製造商　④代理商。

> 解析　在中國大陸，「來料加工」係指由外商提供一定的原材料、零組件、元件，或於必要時提供某些設備，由中方的工廠按外商的要求進行加工或裝配，成品交給外商銷售，中方則收取加工費。

（２）25.將商品委託國內製造商生產後，以國外廠商之品牌在市場上行銷，這種製造交易方式稱為　① ODM　② OEM　③相對貿易　④整廠輸出。

（1）26. 我國廠商開發新產品，因行銷通路未能有效建立，只好將所設計之產品，依國外客戶所授與品牌或商標製造出口，形成另一種產銷模式，稱為 ① ODM ② OEM ③ OBM ④ OCM。

（3）27. 下列哪一步驟應於進口贖單之後辦理？ ①進口簽證 ②開發信用狀 ③進口報關 ④押匯。

（4）28. 出口商在從事國際貿易時，應辦理事項如下：a.簽訂買賣契約；b.辦理出口押匯；c.接受信用狀；d.報價；e.貨物裝運，其出口正確次序為 ① dacbe ② daecb ③ cdaeb ④ daceb。

（1）29. 在 a.信用風險；b.商貨風險；c.匯兌風險；d.運輸風險；e.價格風險之中，以 D/A 為付款方式較以即期信用狀者，具有更大風險的有哪幾項？ ① ac ② ad ③ ce ④ ae。

> 解析　D/A 付款方式之下，賣方須俟匯票到期才能收到貨款，須承擔自出貨到收款期間的匯率變動，或者因進口國外匯管制而無法順利收回貨款等的匯兌風險，同時也得面臨進口商到期不付款的信用風險。

（2）30. 進出口廠商在招攬交易的函件中，標示 Our reference: The Bank of Taiwan Head Office, Taipei 是為了 ①方便交易對手開發信用狀 ②方便交易對手進行信用調查 ③方便交易對手以 T/T 匯款 ④方便交易對手以 D/A 交易。

（3）31. 於招攬交易時，所寄送的價目表 (Price List) 其主要性質為 ①可替代買賣契約 ②屬於穩固報價 ③僅供買方參考 ④可供申請開發信用狀之用。

（3）32. 下列何者屬於市場調查的個別調查項目？ ①該市場的交通狀況 ②該市場的關稅制度 ③該商品在該市場的供需情形 ④該市場的外匯狀況。

（4）33. 下列何者不是信用調查的項目？ ①資本額 ②損益情形 ③營業能力 ④員工福利。

（2）34. 信用調查項目中的「三 C」指的是 a. Character；b. Condition；c. Clearance；d. Cooperation；e. Capacity；f. Capital 中的哪三項？ ① abc ② aef ③ abd ④ bdf。

（2）35.調查對方有關經營能力，技術能力等的事項是屬於下列信用調查項目中的哪一項？　① Character　② Capacity　③ Capital　④ Condition。

（1）36.下列哪一種尋找貿易對手的方法成本最低？　①寄發信函　②出國訪問　③刊登廣告　④參加商展。

（1）37.在全球運籌模式之下，整個供應鏈的國際交易通常形成所謂的　①多角貿易　②過境貿易　③轉口貿易　④轉換貿易。

> 解析　在全球運籌模式之下，供應鏈通常有多個當事人，形成多角貿易。

（2）38.下列哪一個步驟須於出口報關前完成？　①出口押匯　②出口檢驗　③領取提單　④贖單。

（3）39.開發信用狀是在國際貿易過程中的　①交易前準備階段　②訂約階段　③履約階段　④善後處理階段。

> 解析　進口商申請開發信用狀即為履行契約的付款義務，故屬於履約階段。

（4）40.信用狀交易下，出口商何時可取得貨款？　①進口商訂貨時　②開狀時　③贖單時　④出口押匯時。

（3）41.CIF 條件交易時，下列何者不是出口程序之必要步驟？　①洽訂艙位　②投保貨物運輸保險　③繳納關稅　④出口報關。

> 解析　一般國家少有對出口貨物課徵關稅。

（4）42.招徠函的附件通常不包括　①價目表　②商品目錄　③樣品　④契約書。

（2）43.佣金制之代理貿易是　①以本人名義，為自己計算　②以本人名義，為本人計算　③以自己的名義，為自己計算　④以自己名義，為本人計算。

> 解析　所謂「本人」係指授予代理權的人；而「自己」則係指代理商。在代理制度之下，代理商受本人的委託，以本人的名義與他人從事交易，並從中賺取佣金，至於交易的盈虧（稱為「計算」）則由本人承擔。故代理商係以本人名義，為本人計算從事交易。

（1）44.產品購回協定中，購買機械設備的一方大多為　①開發中國家　②已開發國家　③外匯充裕國家　④外匯短缺國家。

> 解析　產品購回協定多使用於先進國家與開發中國家間之貿易，先進國家銷售其科技或設備給外匯短缺的開發中國家，協助開發中國家設廠，俟其工廠開始運轉正式生產後，才購回該工廠的產品以為抵付貨款。故購買機械設備的一方大多為開發中國家的廠商。

（4）45.下列何者為整廠輸出之特色？　①成交金額小　②附加價值低　③交易風險低　④交易期間長。

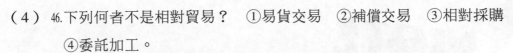

（ 4 ） 46.下列何者不是相對貿易？ ①易貨交易 ②補償交易 ③相對採購 ④委託加工。

（ 2 ） 47.下列何種發票在貿易過程中最先出現？ ① Commercial Invoice ② Proforma Invoice ③ Consular Invoice ④ Customs Invoice。

解析 ①商業發票、③領事發票及④海關發票都係發貨之後所簽發；②預約發票則係發貨之前簽發。

（ 2 ） 48.有關出進口廠商登記，下列敘述何者不正確？ ①公司行號須辦理擬用英文名稱預查 ②出進口廠商登記與擬用英文名稱預查不可同時辦理 ③出進口廠商於擬用英文名稱核定起 6 個月內辦理出進口廠商登記 ④出進口廠商登記應向國貿局貿易服務組、高雄辦事處或經濟部中、南區聯合服務中心辦理。

（ 3 ） 49.在海關的貿易統計項目中，不包含下列哪一項交易？ ①機器設備 ②原料 ③技術 ④紡織品。

NOTE

第三章

簽審、檢驗、報關

一　出口簽證

㈠意　義

簽發輸出許可證（Export Permit, E/P 或 Export Licence, E/L）。

㈡我國出口簽證制度

「原則免證，例外簽證」，凡列入「限制輸出貨品表」的項目，應申請簽證才能出口，表外貨品項目，則可免證出口，此即「負面表列」制度。

㈢簽證機構

(1)國際貿易局。

(2)加工出口區管理處及所屬分處。

(3)科學工業園區管理局。

㈣輸出許可證的有效期限

(1)期限：30 天。

(2)逾期：須註銷重簽，不得延期。

㈤輸出許可證的修改

(1)向原簽證單位辦理。

(2)未報關：應註銷重簽，不得申請修改。

(3)已報關：可申請修改。

(4)申請人名稱，不得修改。

二　進口簽證

㈠意　義

簽發輸入許可證（Import Permit, I/P 或 Import Licence, I/L）。

㈡我國進口簽證制度

「原則免證，例外簽證」，凡列入「限制輸入貨品表」的項目，應申請簽證才能進口，表外貨品項目，則可免證進口，此即「負面表列」制度。

㈢簽證機構

⑴國際貿易局。

⑵加工出口區管理處及所屬分處。

⑶科學工業園區管理局。

㈣輸入許可證的有效期限

⑴期限：六個月。

⑵期限前起運即可：貨物應於有效期限屆滿前，自原起運口岸裝運，其裝運日期以提單所載日期為準。

⑶延期：得申請延期，每次延期不得超過六個月，延期次數不得超過兩次。

㈤輸入許可證的修改

⑴向原簽證單位辦理。

⑵申請人名稱，不得修改。

三 出口貨物的檢查

檢查人	目 的	依 據
出口商	確保供應商交貨品質符合契約	出口商與供應商的契約
官方檢驗單位	確保出口貨品品質符合國家標準，維護出口國的商品形象	出口國法規
公證行	確保出口商交貨品質符合契約	出口商與進口商的契約
	符合進口國政府要求（PSI 之下）	進口國法規

四 出口檢驗

㈠應施檢驗品目

依標準檢驗局公告。

㈡檢驗單位

經濟部標準檢驗局。

㈢檢驗方式

(1)逐批檢驗。

(2)監視查驗。

(3)驗證登錄。

(4)符合性聲明。

㈣檢驗標準

參酌國家標準 (CNS)、國際標準或其他技術法規。

五 出口公證

㈠意 義

出口公證 (Public Survey) 係指獨立的第三者在兩造之間對於某種標的（例如貨物）作公正的評驗與鑑定。

㈡目 的

買方為確保收到的貨物符合契約要求，要求在貨物裝運之前，須由公證行先行檢驗，並提供公證報告。

㈢公證報告的效力

只具有推定的效力。

㈣公證行的責任

除非經證實公證行有出具不實的報告或證明，而涉及偽造文書須負法律責任外，公證行對買賣雙方並不負任何賠償之責。

六 裝運前檢驗

裝運前檢驗 (Pre-Shipment Inspection, PSI) 係指貨物進口國因本身海關制度未臻健全，無法承擔貨物通關的相關作業，且該國政府為防止商業詐欺、逃避關稅等情況，要求貨物裝運出口前必須經進口國政府指定的公證行實施品質、數量、價格、進口合法性、關稅分類及估價等檢查、檢驗作業，並取得該公證行簽發的無瑕疵檢驗報告才得以通關進口的制度。

七　商品標準分類

　　我國目前採用的為國際間普遍採用的 HS 商品分類制度，除前 6 位碼與 HS 完全一致外，另在 6 位碼之後再加 2 位碼，成為 8 位碼，以供海關課徵關稅用，在 8 位碼之後，再加 2 位碼，成為 10 位碼，以為政府機關統計之用，另在 10 位碼之後列出第 11 位碼檢查碼，以為電腦檢核之用。這 11 碼的分類號列，稱為「中華民國輸出入貨品分類號列」 (Standard Classification of Commodities of the Republic of China, C.C.C. Code)。

八　貨物進出口通關業務

㈠海關主管機關

　　財政部。

㈡業務辦理機關

　　關稅總局及其所屬的各地區關稅局。其掌理業務包括：關稅稽徵、查緝走私、保稅、貿易統計及接受其他機關委託代徵稅費、執行管制。

九　報關期限

㈠進　口

　　自裝載貨物之運輸工具進口日之翌日起 15 日內。

㈡出　口

　　載運貨物之運輸工具結關或開駛前之規定期限內。

㈢罰　則

　　⑴未按規定期限報關者，自報關期限屆滿之翌日起，按日加徵滯報費新臺幣 200 元。

　　⑵滯報費徵滿 20 日仍不報關者，由海關將其貨物變賣。

十　報關文件

㈠貨物裝運過程的各項貨運文件

　　⑴ S/O：Shipping Order，裝貨單。

　　⑵ M/R：Mate's Receipt，大副收據。

⑶ B/L：Bill of Lading，提單。

⑷ D/O：Delivery Order，提貨單（小提單）。

㈡託運與提貨流程

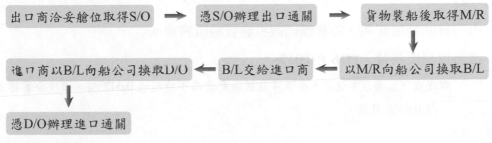

出口通關文件：S/O
進口通關文件：D/O

十一　通關方式

通關方式	審核書面文件	查驗貨物
C1（免審免驗）	✗	✗
C2（文件審核）	✓	✗
C3（貨物查驗）	✓	✓

十二　進出口稅費

㈠進口關稅

為鼓勵出口，抑制進口，多數國家只課徵進口關稅，不課徵出口關稅（我國即是）。

㈡進出口價格的統計

⑴出　口：FOB 價格（離岸價格）。

⑵進　口：CIF 價格（到岸價格，起岸價格）。

㈢完稅價格 (Duty Paying Value, DPV)

1.意　義

海關依《關稅法》的規定計算，作為進口貨物從價課稅的價格。

2. 核估基準

　　CIF 價格。

㈣海關徵收的進出口稅費

1. 出　口

　　出口貨物免徵關稅，海關僅代徵推廣貿易服務費。

　　推廣貿易服務費 = FOB × 0.04%。

　　　◆我國《貿易法》規定，推廣貿易服務費最高不能超過 0.0425%。惟現今實務上多
　　　　以 0.04% 計算。

2. 進　口

　　⑴關　稅：

　　　◆ 課徵方式：

　　　　• 從價稅：DPV × 關稅稅率。

　　　　• 從量稅：按貨物數量、重量、容積或長度等為課稅核計標準，每一單
　　　　　位課徵一定金額。

　　　　• 複合稅：從價與從量比較，取高者。

　　　◆ 稅則稅率：

　　　　• 第一欄稅率：適用於世界貿易組織會員，或與中華民國有互惠待遇之
　　　　　國家或地區之進口貨物。

　　　　• 第二欄稅率：適用於特定低度開發、開發中國家或地區之特定進口貨
　　　　　物，或與中華民國簽署自由貿易協定或經濟合作協議之國家或地區之
　　　　　特定進口貨物。

　　　　• 第三欄稅率：不得適用第一欄及第二欄稅率之進口貨物。

　　⑵推廣貿易服務費 = CIF × 0.04%。

　　⑶貨物稅 = (DPV + 關稅) × 貨物稅稅率。

　　⑷營業稅 = (DPV + 關稅 + 貨物稅) × 5%。

　　⑸菸酒稅：依不同種類從量課徵。

3. 繳納方式

　　⑴現金繳納。

　　⑵線上扣繳（EDI 線上扣繳、網際網路稅費繳納）。

　　⑶匯付稅款。

　　(4)記帳。

4.繳納期限

　　(1)期　　限：自稅款繳納證送達之翌日起 14 日內。

　　(2)罰　　則：

　　◆ 關稅：不依規定期限納稅者，自繳稅期限屆滿之翌日起，照欠繳稅額按日加徵滯納金萬分之五。

　　◆ 貨物稅、營業稅或特種貨物及勞務稅：自繳稅期限屆滿之翌日起，每逾 2 日按滯納之金額加徵百分之一。

(五)商港服務費

　　(1)徵收單位：港務機關。

　　(2)課徵方式：依散雜貨、併櫃與整櫃，從量計算。

　　(3)課徵對象：海運貨物（空運貨物免徵）。

(六)特別關稅

	平衡稅	反傾銷稅	報復關稅
因	進口貨物在輸出或產製國家之製造、生產、銷售、運輸過程，直接或間接領受財務補助或其他形式之補貼	進口貨物以低於同類貨物之正常價格輸入	輸入國家對我國輸出之貨物或運輸工具所裝載之貨物，給予差別待遇
果	損害進口國產業	損害進口國產業	使我國貨物或運輸工具所裝載之貨物較其他國家在該國市場處於不利情況
課徵特別關稅	除徵收關稅外，得另徵適當之平衡稅	除徵收關稅外，得另徵適當之反傾銷稅	該國輸出之貨物或運輸工具所裝載之貨物，運入我國時，除徵收關稅外，得另徵適當之報復關稅

(七)保稅制度

1.意　　義

　　未經海關徵稅放行的進口貨物、轉口貨物，納稅義務人得提供確實可靠的擔保，或者以其他海關易於監管的方式，申請暫緩繳納關稅。

2.保稅區

　　(1)保稅倉庫。

　　(2)保稅工廠。

　　(3)加工出口區。

　　(4)科學工業園區。

3.保稅貨物

　　係以保稅登帳，因此若保稅的進口原料加工為成品外銷出口，則依實際出口數量予以銷帳；若成品係銷售到課稅區（例如銷售到國內市場），則須按出廠型態課稅。

試題暨解析

（ 3 ）　1.進口貨物，未依關稅法規定期限內報關者，逾期海關按日加徵下列何種費用？　①滯納費　②加值金　③滯報費　④特別服務費。

　　　　解析　依照題意「……期限內報關者」，可知答案為③滯報費，而非①滯納費。

（ 4 ）　2.下列何者非目前我國出口貨物通關手續中之必要流程？　①驗貨　②放行　③收單　④繳納關稅。

　　　　解析　我國僅對進口貨物課徵關稅，出口貨物不須繳納關稅。

（ 1 ）　3.按進口貨物之數量、重量、容積或長度等為課稅核計標準，每一單位課徵一定金額之課徵方式，稱為　①從量徵稅　②從價徵稅　③複合徵稅　④從價或從量二者中從高徵稅。

　　　　解析　依照題意「按進口貨物之數量……」，可知答案為①從量徵稅。

（ 2 ）　4.依關稅法規定，進口貨物應於運輸工具進口日之翌日起，幾天內向海關申報進口？　① 10　② 15　③ 20　④ 30。

（ 3 ）　5.下列何者不是通關用計量標準單位代碼？　① BOX　② CTN　③ CBM　④ PKG。

（ 1 ）　6.輸出入貨品規定之簽審代號，MW0 代表何意義？　①大陸物品不准輸入　②管制輸出入　③大陸物品有條件准許輸出入　④由貿易局發輸出入許可證。

（ 2 ）　7.出口貨物通關方式中，屬於文件審核（俗稱應審免驗）者係　① C1　② C2　③ C3　④ C4。

（２）8.完稅價格係指　①完稅後之價格　②作為課徵關稅之價格　③躉售價格　④免稅價格。

解析　完稅價格係指課稅的基準價格，切勿照字面解釋為「完稅後之價格」。

（１）9.我國課徵進口關稅之完稅價格，原則上以下列何者為準？　①起岸價格　②國內售價　③離岸價格　④完稅價格表。

（３）10.貨物通關自動化與下列哪一單位無關？　①國際貿易局　②銀行保險業　③入出境管理局　④科學園區管理局。

解析　③入出境管理局主管「人」的入國與移民等相關業務，而非「貨物」的進出口通關。

（１）11.離岸價格即一般貿易價格條件所稱之　① FOB　② CFR　③ CIF　④ DDP。

（１）12.中華民國輸出入貨品分類號別 (C.C.C. Code) 前 8 位碼是　①稅則號別　②統計號別　③檢查號別　④貿易號別。

（２）13.下列何者並非各國在商品標準分類上共同採用調和制度的優點？　①便於貿易談判　②降低關稅　③利於直接比較分析　④減少轉換的時間及費用。

解析　各國在商品標準分類上採用相同的制度，不僅可以統一國際貿易商品的認定標準，減少轉換的時間及費用，更有利於國際間的貿易談判。此外，各國有關貿易、運輸、生產、關稅等資料也可直接進行交換與比對，有利於貿易的順暢進行，但與關稅的高低無關。

（２）14.進口大陸貓熊之檢疫機構係　①標準檢驗局　②農委會動植物防疫檢疫局　③關稅局　④國際貿易局。

解析　依照題意「檢疫機構」，可知答案為「防疫檢疫局」。

（２）15.進口貨物應繳稅捐，應自海關填發稅款繳納證之日起　① 7 天　② 14 天　③ 21 天　④ 28 天　內繳納。

（１）16.進口貨物之營業稅由哪一單位代徵？　①關稅局　②國稅局　③經濟部　④代收銀行。

（４）17.進口商應憑下列哪一項單據，辦理進口報關提貨手續？　①提單　②大副收據　③裝貨單　④提貨單。

（４）18.下列單證何項非進口報關所應具備之文件？　①裝箱單　②進口報單　③提貨單　④裝貨單。

解析　④裝貨單 (S/O) 係出口報關應具備之文件，與進口無關。

（3）19.下列哪一項非關稅局之業務？ ①徵稅 ②緝私 ③檢疫 ④貿易統計。

解析 動植物檢疫係由農委會負責。

（3）20.貨物進口自運輸工具進口日之翌日起算幾天內未報關將被變賣？ ① 15
天 ② 30 天 ③ 35 天 ④ 60 天

解析 進口貨物應自裝載貨物之運輸工具進口日之翌日起 15 天內辦理報關，逾期未報關者，按
日加徵滯報費，滯報費徵滿 20 天仍不報關者，由海關將其貨物變賣。15 + 20 = 35。

（3）21.有關我國推廣貿易服務費之敘述，下列何者正確？ ①只針對進口貨物
徵收 ②進口貨物按其 FOB 價值課徵一定之費率 ③進口貨物按其
CIF 價值課徵一定之費率 ④出口貨物按其 CIF 價值課徵一定之費率。

解析 我國推廣貿易服務費徵收的特點：
◆ 從價徵收：
• 出口按 FOB 價格收一定費率。
• 進口按 CIF 價格收一定費率。
◆ 空運、海運皆徵收。
◆ 進口、出口皆徵收。

（3）22.進口貨物由海關課徵或代徵之稅捐項目不包括下列哪一項？ ①關稅
②營業稅 ③商港服務費 ④推廣貿易服務費。

解析 商港服務費係由港務單位自行收取。

（4）23.目前有關「商港服務費」之收取，下列何者正確？ ①對空運也要收取
商港服務費 ②只對進口貨物收取，但不對出口貨物收取 ③從「價」
收取 ④從「量」收取。

解析 我國商港服務費徵收的特點：
◆ 從量徵收。
◆ 只對海運貨物徵收。
◆ 海運進口、出口皆徵收。

（4）24.下列何者通常不是報關行的業務？ ①代辦退稅的申請 ②代理貨物海
空運之安排 ③安排進出口貨物之公證檢驗 ④貨物成本估算。

（1）25.中華民國海關進出口稅則係參考下列哪一項編纂？ ① HS
② INCOTERMS ③ SWIFT ④ ICC。

（1）26.為加速進口通關，得按納稅義務人申報之完稅價格及稅則號別，先行徵
稅驗放後再估價核稅，此進口核價方式稱為 ①先放後核 ②先核後放

③即核即放 ④先放後稅。

解析 依照題意「先行徵稅驗放後再估價核稅」，可知答案為①先放後核。

（ 4 ）27.關稅局對於依法提供足額擔保之進口廠商，先行驗放通關後再由進口廠商於規定期間內繳納進口關稅，此進口核價方式稱為 ①先放後核 ②先核後放 ③即核即放 ④先放後稅。

解析 依照題意「先行驗放通關後再由進口廠商於規定期間內繳納進口關稅」，可知答案為④先放後稅。

（ 4 ）28.下列何者非屬保稅區域？ ①保稅倉庫 ②加工出口區 ③科學園區 ④自家工廠倉庫。

（ 4 ）29.貨物進口至保稅區，下列敘述何者錯誤？ ①進口原料至保稅區時需登記數量，不必繳稅 ②加工為成品外銷出口時，按實際出口數量予以銷帳 ③可減輕生產成本，提升外銷競爭力 ④不須辦理通關作業。

解析 ④貨物以保稅方式進口僅暫不須繳納稅捐，但仍應按規定辦理通關手續。

（ 3 ）30.原物料進口至加工出口區，在何時會課徵關稅？ ①進口至加工出口區時 ②加工為成品外銷出口時 ③加工後出售於課稅區廠商時 ④運至國際物流中心準備出口時。

解析 ③加工後出售於「課稅區」即會課稅。

（ 1 ）31.目前進口貨物由海關代徵之營業稅稅率為 ①百分之五 ②千分之一 ③千分之五 ④萬分之五。

（ 3 ）32.不依關稅法規定期限報關者，應自報關期限屆滿之翌日起，按日加徵滯報費新臺幣 ① 五十元 ② 一百元 ③ 二百元 ④ 五百元。

（ 4 ）33.下列何者不屬於特別關稅？ ①反傾銷稅 ②報復關稅 ③平衡稅 ④菸酒稅。

（ 2 ）34.進口貨物以低於同類貨物之正常價格輸入，致損害中華民國產業者，除依海關進口稅則徵收關稅外，得另徵適當 ①平衡稅 ②反傾銷稅 ③報復關稅 ④機動關稅。

（ 3 ）35.輸入國家對中華民國輸出之貨物或運輸工具所裝載之貨物，給予差別待遇，使中華民國貨物或運輸工具所裝載之貨物較其他國家在該國市場處於不利情況者，該國輸出之貨物或運輸工具所裝載之貨物，運入中華民國時，除依海關進口稅則徵收關稅外，財政部得決定另徵適當 ①平衡稅 ②反傾銷稅 ③報復關稅 ④機動關稅。

解析 該國對我國貨品差別待遇，我也對其貨品課徵較多關稅，乃一種「報復」行為。

（1）36.進口貨物在輸出或產製國家之製造、生產、銷售、運輸過程，直接或間接領受補貼，致損害中華民國產業者，除依海關進口稅則徵收關稅外，得另徵適當 ①平衡稅 ②反傾銷稅 ③報復關稅 ④機動關稅。

（4）37.海關變賣逾期不報關貨物，其所得價款，扣除應納關稅及必要之費用外，如有餘款，由海關暫代保管，納稅義務人得於幾年內申請發還，逾期繳歸國庫？ ①一年 ②二年 ③三年 ④五年。

（4）38.進口貨物應納稅捐之繳稅方式，下列何者錯誤？ ①記帳 ②現金繳納 ③線上扣繳 ④劃撥。

（2）39.進口貨物通關程序分為五大步驟 a.收單；b.查驗；c.徵稅；d.分類估價；e.放行，其順序下列何者正確？ ① abcde ② abdce ③ acdbe ④ adcbe。

（3）40.進口貨物完稅價格之核估，其外匯價格之匯率係以下列何者換算？ ①報關前一日 ②報關當日 ③報關前一旬中間日 ④報關前一個月中間日。

（1）41.海關進口稅則之稅率分為三欄，適用第二欄稅率之國家或地區，下列敘述何者錯誤？ ①世界貿易組織會員 ②特定低度開發國家或地區 ③與我簽署自由貿易協定之國家或地區特定進口貨物 ④特定開發中國家或地區。

（1）42.倘出口貨物於產品上未標示商標者，則出口報單上應註明下列何者？ ① NO BRAND ② NO MARK ③ NIL ④ BLANK。

解析 無商標者，出口報單上商標一欄應填 "NO BRAND"（無商標），不可直接跳過不填。

（2）43.依進出口貨物預行報關處理準則之規定，進口商得於載運船舶抵埠前幾日內持有關文件向海關預行報關？ ①三日 ②五日 ③十日 ④十五日。

（3）44.進口廣告品及貨樣，其完稅價格在新臺幣多少元以下者，免徵進口關稅？ ① 6,000 元 ② 10,000 元 ③ 12,000 元 ④ 15,000 元。

（ 1 ） 45.非以輸出為常業之個人（指未向貿易局辦理登記者），輸出貨品之離岸價格 (FOB) 超過美金 2 萬元者，應向下列何處申請簽證？ ①國際貿易局 ②外匯指定銀行 ③海關 ④經濟部商業司。

（ 1 ） 46.海運出口貨物船公司通常會告知「預計到港時間」，下列何者為其正確簡稱？ ① ETA ② ETD ③ EDI ④ DPV。

> 解析 「預計到港時間」英文為 Estimated Time of Arrival (ETA)。

（ 4 ） 47.辦理進口貨品報關時，下列作法何者正確？ ①故意將高關稅率之貨品以低稅率貨品號列報關進口 ②將簽審代號 "MW0" 之貨品改申報其他准許自大陸進口貨品號列報關進口 ③對高關稅率之貨品申報較低交易價格，以降低關稅成本 ④依據貨品應歸屬之正確號列報關進口。

（ 2 ） 48.依我國訂定「貨物暫准通關辦法」下列貨物何者不適用暫准通關證 ①專業器材、設備 ②易腐壞品 ③供國際商展、會議之活動陳列或使用之貨物 ④招攬交易而供展示或示範之進口商業樣品。

> 解析 「貨品暫准通關」制度，即在特定目的下，使日後需要以原貨復運出口之特定貨品（例如商業樣品、專業器材、展覽品等），得於締約國間暫時免稅快速進口通關的制度。
>
> 依我國《貨物暫准通關辦法》第二條規定，得使用暫准通關證之貨物，以下列項目為限：
>
> 一、專業器材、設備。
>
> 二、供展覽會、國際商展、會議或類似活動陳列或使用之貨物。
>
> 三、為招攬交易而供展示或示範之進口商業樣品。
>
> 四、其他依前項條約或協定所規定之貨物。

> 註 適用暫准通關之貨物，為日後將以原貨復運出口者，而易腐壞品不耐久放，故不適用此制度。

（ 3 ） 49.我國暫准通關證之簽證及保證機構為 ①國貿局 ②進出口商業公會 ③中華民國對外貿易發展協會 ④海關。

（ 1 ） 50.下列何者為出口報關文件？ ① S/O ② M/R ③ B/L ④ D/O。

（ 2 ） 51.美國發生 911 恐怖攻擊事件後，規定所有直接運抵美國各港口之貨物運送者，必須在外國港裝載前幾小時出具確實載貨清單傳送至美國海關？ ① 12 小時 ② 24 小時 ③ 36 小時 ④ 48 小時。

（ 3 ） 52.商品檢驗費，一般商品其費率不得超過商品市價 ①千分之一 ②千分之二 ③千分之三 ④千分之四。

（ 1 ） 53. ISO–9000 是何種認證標準？ ①品質保證 ②數量保證 ③環保管理

④勞工安全。

> 解析　ISO–9000 係品質管理系統；ISO–14001 係環境管理系統；OHSAS 18001 係職業安全衛生管理系統。

（2）54.下列哪一機構可應貿易廠商之請求簽發原產地證明書？　①臺北關稅局　②標準檢驗局　③智慧財產局　④公平交易委員會。

（2）55.我國貨物進口的法定檢驗，係依據下列何者標準執行檢驗？　① JIS　② CNS　③ BS　④ ISO。

> 解析　① JIS(Japanese Industrial Standards)：日本工業標準；② CNS(National Standards of the Republic of China)：中華民國國家標準；③ BS(British Standards)：英國國家標準；④ ISO(International Organization for Standardization)：國際標準組織。

（2）56.貨物出口檢驗之費用，係依據下列哪一項貿易條件作為計算基礎？　① EXW　② FOB　③ CFR　④ CIF。

> 解析　出口規費多以 FOB（離岸價格）為計算基礎。

（1）57.貨物公證報告之效力，在貿易過程中具有　①推定效力　②全部效力　③部份效力　④無效力。

（2）58.進口危險物品之提貨應辦理　①正常提貨　②船邊提貨　③貨櫃提貨　④共同海損提貨。

> 解析　進口貨物如為鮮貨、易腐物品、活動物、植物、有時間性之新聞及資料、危險品、放射性元素、骨灰、屍體、大宗及散裝貨物及其他特殊情形，進口商可於船舶抵埠前，預先辦理報關手續，等船舶進港時，再於船邊查驗放行提貨。

（3）59.下列何者非商品檢驗執行的方式？　①符合性聲明　②監視查驗　③港口驗對　④逐批檢驗。

（4）60.出口商於貨物裝運前辦理出口公證檢驗手續之目的，下列敘述何者錯誤？　①進口國政府之規定　②信用狀之規定　③買方之要求　④運送人之要求。

（2）61.下列何者不是辦理進口簽證之機關？　①國際貿易局　②標準檢驗局　③加工出口區管理處　④科學園區管理局。

（3）62.一般進出口貨品申請之「I/P」有效期限為自簽證之日起　① 30 天　② 3 個月　③ 6 個月　④ 1 年。

（4）63.中華民國輸出入貨品分類號列 (C.C.C. Code) 及檢查碼共計有　① 8 碼

② 9 碼　③ 10 碼　④ 11 碼。

（1）64.進口大陸物品時，下列何者正確？　①應先查詢該項產品是否為准許進口項目再行辦理進口　②以走後門方式以求順利將禁止自大陸進口貨品進口　③設法取得東南亞國家之產地證明書後進口　④以走私方式進口禁止自大陸進口貨品。

（2）65.依臺灣地區與大陸地區貿易許可辦法規定，大陸物品有條件准許輸入，在中華民國輸出入貨品分類表 (C.C.C. Code) 內「輸入規定」欄列之代號係　① MP0　② MP1　③ MP2　④ MP3。

（4）66.依臺灣地區與大陸地區貿易許可辦法規定，准許輸入之大陸貨品在產品包裝及產地標示，註明下列哪一項則准予輸入？　① People's Republic of China　② China, Taiwan　③ Taiwan Province　④ China。

解析　《臺灣地區與大陸地區貿易許可辦法》第十一條：「准許輸入之大陸地區物品，其進口文件上應列明『中國大陸 (Chinese Mainland) 產製』字樣。其物品本身或內外包裝有明顯對臺統戰標誌（文字或圖樣）者，進口人應於通關放行後負責塗銷。」

註　①中華人民共和國；②中國，臺灣；③臺灣省（意謂臺灣為中國之一省），此三者皆有統戰意味。

（3）67.進口貨品與輸入許可證內容不符時應如何處理？　①重新申請簽證　②申請註銷　③申請修改　④請海關放行。

（1）68.進口「限制輸入貨品表」內之貨品時，須向下列何者申辦簽證？　①國際貿易局　②標準檢驗局　③簽證銀行　④關稅局。

（2）69.目前我國商標出口監視系統之特色為　①免付費服務　②受益者付費　③強制性參加　④貿易推廣基金支付。

（2）70.出口簽證，乃指申請簽發　①產地證明書　②輸出許可證　③輸出檢驗合格證　④出口報單。

（3）71.有關輸出許可證之內容，下列哪一項除專案核准外不得修改？　①貨品名稱　②收貨人　③申請人　④貿易條件。

（1）72.輸出許可證未能於有效期限內出口者，得申請　①重簽　②修改　③補發　④延期。

（4）73.輸出許可證的英文名稱，下列哪一項錯誤？　① Export Permit　② Export Licence　③ E/P　④ Export Allowance。

（2） 74.輸入許可證之有效期限為六個月，該六個月之截止日係指 ①起運口岸之發票所載之日期 ②起運口岸之提單所載之日期 ③進口日期 ④報關日期。

（2） 75.「輸入許可證」之敘述何者錯誤？ ①一般輸入許可證有效期限為六個月 ②貨品需在輸入許可證有效期內進口至本國境內 ③在「限制輸入貨品表」外貨物通常不需簽證 ④於進口時，由海關代為查核。

解析 輸入貨品應於輸入許可證有效期限屆滿前，自原起運口岸裝運。

（3） 76.輸入許可證的延期每次不得超過 ①1個月 ②3個月 ③6個月 ④1年。

（4） 77.對戰略性高科技貨品之輸出入規定，下列何者不正確？ ①非經許可不得輸出 ②經核發輸入證明文件後，未經許可不得變更進口人或轉往第三國家、地區 ③應據實填報用途，非經核准不得擅自變更 ④違規輸出入戰略性高科技產品者，處以新臺幣十萬元以下之罰鍰。

解析 《貿易法》第二十七之二條：「輸出入戰略性高科技貨品有下列情形之一者，經濟部國際貿易局得處新臺幣三萬元以上三十萬元以下罰鍰、停止其一個月以上一年以下輸出、輸入或輸出入貨品或廢止其出進口廠商登記：……」

（2） 78.出口商若於貨物報關出口前不慎遺失輸出許可證，應如何處理？ ①申請補發 ②申請註銷重簽 ③申請延期 ④申請修改。

解析 報關出口前遺失，由於該輸出許可證尚未使用，故須申請註銷重簽；若報關出口後遺失，由於輸出許可證已經使用過，故須申請補發。

（2） 79.我國對進出口貨品原產地之認定基準，係以原材料經加工或製造後所產生之貨品，其商品標準分類前6碼是否改變，或經過加工已完成重要製程或附加價值超過 ①25% ②35% ③40% ④50%。

（3） 80.納稅義務人如不服海關對其進口貨物核定之稅則號別、完稅價格或應補繳稅款或特別關稅者，得於收到稅款繳納證之次日起多少日內，依規定格式，以書面向海關申請復查？ ①10日 ②20日 ③30日 ④40日。

（2） 81.我國掌理海關業務的中央機構為 ①經濟部 ②財政部 ③交通部 ④內政部。

解析 海關執掌之一為徵免關稅相關事項，與稅捐有關，故隸屬於財政部。

（1）82.我國進口稅則稅率分三欄位，請問 WTO 會員國及與我國有互惠待遇之國家適用第幾欄稅率？　①第 1 欄　②第 2 欄　③第 3 欄　④第 1、3 欄。

（4）83.有關貿易便捷化之說明，下列何者錯誤？　①可簡化及調和國際貿易程序，利用電子方式達到無紙化貿易，大幅縮短貿易流程　②可掌握國際物流優勢，降低貨品流通成本，提高產品之全球競爭力　③ 1999 年起開始實施貨品電子簽證，近來並加強推動電子原產地證明計畫　④配合 GATT 2005 年起之貿易無紙化之目標而積極推動貿易便捷化計畫，其範圍包括進出口程序、運輸形式、付款、保險及其他相關金融付款機制等。

解析　我國貿易便捷化係配合 APEC（亞太經濟合作會議）2005 年要求已開發會員國家實施貿易無紙化的目標所規劃建置。

（3）84.下列有關對大陸物品進口管理之相關規定，何者錯誤？　①自 87 年 4 月 1 日起，我國對大陸農、工產品之進口，由正、負面兩表並列方式，改依「中華民國輸出入貨品分類表」辦理　②國際貿易局每 2 個月召開「開放大陸物品輸入審查會」，以檢討開放大陸物品進口項目　③依據現行「臺灣地區與大陸地區貿易許可辦法」第 5 條規定，兩岸貿易須以間接方式為之　④依據「臺灣地區與大陸地區貿易許可辦法」第 11 條規定，准許輸入之大陸地區物品，其進口文件上應列明「中國大陸 (Chinese Mainland) 產製」字樣。

解析　③《臺灣地區與大陸地區貿易許可辦法》第五條現已刪除，兩岸間目前已可直接貿易。

（4）85.依自由貿易港區設置管理條例，有關自由貿易港區之說明，下列何者正確？　①自由港區事業自國外運入自由港區內供營運之貨物，需課徵進口相關稅費　②自由港區只能從事貨物之存儲，而不可進行重整、加工、製造　③自由港區事業之貨物輸往課稅區時，免徵稅費　④國際金融業務分行得辦理自由貿易港區事業之外幣信用狀押匯、進出口託收及外匯交易業務，但以各該交易未涉及境內之金融或經貿交易，且未涉及新臺幣者為限。

解析　自由港區事業自國外運入自由港區內供營運之貨物，免徵進口相關稅費，故①為錯誤；自由港區可從事貨物之存儲、重整、加工與製造，故②為錯誤；自由港區事業之貨物輸往課稅區時，應依據進口貨物或相關之規定，課徵關稅、貨物稅、營業稅、菸酒稅、菸品健康福利捐、推廣貿易服務費及商港服務費，故③為錯誤。

（2）86.依據「貿易法」規定，主管機關得就出進口人輸出入之貨品，由海關統一收取推廣貿易服務費，最高不超過輸出入貨品價格之　①萬分之三　②萬分之四‧二五　③萬分之五　④萬分之五‧二五。

（1）87.公證公司除提供客戶的檢驗服務外，同時也因應一些開發中國家要求，為防止走私及逃稅等，在出口國執行　① PSI 檢驗　② PDA 檢驗　③ CNS 檢驗　④ DNA 檢驗。

（1）88.現行我國貿易管理制度採　①負面表列　②正面表列　③完全自由　④嚴格管制。

（3）89.我國加入 WTO 後實施關稅配額制度，相關配額之貨品及稅率係增訂在稅則第幾章內？　①第二十一章　②第七十七章　③第九十八章　④第九十九章。

（3）90.為便於查閱，國貿局將大部分之輸入規定以三位數之代號標示於各分類號列之輸入規定欄。貨品須國貿局核發輸入許可證者其代號為何？　① 111　② 112　③ 121　④ 122。

第四章

貿易契約的條件

一　貿易契約條件的分類

基本條件	重要的條件（效力優先）	品質、數量、價格、交貨、付款、包裝、保險
一般條件	次要的條件（基本條件的補充條件）	檢驗、索賠、匯率風險、不可抗力、仲裁、準據法、糾紛解決

二　品質條件

㈠約定品質的方法

約定方法		適用商品種類	例　如
實　物	現貨		
	樣品	質輕、價低、無使用期限	文具
說　明	標準規格 (Standard Specification)	農產品或工業產品	橡膠、水泥、輪胎
	標準物 (Standard)	農產品或礦產品	棉花、小麥、黃豆、咖啡
	適銷品質 (GMQ)	品質不易掌握，無國際公認標準物的商品	木材
	平均品質 (FAQ)	農產品	芝麻籽
	商標或品牌 (Trademark or Brand)	著名廠商的製品	
	說明書或型錄 (Specification or Catalog)	結構複雜，價格昂貴的商品	藥品、寶石

說明：1. 憑樣品約定品質時，應儘量以賣方樣品 (Seller's Sample) 為準，若買方提供樣品 (Buyer's Sample)，要求賣方依樣承製與交貨，賣方最好提供自己依樣製作的類似樣品（稱為「相對樣品」，Counter Sample）請買方確認，並約定以此為交貨的品質依據。

2. 賣方為避免買方日後以貨樣不符為藉口，拒收貨物或請求賠償，最好約定品質與樣品類似，切勿承諾貨物與樣品絕對一致 (100% strictly equal to the sample)。

㈡確定品質的時、地

原則上以貨物風險由賣方移轉買方之時、地，作為確定品質的時、地。

	確定品質的時、地	適用的條件
以裝運地品質為準 (Shipped Quality Final)	貨物於裝貨港裝運時	FAS、FOB、CFR、CIF
	貨物於裝運地交給運送人時	FCA、CPT、CIP
以起岸地品質為準 (Landed Quality Final)	貨物於目的港起岸時	DAT、DAP、DDP

三　數量條件

㈠數量單位

	適用商品	常用單位	常用換算公式
重　量	天然產品	公克 (g) 公斤 (KG) 公噸 (M/T) 磅 (lb)	1 M/T = 1,000 KG 1 KG = 1,000 g 1 KG = 2.2046 lb 1 M/T = 2,204 lb（重要）
個　數	雜貨及工業製品	件 (piece) 套 (set) 雙 (pair) 打 (dozen)	
長　度	布疋、電線電纜、繩索	公分 (cm) 公尺 (m) 吋 (inch) 呎 (foot)	1 m = 100 cm 1 inch (′) = 2.54 cm（重要） 1 foot (″) = 12 inch (″)（重要）
面　積	皮革、木材	平方呎 (square foot) 平方碼 (square yard) 平方公尺 (square meter)	
體　積	木材及化學氣體	立方公尺 (CBM) 立方呎 (CFT)（俗稱「才」）	1 CFT = 1,728 立方吋（重要） 1 CBM = 35.315 CFT（重要）
容　積	穀物、流體物質	立方公分 (c.c.) 公升 (L)	1 L = 1,000 c.c.

㈡確定數量的時、地

原則上以貨物風險由賣方移轉買方之時、地，作為確定數量的時、地。

	確定數量的時、地	適用的條件
以裝運地數量為準 (Shipped Quantity Final)	貨物於裝貨港裝運時	FAS、FOB、CFR、CIF
	貨物於裝運地交給運送人時	FCA、CPT、CIP
以起岸地數量為準 (Landed Quantity Final)	貨物於目的港起岸時	DAT、DAP、DDP

四　交貨條件

㈠交貨地點

貿易條件確定後，即同時確定交貨地點。

㈡交貨時間

未約定時，應於合理時間內交貨。由於國際間的貨物交易，習慣上係以運送人所簽發的運送單據（例如提單）上的記載日期為裝運日期。判定賣方是否遲交也是以該運送單據之記載為準。

㈢交貨的附帶條件

1. 分批交貨 (Partial Shipments)

   ⑴ Partial shipment allowed. (Partial shipments permitted.)（准許分批裝運。）

   ⑵ Partial shipment prohibited. (Partial shipment forbidden.)（禁止分批裝運。）

2. 轉　運 (Transhipment)

   ⑴ Transhipment allowed at Hong Kong.（准許於香港轉運。）

   ⑵ Transhipment is not allowed (not permitted/prohibited).（禁止轉運。）

㈣遲延交貨的處理

遲延交貨的原因	例　　如	責任歸屬
賣方的故意或過失	賣方備貨不及	賣方
第三者的故意或過失	供應商未能如期交貨	賣方
可歸責買方事由	FOB 條件下買方未依約洽妥運輸工具	買方
不可抗力事故	戰爭、天災、碼頭罷工	買賣雙方皆不須負責

五 付款條件

㈠付款方式

種 類	方 式	付款時間		
		交貨前付款	交單時付款	交貨後付款
匯 付	訂貨付現 (Cash with Order, CWO)	✓		
	憑單據付現 (Cash against Documents, CAD)		✓	
	寄售 (Consignment)			✓
	記帳 (Open Account, O/A)			✓
	分期付款 (Installment)			✓
信用狀 (Letter of Credit, L/C)			✓	
託 收	付款交單 (Documents against Payment, D/P)		✓	
	承兌交單 (Documents against Acceptance, D/A)			✓

⑴ O/A 圖示：

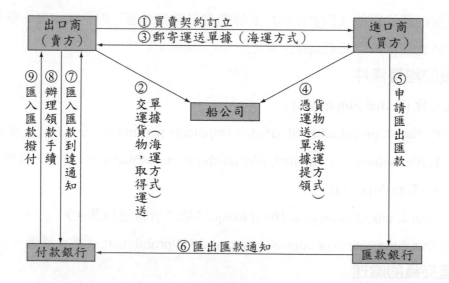

(2) Consignment 圖示：

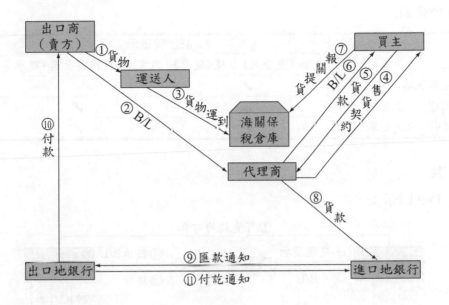

(3) L/C 圖示：

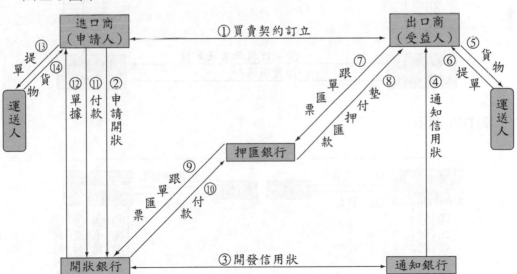

(二)託　收

1.託收的種類

	託收時提示	
	財務（或金融）單據（匯票）	商業單據（商業發票、提單等）
光票託收	✓	
跟單 付款交單 (D/P)	✓	✓
託收 承兌交單 (D/A)	✓	✓

2.流　程

(1) D/P 圖示：

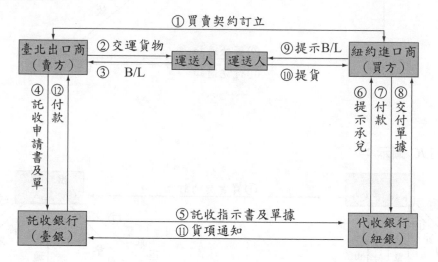

(2) D/A 圖示：

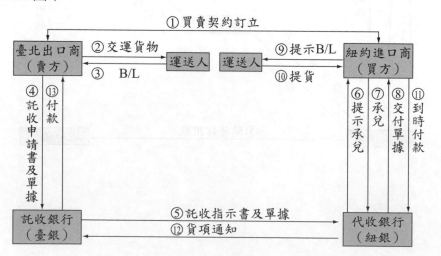

3. D/P 與 D/A 比較

	付款交單 (D/P)	承兌交單 (D/A)
跟單託收？	○	○
匯票期限？	即期或遠期	遠期
出口商依賴銀行的信用？	✕ （依賴進口商的信用）	✕ （依賴進口商的信用）

㈢匯兌的種類

		特　性	常見的方式	使用匯票種類
順　匯		匯兌工具與資金流動方向相同	電匯 (T/T)	不使用匯票
			信匯 (M/T)	不使用匯票
			票匯 (D/D)	銀行匯票
逆　匯		匯兌工具與資金流動方向相反	L/C, D/P, D/A	商業匯票

六　價格條件

於貿易條件後加上 "&C×%" 或 "C×%"，例如 "USD 12.50 per dozen FOB&C5% Keelung." 或 "USD 12.50 per dozen FOBC5% Keelung."，表示所報價格中包含 5% 的佣金。

七　包裝與刷嘜條件

㈠貨物依包裝分類

1. 散裝貨物

穀物、礦砂等不易包裝或不須包裝的大宗物資。

2. 裸裝貨物

鐵塊、車輛等本身已自成件數的貨物。

3. 包裝貨物

上述以外的一般貨物。

㈡出口標準包裝

⑴牢固、堅固、完整。

⑵包裝材料應適合貨物的性質、運輸方式與港（地）的氣候變化。

⑶儘量減小重量及體積,不宜超長、超大、超重。

⑷在安全的原則下,儘量節省包裝費用。

⑸每件大小應整齊劃一,以便裝卸、堆積、計算、檢量及識別。

⑹遵照買方的指示辦理。

⑺合乎進口國家海關規定。

㈢包裝標誌(刷嘜)(Packing Mark)

1.意 義

在外包裝容器上用油墨、油漆或以模板加印的標誌。

2.作 用

使貨物在裝卸、運輸途中易於識別,及提醒裝卸、搬運工人注意安全。

3.內 容

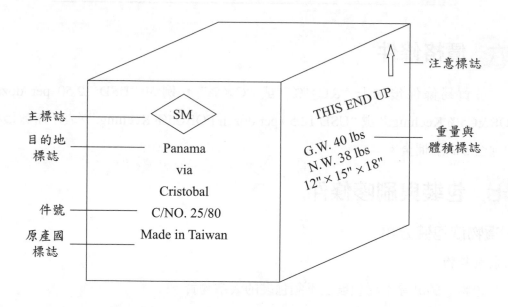

八　保險條件

項目 \ 貿易條件	EXW、FAS、FOB、CFR、FCA、CPT	DAT、DAP、DDP	CIF、CIP
交貨地點	出口地	進口地	出口地
運輸風險	買方負擔	賣方負擔	買方負擔
何方投保	買方	賣方	賣方
是否投保	買方自行決定	賣方自行決定	必須投保
保險內容	買方自行決定	賣方自行決定	依契約約定或依慣例＊
何方索賠	買方	賣方	買方
保險條件是否為契約基本條件	否	否	是

說明：＊依據 Incoterms® 2010：CIF 或 CIP 貿易條件下，若雙方未約定保險內容，則：

(1)保險範圍：賣方至少應投保 ICC (C)（新協會貨物保險條款）或 FPA（舊協會貨物保險條款）。

(2)保險金額：賣方至少應投保貨物價金加 10%（即至少 CIF×110% 或 CIP×110%）。

試題暨解析

（ 4 ）　1. 下列何者不屬於一般貿易契約書所稱的基本條款？　①品質、數量條款　②包裝、保險條款　③價格、交貨、付款條款　④檢驗、索賠條款。

（ 1 ）　2. 下列何項屬於貿易契約的基本條款？　①交貨條件　②不可抗力的免責事項　③索賠期限及手續　④匯率風險的負擔。

（ 3 ）　3. 有關貿易契約中的一般條件，下列敘述何者正確？　①效力優先於基本條件　②牽涉到契約是否因該條件而成立　③可視為基本條件的補充條件　④是契約的主要條件。

（ 1 ）　4. 依據 Incoterms 2010 之規定，下列貿易條件何者屬 Shipped Quality Terms？　① FOB　② DAT　③ DAP　④ DDP。

（ 4 ）　5. 依據 Incoterms 2010 之規定，下列貿易條件何者屬 Landed Quality Terms？　① FOB　② CIF　③ FAS　④ DAT。

（ 1 ）　6. 下列何種商品交易適合以樣品約定品質？　①文具　②寶石　③冷凍魚蝦　④黃豆。

（ 4 ）　7. 木材交易宜採用下列哪種方式約定品質？　①樣品　②說明書　③標準品

④良好適銷品質。

（2）8.下列何者屬於以實物約定品質的買賣？ ①規格交易 ②樣品交易 ③標準品交易 ④品牌交易。

（1）9.以 CE Mark 約定品質是 ①規格交易 ②標準品交易 ③說明書交易 ④商標交易。

> 解析 CE (Conformité Européenne)：符合歐洲標準。CE Mark 係標準規格（非標準品，標準品一般用於農產品或礦產品的交易）的一種。

（3）10. FAQ 約定品質之方式適用於 ①電子產品 ②成衣 ③農產品 ④機械產品 之交易。

（1）11.有關樣品之選用，下列何者較適當？ ①以中等平均品質者為宜 ②以特製之樣品才能吸引客戶 ③以買方樣品為宜 ④用舊樣品也無妨。

（4）12.下列何種品質標準適合寶石等貴重貨物之買賣？ ①樣品交易 ②規格交易 ③標準品交易 ④說明書交易。

（2）13.依原樣品所仿造或精選之樣品稱為 ①賣方樣品 ②相對樣品 ③買方樣品 ④現貨樣品。

（3）14.國際貿易中之交易客體的體積或重量甚大、結構複雜、價格昂貴者通常以下列何者決定品質？ ①等級 ②裝運樣品 ③目錄或說明書 ④國家標準規格。

（1）15.由買方提供作為買賣貨物之樣品稱為 ① Buyer's Sample ② Seller's Sample ③ Counter Sample ④ Shipping Sample。

（2）16.憑樣品交易時，如契約中無其他規定，日後賣方所交貨物之品質為何？ ①可以與樣品大致相同 ②必須與樣品完全一致 ③允許有合理程度差異 ④允許外觀顏色上有一定幅度的差異。

（2）17. UL 屬於 ①公認之國際標準 ②美國電器品標準 ③客戶自定之標準 ④中華民國國家標準。

> 解析 UL(Underwriter Laboratories)：美國保險商實驗室，係相當具有公信力的電器產品安全測試與認證機構。通過 UL 認證的商品即可獲得 UL 標誌。

（4）18.大型機器設備之買賣適用下列何種品質認定時點？ ①出廠品質 ②裝運品質 ③卸貨品質 ④買方倉庫品質。

解析　大型機器設備大多須在買方工廠或倉庫安裝、試車、運轉之後，買方才會確認賣方交貨的品質。

（ 1 ）19.下列何者屬於交貨前付款之方式？　① CWO　② L/C　③ D/P　④ O/A。

（ 3 ）20.下列哪一種付款方式為順匯？　①憑信用狀押匯　②承兌交單託收　③信匯　④光票託收。

（ 4 ）21.對買方而言，下列付款條件中，何者最能減輕營運資金的需求？　① L/C　② Cash with Order　③ D/P at sight　④ D/A。

解析　一般而言，買方愈晚付款則愈能減輕營運資金的壓力，在上述選項中，買方付款時間依序為：② Cash with Order：訂貨時付款→③ D/P at sight：進口地銀行提示匯票時付款→① L/C：贖單時付款→④ D/A：遠期匯票到期付款。

註　D/P at sight 和 L/C 付款時間無明顯的先後差異。

（ 4 ）22.下列付款條件中，何者對外銷到外匯短絀國家的出口商較有保障？　① D/A　② O/A　③ D/P　④ Confirmed L/C。

解析　① D/A、② O/A 或③ D/P 方式之下，由於銀行不介入信用，不擔保付款，故出口商須自行承擔風險；若採用④ Confirmed L/C（保兌信用狀），則除了有開狀銀行擔保付款之外，還有另一家保兌銀行（多位於第三國）承諾在開狀銀行無法付款時，願意承擔付款責任，倘若進口地是屬於外匯短絀的國家，縱然日後該國開狀銀行因外匯管制因素無法順利付款，出口商仍可向第三國的保兌銀行請求付款。

（ 2 ）23.出口商在下列何種情況下最適合採用 O/A 付款條件？　①新客戶的訂單　②老客戶頻繁的訂單　③透過中間商的訂單　④進口國政經狀況不穩時。

解析　對出口商而言，若進口商信用不明，採 O/A 方式付款，須承擔較高的信用風險，故較適用於無信用風險顧慮的長期交易的老客戶。

（ 4 ）24.下列付款條件之解釋何者正確？　① COD：預付貨款　② CAD：貨到付款　③ CWO：憑單據付款　④ Installment：分期付款。

解析　① COD (Cash on Delivery)：貨到付現；② CAD (Cash against Documents)：憑單據付現；③ CWO (Cash with Order)：訂貨付現。

（ 3 ）25.就進口商而言，L/C、D/A、D/P 等付款方式對其有利之順序為　① L/C, D/A, D/P　② D/P, L/C, D/A　③ D/A, D/P, L/C　④ D/P, D/A, L/C。

解析　就進口商而言，託收 (D/P, D/A) 較 L/C 有利，因為不須申請開狀，可節省信用狀相關費用。再就 D/P 與 D/A 比較，由於 D/A 之下，進口商承兌匯票即可領取單據辦理提貨，等匯票到期再付款，可減輕資金壓力，對進口商更有利，故就進口商而言，有利的順序依次為 D/A → D/P → L/C。

（ 4 ）26. 下列何者不屬於訂貨時付現金的付款方式？ ①信匯 ②電匯 ③銀行匯票 ④信用狀。

（ 3 ）27. 匯付方式的簡稱下列何者錯誤？ ① T/T：電匯 ② M/T：信匯 ③ T/D：票匯 ④ M/O：郵政匯票。

（ 1 ）28. 當我國貨幣有升值趨勢，我國出口商與交易對手簽約應以哪種付款方式最能規避匯率風險？ ① CWO ② L/C ③ D/P ④ O/A。

解析 我國貨幣有升值趨勢，對我國出口商不利，故出口商應選擇付款較快的方式，以避免因付款時間拉長增加匯率變動風險。① CWO (Cash with Order) 於交貨前付款；② L/C、③ D/P、④ O/A 於交貨後付款，故① CWO 最早付款。

（ 1 ）29. 當交易之商品屬炙手可熱的商品，為爭取此交易，建議買方應採何種付款方式較適當有利？ ① CWO ② L/C ③ D/P ④ O/A。

解析 買方應採用對賣方最有利的方式付款，而① CWO (Cash with Order) 於交貨前付款，對賣方最有利。

（ 3 ）30. 在匯率波動幅度較大期間，母子公司間往來，宜採用下列何種付款方式？ ①分期付款 ②寄售 ③記帳 ④信用狀。

（ 2 ）31. 下列何者不符合出口包裝之原則？ ①包裝材料要適合貨物性質 ②包裝愈牢固愈好，不必節省包裝材料 ③應符合買方的指示 ④應符合進口國海關的規定。

（ 2 ）32. 一般情況下，汽車專用船進口之車輛其包裝種類屬於 ①散裝貨物 ②裸裝貨物 ③包裝貨物 ④捆裝貨物。

（ 1 ）33. 有關包裝之注意標誌用語，下列何者正確？ ① KEEP DRY：保持乾燥 ② FLAMMABLE：易碎品 ③ FRAGILE：易燃品 ④ POISON：不可掛鉤。

解析 ②易燃品；③易碎品；④ POISON 係「小心中毒」之意。"NO HOOKS" 才係「不可掛鉤」之意。

（ 3 ）34. 有關出口貨品產品本身或外包裝上產地標示的作法，下列何者正確？ ①將自第三國轉口到臺灣港口未經加工之貨品標示為臺灣產製後出口 ②臺灣產製貨品未經專案申請，不標示產地逕自出口 ③依產地標示規定，

正確標示產地　④將臺灣產製之出口貨品標示為日本產製以提高單價。

（ 4 ）35. 裝運標誌中出現 Made in Taiwan 係為　① Main mark　② Discharging port　③ Counter mark　④ Country of origin。

> 解析　①主標誌；②卸貨港；③相對標誌；④原產國。

（ 4 ）36. 下列哪一種標誌的目的是方便運貨人、買方瞭解箱內貨物內容，以及其他人員搬運時的應注意事項？　① Case number　② Shipping advice　③ Shipping list　④ Shipping marks。

（ 4 ）37. Shipping Mark 的主要功能不包括　①搬運時易於識別　②簡化賣方單據之製作　③保護貨物減少損壞　④促銷商品。

（ 1 ）38. 在裝運標誌上若標示 Seattle via New York 則表示　① The destination is Seattle　② The destination is New York　③ The port of discharge is Seattle　④ The port of loading is New York。

> 解析　"via" 意為「經由」，故 "Seattle via New York" 意指「經由 New York 卸貨，運至最終目的地 Seattle」，卸貨港 (port of discharge) 係 New York，目的地 (destination) 係 Seattle。

（ 1 ）39. 當買賣契約中規定 "C/No. 1-UP"，係指　①箱號從 1 號開始連續編號　②箱號採 1, 3, 5... 跳號方式編號　③ 1 號箱要朝上　④箱號從 1UP, 2UP... 連續方式編號。

（ 3 ）40. 依據 Incoterms 2010 之規定，CIF 條件下若貿易契約中未明訂保險金額，賣方至少應投保發票金額的　① 90%　② 100%　③ 110%　④ 120%。

（ 3 ）41. 依據 Incoterms 2010 之規定，CIF 條件下若貿易契約中未明訂投保種類，賣方至少應投保協會貨物保險條款之下列何種條款？　① (A) 條款　② (B) 條款　③ (C) 條款　④ TLO。

（ 2 ）42. 下列何種貿易條件下，在貿易契約應訂明保險條款之內容方可保障買方權益，避免日後履約時發生爭執？　① FOB　② CIF　③ EXW　④ DDP。

（ 4 ）43. 在 CIF 的貿易條件之下，運輸保險通常是　①買方投保，買方提出保險索賠　②賣方投保，賣方提出保險索賠　③買方投保，賣方提出保險索賠　④賣方投保，買方提出保險索賠。

（2）44.契約中約定，當交易發生糾紛時，交由仲裁機構之仲裁人來作公正的判斷，此條件稱為　① Claims　② Arbitration　③ Force Majeure　④ Proper Law。

解析　①索賠；②仲裁；③不可抗力；④準據法。

（1）45.買方對賣方提出交貨遲延的索賠時，應以下列何種單據作為證明？　①提單　②商業發票　③輸入許可證　④包裝明細表。

（3）46.下列敘述何者表示准許轉運？　① Transhipment Prohibited　② Transhipment Forbidden　③ Transhipment Permitted　④ Transhipment Not Allowed。

（4）47.契約中交貨條件：Shipment in the beginning of July 是指約在何時裝運？　①7月1日　②7月5日　③7月1～5日　④7月1～10日。

解析　"beginning" 意指「上旬」，即每月的1日至10日。

（4）48.下列何種遲延交貨的原因，買賣雙方均不需負責？　①起因於賣方之故意或過失　②起因於第三者之故意或過失　③起因於買方之故意或過失　④起因於不可抗力事故。

（3）49.為確保交易貨物符合契約規定，貿易商會針對貨物進行檢查，但下列何種作法非屬必要？　①檢查時應作成記錄　②瞭解客戶之檢查方法　③於貨物在目的港船上時，作第二次檢查　④與製造過程中之各單位主管會同檢查。

（4）50.依據 Incoterms 2010 之規定，以下哪一類貿易條件是以卸貨地為數量決定點？　① EXW　② FOB　③ CFR　④ DAP。

（2）51.國際貿易中木板之交易，多使用何種計算單位？　①長度　②面積　③重量　④體積。

（2）52.1 M/T 約等於　① 2,000 LBS　② 2,204 LBS　③ 2,240 LBS　④ 2,420 LBS。

（2）53.國際貿易的交付數量大多以下述的何種重量為準？　① Gross Weight　② Net Weight　③ Conditioned Weight　④ Tare Weight。

解析　①毛重；②淨重；③公量（有些商品，如羊毛、生絲等有比較強的吸濕性，所含的水分受客觀環境的影響較大，重量往往不穩定。為準確計算這類商品的重量，國際上通常先抽去商品水分後，再加入標準水分，所得的重量即為公量。）；④皮重。

註　為避免將包裝材料也計入價格中，國際貿易的交付數量多以不含包裝重量的淨重為準（毛重＝淨重＋皮重）。

（ 2 ）54.國貿實務中計算包裝尺寸經常用才積，1 才 (CFT) 等於　① 1,278 立方吋　② 1,728 立方吋　③ 1,728 立方呎　④ 1,872 立方吋。

（ 4 ）55.國貿實務中計算海運運費經常用體積噸 (CBM)，1 CBM 約為　① 35.315 立方吋　② 35.315 立方公尺　③ 35.315 立方公分　④ 35.315 才。

（ 2 ）56.重量計算時，以科學方法抽去貨物中之水分再加上標準含水量時，其計算重量方式稱為　①理論重量　②公量　③法定重量　④推定重量。

解析　參照 53 題說明。

（ 4 ）57.合約中有關 Sample 條款，下列何者較不適當？　①應以 Seller's Sample 為品質標準　②農產品之 Quality Term 可用標準品、FAQ 等標準　③當 Buyer 提出 Buyer's Sample，Seller 最好重新提出 Counter Sample　④為求慎重，Sample Term 應註明：100% strictly equal to the sample submitted to you。

（ 2 ）58.買賣契約中約定 Shipping Weight, any loss in weight exceeding 2% to be allowed for by the Seller，請問 2% 係指　① Approximate　② Franchise　③ Option　④ Penality。

解析　①大約的；②免賠額；③選擇權；④罰款。

註　Shipping Weight, any loss in weight exceeding 2% to be allowed for by the Seller. 意即「以裝運重量為準，運送過程中重量耗損超出 2% 的部分由賣方負擔該耗損。」故 2% 係指賣方的免賠額 (Franchise)。

（ 1 ）59. USD 5.6/set FOBC3 New York 是表示　①交易價格 5.6 美元包含佣金 3% 在內在紐約交貨　②交易價格 5.6 美元需另加佣金 3% 在紐約交貨　③交易價格 5.6 美元包含佣金 USD 3 在內不在紐約交貨　④交易價格 5.6 美元需外加佣金 USD 3 在紐約交貨。

（ 1 ）60.下列何者不屬於國際貿易付款方式？　① FCA　② COD　③ L/C　④ D/P。

解析　① FCA(Free Carrier)：貨交指定運送人，為一種貿易條件。

（ 3 ）61.下列何種託收方式與貨運單證無關？　①付款交單的託收　②承兌交單

的託收 ③光票託收 ④跟單託收。

（ 4 ） 62.託收統一規則中所指之商業單據係指 ①匯票 ②本票 ③支票 ④貨運單據。

（ 2 ） 63.在 D/P 付款方式下，出口商是依何者之要求備齊單據申請託收？ ①信用狀 ②買賣契約 ③進口商 ④銀行。

（ 4 ） 64.下列單證何者非跟單託收的應備單證？ ①匯票 ②商業發票 ③提單 ④售貨確認書。

（ 2 ） 65.託收銀行接受出口商託收的委託後，將相關單證寄交代收銀行，委託其向進口商代收，此種託收方式稱為 ①進口託收 ②出口託收 ③委託託收 ④光票託收。

> 解析 依照題意：「託收銀行接受出口商託收的委託」，係就出口國銀行的立場而言，可知答案為②出口託收。
>
> 註 若係就進口國銀行的立場而言，則為①進口託收。

（ 1 ） 66.光票託收係指以何種單證委託銀行代為收款？ ① Financial Documents ② Transport Documents ③ Commercial Documents ④ Contract Documents。

（ 3 ） 67.下列何者非託收時所應具備之文件？ ①託收申請書 ②匯票 ③保結書 ④貨運單據。

（ 3 ） 68.依據 URC 522 之規定，下列何者不屬於「商業單據」？ ①運送單據 ②發票 ③匯票 ④物權憑證。

（ 1 ） 69.買方須將貨款付清，國外代收行始可交付單據給買方提貨，此種支付方式稱為 ①付款交單 ②承兌交單 ③預付貨款 ④分期付款。

> 解析 依照題意「將貨款付清，國外代收行始可交付單據」，可知答案為①「付款交單」。

（ 3 ） 70.託收方式下的 D/P 和 D/A 的主要差別為 ① D/P 屬於跟單託收；D/A 屬於光票託收 ② D/P 為即期付款；D/A 為遠期付款 ③ D/P 為付款交單；D/A 為承兌交單 ④ D/P 為商業信用；D/A 為銀行信用。

（ 3 ） 71.託收付款條件中，D/A 30 days sight 與 D/P 30 days sight 最大的不同點為 ①前者為商業匯票，後者為銀行匯票 ②前者為銀行匯票，後者為商業匯票 ③前者為承兌交單後 30 天付款，後者為承兌後 30 天付款交單

④兩者皆是出口商提供給買方的商業信用。

解析

	D/A 30 days sight	D/P 30 days sight
誰提供商業信用？	進口商 （出口商依賴進口商的信用）	進口商 （出口商依賴進口商的信用）
匯票種類	出口商簽發的商業匯票	出口商簽發的商業匯票
付款時間	承兌後 30 天	承兌後 30 天
交單時間	承兌匯票時	承兌後 30 天

（１）72. Shipping Mark 的主標誌中，文字部分通常代表　①買方公司名稱的英文縮寫　②目的地　③原產地　④品質等級。

（３）73.依據 URC 522 之規定，跟單託收的「單」係指下列哪種單據？　①公證單證　②契約單證　③商業單證　④財務單證。

（３）74.若買方提供樣品請賣方按樣品承做，為避免將來品質糾紛，賣方最好提供　① Advance sample　② Shipment sample　③ Counter sample　④ Seller's sample。

（３）75.某製鞋廠欲出清其球鞋庫存，但其樣式繁多，為避免交易的品質糾紛，則其品質應以下列何者為準？　① Sale by standard　② Sale by seller's sample　③ Sale by inspection　④ Sale by buyer's sample。

解析　因貨品樣式繁多，故不宜以樣品 (Sample) 約定品質。標準品 (Standard) 多使用於農產品交易，故不適用於鞋類交易。因係出售庫存品，為避免品質糾紛，應約定以看貨買賣 (Sale by Inspection) 方式交易。

（３）76.下列何者非屬價格條件之要件？　①貿易條件　②幣別　③重量單位　④計價單位。

解析　重量單位應約定於數量條件中。

（２）77.記帳付款交易 (O/A) 的條件下，買方從何方取得貨運單據？　①押匯銀行　②由賣方直接寄交　③託收銀行　④航運公司。

（３）78.大宗物資大多屬於　①併裝貨物　②包裝貨物　③散裝貨物　④整櫃貨物。

（３）79.有關承兌交單的貿易流程順序 a.簽訂買賣契約；b.出口商透過託收銀行取得出口貨款；c.貨物裝運取得裝運單據；d.進口商向進口地代收銀行

辦理匯票承兌取得貨運單據辦理提貨；e.出口商備齊單據，委託出口地
託收銀行託收；f.匯票到期進口商付款，下列敘述何者正確？ ① acebdf
② acdebf ③ acedfb ④ aecbdf。

（ 2 ） 80.在 CIP 的貿易條件下，發生海上運輸的保險事故，通常由誰向保險公司
提出索賠？ ①賣方 ②買方 ③運輸公司 ④押匯銀行。

（ 2 ） 81.國貿實務上交易價格為 CIFC5 Seattle，其中 C5 意指價格中包含了
①運保費 5% ②佣金 5% ③佣金 5 成 ④分 5 次給付價金。

第五章

常用貿易英文

export	出口	import	進口
purchase	購買	confirmation	確認
contract	契約	business relationship	交易關係
contact	聯繫	cooperation	合作
product	產品	commodities	商品
customer	客戶	supplier	供應商
manufacturer	製造商（工廠）	reputation	信譽
transaction	交易	sample	樣品
distributor	經銷商	agent	代理商
corporation	公司	company	公司
credit	信用	financial standing	財務狀況
enquiry (inquiry)	詢價	offer ([n.][v.])	報價
quotation (quote [v.])	報價	counter offer	還價（反報價）
acceptance (accept [v.])	接受	shipping space	艙位
discount	折扣	price list	價目表
catalog (catalogue)	型錄（商品目錄）	condition	條件
reply	回覆	term	條件
order	訂單	supply	供給
demand	需求	proforma invoice	預估發票
item	項目	subject to...	以……為條件
telegraphic transfer (T/T)	電匯	letter of credit (L/C)	信用狀
open account (O/A)	專戶記帳	documents against payment	付款交單
consignment	寄售	documents against acceptance	承兌交單
amount	金額	quality	品質
draft	匯票	commission	佣金
specification	規格	deliver (delivery [n.])	交貨
price	價格	transhipment	轉運
shipment	裝運（交貨）	payment	付款
partial shipments	分批裝運	shipping mark	裝運標誌
quantity	數量	container	貨櫃

packing	包裝	unit price	單價
carton	紙箱	insurance	保險
validity	有效期限	charge	費用
risk	風險	bill	帳單
material	原料	claim	索賠
remittance	匯款	damage	損害
force majeure	不可抗力	cancellation	解約
inspection	檢驗	arbitration	仲裁
shortage	短缺	compensate	賠償
delay	遲延	overdue	逾期
surveyor's report	公證報告	revocation	撤銷
account	帳戶	customs	海關
brand	品牌	certificate	證明書
exchange rate	匯率		

試題暨解析

（ 2 ） 1. We would be delighted to _____ business relations with you.　① enter　② establish　③ open　④ set。

　　翻譯　本公司很榮幸能與貴公司建立交易關係。

　　解析　establish business relations = enter into business relations。
　　　　　①缺少 "into"，故答案為②。

（ 3 ） 2. Your order No. A231 is now being processed and should be ready for _____ by next week.　① deliver　② pack　③ dispatch　④ ship。

　　翻譯　貴公司 A231 號訂單本公司正在處理，下星期之前應可備妥出貨。

　　解析　ready for + n. 或 v-ing。①v. 運送；②v. 包裝；③n. 發送；④v. 裝運。故答案為③。

（ 2 ） 3. Please return the damaged goods. We will replace them free of _____.
　　　① expense　② charge　③ pay　④ payment。

　　翻譯　敬請退回受損的貨物，本公司將免費換貨。

　　解析　「免費」較常使用 "free of charge" 或 "free expense"。

（ 3 ） 4. Provided you can offer favorable quotations, we will _____ regular orders with you.　① make　② take　③ place　④ fulfill。

　　翻譯　若貴公司能提供優惠的報價，本公司將定期向貴公司發出訂單。

解析　片語：place orders；place an order（下訂單）。

（1） 5. We will do everything we can to ＿＿＿ early shipment.　① ensure
② insuring　③ assured　④ make sure。

翻譯　本公司將竭盡所能確保提早裝運。

解析　to＋原形動詞。①保證、擔保；④確定、查明。

（3） 6. You will understand that we must increase sales by distributing through as
many ＿＿＿ as possible.　① factories　② consignees　③ outlets
④ contacts。

翻譯　你將明瞭我們必須透過儘量增加配銷通路的方式以提升銷售量。

解析　outlet 原意為「出口」、「通風口」之意，引申為販賣商品的通路。

（2） 7. Can we send our representative to you with a model of the machine so he
can give you a ＿＿＿?　① instruction　② demonstration　③ illustration
④ quotation。

翻譯　本公司是否可派遣代表攜帶一個型式的機器至貴公司以便進行實地示範？

解析　①指導；②示範；③說明；④報價。

（2） 8. We can send you a replacement, or if you like, we can ＿＿＿ your account.
① charge　② credit　③ debit　④ deduct。

翻譯　本公司將為您換貨，或者，本公司亦可將退款存入貴公司帳戶。

解析　片語：credit someone's account（將匯款存入某人帳戶）。

（3） 9. Thank you for your enquiry ＿＿＿ October 12 concerning DVD players.
① date　② dating　③ of　④ on。

翻譯　感謝您 10 月 12 日關於 DVD 播放器的詢價。

（2） 10. The new model has several additional ＿＿＿ which will appeal to customers.
① dimensions　② features　③ specialties　④ measurements。

翻譯　新型式具有多項吸引顧客的特色。

解析　①、②與③皆有「特色」、「特點」之意，但此處使用②較適宜；④測量、尺寸。

（1） 11. As the photocopier is still under ＿＿＿, we'll repair it for free.　① warranty
② standard　③ instruction　④ construction。

翻譯　由於影印機仍於保固期內，本公司將免費維修。

解析　①擔保；②標準；③指示、說明；④建造。

（4） 12. We would like to know whether the firm is ＿＿＿ in settling its accounts promptly. ① reasonable ② favorable ③ advisable ④ reliable。

翻譯 本公司想知道該工廠在快速結清帳目方面是否值得信賴。

解析 ①合理的；②有利的；③適當的、明智的；④值得信賴的。

（ 4 ） 13. As the time of shipment is fast approaching, we must ask you to fax the L/C

and shipping _____ immediately. ① advice ② documents ③ manual

④ instructions。

翻譯 由於裝運日期逼近，本公司必須請貴公司儘速傳真信用狀與裝運指示。

解析 ①通知；②單據；③手冊；④指示。

（ 1 ） 14. In regard to your invoice No. 23130 for $2,578, which we expected to be

cleared two weeks ago, we still have not yet received your _____.

① remittance ② transfer ③ pay ④ account。

翻譯 關於（本公司開給貴公司）第 23130 號、金額 2,578 元的發票，本公司預期應於兩週前

結清，然而本公司迄今尚未收到貴公司的匯款。

解析 your + n.。①n. 匯款；②v., n. 轉讓、轉換；③v. 付款；n. 薪俸、報酬；④n. 帳戶。

（ 3 ） 15. We trust that the _____ will reach you in perfect condition. ① packing

② shipping ③ consignment ④ assignment。

翻譯 本公司相信所委託的貨物將會完好無損地送達。

解析 ①包裝；②運輸；③託付物、託賣品；④分派、任務。

（ 4 ） 16. Any information you provide will be treated in strict _____. ① secret

② silence ③ caution ④ confidence。

翻譯 您所提供的任何訊息，本公司將絕對保密。

解析 片語：in strict confidence（絕對機密）。

（ 1 ） 17. We would be grateful if you would allow us an _____ of three months to pay

this invoice. ① extension ② exception ③ intention ④ invention。

翻譯 倘若貴公司允許本公司對本張發票延後三個月付款，本公司將不勝感激。

解析 ①延長；②例外；③意向；④創造。

（ 1 ） 18. The goods you inquired about are sold out, but we can offer you a _____.

① substitute ② compensation ③ refund ④ replace。

翻譯 您所詢價的貨物已經售罄，但本公司可提供您替代品。

解析 ①替代品；②補償；③退款；④替換。④為 v.，故可知答案為①。

（ 2 ） 19. We _____ to inform you that our customers find your prices too high.

① dislike　② regret　③ advise　④ require。

翻譯　很遺憾地告知您，本公司的客戶認為您所報的價格過高。

解析　①不喜歡；②抱歉；③通知；④要求。

（3）20. Owing to a fire in our warehouse, we have to ＿＿＿ the shipping date to August 15.　① cancel　② schedule　③ postpone　④ forward。

翻譯　由於本公司的倉庫發生火災，本公司必須展延交貨日期至 8 月 15 日。

解析　①取消；②將……列入計畫（或時間）表；③延期；④發送、遞送。

（3）21. At the fair, we will ＿＿＿ some of our newly-developed products.

① secure　② procure　③ exhibit　④ expand。

翻譯　本公司將在商展中展示一些本公司新研發的產品。

解析　①保護安全；②取得；③展示；④擴展。

（1）22. The package ＿＿＿ the dinner plates appeared to be in good condition.

① containing　② maintaining　③ included　④ excluded。

翻譯　包裝餐盤的包裝看來狀況良好。

解析　①包含；②維持；③包括；④不包括、除外。

（2）23. We have ＿＿＿ from the Chamber of Commerce in Boston that you are a leading manufacturer of waterproof watches in Taiwan.　① known

② learned　③ told　④ written。

翻譯　本公司自位於波士頓的商會得知，貴公司乃臺灣防水手錶的主要製造廠商。

（3）24. We enclose our credit note No. C35 for $15.75, which is a ＿＿＿ for the overcharge on invoice No. A321.　① balance　② debt　③ refund

④ bonus。

翻譯　茲附上本公司第 C35 號、金額為 15.75 元的貸項憑單，作為第 A321 號發票所溢開金額的退款憑證。

解析　credit note：貸項憑單，係買方退貨時由賣方發給的憑證，可憑以換取等值的商品或退款。①平衡；②借款；③退款；④紅利、津貼。

（4）25. If you are not already represented here, we should be interested in acting as your ＿＿＿ agents.　① travel　② collection　③ forwarding　④ sole。

翻譯　若貴公司尚未於本地指派代理人，本公司有興趣擔任貴公司的獨家代理。

解析　①旅行；②收集、託收；③發送、遞送；④唯一的。

（2）26. The agency we are offering will be on a ＿＿＿ basis.　① competition

② commission　③ compensation　④ conversation。

翻譯　本公司提供的代理業務係以收取佣金為基礎。

解析　①競爭；②佣金；③補償；④會話。

（2）27. As this is our first transaction with you, we would be obliged if you could provide us with some ＿＿＿.　① recommend　② references　③ clients　④ credits。

翻譯　由於這是本公司首次與貴公司交易，若貴公司能提供本公司一些參考資料，本公司將不勝感激。

解析　①推薦；②參考；③客戶；④信用。依照題意，此乃要求對方提供資料作為調查對方信用的參考。

（4）28. Payment will be made by bank ＿＿＿.　① transport　② transaction　③ transit　④ transfer。

翻譯　以銀行轉帳的方式付款。

解析　bank transfer（銀行轉帳），目前多數以電訊方式轉帳，即一般所稱電匯 (T/T)。

（1）29. You have chosen one of the most advanced and popular mobile phones ＿＿＿ on the market today.　① available　② acceptable　③ advisable　④ avoidable。

翻譯　貴公司已經選擇了市面上可供選購的最高級且最受歡迎的手機之一。

解析　①可購買的；②可接受的；③適當的；④可避免的。

（2）30. We provide a discount of 30% on ＿＿＿ of not less than 200.　① qualities　② quantities　③ numbers　④ amounts。

翻譯　若（訂購）數量不低於 200，本公司可提供 30% 的折扣。

解析　①品質；②數量；③號碼；④金額。

（1）31. We are a rapidly ＿＿＿ multinational company.　① expanding　② extension　③ expanded　④ extended。

翻譯　本公司乃是一家擴展迅速的跨國公司。

解析　extend 與 expand 都有擴展的意思。前者指在單一主軸或單一方向的延伸；後者則指多方向的佈局與擴展。故可知答案為①。

（2）32. ＿＿＿ our latest catalog and price list for your reference.　① We are enclosed　② Enclosed are　③ Enclosed is　④ Enclose。

翻譯　茲附上本公司最新的型錄與價目表供您參考。

解析　enclose（將（文件等）封入）。①為錯誤用法，正確應為 "We have enclosed..." 或 "We enclosed"。故可知答案為②。

（ 4 ）　33. We have arranged with our bankers to open a letter of credit _____.　① for your benefit　② in your interest　③ in your account　④ in your favor。

翻譯　本公司已向往來銀行申請開發一張以貴公司為受益人的信用狀。

解析　片語：in your favor（對您有利，信用狀交易中意指「以您為受益人」）。

（ 1 ）　34. We are manufacturers of high quality _____.　① office equipment　② fax machine　③ furnitures　④ kitchenwares。

翻譯　本公司為高級辦公設備的製造商。

解析　①設備，不可數名詞；②機器，可數名詞，應加 s；③家具，不可數名詞，不應加 s；④廚房用具，不可數名詞，不應加 s。

（ 4 ）　35. You will notice that the prices quoted are _____ for a product of this quality.　① extremely competing　② extreme competition　③ extreme competitors　④ extremely competitive。

翻譯　您將發現，就本產品的品質而言，（本公司）所報價格極具競爭力。

（ 1 ）　36. _____ your confirmation, we will execute the order.　① Upon receipt of　② After receive　③ When we will receive　④ As soon as receive。

翻譯　在收到貴公司的確認之後，本公司將立即執行此張訂單。

（ 2 ）　37. _____ you can see from the enclosed catalogue, we offer a wide range of products.　① While　② As　③ If　④ Unless。

翻譯　正如您從（本公司）附上的型錄中所能看到的，本公司提供眾多種類的產品。

（ 3 ）　38. The broken teapots have been kept aside _____ you need them to support a claim on your suppliers for compensation.　① as long as　② unless　③ in case　④ so that。

翻譯　破損的茶壺已被妥善保管，如果您需要，可以它們作為向供應商請求賠償的依據。

解析　①只要；②除非；③如果；④以便。

（ 3 ）　39. _____ shipment has been effected, we will advise you by fax.　① As long as　② As far as　③ As soon as　④ As for。

翻譯　當裝運完成時，本公司將以傳真通知您。

解析　①只要；②盡……；就……；③一……，就……；④至於。

（ 2 ）　40. If the quality of the goods comes up to our expectations, we can probably let you have _____ orders.　① trial　② regular　③ rare　④ usual。

翻譯 倘若貨物的品質符合本公司期望，本公司有可能定期向您訂貨。

解析 ①試驗的；②定期的；③稀有的；④一般的。

（ 3 ） 41. We have enclosed our price list but should point out that prices _____ as the market for raw materials is rather unstable at present. ① likely to change ② are changed possibly ③ are subject to change ④ maybe changing。

翻譯 已附上本公司的價目表，但由於目前原物料市場相當不穩定，所以要提醒您，該項價格可能會有所變動。

解析 subject to：受到……限制；容易遭受。

（ 2 ） 42. As this model is _____, we would recommend that you accept this offer as soon as possible. ① in great supply ② in great demand ③ out of stock ④ out of order。

翻譯 由於這個款式的產品市場需求量很大，本公司建議您儘快接受本報價。

解析 ①供給量大；③缺貨、無庫存；④故障。三者皆與題目上下文意不合，故可知答案為②。

（ 3 ） 43. _____ if you could send some samples of the material. ① We would appreciate ② We would be appreciated ③ It would be appreciated ④ We would grateful。

翻譯 倘貴公司能惠賜若干貨物樣品，本公司將不勝感激。

解析 appreciate 是表示感謝，採我方主動語態，正確用法是：

"We appreciate your..."

"We would appreciate it if you..."

也可以對方為主詞，用被動語態：

"Your early reply would be appreciated."

"It would be appreciated if you..."

表示我方感謝時，"We would be appreciated..." 或 "We are appreciated..."，都是錯誤用法。故可知答案①正確應為 "We would appreciate it"；②為不恰當的用法；④應為 "We would be grateful"。

（ 2 ） 44. If you have any questions, please _____. ① do not be polite ② do not hesitate to let us know ③ do not forget to tell us ④ do remember asking us。

翻譯 貴公司若有任何疑問，敬請不吝賜教。

（ 3 ） 45. We hope that you will find these terms _____. ① pleasure ② reasonably ③ satisfactory ④ accepted。

翻譯 本公司期待您能滿意這些條件。

解析 應填入 adj.。①、②非 adj.；④意為「公認的」。故可知答案為④。

（4） 46. We look forward to ____. ① hear from you soon ② hearing of you soon ③ you promptly reply ④ your prompt reply。

翻譯 本公司期待您能儘速回覆。

解析 look forward to + n. 或 + v-ing。①、③正確應為 hearing from you soon。

（3） 47. We ____ for 20 years. ① are in this line of business ② do business with European importers in washing machines ③ have been exporting printers ④ have established here as general exporters。

翻譯 本公司從事印表機的出口已有二十年的經驗。

解析 依本句文意，應為完成式。①、②皆不適當；④正確應為 have been established...。

（2） 48. We are importers in the textile trade and would like to get in touch with ____ of this line. ① buyers ② suppliers ③ customers ④ consigners。

翻譯 本公司為紡織品的進口貿易商，有意與這項產品的供應商進行聯繫。

（4） 49. We have quoted our most ____ prices. ① favor ② favoring ③ favorite ④ favorable。

翻譯 本公司已報出最優惠的價格。

（4） 50. We apologize for the delay and trust it will not ____. ① cause your inconvenience ② cause your problem ③ cause you problem ④ cause you inconvenience。

翻譯 本公司對於遲延深感抱歉，相信這應不至於造成您的不便。

（1） 51. ____, we are enclosing our catalogue and price list. ① As requested ② As request ③ As requiring ④ As requires。

翻譯 應您所求，茲附上本公司的型錄與價目表。

（1） 52. Please confirm the order ____ email and send us the shipping information along with your invoice. ① by ② in ③ on ④ through。

翻譯 敬請以電郵方式確認訂單，並請寄送發票予我方時，同時附上裝運相關的資料。

（2） 53. Unfortunately, there is no manufacturer that we know of who can ____. ① make your requirements ② meet your needs ③ take your demand

④ satisfy your want。

翻譯 很遺憾，本公司並不認識能符合您需求的製造商。

（ 3 ） 54. The inspector looked at the _____ to check where the goods were produced.

① bill of lading ② commercial invoice ③ certificate of origin

④ consular invoice。

翻譯 查驗人員檢查產地證明書，查對貨物的生產地。

解析 ①提單；②商業發票；③產地證明書；④領事發票。

（ 4 ） 55. _____ is usually written in an email or at the end of a business letter before the names of the people who will receive a copy. ① P.S. ② Ref.

③ Enc. ④ C.C.。

翻譯 通常電子郵件或商業書信的副本收件人姓名之前會冠上 C.C.。

解析 ① P.S. (postscript)：附筆、又及；② Ref. (reference)：參照；③ Enc. (enclosed)：附上；④ C.C. (carbon copy)：副本抄送。

（ 3 ） 56. This line has proved so popular that we regret to inform you that _____.

① it is no longer in production ② it has sold out ③ it is out of stock

④ it has been discontinued。

翻譯 這項產品實在太受歡迎，因此很抱歉通知您，已經沒有庫存了。

解析 ①、④已經停產，皆與文意不符；②正確應為 "it has been sold out"，故可知答案為③。

（ 1 ） 57. Would you please _____ this matter and send our order without further delay.

① look into ② investigate into ③ deal in ④ take care。

翻譯 請您調查此事，並立即向本公司發出訂單。

（ 2 ） 58. Please _____ to them for any information concerning our company. ① ask

② refer ③ consult ④ request。

翻譯 請向他們查詢任何關於本公司的資訊。

（ 2 ） 59. The distribution problem has finally been solved. _____, another problem has

arisen! ① Therefore ② However ③ As a result ④ While。

翻譯 配銷的問題最後終於解決了。不過，另一個問題又發生了！

（ 3 ） 60. Your claim has been passed on to our insurance company, who will _____

soon. ① contact with you ② contract you ③ get in touch with you

④ reach for you。

翻譯　您的索賠已送至敝保險公司，我們將儘速與您聯繫。

解析　contact you = get into contact with you = get in touch with you。④意為「觸及你」，與文意不合。

（2）61. We specialize in _____ footwear.　① fashion and cheap　② fashionable and affordable　③ elegance and inexpensive　④ beautiful designed。

翻譯　本公司所擅長的是流行且平價的鞋款。

解析　footwear 之前應 + adj.。①非 adj.；③ elegance 非 adj.；④正確應為 beautifully designed。

（4）62. Our prices are relatively low in comparison with _____.　① they　② them　③ their　④ theirs。

翻譯　我方所報價格相對低於他們的價格。

解析　應使用 they 的所有格代名詞 "theirs"。

（4）63. May we suggest that you visit our showrooms in Los Angeles _____ you can see a wide range of units?　① that　② which　③ , which　④ where。

翻譯　建議您來參觀本公司位於洛杉磯的陳列室，您將可飽覽種類繁多的品項。

解析　Los Angeles + 關係副詞 "where"。

（3）64. We _____ importing Swiss cheese and would appreciate receiving your current catalog and export price list.　① interest　② interest in　③ are interested in　④ are interesting to。

翻譯　本公司有興趣進口瑞士乳酪，若能收到貴公司的最新型錄與出口價目表，將不勝感激。

解析　片語：be interested in（感興趣的）。

（4）65. The new model is _____ than the old one.　① more efficiently　② more better　③ less cheaper　④ much lighter。

翻譯　新的產品型式比舊型式更輕。

解析　①正確應為 more efficient；②正確應為 better；③正確應為 cheaper。

（3）66. The following is a list of our _____ products.　① late-developed　② fast-grown　③ best-selling　④ most cheap。

翻譯　以下是本公司最暢銷的產品清單。

解析　①正確應為 lately-developed；②正確應為 fast-growing；④正確應為 cheapest。

（1）67. Regarding the damaged goods, we have filed a _____ with the insurance company.　① claim　② complaint　③ compensation　④ commission。

翻譯　關於受損的貨物，我方已向保險公司提出索賠。

解析 ①索賠；②抱怨；③賠償；④佣金

（ 4 ） 68. To a Briton, 5/3/09 is ＿＿＿. ① 9 March, 2005 ② September 3, 2005 ③ 3 May, 2009 ④ 5 March, 2009。

翻譯 對英國人而言，5/3/09 表示 2009 年 3 月 5 日。

解析 英式日期：日一月一年；美式日期：月一日一年。

（ 3 ） 69. Our prices are considerably lower than ＿＿＿ of our competitors for goods of similar quality. ① which ② that ③ those ④ ones。

翻譯 本公司的報價比同質商品競爭者的報價低廉許多。

解析 以複數代詞 "those" 代替重複的名詞 "prices"。

（ 3 ） 70. We sent you a fax on October 12 ＿＿＿ some information about your notebook computers. ① request ② requests ③ requesting ④ requested。

翻譯 本公司於 10 月 12 日傳真給貴公司，索取一些關於貴公司筆記型電腦的資訊。

（ 1 ） 71. We can ＿＿＿ and will have no trouble meeting your delivery date. ① supply from stock ② provide the good ③ settle the account ④ immediate delivery。

翻譯 本公司有足夠的庫存可以供貨，可完全符合您對於交貨期的需求。

解析 ② good 正確應為 goods；③與題意不符；④為 n.，文法不正確。

（ 3 ） 72. We enclose our check for $1,530.75 ＿＿＿ your invoice number A531. ① for pay ② for payment ③ in payment of ④ to settle of。

翻譯 隨信附上本公司 1,530.75 元的支票，用以支付貴公司所開第 A531 號發票的款項。

（ 2 ） 73. Three cases in the consignment ＿＿＿ on arrival. ① damaged ② were missing ③ were short shipping ④ lost。

翻譯 貨物運抵時，其中三箱貨物遺失。

解析 ①正確應為 were damaged；③正確應為 short shipped；④正確應為 were lost。

（ 3 ） 74. ＿＿＿ the trade discount stated, we would allow you a special first-order discount of 3%. ① In spite of ② In regard to ③ In addition to ④ In reply to。

翻譯 除了列出的交易折扣外，本公司另外再給您首次訂貨的特別折扣 3%。

解析 ①雖然；②關於；③除了……之外；④為回覆……。

（ 4 ） 75. This product is not only of the highest quality but also very ＿＿＿.

① reasonable price　② reasonable priced　③ reasonably pricing

④ reasonably priced。

翻譯　這項產品不僅品質最好，而且價格也非常合理。

解析　priced（貨物被定價），故可知答案為 priced，以 adv. 修飾。

（ 3 ）　76. Under the circumstances, we have no choice _____ the order.　① but cancel　② but will cancel　③ but to cancel　④ but canceling。

翻譯　在這種情況之下，我們不得不取消訂單。

解析　have no choice but to + v.。

（ 4 ）　77. The term "middle of a month" in the letter of credit shall be construed as

① the 5th to the 10th　② the 5th to the 15th　③ the 11th to the 15th

④ the 11th to the 20th。

翻譯　信用狀當中所謂「中旬」，指的係每月 11 日至 20 日。

解析　依據 UCP 600 第三條之規定，beginning of a month：該月 1 日至 10 日；middle of a month：該月 11 日至 20 日；end of a month：該月 21 日至末日。

（ 2 ）　78. This offer will be _____ if not accepted before June 15, 2009.　① made

② withdrawn　③ confirmed　④ refused。

翻譯　若未能於 2009 年 6 月 15 日前接受，則本報價將撤回。

解析　①完成；③確認；④拒絕。

（ 1 ）　79. We will grant you a 3% discount if your order _____ is over £15,000 for one shipment.　① value　② quantity　③ quality　④ worthy。

翻譯　如果您所下的單筆裝運訂單金額超過 15,000 英鎊，本公司將給您 3% 的折扣。

解析　①價值；②數量；③品質；④值得的。

（ 4 ）　80. We have instructed our bankers to _____ the L/C.　① correcting

② settle　③ revised　④ amend。

翻譯　本公司已經指示往來銀行修改信用狀。

解析　信用狀的修改通常使用 "amend" 一詞。

（ 3 ）　81. Please _____ the overdue payments immediately.　① solve　② pay

③ settle　④ exchange。

翻譯　請您儘快結清逾期款。

解析　settle payment：結清款項。

（ 1 ）　82. Our delivery will be a week early, so we'd like to _____ the payment date as well.　①move up　②look forward　③put off　④call off。

翻譯 本公司將提前一週交貨，所以想同時將付款日期提前。

解析 ①往前；②期待；③延後；④取消。

（ 4 ）83. We have the pleasure to introduce ＿＿＿ as an import agent.　① you
②yourselves　③us　④ourselves。

翻譯 很榮幸能自我介紹，本公司係一家進口代理商。

（ 2 ）84. Please open the relative ＿＿＿ as soon as possible so we can arrange
shipment without delay.　①B/L　②L/C　③P/I　④T/T。

翻譯 請儘速開來有關的信用狀，以利本公司如期安排交貨事宜。

解析 ① B/L (Bill of Lading)：提單；② L/C (Letter of Credit)：信用狀；③ P/L (Price List)：價
目表；④ T/T (Telegraphic Transfer)：電匯。

（ 2 ）85. According to UCP 600, the term "on or about June 5th" in the L/C shall be
construed as ＿＿＿.　①from May 31st to June 5th　②from May 31st to
June 10th　③from June 5th to June 10th　④from June 4th to June 6th。

翻譯 依據 UCP 600 之規定，信用狀記載「在 6 月 5 日或於其前後」，解釋為自 5 月 31 日至 6
月 10 日。

解析 依據 UCP 600 第三條之規定，"on or about" 解釋為特定事件應於特定期日前後五曆日之
期間內（含首尾日）發生。6 月 5 日前後各加 5 天，含 6 月 5 日，共 11 天。

（ 1 ）86. We ＿＿＿ in high quality bicycles.　①specialize　②range　③provide
④manufacture。

翻譯 本公司專門從事高級自行車的生產。

解析 片語：specialize in（專門研究、專攻）。

（ 1 ）87. A: What do you do? B: ＿＿＿　①I'm a sales assistant.　②I'm looking
for a file.　③I'm good at typing.　④I am busy at work.

翻譯 A：您的職業是什麼？B：我是一位銷售助理。

解析 B 應回答他的職業性質。②我正在找一個檔案；③我擅長打字；④我工作很忙。

（ 4 ）88. A: I've got an appointment with Mr. Smith. B: ＿＿＿　①What time was it?
②When do you have in mind?　③What time would be convenient?
④When is he expecting you?

翻譯 A：已經和 Smith 先生約好了。B：他希望什麼時候和你見面？

解析 ①現在幾點？②您什麼時候方便？③什麼時候方便？

（3）　89. A: With less than three weeks for transit, they'd better go by air. B: _____
　① Right. It would be better if they travel business class.　② Right. Ocean freight is too expensive.　③ Right. That way they'll arrive in time for the trade show.　④ Right. The shipping container would be lighter.

翻譯　A：如果運輸時間少於三週，那麼最好採空運。B：對！這是讓貨物能夠及時運抵貿易展覽會的方法。

解析　①對！搭商務艙比較好；②對！海運太貴了；④對！貨櫃比較輕。皆與題意不符。

（2）　90. A: This clock comes with batteries, doesn't it? B: _____　① That's right. There is a ten percent service charge.　② No. I'm afraid they're sold separately.　③ Yes. You'll save time if you do.　④ Yes. There have been several reports of damage.

翻譯　A：這個時鐘有附電池，對吧？B：沒有喔！兩者恐怕是分開賣的。

解析　①沒錯！要加收 10% 的服務費；③是的。如果你買它的話，可以節省時間；④是的。已經有許多損害報告了。

（4）　91. A: How would you like your coffee? B: _____　① Well done, please.　② Very well, thank you.　③ Not for me, thanks.　④ Black, please.

翻譯　A：你的咖啡要加點什麼？B：黑咖啡即可，謝謝！

解析　①全熟，麻煩您；②很好，謝謝；③這不是我的，謝謝。

（1）　92. A: Where do you know Jack from? B: _____　① I used to work with him.　② He is from England.　③ I've heard a lot about him from my boss.　④ He works for IBM.

翻譯　A：你是在哪裡認識 Jack 的？B：我曾經和他一起工作過。

解析　②他是英國人；③我從我老闆那兒聽到許多關於他的事；④他在 IBM 工作。

（2）　93. A: Can I speak to Mr. Johnson please? B: I'm sorry but he's not here right now. _____　① Can I leave a message?　② Can I take a message?　③ I'll put you through.　④ I'll call back later.

翻譯　A：請找 Johnson 先生？B：抱歉，他現在不在這兒，您想留個話嗎？

解析　①我可以留個話嗎？③我幫您轉接；④我等會兒回電。

（3）　94. A325 有現貨嗎？（譯成英文）　① Do you have A325 in hand?　② Do you have A325 in line?　③ Do you have A325 in stock?　④ Do you have A325 in shop?

（2）95.很高興報價如下：（譯成英文）　① We please to quote as the following: ② We are pleased to quote as follows: ③ We are pleased to quote as following: ④ We are pleased quoting as follow:

（4）96.您的貨款已逾期三個月。（譯成英文）　① You payment has expired for three months. ② Your payment expired three months ago. ③ Your payment is overdue three months. ④ Your payment is three months overdue.

（3）97.因為 5 月 1 日放假，所以我們會在 5 月 2 日送貨。（譯成英文）
① Because May 1 is a holiday, so we will send your shipment on May 2.
② Because of May 1 is a holiday, we will send your shipment on May 2.
③ Since May 1 is a holiday, we will send your shipment on May 2.
④ Due to May 1 is a holiday, so we will send your shipment on May 2.

（4）98.因貴方與本公司長期合作，我們將照定價打七五折給您。（譯成英文）
① Because of your long association with our company, we will give you a discount of 75% off the list price. ② Because of your long association with our company, we will grant you a 75% discount of the list price.
③ Because of your long association with our company, we will allow you 25% of the list price. ④ Because of your long association with our company, we will offer you a 25% discount off the list price.

（3）99.我們急需這些貨品。（譯成英文）　① We urgent need these goods.
② We require emergency of these goods. ③ We are in urgent need of these goods. ④ These goods are urgent required.

（2）100.我們不可能再降價。（譯成英文）　① We are impossible to make any further reduction. ② It would be impossible for us to make any further reduction. ③ Any further reduction is out of question. ④ Reducing price is unlikely to us.

（4）101.儘管原物料價格上漲，我們仍維持原價。（譯成英文）　① Despite prices of raw materials have risen, our prices remain unchanged ② Although prices of raw materials have decreased, we maintain our old prices.

③ Raw material prices have raised, but we maintain our existing prices.

④ In spite of the rise in raw material prices, we maintain our existing prices.

（4）102. 發票會寄至您訂單上所提供的地址：楓林街 179 號。（譯成英文） ① The invoice will be sent to 179 Maple Street, it is the address you provided in your order. ② The invoice will be sent to 179 Maple Street, that is the address you provided in your order. ③ The invoice will be sent to 179 Maple Street, which the address you provided in your order. ④ The invoice will be sent to 179 Maple Street, the address you provided in your order.

（3）103. 我們另外寄上樣品。（譯成英文） ① We are sending you our samples in another mail. ② We are sending you our samples in another envelope. ③ We are sending you our samples under separate cover. ④ We are sending you our samples under separate post.

（3）104. Please advise us by email once the goods have been shipped.（譯成中文） ①請以電郵一次通知貨物裝船。 ②請以電郵方式，就這一次裝船事項提供意見。 ③一旦貨物裝船，請電郵告知。 ④一旦貨物裝船，請以電郵提供相關意見。

（4）105. Our supplier has informed us that the item is out of stock at present.（譯成中文） ①目前供應商已告知庫存的項目。 ②供應商告知庫存的商品已當作贈品送出。 ③供應商告知贈品缺貨。 ④供應商告知該商品目前已無庫存。

（3）106. We have to inform you that the model in question has already been discontinued.（譯成中文） ①您所詢問的模型已寄出，就此通知。 ②有疑問的模型已不再能繼續使用，就此通知。 ③該機種已停產，就此通知。 ④有問題的機種已經停產，就此通知。

（2）107. He asked you to reply to his message at the earliest possible time. Which one is the closest in meaning to the underlined phrase？ ① RSVP ② ASAP ③ VAT ④ ETA。

翻譯 他請您儘快回覆他的信息。以下何者與劃線處文字（at the earliest possible time）的意義最接近？

解析 ① RSVP (Répondez s'il vous plaît)：敬請賜覆（通常在請帖上用 RSVP，請被邀請的人收到請帖後告訴主人是否能參加）；② ASAP (as soon as possible)：儘快；③ VAT (value added tax)：加值稅；④ ETA (estimated time of arrival)：預計抵達時間。

（ 1 ） 108. Which of the following abbreviations is not related to companies? ① Enc. ② Ltd. ③ Corp. ④ Co. 。

翻譯 以下何者非與「公司」相關的英文縮寫？

解析 ② Ltd. (Limited)：有限（公司）；③ Corp. (corporation)：公司；④ Co. (company)：公司。

註 另一與公司相關的縮寫為 Inc. (Incorporation)。

（ 4 ） 109. Which one is not a standard address abbreviation? ① Ave. ② St. ③ Blvd. ④ Encl. 。

翻譯 以下何者非標準的地址縮寫？

解析 ① Ave. (avenue)：大街、大道；② St. (street)：街道；③ Blvd. (boulevard)：林蔭大道；④ Encl. (enclosed, enclosure)：裝進、（隨函）附寄。

（ 4 ） 110. Which of the following terms is not related to payment? ① L/C ② D/P ③ O/A ④ FOB 。

翻譯 以下項目何者與付款無關？

解析 ① L/C (Letter of Credit)：信用狀；② D/P (Documents against Payment)：付款交單；③ O/A (Open Account)：記帳；④ FOB (Free on Board)：出口港船上交貨條件。其中①、②、③為付款方式；④為貿易條件。

第六章

要約、承諾、索賠

一 交易磋商的進行程序

(一)詢 價 (Inquiry)

1.意 義

買方或賣方為洽購或洽銷某項商品,而向交易對手提出有關交易條件的詢問。由於價格往往是詢問的重點,因此實務上稱為「詢價」,但實際上並不以查詢價格為限。

2.效 力

無法律上的拘束力。

(二)報 價 (Offer, Quotation)

1.意 義

當事人的一方向對方提出特定的條件,表示願依其所提出條件與對方成立法律上有效契約的意思表示,我國《民法》稱為「要約」。

2.有效報價的要件

(1)向特定人發出。

(2)明確表示願依所提條件訂約。

(3)報價內容確定。

(4)具備基本交易條件。

3.以下情況不視為有效報價

(1)僅表示交易的意向,而無確定意思表示。

(2)附條件報價 (Conditional Offer)。例如:We offer subject to...。

4.報價的效力

(1)對於對方有效的接受,不得拒絕訂立契約。

(2)不能任意撤銷。

⑶不得任意變更。

5. 報價的效力期間

⑴生效時間：

◆ 報價有載明：依其記載。

◆ 報價未載明：原則上採「到達主義」（報價到達被報價人的支配範圍時生效）。

⑵有效期限：

◆ 報價有載明：依其記載。

◆ 報價未載明：原則上於「合理期間」內有效。

6. 報價的方法

⑴書面報價：書信、電傳、傳真、E-mail。

⑵口頭報價：電話、面對面。

⑶行為報價。

7. 預估發票 (Proforma Invoice)

乃賣方於推銷貨物時，為供買方估計成本之用，假定交易已成立所簽發的一種發票，實際上並未真有發貨的事實。實務上，預估發票經常作報價單或售貨確認書之用，若進口商接受，也可視同契約。

㈢還　價 (Counter Offer)

1. 意　義

又稱為反報價，指被報價人對報價內容不完全同意，而提出變更、擴張（追加）或限制報價內容的意思表示。

2. 效　力

還價＝拒絕原報價（原報價因而失效）＋提出新報價

㈣接　受 (Acceptance)

1. 意　義

被報價人願依報價人所開條件成立契約的意思表示，在我國《民法》稱為「承諾」。

2. 效　力

報價經有效接受，契約即為成立。

3.有效接受的要件

(1)接受報價的人必須為被報價人。

(2)須全部接受。

(3)須在報價的有效期限內接受報價。

(4)若報價人有限定接受方法時，應依其規定。

4.報價（或接受）的撤回

(1)意義：指以阻止報價（或接受）生效為目的的意思表示。

(2)效力：撤回通知較原報價（或接受）通知先到或同時到達者，撤回有效。

二　貿易契約書的簽訂

(一)契約成立的要件

報價經有效接受。

(二)契約書的必要性

契約書並非契約成立的要件。只要雙方意思合致，即成立契約，法律上通常不設固定的契約方式，契約可以任何方式證明。

(三)契約書的重要性

(1)可確定契約的內容。

(2)可作為解決糾紛的依據。

(3)方便雙方履約。

(四)簽約的方式

1.雙方當面擬訂、簽署

2.一方草擬，另一方確認

(1)買方草擬：例如 Purchase Confirmation、Order Sheet、Import Contract。

(2)賣方草擬：例如 Sales Confirmation、Proforma Invoice、Sales Note、Export Contract。

(五)契約條件的效力

正面條款（基本條款）優先於背面條款（一般條款）。

三 索 賠

㈠貿易上常見的索賠

⑴買賣索賠。

⑵運輸索賠。

⑶保險索賠。

㈡解決貿易糾紛的方式（依優先順序）

⑴自行和解。

⑵調解。

⑶仲裁。

⑷訴訟。

四 仲 裁

㈠意 義

仲裁 (Arbitration) 指由當事人雙方約定，將彼此間將來或現在的糾紛，交由選定的仲裁機構予以判斷，並由雙方服從其判斷的方法。

㈡優 點

⑴經濟。

⑵迅速。

⑶公正。

⑷保密。

⑸效力：仲裁判斷具有與法院確定判決的相同效力，具強制的拘束力。

⑹溫和。

⑺彈性：當事人可自行選定仲裁機構與仲裁人。

⑻尊重。

㈢仲裁地點

通常下列兩者擇一：

⑴被告所在地：仲裁最重要的是仲裁判斷作出之後的承認與執行，若以被告所在地作為仲裁地點，當原告勝訴，仲裁判斷要求被告履行某種義務時，由於判

斷係於被告所在地作成，在執行的效力上較不會有問題。

　　(2)貨物起岸地：有關於貨物品質的糾紛，若選擇在起岸地進行仲裁，可便於仲裁人實際查看貨物情況。

試題暨解析

（２）1.詢報價步驟：a.還價；b.訂約；c.報價；d.接受，其順序下列何者正確？　①abcd　②cadb　③acdb　④cdba。

（４）2.有關詢價 (Inquiry) 之敘述，下列何者錯誤？　①內容不以價格為限　②賣方也可發出詢價　③發出詢價的一方不受詢價內容之約束　④詢價只詢問價格就好。

（２）3.有關報價 (Offer) 之敘述，下列何者正確？　①一定要由賣方發出　②可以用口頭方式報價　③一定要用書面報價　④買方不能報價。

（４）4.以取得輸出許可證為條件之報價屬於　① Firm Offer　② Special Offer　③ Standing Offer　④ Conditional Offer。

（４）5.下列何者能使契約有效成立？　①超過報價有效期限的接受　②還價　③附加條件的接受　④報價經有效的接受。

（２）6.下列何者不是貿易契約書之功能？　①確定交易之內容　②產地證明　③解決糾紛之依據　④方便履約。

（１）7.下列何者為買方所製作之書面契約或確認書？　① Purchase Order　② Proforma Invoice　③ Sales Confirmation　④ Quotation。

（２）8.下列何種報價不須再經原報價人同意，只要被報價人發出承諾通知契約即成立？　①不確定報價　②穩固報價　③附條件報價　④逾期報價。

（１）9.商品價目表的寄送視為　①要約的引誘　②要約　③反要約　④承諾。

（４）10.下列何者對於報價人具有約束力？　①附條件報價　②未確定報價　③還價　④穩固報價。

（２）11.下列何者屬於國際貿易契約文件？　①保險單　②報價單　③包裝單　④海關發票。

　　解析　國際貿易的契約文件係指以買賣條件為主要內容的文件，包括契約條件磋商與訂約過程中的往來文件，例如詢價信、報價單、訂單、確認書、契約書等。

（ 4 ） 12.國際貿易契約中，由賣方製作並以確認書方式簽訂者稱為　①售貨契約　②購貨契約　③購貨確認書　④售貨確認書。

（ 1 ） 13.關於國際貿易契約的敘述，下列何者錯誤？　①代理契約中代理人必須自負盈虧　②經銷契約中經銷人可享有經銷賣方特定商品的權利　③預先簽訂之「一般交易協議書」的效力低於「個別交易協議書」　④契約中的基本交易條件通常包括品質、數量、價格、付款、交貨、保險等項。

解析　代理人係「以委託人名義，由委託人負擔盈虧」的方式進行交易，故交易盈虧由委託人負擔。

（ 3 ） 14.當承諾由買方發出時，賣方為了使對方瞭解其已收到承諾通常再發出另一封函件，稱為　①重複報價　②賣方報價　③售貨確認書　④契約通知書。

（ 2 ） 15.下列何者不屬於書面報價？　①電傳　②電話　③ email　④傳真。

（ 1 ） 16.下列敘述何者視為還價？　①變更報價中的付款條件　②表示考慮對方的報價　③報價的誘引　④對對方的報價條件表示沉默。

（ 2 ） 17.未訂有效期限的報價稱為　① general offer　② free offer　③ firm offer　④ counter offer。

（ 2 ） 18.報價單上載有 Offer Subject to Goods Unsold 是屬　①穩固報價　②非穩固報價　③聯合報價　④持續報價。

解析　報價附有 "Subject to" 就是一種附條件的報價，所以是一種非穩固報價，亦即非確定的報價。

（ 4 ） 19.下列哪項費用原則上是由賣方負擔？　①開狀手續費　②進口簽證費　③ PSI 費用　④押匯手續費。

解析　③ PSI (Pre-Shipment Inspection)：裝運前檢驗，該項檢驗多由進口國政府所指定，進口商須憑出口商所提供的 PSI 證明才能辦理進口，由於係進口商所需，故雖然是由出口商委託出口地的公證行辦理 PSI，但是 PSI 費用應由進口商負擔。

（ 2 ） 20.書面報價之生效時間，聯合國國際貨物買賣契約公約 (CISG) 上大多採　①發信主義　②到達主義　③瞭解主義　④表白主義。

（ 4 ） 21.下列行為何者為要約？　①寄送價目表　②寄送型錄　③寄送樣品　④發出報價單。

（4）22.下列承諾的方式何者不正確？　①口頭　②書面　③電報　④沉默。

（3）23.報價經還價後，原報價　①可以再議　②等對方同意可成交　③失去效力　④仍然有效。

（3）24.下列何者不是「有效接受」的要件？　①接受報價人須是被報價人　②在報價的有效期限內接受　③接受大部分的報價內容　④未附帶條件的接受。

（1）25.下列何者不是「有效報價」的要件？　①報價是向非特定人發出　②報價人明確表示願依所提條件訂約　③報價內容十分確定　④報價需具備各種基本交易條件。

（1）26.某出口商向國外進口商報價後，即於報價有效期限內同時接到國外進口商的接受和撤回接受的電傳，則此「接受」的效果為何？　①可以撤回　②能否撤回無法確定　③須在出口商同意的情況下才可撤回　④不得撤回，必須與出口商簽約。

（2）27.我方於 8 月 1 日對外報價，有效期限至 8 月 5 日止，對方於 8 月 3 日回電還價並請我方回覆，此時，國際市場價格上漲，我方未予答覆。對方又於 8 月 5 日來電表示接受我方 8 月 1 日的報價，則　①接受有效　②接受無效　③如我方未提出異議，則契約成立　④屬於附條件的接受。

（1）28.某項出口報價於 7 月 25 日以郵寄形式送達進口商，但在此前的 7 月 23 日，出口商以一傳真告知進口商，報價無效，此行為屬於　①報價的撤回　②報價的修改　③一項新報價　④報價的撤銷。

（1）29.當契約書的正面條款與背面條款產生矛盾時，則其解釋應以下列何者為準？　①正面條款為優先　②背面條款為優先　③須考量正面條款與背面條款之原意　④由雙方當事人協商。

（1）30.關於 Proforma Invoice 之敘述，下列何者錯誤？　①賣方交貨後簽發給買方　②可供買方向其政府申請輸入許可證　③可供買方向銀行申請外匯或開發信用狀　④只要進口商接受，即可視同契約。

（4）31.下列何者並非貿易實務上常見的索賠？　①保險索賠　②買賣索賠　③運輸索賠　④匯兌損失索賠。

（1）32.處理貿易索賠與糾紛的方法有：a.當事人自行和解；b.經由第三人調解；

c.經由商務仲裁； d.經由訴訟途徑解決，其優先順序應為　①abcd
②cdba　③abdc　④cabd。

（2）33.下列何者為賣方索賠時可能採取的行動？　①退貨　②扣留貨物　③補
送貨物或換貨　④減價。

（3）34.下列何者非為預防買賣索賠糾紛的正確作為？　①熟悉國際貿易慣例
②遵守誠信原則　③迅速發出索賠通知　④嚴格履行契約。

> 解析　迅速發出索賠通知乃「提出索賠」時的必要步驟，並非「預防索賠」之道。

（3）35.出口商遭到進口商索賠時，會要求進口商提供　①運送人報告　②保險
證明　③公證報告　④進口地政府證明。

> 解析　進口商提供的公證報告主要在證明貨物運抵進口地時，品質、數量或包裝等與契約不符，
> 進口商應在提領貨物之後立即檢查，若檢查發現貨物有問題，即請公證行作成鑑定的公
> 證報告，憑以向出口商提出索賠。

（3）36.船公司在運輸過程中因貨物處理不當，致使貨物受損，理應賠償貨主，
此稱為　①貿易索賠　②保險索賠　③運輸索賠　④買賣索賠。

（4）37.國際商務仲裁不具備下列何項優點？　①經濟　②可保密　③簡單快速
④當事人可自行決定是否遵守判決。

（4）38.在各種解決商務糾紛的方法中，手續最繁雜與曠日費時，且耗損金錢及
精神的是　①和解　②調解　③仲裁　④訴訟。

（2）39.下列對商務仲裁之描述何者錯誤？　①具公信力　②不具法律效力
③費用低廉　④具保密性。

（3）40.有關我國仲裁判斷效力之敘述，下列何者正確？　①比法院之確定判決
效力低　②比法院之確定判決效力強　③與法院之確定判決有同一效力
④當事人可向仲裁人提出上訴。

（2）41.買方對賣方索賠時，若買賣雙方事先無約定仲裁費用，如賠償成立則按
慣例仲裁費用由誰負擔？　①買方　②賣方　③雙方平均分攤　④買方
三分之一，賣方三分之二。

> 解析　國際仲裁費用按慣例是由敗訴的一方負擔，買方對賣方的索賠如果成立，則賣方為敗訴
> 的一方，仲裁費用應由賣方負擔。

（1）42.一般而言，仲裁人的遴選方式為依　①當事人同意　②仲裁機構選定
③法院選定　④按照公約規定。

（2）43.買方因市場行情變化而假藉理由向賣方提出之索賠屬於　①誤解索賠　②市場索賠　③正當索賠　④賣方索賠。

解析　依照題意「因市場行情變化」，可知答案為②市場索賠。

（3）44.下列何者屬於非金錢索賠？　①折價　②退款　③換貨　④損害賠償。

（2）45.有關貿易糾紛之仲裁地，下列何者較方便於仲裁判斷之執行？　①起岸地主義　②被告地主義　③第三國主義　④離岸地主義。

（1）46.對於品質不良糾紛，仲裁地之選擇宜採　①起岸地主義　②被告地主義　③第三國主義　④離岸地主義。

（3）47.下列何者不是目前各國辦理仲裁的機關？　①商會　②商品交易協會　③法院　④國際商會。

解析　仲裁多由民間機構辦理，而非透過司法系統。

（3）48.依我國法律，商務仲裁之約定應以　①口頭　②特定形式　③書面　④公證　方式為之。

（1）49.海商法第一百五十一條，要保人或被保險人，自接到貨物之日起，幾個月內不將貨物所受損害通知保險人或其代理人時視為無損害？　①一個月　②二個月　③三個月　④六個月。

第七章

貿易條件與報價

一 貿易條件

貿易條件 (Trade Terms) 係指國際貿易中被用來說明買賣雙方在貨物交接方面的責任 (Duty)、費用 (Cost) 和風險 (Risk) 劃分的各種縮寫術語。

二 Incoterms

為統一解釋國際間使用的貿易條件,國際間陸續制定了三種主要的解釋規則,目前最為通行的,就是國貿條規(International Commercial Terms,簡稱 Incoterms),目前使用的是 2010 年修訂版。

㈠內 容

共解釋十一種條件,又區分為二類:

適用任何或多種運送方式	EXW (Ex Works) FCA (Free Carrier) CPT (Carriage Paid to) CIP (Carriage and Insurance Paid to) DAT (Delivered at Terminal) DAP (Delivered at Place) DDP (Delivered Duty Paid)
適用海運或內陸水路運送方式	FAS (Free Alongside Ship) FOB (Free on Board) CFR (Cost and Freight) CIF (Cost Insurance and Freight)

(二)比　較

貿易條件	交貨地點	國際運輸風險	洽運	運費	保費	為誰投保	出口通關	進口通關	後面加的地點
EXW	賣方工廠							B	賣方工廠所在地
FAS	出口港船邊								裝船港
FCA	貨交指定運送人		B	B					交貨地
FOB	出口港船上				B		B		裝船港
CFR	出口港船上	B						B	目的港
CPT	貨交指定運送人								目的地
CIF	出口港船上					S	S		目的港
CIP	貨交指定運送人		S	S					目的地
DAT	終點站				S				終點站
DAP	目的地	S					S		目的地
DDP	目的地（稅迄）							S	目的地

說明：S：賣方；B：買方

貿易條件後面加的地點，其規則是：賣方負擔成本費用到哪個地點，貿易條件後面即加上該地點。

(三)費用的考量

		預期運費可能		預期保險費可能	
		上　漲	下　跌	上　漲	下　跌
賣方立場	考量因素	負擔運費不利	負擔運費有利	負擔保費不利	負擔保費有利
	宜選用	EXW、FOB、FAS、FCA	CFR、CIF、CPT、CIP、DAT、DAP、DDP	EXW、FAS、FOB、CFR、FCA、CPT、DAT、DAP、DDP	CIF、CIP
買方立場	考量因素	負擔運費不利	負擔運費有利	負擔保費不利	負擔保費有利
	宜選用	CFR、CIF、CPT、CIP、DAT、DAP、DDP	EXW、FOB、FAS、FCA	CIF、CIP	EXW、FAS、FOB、CFR、FCA、CPT、DAT、DAP、DDP

試題暨解析

（ 2 ） 1. 依 Incoterms 2010 之規定，下列何者適用於複合運輸方式？ ① FOB
　　② FCA　③ CFR　④ FAS。

（ 2 ） 2. 如信用狀要求的運送單據為航空運送單據，則適用下列何種貿易條件？
　　① CIF　② FCA　③ FAS　④ FOB。

（1） 3. 依 Incoterms 2010 之規定，下列何種貿易條件只適合純船運？　① CIF　② CIP　③ CPT　④ FCA。

（1） 4. 下列何者不是解釋貿易條件的國際慣例？　① UCP 600　② Incoterms 2010　③ American Definition　④ Warsaw-Oxford Rules。

（1） 5. Incoterms 2010 共解釋幾種貿易條件？　①二大類十一種　②三大類十二種　③四大類十三種　④五大類十四種。

（2） 6. Warsaw-Oxford Rules 只解釋下列哪一種貿易條件？　① FOB　② CIF　③ CFR　④ C&I。

（4） 7. Incoterms 2010 是由　①聯合國　②國際法學會　③美國商會　④國際商會　所制定。

（4） 8. 依 Incoterms 2010 之規定，下列何種貿易條件須由賣方負責洽訂運輸契約？　① FOB　② EXW　③ FCA　④ CFR。

（3） 9. 美國對外貿易定義將 FOB 之解釋分為　①四種　②五種　③六種　④七種。

（1） 10. 依 Incoterms 2010 之規定，CIP 條件下貨物風險於何時移轉給買方？　①出口地貨物交給第一運送人時　②貨裝上運輸工具時　③到達目的港卸貨時　④在目的地交貨時。

（2） 11. 依 Incoterms 2010 之規定，每一貿易條件下買賣雙方的義務統一分為　①八項　②十項　③十二項　④十五項。

（2） 12. 下列何者不是 Incoterms 2010 所規定買方的共同義務？　①支付價金　②交貨　③受領貨物　④檢驗貨物。

解析　交貨為賣方的義務。

（1） 13. 依據 Incoterms 2010 之規定，下列何種貿易條件買方的責任最重？　① EXW　② FOB　③ DAT　④ DDP。

（3） 14. FOB&C 貿易條件中的 "C" 代表　① Cost　② Cleared　③ Commission　④ Customs。

（2） 15. 在 C&I 貿易條件下，下列何者正確？　①賣方負責洽船　②賣方負責投保　③買方負責投保　④賣方報價中包含運費在內。

解析　C&I (Cost & Insurance) 的交貨地點與 FOB、CFR 和 CIF 三種貿易條件相同。此外，在

C&I 條件下應由賣方負責投保，買方負責洽訂運輸，賣方的報價中包含保費，但不包括運費。

（ 1 ） 16. 依 Incoterms 2010 之規定，下列何者不是在目的地交貨之貿易條件？
① FAS　　② DAP　　③ DAT　　④ DDP。

（ 1 ） 17. 依 Incoterms 2010 之規定，下列何種貿易條件需附加起運港的名稱？
① FOB　　② CFR　　③ CIF　　④ C&I。

（ 4 ） 18. 依 Incoterms 2010 之規定，下列何種貿易條件保險費應由賣方負擔？
① EXW　　② FOB　　③ CFR　　④ CIF。

（ 1 ） 19. 買方以信用狀付款時，開狀前即應先投保運輸保險之貿易條件？
① FCA　　② CIF　　③ CIP　　④ DDP。

> **解析**　FCA 貿易條件下應由買方辦理投保手續，並負擔保費，但由於交貨仍由賣方辦理，為免耽誤投保時效，買方通常於賣方裝貨之前即先行向保險人辦理預保，俟接獲賣方的裝運通知，確定裝運日期之後，才向保險人聲明裝運事項，使保險生效。尤其以信用狀付款的場合，開狀銀行為確保其對貨物的權益，通常會要求買方先行預保，並且憑預保單申請開狀。

（ 3 ） 20. 依 Incoterms 2010 之規定，下列何種貿易條件的運輸保險由買方負責？
① CIP　　② CIF　　③ FOB　　④ DDP。

（ 1 ） 21. 依 Incoterms 2010 之規定，以 FOB 條件成交時，賣方發出貨物裝運通知之主要用意是讓買方　①及時辦理貨物運輸保險手續　②及時開出信用狀　③及時辦理進口報關　④及時洽訂艙位。

> **解析**　FOB 貿易條件下應由買方投保，故賣方應於交貨之後立即通知買方，俾便買方得以及時投保。

（ 4 ） 22. 依 Incoterms 2010 之規定，貨物運輸過程中的風險完全由賣方承擔的貿易條件是　① EXW　　② FAS　　③ CIP　　④ DAP。

（ 2 ） 23. 下列何種條件為 Incoterms 2010 未規範之十一種貿易條件？　① CPT　② DES　　③ DDP　　④ DAP。

（ 3 ） 24. 依 Incoterms 2010 之規定，以裝運地品質為準之貿易條件不適用下列哪一項？　① CIF　　② FAS　　③ DAP　　④ FOB。

> **解析**　一般而言，交貨地點即為貨物品質確定地點，DAP 貿易條件是以目的地為交貨地點，故非以裝運地點為確定貨物品質的地點。

（ 3 ） 25. 依 Incoterms 2010 之規定，採 DAP 貿易條件交易時，賣方不負擔下列哪一項費用？　①輸出通關費　②輸出稅捐　③輸入稅捐　④保險費用。

（1）26.依 Incoterms 2010 之規定，下列何種貿易條件的風險移轉點非裝運港裝載於船舶上？　① CIP　② CIF　③ FOB　④ CFR。

（4）27.依 Incoterms 2010 之規定，下列何種貿易條件的進口通關費用由賣方負擔？　① CIP　② EXW　③ FOB　④ DDP。

（4）28.下列何者非 CIF 下賣方應負之責任？　①提供運費已付之運送單據　②提供商業發票　③提供保險單據　④負擔貨物運送風險。

（2）29.依 Incoterms 2010 之規定，CIP 之風險分界點與下列何者相同？　① FOB　② FCA　③ DDP　④ EXW。

（1）30.依 Incoterms 2010 之規定，CIF 賣方風險之轉移分界點為何？　①貨物送至裝運港裝載於船舶上為止　②貨物送至卸貨港為止　③貨物送至買方指定地點　④由買賣雙方依實際狀況洽談。

（2）31.依據 Incoterms 2010 之規定，在 EXW 貿易條件下，賣方需不需要負責把貨物裝上買方所提供之運輸工具？　①需要　②不需要　③不確定　④由賣方決定。

（4）32.若賣方無法取得輸出貨物之輸入許可證，則不宜使用下列何種貿易條件　① FAS　② FOB　③ DAT　④ DDP。

> 解析　在 DDP 貿易條件下，賣方須取得輸入許可證方能辦理交貨，若賣方無法申請取得輸入許可證，則無法符合 DDP 貿易條件的要求。

（4）33.以下何者為 Incoterms 2010 所有貿易條件下買方的共同義務？　①負擔運輸風險　②取得輸入許可證　③向賣方發出裝貨通知　④依約支付價金。

（2）34.下列貿易條件中，何者的風險移轉地點與 FOB 相同？　① FAS　② CIF　③ FCA　④ DDP。

（4）35. FOB 與 CIF 之差異為何？　①風險移轉點不同　②品質的決定時點不同　③數量的決定時點不同　④出口報價的成本構成不同。

（2）36.依 Incoterms 2010 之規定，FOB、CFR 和 CIF 三種貿易條件不同之處為　①風險移轉點　②賣方負擔的費用　③運輸方式　④交貨地點。

（2）37.臺灣甲乙兩廠出口商各以 FOB Keelung 以及 CIF Bangkok 報價，請問下列何者正確？ ①基隆和曼谷均為輸出港 ②基隆為輸出港、曼谷為目的港 ③基隆為目的港、曼谷為輸出港 ④基隆和曼谷均為目的港。

（ 1 ）38.信用狀中以 FOB 為貿易條件，但又規定船運由賣方安排，則運輸途中所發生的損失應由何方負擔？ ①買方 ②賣方 ③船公司 ④保險公司。

> 解析 買賣雙方可依據需要適度更改貿易條件之規定，例如 FOB 條件原應由買方負責洽運，但雙方可自行約定改由賣方洽運。然 FOB 條件的基本原則不變，亦即貨物風險仍於指定裝船港裝載於船舶時移轉買方，運輸途中的風險由買方負擔。

（ 2 ）39.依 Incoterms 2010 之規定，下列貿易條件之敘述何者不正確？ ① FAS 指定裝運港 ② FOB 指定目的港 ③ CFR 指定目的港 ④ DAP 指定目的地。

（ 1 ）40.臺灣出口商擬向國外客戶報價時，試問下列有關貿易條件敘述何者錯誤？ ① CFR Keelung ② DAT Bangkok ③ CIF Durban ④ FCA CKS Airport。

> 解析 CFR 貿易條件之後應加目的港，故 CFR Keelung 應該使用於臺灣進口的交易。（CKS Airport：中正國際機場，現更名為臺灣桃園國際機場。）

（ 2 ）41.適用於空運或陸運方式的貿易條件為 ① FAS ② FCA ③ FOB ④ CFR。

（ 1 ）42.油價上漲運費提高時，賣方應採取下列哪一項貿易條件較好？ ① FOB ② CFR ③ CIF ④ DDP。

（ 2 ）43.在 CIF 貿易條件下，發生海上保險事故貨物全損時，則進口商要向誰提出索賠？ ①出口商 ②保險公司 ③運輸公司 ④保險經紀人。

（ 3 ）44.貿易條件是 FOB 時，信用狀受益人所提示的押匯文件不需要下列哪一項單證？ ①商業發票 ②提單 ③保險單 ④匯票。

> 解析 FOB 貿易條件下賣方無投保義務，故不須提示保險單。

（ 2 ）45.臺中某出口商出口貨物一批給 Chicago 的買方，裝運港為基隆港，貿易條件 CIF New York，則貨物的危險在何處移轉給買方？ ①臺中 ②基隆港 ③ Chicago ④ New York。

> 解析 CIF 貿易條件下，貨物風險於出口港移轉，但係賣方應負擔成本與費用至目的港，故 CIF 之後應加目的港。CIF New York，表示目的港為 New York，但交貨地點應為裝運港（即基隆港）。

（2）46.貿易條件為 CIF 時，賣方須負責訂定運送契約，但裝運或發貨後貨品毀損之風險，應為下列何者承擔？　①賣方　②買方　③押匯銀行　④通知銀行。

（2）47.依 Incoterms 2010 之規定，CIF 貿易條件下賣方於何時完成交貨？　①貨物運至指定目的港，由買方提貨時　②貨物在裝運港裝載於船舶上時　③貨物交付買方所指定之運送人時　④貨物運至指定目的港的碼頭時。

（3）48.依 Incoterms 2010 之規定，賣方需支付將貨物運至指定目的地所需的運送費用，另外亦須替買方購買保險之貿易條件為下列何者？　① CPT　② CIF　③ CIP　④ CFR。

> 解析　在 CIF 和 CIP 兩種貿易條件下，賣方均須負責投保，亦須負擔運費，但是在 CIF 貿易條件下，賣方須支付將貨物運至指定「目的港」所需的「海運費」；而在 CIP 貿易條件下，賣方須支付將貨物運至指定「目的地」所需的「運送費」（包含各種運送方式的運費），兩者有別。

（4）49.依 Incoterms 2010 之規定，若依照 FOB 貿易條件以貨櫃運輸方式交貨，則下列敘述何者正確？　①貨物在指定裝船港越過船舷時起，由賣方承擔貨物滅失或毀損之一切風險　②貨物在貨櫃集散站進行交貨以便拖往碼頭裝船，此時貨物滅失或毀損之風險即由賣方移轉予買方　③貨物由貨櫃集散站運送至碼頭之運費，由買方負擔　④貨物在由貨櫃集散站至裝載於船舶前之風險，由賣方承擔。

> 解析　以 FOB 貿易條件交易，不論係以傳統船或貨櫃運輸方式交貨，賣方都應負擔貨物於指定裝船港裝載於船舶之前的風險與費用，貨物自出口地貨櫃集散站運送、裝載於船舶之間的風險與費用均由賣方負擔。

（2）50.我出口商由基隆出口一批家具至香港，下列何者為正確的貿易條件？　① FOB 香港　② FOB 基隆　③ DAT 基隆　④ CIF 基隆。

> 解析　FOB 貿易條件之後應加出口港，因此 FOB 香港為香港出口的報價，FOB 基隆為基隆出口的報價。

（4）51.依 Incoterms 2010 之規定，下列何種貿易條件賣方須將提貨單 (D/O) 交給買方？　① EXW　② FAS　③ CIF　④ DAP。

> 解析　廠商必須於進口地憑提單 (B/L) 向船公司換領提貨單（D/O，俗稱小提單），故須於卸貨之後方得換領，若要求由賣方將提貨單交給買方，則交貨必然係在貨物卸下之後。上述選項中只有④ DAP 貿易條件在目的地交貨，其餘均在出口地交貨。

（ 3 ） 52.我國海關對貨物進出口值的統計，係根據何種貿易條件？　①出口 FOB；進口 FOB　②出口 CIF；進口 CIF　③出口 FOB；進口 CIF　④出口 CIF；進口 FOB。

（ 2 ） 53.非定型貿易條件 In Bond 係指　①出口地保稅倉庫交貨　②進口地保稅倉庫交貨　③進口地稅訖交貨　④出口加工區交貨。

（ 3 ） 54.依 Incoterms 2010 之規定，下列何種貿易條件由買方負責出口報關？　① CIF　② FAS　③ EXW　④ DDP。

（ 2 ） 55.依 Incoterms 2010 之規定，FAS 貿易條件之出口通關手續係由下列何者辦理？　①買方　②賣方　③雙方指定　④船方。

（ 3 ） 56.下列何種貿易條件其風險移轉點相同？　① CIP, CIF　② FOB, FAS　③ CPT, FCA　④ DAT, DAP。

（ 3 ） 57.下列何者不是有關貿易條件之國際慣例？　①國貿條規　②美國對外貿易定義　③信用狀統一慣例　④華沙牛津規則。

（ 1 ） 58.定義 FOB、CIF 等不同貿易條件下，買賣雙方的義務之國際慣例是　① Incoterms 2010　② UCP 600　③ URC 522　④ ISP 98。

（ 2 ） 59.信用狀條款中註明 "Insurance to be covered by the Buyer" 時，應為下列哪一種貿易條件？　① CIF　② CFR　③ DAT　④ DDP。

> 解析　"Insurance to be covered by the Buyer." 意指「由買方負責投保」，上述選項中只有②CFR 貿易條件應由買方負責投保。

（ 2 ） 60.下列貿易條件之表示何者錯誤？　① FAS: Free Alongside Ship　② FCA: Free Carriage　③ CPT: Carriage Paid To　④ DAP: Delivered At Place。

> 解析　FCA: Free Carrier。

（ 4 ） 61.下列何者不在 CIF 出口報價計算之內？　①報關費　②保險費　③海運費　④進口稅。

（ 3 ） 62.下列何者不在 FOB 出口報價計算之內？　①預期利潤　②包裝費　③海運費　④銀行手續費。

（ 3 ） 63.訂定國際貿易慣例、規則及公約的最主要目的是　①改善各國的關係　②便於在交易時居於有利的地位　③使交易條件標準化以減少糾紛　④增加外匯收入。

（2） 64.一般情況下，從事三角貿易以何種貿易條件買進最為理想？ ① CIF 條件 ② CFR 條件 ③ FOB 條件 ④ DDP 條件。

> 解析 中間商從事三角貿易，只居間以文件傳遞往來方式達成交易，並賺取買賣差價。故實務上，中間商以 CFR 貿易條件購入，以 CIF 貿易條件售出最為理想。亦即由中間商投保，運費由發貨人預付，則不僅在保險金額和理賠地點方面，較不易出錯，而且發貨人因為不知道確實的保險金額，所以無法從保險金額中推算中間商的轉售價格（通常，轉售價格 × 1.1 = 保險金額）。

（3） 65.貿易條件之功用不包含 ①確定價格的構成 ②確定雙方的權利義務關係 ③確定應使用的付款方式 ④確定交貨品質、數量的認定之時點。

（4） 66.依 Incoterms 2010 之規定，貿易條件之內涵不包括 ①風險之移轉 ②費用之負擔 ③單據之提供 ④價格之計算。

> 解析 貿易條件可確定價格的結構，但實際金額的計算仍須視個案而定。

（4） 67.由買賣雙方所約定的貿易條件即可判斷該筆交易的 ①付款時間 ②品質決定方式 ③交貨時間 ④交貨地點。

> 解析 貿易條件可確定交貨地點，但無法確定交貨的時間；可確定品質決定的地點，但無法確定品質決定的方式；也無法確定付款時間。

（4） 68. Incoterms 2010 解釋之貿易條件價格結構上，下列何者錯誤？ ① CFR = FOB + 運費 ② FOB － 裝船費 = FAS ③ DAP + 進口通關費及相關一切稅費 = DDP ④ CPT － 保費 = CIP。

> 解析 CPT + 保費 = CIP。

（3） 69.依 Incoterms 2010 之規定，有關 a.EXW；b.FAS；c.FOB；d.CFR；e.CIF；f.FCA；g.CPT；h.CIP；i.DAT；j.DAP；k.DDP 之敘述，下列何者正確？ ①賣方責任最少為 k ②買方責任最少為 a ③賣方負擔主運送費用，也負擔主運送風險為 ijk ④賣方不負擔主運送費用為 bcef。

> 解析 ①賣方責任最少為 a；②買方責任最少為 k；④賣方不負擔主運送費用為 abcf。

（1） 70.若賣方對進口報關手續沒有把握，不宜採用下列哪種貿易條件？ ① DDP ② FAS ③ CIF ④ EXW。

> 解析 ① DDP 貿易條件由賣方負責辦理進口報關。

（3） 71.在大宗貨物交易時，賣方以 FOBFI 條件報價，係表示 ①船方負擔裝貨

費用 ②賣方負擔裝貨費用 ③買方負擔裝貨費用 ④買賣雙方平均負擔裝貨費用。

> **解析** FI (Free In)：不負擔 (Free) 貨物裝入船艙 (In) 的費用。FOB 貿易條件下，本應由賣方負擔裝貨費用，但若採用 FOBFI，則表示賣方不負擔裝貨費用，而改由買方負擔。

（3）72. 依據 Incoterms 2010 之規定，Carriage and Insurance Paid to New York，其 New York 係指下列何者？ ① Port of Loading ② Port of Discharge ③ Place of Destination ④ Place of Receipt。

（1）73. Incoterms 2010 以下列何種貿易條件取代 DAF、DES、DEQ 與 DDU？ ① DAP、DAT ② DAT、DDP ③ FAS、DDP ④ CIF、DAP。

（1）74. 依 Incoterms 2010 之規定，下列何者為完全可適用於多種運送方式之貿易條件？ ① DAP、DAT ② DAT、FAS ③ FOB、DDP ④ CIF、DAP。

（4）75. 依 Incoterms 2010 之規定，下列何種貿易條件賣方須負擔貨物至目的港的運費？ ① FOB ② FAS ③ FCA ④ CFR。

第八章 信用狀

一 信用狀的原理

信用狀係開狀銀行向受益人承諾,只要受益人能提示符合信用狀要求的單據,銀行即擔保兌付。

㈠單據交易

在信用狀交易中,交易的對象為信用狀所規定的單據,而非貨物本身,銀行只憑規定的單據付款。

㈡獨立性（無因性）

信用狀與買賣契約彼此獨立,無論受益人所交付的貨物是否符合買賣契約的約定,只要所提示的單據與信用狀所規定者有所不符,銀行即可拒絕付款。

㈢文義性

銀行只就單據表面的記載作審查,而不探究其記載的真實性。

二 信用狀的當事人

㈠開狀申請人 (Applicant for the Credit)

通常為貨物的買方或進口商。

㈡開狀銀行 (Opening Bank, Issuing Bank)

通常是買方或進口商的往來銀行。

㈢受益人 (Beneficiary)

通常為貨物的賣方或出口商。

㈣通知銀行 (Advising Bank)

通常是開狀銀行位於出口地的總分支行或往來銀行。

㈤讓購銀行 (Negotiating Bank)

又稱為押匯銀行。若信用狀未特別指定讓購銀行,受益人通常選擇其往來銀行辦理押匯。

㈥再押匯銀行 (Re-negotiating Bank)

假如信用狀限定押匯銀行，而該銀行又非受益人的往來銀行，或受益人不願意逕向該銀行請求押匯時，受益人可逕向其往來銀行辦理押匯，然後再由該往來銀行向該限定押匯銀行辦理轉押匯 (Re-negotiation) 事宜。在此場合，該限定的押匯銀行，即稱為再押匯銀行。

㈦付款銀行 (Paying Bank)

信用狀中所規定擔任付款的銀行，可能是開狀銀行，亦可能是開狀銀行所委任的另一銀行。

㈧償付銀行 (Reimbursing Bank)

有時信用狀規定押匯（或付款）銀行於押匯（或付款）之後應另開出匯票（或免開）向開狀銀行以外的另一家銀行求償。在此場合，該另一家銀行稱為償付銀行或補償銀行。

㈨保兌銀行 (Confirming Bank)

當開狀銀行的規模較小或資信不明，或開狀銀行所在地國家政經狀況不穩定，而須由開狀銀行另請一家銀行對其所開信用狀擔保「兌付」的責任。這一家擔保兌付的銀行即為保兌銀行。保兌銀行與開狀銀行負擔相同的兌付義務。

三 與信用狀相關的國際慣例

㈠ UCP

⑴制定機構：國際商會 (International Chamber of Commerce, ICC)。

⑵通行版本：UCP 600（ICC 第 600 號出版品），2007 年 7 月正式實施。

⑶性質：國際商業慣例。

⑷效力：

◆ 不具有當然的拘束力，必須經當事人同意且在信用狀中載明適用，才對當事人具有拘束力。

◆ 若信用狀內容與 UCP 規定衝突，以信用狀內容為優先。

㈡ eUCP

⑴制定機構：國際商會。

(2)通行版本：eUCP 1.1，2007 年 7 月正式實施。

(3)內容：規範電子貿易中有關信用狀的簽發與提示作業。

(4)性質：UCP 的補充。

(5)效力：並不是一套可以單獨存在或獨立運作的規則，須依附於 UCP 600。當同時適用 eUCP 1.1 與 UCP 600，卻產生不同結果時，應優先適用 eUCP 1.1。

(三) ISBP

(1)制定機構：國際商會。

(2)通行版本：2013 年實施修訂版 ISBP。

(3)內容：以清單的方式列舉各項信用狀下審核單據的銀行實務。

(4)性質：UCP 的補充。

(5)效力：並不是一套可以單獨存在或獨立運作的規則，須依附於 UCP。UCP 與 ISBP 的規定牴觸時，以 UCP 規定為優先。

(四) ISP 98

(1)制定機構：國際商會。

(2)通行版本：1998 年通過，1999 年 1 月 1 日正式實施。

(3)性質：規範擔保信用狀或銀行擔保函等國際擔保函證。

(4)效力：是一套可以單獨存在或獨立運作的規則。

四 信用狀的種類

(一)依開狀銀行可否隨時片面撤銷或修改

1. 可撤銷信用狀 (Revocable L/C)

開狀銀行於開出信用狀後，無須預先通知受益人，可隨時片面撤銷或修改信用狀。

2. 不可撤銷信用狀 (Irrevocable L/C)

信用狀一經開出並通知受益人，在其有效期間內，非經受益人、開狀銀行及保兌銀行（若經保兌）同意，不得將該信用狀作片面的撤銷 (Cancel) 或修改 (Amend)。

★未表明其究屬 "Revocable" 或 "Irrevocable" 者，視為 Irrevocable。

(二)依是否經開狀銀行以外的另一銀行擔保兌付匯票及（或）單據

1. 保兌信用狀 (Confirmed L/C)

保兌銀行所負的確定義務，與開狀銀行相同。

2. 無保兌信用狀 (Unconfirmed L/C)

在下列情形下可要求保兌：

(1)信用狀金額較大，擔心開狀銀行的償付能力。

(2)開狀銀行資信不為人所熟悉。

(3)開狀銀行所在國政經情況不穩定或外匯短絀。

(三)依付款時間

L/C 規定須提示匯票		L/C 未規定須提示匯票	
即期匯票 （見票即付）	遠期匯票 （先承兌，匯票到期才付）	於提示單據 時付款	於提示單據後 一定日期付款
即期信用狀 (Sight Credit)	遠期信用狀 (Usance Credit)*	即期信用狀 (Sight Credit)	延期付款信用 狀 (Deferred Payment Credit)
即期貼現息通 常由賣方負擔	遠期貼現息由 買方負擔	遠期貼現息由 賣方負擔	
	Buyer's Usance	Seller's Usance	

說明：＊若 L/C 未規定，視為由賣方負擔。

(四)依讓購的限制

讓購信用狀 (Negotiation Credit)		直接信用狀 (Straight Credit)
允許受益人辦理讓購		
未指定讓購銀行	指定讓購銀行＊	受益人須直接向開狀銀行或其 指定的銀行提示兌付，不得辦理 讓購
一般信用狀或自由讓購 信用狀	特別信用狀或限押信用 狀	
L/C 記載：This credit is available with any bank by negotiation.	L/C 記載：Negotiations under this credit are restricted to....	

說明：＊若受益人不願透過指定銀行辦理押匯，也可以轉押匯的方式辦理。

(五)背對背信用狀（Back-to-Back Credit，又稱「轉開信用狀」）

若信用狀受益人本身並非貨物的供應商，但一方面因不願讓買方知道自己並非供應商，也不願讓其知道自己是以較低價購得貨物後再行轉賣給他，又為避免國外買方與國內供應商直接接觸，便可憑國外開來的信用狀向通知銀行（有時為本地其他銀行）申請另開一張金額較低的轉開信用狀給供應商。作為開發轉開信用狀依據的原信用狀則稱為 "Original Credit" 或 "Master Credit"。轉開信用狀也稱為 "Secondary Credit"。

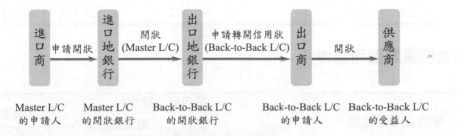

(六)擔保信用狀 (Standby Credit)

不以清償貨物價款為目的，而係以擔保債務的清償或各項契約的履行為目的而開發的信用狀。

五　信用狀內容的一般規定

(一)信用狀規定的各種期限

	信用狀有效期限	裝運期限	押匯期限
信用狀 有載明	多以受益人所在地時間為準	依之	依之，但不得逾信用狀有效期限
信用狀 未載明	該信用狀無效	以信用狀有效期限為準	裝運日後 21 天內，但不得逾信用狀有效期限

(二)各種期限可否順延

	信用狀有效期限	裝運期限	押匯期限
遇國定假日	可	不可	可
遇不可抗力事故	不可	不可	不可

㈢各種用詞的定義

	from	till	before	after	on or before
	用於確定裝運期間	用於確定付款到期日	包括所提及之日	不包括所提及之日	不包括所提及之日	特定日期前後 5 曆日之期間內（含當日及首尾），共 11 日
	包括所提及之日	不包括所提及之日				

㈣貨物裝運數量可否增減

數量單位的性質		信用狀有規定			信用狀未規定可否增減
		可增減×%	不得增減	數量前冠上 "about" 或 "approximate"	
可精確計算的包裝或數量單位	例如： DOZEN（打） PC（件） SET（套）	交付數量可在增減×%的範圍內	交付數量不得增減	交付數量可增減 10%	交付數量不得增減
無法精確計算的數量單位	例如： KG（公斤） CBM（立方公尺） L（公升）				交付數量可增減 5%

說明：若信用狀未規定金額得增減，則即使依信用狀或 UCP 規定，貨物裝運數量得有增減彈性，信用狀的動支總金額均不得超過信用狀所載金額。

㈤分批裝運與轉運

	分批裝運 (Partial Shipments)	轉運 (Transhipment)
L/C 有規定	依規定	依規定
L/C 未規定	可 *	可，但須全程運輸涵蓋於一貨運單據之中

說明：* 於不同時間或不同地點裝上同一運輸工具，且各別簽發運送單據，只要表明目的地相同，即不視為分批裝運。

㈥分期裝運 (Installment Shipment) 與分期動支 (Installment Drawing)

若信用狀規定須在所定各期間內分期裝運或動支，例如一月裝 30%，二月裝 30%，三月裝 40%，則只要任何一期（例如二月）未能按期辦理，該期（二月）及往後各期（三月）均中止使用。

六　信用狀的申請

申請開狀應檢附文件：

(1)開發信用狀約定書 (L/C Agreement)。

(2)開發信用狀申請書 (Application for Opening L/C)。

(3)保險單據。

FOB 或 CFR 貿易條件下，銀行為保障其融資債權的安全性，通常要求申請人提出預約保險單據，並由銀行予以保管。

七　信用狀的通知

㈠通知銀行的義務

確認信用狀的真偽。

1.郵遞信用狀

審核信用狀的簽名。

2.電傳（Tele-transmission，例如 Cable、Telex 或 SWIFT）信用狀

審核信用狀的押碼。

★ SWIFT 信用狀的特色：

(1)自動核對押碼。

(2)以電文代號引導信用狀條件與內容，簡單明瞭。

(3)省略開狀銀行確切保證的字眼。

㈡通知銀行的免責

信用狀以電傳開發時，對電傳遞送中所可能發生的錯誤、遺漏、耽擱及殘缺不全，銀行均不負責任。

八　信用狀的轉讓

㈠意　義

信用狀受益人得請求使該信用狀的全部或一部轉讓給一個或多個其他受益人（第二受益人）使用者。

(二)轉讓銀行

　　轉讓信用狀的指定銀行，或在自由讓購信用狀的場合，指經開狀銀行特別授權辦理讓購且轉讓信用狀的銀行，開狀銀行得為轉讓銀行。

(三)限　制

　　(1)用　詞：僅可使用 "Transferable"。

　　(2)次　數：僅可轉讓一次。

　　(3)得變更以下條件轉讓：

可變更條件	可變更方式
信用狀金額	得予減少
信用狀所載單價	
信用狀有效期限	得予縮短
提示期限	
最遲裝運日或裝運期限	
投保百分比	得予增加
申請人名稱	由第一受益人（原受益人）名稱取代

　　(4)轉讓費用：第一受益人負擔。

　　(5)保　兌：對原信用狀的保兌須延伸至已轉讓信用狀。

　　(6)單據提示：第二受益人須向轉讓銀行提示單據。

九　信用狀的修改

(一)程　序

　　由受益人商請申請人向原開狀銀行申請修改。

(二)效　力

　　受益人對信用狀修改的同意須經其向修改通知銀行告知後，始生效力，受益人沉默不能視為同意修改。

(三)同一修改書有兩處以上之修改

　　僅可全部接受或全部拒絕。

試題暨解析

（ 3 ） 1.信用狀正本送達賣方之途徑，下列哪一種方式最常見？　①開狀銀行直接寄給賣方　②開狀申請人轉交　③通知銀行轉交　④透過求償銀行轉交。

（ 1 ） 2.可轉讓信用狀，其轉讓之次數最多以幾次為限？　①一次　②二次　③三次　④四次。

（ 2 ） 3.信用狀中「可轉讓」一詞，依據 UCP 600 規定僅限使用　① Transmissible　② Transferable　③ Divisible　④ Fractionable。

（ 2 ） 4.限押信用狀之下的部分轉讓，通常以下列何者為辦理分割轉讓之銀行？　①開狀銀行　②押匯銀行　③保兌銀行　④付款銀行。

（ 3 ） 5.依據 UCP 600 之規定，信用狀不得變更何種條件轉讓？　①裝船期限　②押匯期限　③貨物數量　④交易金額。

（ 2 ） 6.通知銀行對下列何種信用狀，因已具有自動核押功能不需另作複核作業？　① TELEX　② SWIFT　③ AIR-MAIL　④ CABLE。

（ 4 ） 7.依據 UCP 600 之規定，信用狀有效期限因颱風銀行停止營業，其有效期限　①可順延一日　②可順延至次一營業日　③可順延兩日　④不可順延。

（ 4 ） 8.依 UCP 600 之規定，信用狀的最後裝運日期是 9 月 11 日，有效日期是 10 月 1 日，但因於 9 月 11 日發生罷工暴動影響貨物的裝運，請求延期是否可行？　①可延期裝運，有效期順延　②不可延期裝運，但有效期可順延　③可延期，有效期不能順延　④不可延期裝運，有效期亦不可順延。

（ 2 ） 9.信用狀載明最後裝運期限若為 6 月 6 日（四）適逢端午節，6 月 7 日（五）彈性放假，則依 UCP 600 之規定，出口商所提示運送單據之裝運日不得遲於下列哪一個日期？　① 6 月 5 日　② 6 月 6 日　③ 6 月 7 日　④ 6 月 10 日。

（ 2 ） 10.若 L/C 規定有效期限為 4 月 28 日，最後裝船日為 4 月 20 日，且規定必須於運送單據發行後 8 天內辦理押匯，而提單裝船日期為 3 月 31 日，請

問提示單據辦理押匯之有效期限為何？　①4月5日　②4月8日
③4月20日　④4月28日。

> **解析** 提單裝船日通常即是提單發行日，本題押匯期限為運送單據發行後8天內，運送單據發行日為3月31日（未超過最後裝船日為4月20日），從3月31日後一天（4月1日）起算第8天為4月8日，4月8日未超過L/C有效期限4月28日（若超過則以4月28日為限），故押匯期限即為4月8日。

（2）11.某進口商申請開發 60 days Seller's Usance & 120 days Buyer's Usance 信用狀，下列敘述何者正確？　①買方負擔60天利息；到期由買方償還本金　②賣方負擔60天利息;到期由買方償還本金　③買方負擔120天利息;到期由賣方償還本金　④賣方負擔120天利息;到期由賣方償還本金。

（4）12.有關 SWIFT 信用狀的敘述，下列何者錯誤？　①有一定的格式代號引導　②可構成有效的正本信用狀　③ SWIFT 發出的信用狀可自動核對密碼，可辨別真偽　④ SWIFT L/C 內文應載明開狀銀行的確切保證文字。

（4）13.信用狀之押匯銀行接到瑕疵單據，下列何者不是適當之處理方式？　①修改單據　②電報押匯　③改為託收　④無權過問逕行付款。

（3）14.下列有關買方填寫信用狀開狀申請書之要領，何者不適宜？　①要符合政府法令　②符合買賣契約條件　③將契約內容全部詳載於信用狀　④將必要事項記載清楚。

> **解析** 基於信用狀與買賣契約彼此獨立的特性，開狀銀行應勸阻申請人將基礎契約（例如買賣契約）的內容載入作為信用狀整體的一部分。

（3）15.用電報 (Cable) 開發的信用狀，通知銀行如何判斷它的真假？　①向賣方求證　②核對簽名　③核對押碼　④視單據內容。

（2）16.經通知銀行通知之信用狀，對賣方的主要好處為　①不會遺失　②能確認真實性　③較迅速　④節省費用。

（3）17.有權使用信用狀，享受信用狀利益的當事人稱為信用狀的　①申請人　②轉讓人　③受益人　④開狀人。

（2）18.應信用狀受益人之請求，讓購或貼現信用狀項下匯票及單據之銀行稱為　①開狀銀行　②押匯銀行　③保兌銀行　④再押匯銀行。

（2）19.下列哪一種信用狀，不以清償貨款為目的？　①即期信用狀　②擔保信

用狀　③循環信用狀　④遠期信用狀。

（3）20.若不可撤銷信用狀要撤銷，不需經過下列何者的同意？　①受益人
　　②開狀銀行　③通知銀行　④保兌銀行（若經保兌）。

（4）21.信用狀所載付款期限為 90 days after sight，係指　①開狀日期後 90 天付
　　款　②提單日期後 90 天付款　③開票日期後 90 天付款　④承兌日期後
　　90 天付款。

> 解析　"90 days after sight" 意指「見票後 90 天付款」，遠期匯票的見票日一般係以承兌日為
> 　　準。

（2）22.下列何種信用狀，較適合中間商不想讓買主及供應商直接接觸的交易？
　　①擔保信用狀　②背對背信用狀　③循環信用狀　④轉讓信用狀。

（3）23.最適合三角貿易使用的信用狀是　①可撤銷信用狀　②擔保信用狀
　　③背對背信用狀　④紅色條款信用狀。

> 解析　三角貿易存在三個當事人及兩筆契約，中間商為避免供應商與買主直接接觸，可以憑國
> 　　外買主開來的信用狀向本國銀行申請轉開另一張背對背信用狀給供應商。

（1）24.補償交易的進行如需開發信用狀，一般以何種信用狀為佳？　①背對背
　　信用狀　②紅條款信用狀　③擔保信用狀　④綠條款信用狀。

> 解析　在補償交易之下，交易雙方簽訂一份包含兩筆交易（「原銷貨交易」與「補償購買交易」）
> 　　的補償契約，原銷貨廠商同意接受相對方以全部或部分產品抵付貨款，但原銷貨廠商也
> 　　必須在約定限內向相對方採購。其清償方式為設置清算帳戶，或開發特殊信用狀（例
> 　　如 Back-to-Back L/C（背對背信用狀））。

（4）25.進口商對同一出口商之相同產品重複訂貨時，最適合開發來支付貨款的
　　信用狀是　①預支信用狀　②擔保信用狀　③遠期信用狀　④循環信用
　　狀。

> 解析　進口商對同一出口商之相同產品重複訂貨時，若每次交易均逐次開發信用狀，則不勝其
> 　　煩。此時可利用循環信用狀，即信用狀金額全部或部分使用之後，其金額可重新回復至
> 　　原金額，周而復始。

（1）26.如果開狀銀行信用不佳時，對出口商而言，該信用狀最好是　①經保兌
　　②可轉讓　③可撤銷　④可轉運。

（2）27.下列何者通常不是信用狀上所要求的押匯文件？　①匯票　②出口押匯
　　申請書　③商業發票　④提單。

> 解析　出口押匯申請書是押匯銀行要求受益人辦理押匯時應填具的文件，係押匯銀行與受益人

之間的約定，與開狀銀行無關，不在開狀銀行審核單據的範圍之內，故非信用狀要求的文件。

（1）28.押匯銀行發現押匯文件具有輕微瑕疵但可更正時，通常採取下列何種方式處理？ ①請出口商自行更正 ②建議修改 L/C ③拒絕受理 ④改用託收。

（4）29.信用狀係開狀銀行對受益人承諾保證 ①交貨無誤 ②進口商信用良好 ③信用狀內容是真 ④符合條件確定付款。

（2）30.信用狀內容出現 "This Credit is available with any bank by negotiation."，表示該信用狀係 ①直接信用狀 ②自由讓購信用狀 ③限押信用狀 ④承兌信用狀。

（3）31.信用狀內容出現 'This Credit is available with the advising Bank by negotiation.'，表示該信用狀係 ①直接信用狀 ②自由讓購信用狀 ③限押信用狀 ④延期付款信用狀。

（2）32.下列哪一項不是 Stand-by L/C 之用途？ ①貸款保證 ②清償貨款 ③履約保證 ④投標保證。

（1）33.信用狀規定裝運日期為 on or about August 10，則在下列哪一項時間完成裝運即符合規定？ ①8月5日至8月15日 ②8月1日至8月20日 ③8月3日至8月17日 ④7月25日至8月25日。

（3）34.下列何者非為信用狀交易的相關當事人？ ① Advising Bank ② Beneficiary ③ Forwarder ④ Confirming Bank。
解析 ③貨運承攬人。

（4）35.信用狀如規定受益人開發遠期匯票，其票據期間利息（貼現息）由賣方負擔者稱為 ① Deferred Payment L/C ② Sight L/C ③ Buyer's Usance L/C ④ Seller's Usance L/C。

（3）36.信用狀受益人提示單證請求付款的期限，不受下列何種期限之限制？ ①信用狀的有效期限 ②裝運日後特定期間 ③輸出許可證有效期限 ④裝運日後第 21 日內。

（4）37.下列何者不是買方向銀行申請信用狀開狀時通常要填具或提出的文件？ ①開發信用狀約定書 ②開狀申請書 ③輸入許可證或交易憑證 ④進

口報單。

（ 3 ）38.開狀銀行以電傳 Tele-transmission 方式開發 L/C，一般不含下列何種方式？　①CABLE　②TELEX　③FAX　④SWIFT。

（ 1 ）39.L/C 上若註明 ±15% 的數量單位，若與 UCP 600 的規定不同，應以下列哪一項為準？　①L/C 上所載　②UCP 600 的規定　③視國家而定④買賣契約。

（ 3 ）40.在信用狀交易中，下列何者不可能是讓購銀行 (Negotiating Bank)？①保兌銀行　②押匯銀行　③付款銀行　④通知銀行。

> 解析　①保兌銀行乃係當開狀銀行或付款銀行不能付款時，擔保兌付信用狀款項的銀行，故有可能同時擔任該信用狀的讓購銀行；②押匯銀行又稱為讓購銀行；③付款銀行接受開狀銀行授權，承擔對信用狀的付款責任，故不可能同時擔任讓購銀行；④通知銀行位於出口地者，有可能同時擔任讓購銀行。

（ 2 ）41.下列何者不是 SWIFT 信用狀之特色？　①自動核對密碼　②以符號圖形引導信用狀內容　③開狀銀行確切保證字眼之省略　④遵循 UCP 600 之規定。

> 解析　SWIFT 的特色係以電文代號引導信用狀的條件與內容。

（ 4 ）42.關於 UCP 600，下列敘述何者錯誤？　①全名為跟單信用狀統一慣例②以國際商會第六百號小冊子公布，故稱 UCP 600　③主要是規範信用狀作業　④係規範 FOB 等貿易條件。

（ 1 ）43.凡信用狀內容有不符買賣契約之約定時，下列何者較適宜？　①出口商應請進口商修改信用狀　②出口商應接受信用狀後等出貨時修改契約③進口商會透過開狀銀行加以澄清　④出口商可不予理會。

（ 4 ）44.對外匯短缺的國家或信用不良的廠商出口貨物，宜要求對方採用何種付款方式？　①遠期 L/C　②D/P　③O/A　④保兌之 L/C。

（ 2 ）45.根據 UCP 600 規定，開狀銀行收到單據後，需在最長 5 個營業日內決定是否接受，否則將　①視為拒絕接受　②視為接受　③視申請人是否決定接受　④視押匯銀行而定。

（ 2 ）46.一般情況下，主要信用狀 (Master L/C) 與次要信用狀 (Secondary L/C) 之金額　①應相等　②主要信用狀較高　③次要信用狀較高　④無關聯。

（ 1 ）47. 依 UCP 600 規定，除信用狀上另有規定外，銀行可否接受提單簽發日期早於開狀日期？ ①可以 ②不可以 ③需先經買方同意 ④視狀況而定。

（ 2 ）48. 依 UCP 600 規定，信用狀有效日期及提示單據之截止日，若適逢銀行休假日，則 ①仍按當日計算 ②可順延至次一個營業日 ③需提前至上一個銀行營業日 ④修改信用狀以符合要求。

（ 2 ）49. 遠期信用狀內容如未載明貼現息由誰負擔時，該信用狀的貼現息應由誰負擔？ ①申請人 ②受益人 ③開狀銀行 ④承兌銀行。

（ 1 ）50. 是否符合信用狀內容所規定之最後裝運日期，係審查下列何種單據的日期作比較得知？ ①提單 ②裝貨單 ③匯票 ④商業發票。

（ 4 ）51. 進口商應憑下列哪一項單據辦理進口報關提貨事宜？ ①提單 ②大副收據 ③裝貨單 ④提貨單。

（ 2 ）52. 押匯銀行受理押匯是一種融資行為，其所代墊款項之利息費用由何者負擔？ ①信用狀申請人 ②信用狀受益人 ③開狀銀行 ④承兌銀行。

（ 1 ）53. 信用狀規定貨物數量為 100,000 公斤的玉米，禁止分批裝運，下列何種裝運數量不符合 L/C 之規定之寬容範圍？ ① 90,000 公斤 ② 95,000 公斤 ③ 100,000 公斤 ④ 105,000 公斤。

解析 公斤屬於無法精確掌握的數量單位，100,000 公斤的裝運數量彈性為 10,000 × 95% 至 100,000 × 105%，亦即 95,000 公斤至 105,000 公斤。

（ 3 ）54. 開狀銀行應買方的要求開出信用狀，賣方是因為有下列何種信用才願意裝運貨物出口？ ①買方信用 ②賣方信用 ③開狀銀行信用 ④有保證金。

（ 2 ）55. UCP 600 規定銀行對單據有效性及傳送遲延或錯誤負有 ①全部責任 ②不負任何責任 ③負部分責任 ④依實際狀況決定。

（ 1 ）56. 依 UCP 600 之規定，信用狀與買賣契約之關係為 ①相互獨立 ②相互依賴 ③部分相關 ④相互拘束。

（ 2 ）57. 信用狀統一慣列 (UCP) 之適用於信用狀交易，係由下列何者決定？ ①各國法規 ②信用狀當事人 ③國際公法 ④國際商會。

（ 3 ）58. 在信用狀未規定裝運數量不得增加或減少時，下列何種計算單位容許有

5% 上下差異？　①DOZEN　②CARTONS　③TONS　④SETS。

> **解析**　TONS（噸）係重量單位，屬於無法精確掌握的數量單位，故信用狀未規定裝運數量不得增加或減少時，仍容許有增減 5% 的差異。

（1）59. Seller's Usance 信用狀之利息由下列何者負擔？　①受益人　②申請人　③開狀銀行　④補償銀行。

（2）60.進口商應出口商的請求修改信用狀上之條款時，則進口商應向下列何者申請修改？　①保兌銀行　②原開狀銀行　③押匯銀行　④通知銀行。

（4）61.除信用狀另有規定外，修改信用狀次數之限制為何？　①一次　②二次　③三次　④無限制。

（1）62.下列何者不屬於信用狀的特性？　①有價證券性　②文義性　③單據交易性　④無因性。

> **解析**　信用狀並非表彰財產權利的有價證券。

（1）63.依信用狀統一慣例，除非另有規定，銀行原則上將拒絕下列哪種提單？　①傭船提單　②簡式提單　③貨櫃提單　④清潔提單。

> **解析**　傭船提單與定期船提單相同的是，它係船方收到貨物的收據，也係代表貨物所有權的物權證書，但不同的是，它並非船貨雙方的運送契約。因為船貨雙方在提單之外，會另行簽訂一傭船契約，於傭船契約中載明各種運送條款。而且，傭船契約通常規定若提單條款與傭船契約條款相牴觸，以傭船契約為準。這樣的規定對提單持有人較無保障，故 UCP 規定，只有當信用狀特別授權時，銀行才能接受傭船提單，否則應予拒收。

（4）64.在信用狀作業上，有關各方所處理者係為下列何者？　①訂單　②契約　③貨物　④單據。

（1）65.買方到往來銀行開信用狀給賣方，買方被稱為　①申請人 (applicant)　②受益人 (beneficiary)　③開票人 (drawer)　④付款人 (payer)。

（3）66.信用狀經另一銀行 CONFIRMED 者稱為　①即期信用狀　②遠期信用狀　③保兌信用狀　④擔保信用狀。

（4）67.依 UCP 600 規定，通知銀行收到信用狀後，最遲應於何時完成信用狀通知手續？　①次一營業日　②5 個營業日　③21 個營業日　④未規定期限。

（1）68.依 UCP 600 之規定，信用狀一經保兌，則保兌銀行所負之確定義務與下列何者完全相同？　①開狀銀行　②通知銀行　③押匯銀行　④補償銀行。

（ 1 ） 69.信用狀未註明天然氣之交貨數量不得增減，但受益人於裝運時多裝了百分之三，依 UCP 600 之規定，則其押匯金額應為信用狀金額之若干？ ① 100% ② 103% ③ 105% ④ 110%。

> 解析 若信用狀未規定金額得增減，則即使依據信用狀或 UCP 之規定，貨物裝運數量得有增減彈性，信用狀的動支總金額均不得超過信用狀所載金額。故受益人雖多裝了 3%，仍然不得超過信用狀總金額辦理押匯。

（ 3 ） 70.對信用狀修改書之接受或拒絕，受益人應知會 ①託收銀行 ②指定銀行 ③通知銀行 ④押匯銀行。

（ 4 ） 71.不可轉讓信用狀項下所須提示之匯票，其發票人應為 ①通知銀行 ②開狀申請人 ③開狀銀行 ④信用狀受益人。

（ 2 ） 72.依 UCP 600 之規定，在信用狀交易中，負最終付款義務的當事人是 ①押匯銀行 ②開狀銀行 ③通知銀行 ④補償銀行。

（ 1 ） 73.依 UCP 600 規定，信用狀的轉讓費用由下列何者負擔？ ①信用狀之第一受益人 ②信用狀之第二受益人 ③信用狀之第一受益人與第二受益人平均分擔 ④轉讓銀行。

（ 3 ） 74.電子信用狀統一慣例 (eUCP) 共有多少條文？ ① 600 條 ② 39 條 ③ 12 條 ④ 10 條。

（ 4 ） 75.依 UCP 600 規定，有關辦理信用狀轉讓之敘述，下列何者錯誤？ ①信用狀金額得以減少 ②有效期限得以縮短 ③信用狀所載之任何單價得以減少 ④保險投保百分比不得酌予增加。

（ 2 ） 76.有關電子信用狀統一慣例 (eUCP 1.1) 與信用狀統一慣例 (UCP 600)，下列敘述何者正確？ ①適用 eUCP 1.1 之信用狀，須明示其含有 UCP 600，才能適用 UCP 600 ②當同時適用 eUCP 1.1 與 UCP 600，卻產生不同結果，應優先適用 eUCP 1.1 之規定 ③如依 eUCP 1.1 僅可提示紙面單據時，應單獨適用 eUCP 1.1 ④國際商會制定 eUCP 1.1 係於 2007 年 10 月 1 日起正式實施。

（ 1 ） 77.倘信用狀正本不慎遺失，受益人應如何處理？ ①登報聲明作廢，請通知銀行補發影本 ②請開狀銀行補發正本 ③告知進口商 ④以自己留底之影本押匯。

（1）78.依 UCP 600 規定，開狀銀行審查單據之時間係自提示之日後多少天決定提示是否符合？ ①最長 5 個營業日 ②最長 7 個營業日 ③至少 5 個營業日 ④至少 7 個營業日。

（3）79.依 UCP 600 規定，倘匯票期間為 30 days from on board date，而提單的裝船日期為 7 月 1 日，則匯票到期日應為下列何者？ ① 7 月 29 日 ② 7 月 30 日 ③ 7 月 31 日 ④ 8 月 1 日。

> 解析 依據 UCP 600 第三條之規定，"from" 用於確定到期日時，不包括所提及之日。故 "30 days from on board date" 係自裝船日 7 月 2 日起算 30 天，到期日為 7 月 31 日。
>
> 註 依據 UCP 600 之規定，"from" 用於確定裝運期間時，包括所提及之日。

（2）80.新版信用狀統一慣例 UCP 600，共有多少條文？ ① 30 條 ② 39 條 ③ 49 條 ④ 55 條。

（1）81.依 UCP 600 規定，有關可轉讓信用狀之敘述，下列何者錯誤？ ①第二受益人之單據提示，不須向轉讓銀行為之 ②除轉讓時另有約定外，有關轉讓費用由第一受益人支付 ③保兌銀行對可轉讓信用狀之附加保兌須延伸至已轉讓信用狀 ④保險投保百分比得酌予增加。

（4）82.依 UCP 600 規定，銀行因不可抗力因素導致中斷營業而致之後果不負責任，下列何者非屬不可抗力因素？ ①恐怖行動 ②戰爭 ③內亂 ④示威。

（2）83.有關 local credit 之敘述，下列何者錯誤？ ①係依據國外 Master 信用狀而轉開給國內製造商 ②信用狀係以中文方式開發 ③為規避匯率波動風險，信用狀金額之幣別皆以原國外信用狀之幣別開發 ④又稱為背對背信用狀。

> 解析 中間商為規避匯率波動風險，經轉開的本地信用狀的幣別大多會以原信用狀的幣別開發。

（4）84. Deferred Payment Credit 係指 ①循環信用狀 ②遠期信用狀 ③無追索權信用狀 ④延期付款信用狀。

（2）85. Re-Negotiating Bank 係指 ①押匯銀行 ②再押匯銀行 ③保兌銀行 ④償付銀行。

（3）86.在限押信用狀之下，其有效期限係指單據最遲應在有效期限當日或之前送達下列何家銀行？ ①開狀銀行 ②讓購銀行 ③限押銀行 ④保兌銀行。

（ 4 ） 87.對出口商資金運用而言，下列條件何者較為有利？ ① Deferred Payment Credit at 60 days after B/L date ② Deferred Payment Credit at 45 days after receipt shipping documents ③ Usance 60 days after sight ④ Usance 60 days after B/L date。

> 解析 ①提單日後 60 天付款的延期付款信用狀；②收到貨運單據日後 45 天付款的延期付款信用狀；③見票後 60 天付款的遠期信用狀；④提單日後 60 天付款的遠期信用狀。

> 註 針對上述選項，延期付款信用狀之下由於無須簽發匯票，出口商無法憑匯票利用貼現市場的資金，影響資金周轉的便利性，故較遠期信用狀不利。而遠期信用狀之下，"60 days after sight" 與 "60 days after B/L date" 比較，後者較早到期（提單簽發日通常早於見票日），受益人所負擔的利息成本較低，故對出口商資金運用較有利。

（ 3 ） 88.國際貿易交易中所牽涉到日期有：a.信用狀開狀日；b.信用狀有效日期；c.裝船日；d.結關日；e.押匯日；f.買賣契約簽約日，其先後順序應為 ① fabcde ② facebd ③ fadceb ④ fdceab。

> 解析 依照一般貿易流程，申請人通常於買賣契約成立後才申請開狀，受益人則於收到信用狀之後，才辦理出口報關，通關放行之後辦理貨物裝船，然後憑貨運單據押匯，且必須於信用狀有效期限之前完成押匯，否則將遭銀行拒絕押匯或付款。

（ 3 ） 89.若信用狀規定提示 4 份商業發票，「4 份」之英文為 ① Duplicate ② Triplicate ③ Quadruplicate ④ Quintuplicate。

> 解析 ① 2 份；② 3 份；③ 4 份；④ 5 份。

（ 1 ） 90.信用狀正本在提示押匯銀行辦理押匯完畢後，該信用狀正本，押匯銀行將如何處理？ ①交還受益人 ②逕寄開狀銀行 ③逕寄開狀申請人 ④押匯銀行留底存查。

（ 1 ） 91.有關信用狀之有效期限，應以下列何者規定，對受益人較為有利？ ①受益人國家為準 ②開狀申請人國家為準 ③開狀銀行櫃檯為準 ④償付銀行櫃檯為準。

（ 2 ） 92.依據 UCP 600 規定，信用狀條款中若未明確註明是否允許「分批裝運」與「轉運」時，則應視為 ①允許分批裝運，但不允許轉運 ②允許分批裝運和轉運 ③允許轉運，但不允許分批裝運 ④不允許分批裝運和轉運。

（３）93.信用狀有關提單之敘述為 "FULL SET OF CLEAN ON BOARD OCEAN BILLS OF LADING MADE OUT TO ORDER OF SHIPPER MARKED 'FREIGHT PREPAID' "，受益人押匯時必須提示何種提單？　①全套、清潔及記名式提單　②備運、清潔及指示式提單　③全套、運費預付及指示式提單　④清潔、運費到付及指示式提單。

> 解析　"FULL SET"「全套」；"CLEAN"「清潔」；"ON BOARD"「裝船」（非備運）；"MADE OUT TO ORDER OF SHIPPER"「受貨人由託運人指示」（故為指示式提單）；"FREIGHT PREPAID" 意指「運費已預付」。

（２）94.有關 "Secondary L/C" 之敘述，下列何者錯誤？　①又稱為 "Back to Back L/C"　②通常 Secondary L/C 之金額較 Master L/C 大　③ Secondary L/C 之有效期限較 Master L/C 短　④若該 Secondary L/C 係開給國外供應商則屬於三角貿易。

（４）95.開狀銀行開出不可撤銷信用狀後，可因下列何者理由拒絕付款？　①開狀申請人公司倒閉　②貨物不符合契約　③貨物運輸途中滅失　④出口商提示單據不符信用狀規定。

（３）96.有關保兌銀行之敘述，下列何者錯誤？　①是受開狀銀行所委託，故由開狀銀行授權之　②一旦對不可撤銷信用狀予以保兌，就承擔兌付之義務　③開狀銀行無法付款時，保兌銀行才對提示單據之受益人付款　④保兌銀行與開狀銀行對受益人而言，同時負有付款或承兌之責任。

> 解析　開狀銀行與保兌銀行的付款義務無優先次序之分。受益人或押匯銀行可選擇先向開狀銀行或先向保兌銀行提示單據請求付款。

（４）97.有關信用狀作業規則之敘述，下列何者錯誤？　① ISP 98 適用於擔保信用狀　② ISBP 必須與 UCP 合併使用，始生效力　③ UCP 600 適用於書面單據提示；eUCP 適用於電子提示　④ UCP 與 ISBP 有牴觸時，以 ISBP 的規定優先。

（４）98.出口商如遇奈及利亞商人自行攜帶信用狀來臺採購時，較佳之處理方式為　① L/C 是付款保證，因此可以接受　②只要能提示 L/C 上規定之單據應該沒有問題　③只要是可轉讓 L/C 應為陷阱　④因 L/C 未經銀行通知，難以判斷其真偽，礙難接受。

（ 1 ） 99. L/C 中規定於 7 月、8 月、9 月分三批裝船，出口商於 7 月裝完第一批後，8 月份來不及裝運，擬於 9 月份再裝運，則　①L/C 對第二批、第三批已無效　②可連同第二批交運　③第二批不能裝，只能裝第三批　④只要在 9 月底前裝完三批貨即可。

（ 2 ） 100. 補償銀行 (Reimbursing Bank) 係應開狀銀行委託替其償付「求償銀行」墊付之款項，一般而言其委任為　①按 L/C 規定審核單據　②僅償付款項　③按買賣契約規定辦理　④依該國銀行法規定辦理。

（ 2 ） 101. 下列何種信用狀規定受益人得在備妥信用狀所規定單證之前，向銀行預支一定金額？　① Revolving Credit　② Red Clause Credit　③ Stand-by Credit　④ Straight Credit。

> 解析　Red Clause Credit（紅條款信用狀）：允許受益人在一定條件下向指定銀行預支一定金額的款項，該銀行所墊支的款項，於受益人日後向其辦理押匯時扣還。

（ 2 ） 102. 目前銀行審核信用狀所規定之單據，其所依據之標準係為下列何者？　①開狀銀行實務　②國際間標準銀行實務　③中央銀行實務　④押匯銀行實務。

（ 4 ） 103. 有關 L/C 押匯單據之提示期限，若 L/C 未做規定，依 UCP 600 第 14 條 c 項規定應於下列何時提示？　①裝運日後 3 日內　②裝運日後 7 日內　③裝運日後 15 日內　④裝運日後不遲於 21 日提示。

（ 3 ） 104. 依 UCP 600 第 6 條 c 項規定信用狀之簽發，不可要求以下列何者為匯票付款人？　①受益人　②保兌銀行　③開狀申請人　④償付銀行。

（ 4 ） 105. 下列敘述何者錯誤？　①買方遠期信用狀，係開狀銀行給予進口商之融資　②買方遠期信用狀只要出口商提示之單據與匯票符合信用狀規定，即可獲得付款　③賣方遠期信用狀，進口商可晚付貨款　④賣方遠期信用狀，就賣方而言，需交貨一段時間才能領到貨款。

（ 3 ） 106. 依信用狀 UCP 600 第 38 條 g 項規定，可轉讓信用狀其變更條款，下列敘述何者錯誤？　①裝船期限得以縮短　②有效日期得以縮短　③貨品名稱可以更改　④金額或單價得以減少。

第九章 進出口結匯與融資

一 外 匯

外匯 (Foreign Exchange) 指一國所擁有的國外資產,包括政府及民間持有的外國貨幣、外國有價證券及外幣票據。依據我國《管理外匯條例》第二條之規定：「本條例所稱外匯,指外國貨幣、票據及有價證券。」

二 出口結匯

(一)意 義

出口商將出口貨物所得的外匯結售予外匯銀行。

(二)押 匯

1.意 義

信用狀下的出口結匯手續,特稱為「押匯」。即受益人提示信用狀規定的單據,請求出口地銀行墊付款項的手續。

2.性 質

我國銀行承作出口押匯時,均與客戶明訂,當開狀銀行拒絕付款時,押匯銀行享有向受益人追索的權利,故押匯係屬於質押墊款的授信行為,銀行與受益人之間並非買斷的關係。

3.押匯手續

(1)初次押匯應辦手續：

◆ 提供各種信用資料。

◆ 簽訂出口押匯總質權書 (General Letter of Hypothecation, L/H)：為受益人與押匯銀行間權利義務的約定書,初次辦理押匯時簽訂即可,其具永久效力,往後各次押匯均適用。

◆ 送交印鑑卡。

◆ 開設外匯帳戶。

(2)每次押匯時應提供文件：

◆ 出口押匯申請書。

◆ 信用狀（及修改書）。

◆ 匯票。

◆ 單據。

4. 押匯期限

(1)信用狀中有載明：依之，且不得逾信用狀有效期限。

(2)信用狀中未載明：應於貨運日後 21 天之內押匯，且不得逾信用狀有效期限。

5. 押匯銀行

(1)信用狀有指定押匯銀行：

◆ 直接向指定押匯銀行辦理。

◆ 受益人向其往來銀行辦理押匯，再由該往來銀行向指定押匯銀行轉辦理
  押匯，稱為「轉押匯」。

(2)信用狀未指定押匯銀行：可向任何銀行辦理押匯。

6. 銀行承辦押匯時應注意事項

(1)應以相當的注意審查單據。

(2)單據必須符合信用狀規定。

(3)單據彼此之間不得互相矛盾。

(4)信用狀未規定時，單據必須符合 UCP 或 ISBP 的規定。

(5)僅須以單據為本，決定是否符合，不得參考買賣契約的約定。

7. 單據有瑕疵時押匯銀行處理的方式

(1)補全或更正單據。

(2)修改信用狀。

(3)電詢押匯。

(4)保結押匯。

(5)改採託收。

8. 開狀銀行審查單據的時間

自提示之次日起最長五個銀行營業日。

三　進口結匯

㈠意　義

進口商向銀行結購外匯，以支付國外出口商貨款。

㈡信用狀方式的進口結匯

1. 開狀結匯

結匯方式依銀行是否融資，可分為：

⑴融資開狀：

◆ 第一階段：申請開狀時繳交保證金，稱為「開狀結匯」或「保證金結匯」。

◆ 第二階段：贖單時繳付扣除保證金的餘款，稱為「贖單結匯」(詳下述 2.)。

⑵全額開狀：只有一個階段，開狀時繳交全額信用狀款項，開狀銀行沒有對進口商融資。

> ✦ FOB 或 CFR 貿易條件下應由買方辦理投保手續，並負擔保費，但由於交貨仍由賣方辦理，為免耽誤投保時效，買方通常於賣方裝貨之前即先行向保險人辦理預保，俟接獲賣方的裝運通知，確定裝運日期之後，才向保險人聲明裝運事項，使保險生效。尤其以信用狀付款的場合，開狀銀行為確保其對貨物的權益，通常會要求買方先行預保，並且憑預保單（例如 TBD Policy）申請開狀。

2. 贖單結匯

⑴即期信用狀：當接到開狀銀行的贖單通知後，應持原結匯證實書、結匯印鑑向銀行繳納扣除保證金後的墊款本息，領取單據。

⑵遠期信用狀：匯票未到期之前，可以簽發本票或信託收據先向開狀銀行借領單據辦理提貨，匯票到期再付款。

3. 若運送航程短，當貨物先於單據到達，且進口商希望早日提貨時，可辦理之手續有兩種

(1)擔保提貨：

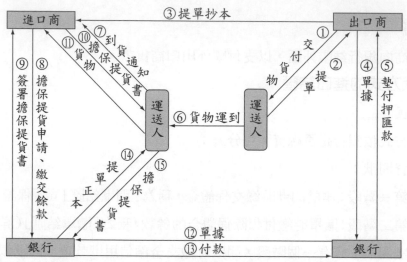

說明：①擔保提貨係憑提單抄本（非正本）和銀行的擔保書向運送人辦理提貨。

　　　②擔保提貨之後，因開狀銀行須憑正本提單向運送人換回擔保書，無法將提單退還提示人，故無權以
　　　　單據瑕疵為由拒絕付款（亦即已失去拒付的權利）。

(2)（副）提單背書：

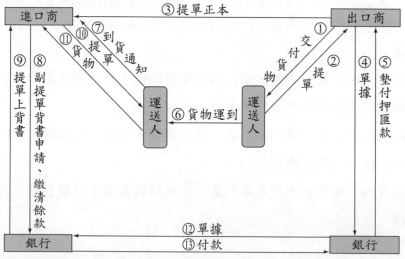

說明：這裡的「副提單」(Duplicate) 並非不具效力的提單抄本 (Copy)，而是有效的提單正本，故只要經過銀
　　　行背書轉讓，即可提貨，不須由銀行提供擔保。為避免誤會，許多銀行都不再使用「副提單背書」的
　　　措辭，改稱為「提單背書」。

四 貿易單據

㈠匯 票 (Draft, Bill of Exchange)

1. 種 類

(1)依匯票的發票人不同：

	銀行匯票 (Banker's Draft, Banker's Bill)	商業匯票 (Commercial Draft, Commercial Bill)
發票人	銀行	商人
使用場合	票匯 (D/D)	L/C、D/P、D/A

(2)依匯票是否附有貨運單據：

	跟單匯票 (Documentary Draft)	光 票 (Clean Draft)
意 義	附有貨運單據或其他單據的匯票	未附有任何貨運單據的匯票
使用場合	L/C、D/P、D/A	光票託收

(3)依匯票的付款期限不同：

即期匯票 (Sight Draft)	遠期匯票 (Usance Draft)	
付款人見票即付	付款人於未來某一特定時日付款	見票（即承兌）後若干日付款 例：at 90 days after sight
		開票後若干日付款 例：at 90 days after date
		提單日後若干日付款 例：at 90 days after Bill of Lading date
		特定日付款 例：at Dec. 15, 2018

2. 重要記載項目

(1)發票日期：不得遲於信用狀有效期限或單據提示期限，亦不得早於提單日期。

(2)匯票金額：金額大小寫不一致時，以大寫為準。約略金額（如 about USD 10,000.00）的匯票無效。

(3)到期日：如上述。

(4)受款人 (Payee)：國際貿易上通常是付給洽款銀行（押匯銀行）或其代理行。

⑸付款人 (Payer)：即被發票人 (Drawee)，是匯票的主債務人。

◆ 信用狀交易：須以信用狀的開狀銀行為付款人，不應以申請人為匯票的付款人。

◆ 非信用狀交易：一般均以進口商為匯票付款人。

⑹發票人 (Drawer)：出口商。

㈡商業發票 (Commercial Invoice)

1.意　義

出口商於貨物裝運出口時，開給進口商作為進貨的憑證，係所有單據的中心，出口商交付的貨物都是以商業發票上所載的內容為準。

2.重要記載項目

⑴發票日期：宜與裝運日期同一天，不得遲於信用狀有效日期或提示期限。

⑵抬頭人：買方（信用狀之下為開狀申請人）。

⑶發貨人：即出口商（在 "Shipped by" 之後填入出口商名稱）。

⑷貨物記述：商業發票上有關貨物的記述必須與信用狀上所載者一致。

★其他單據上關於貨物的記述，並不要求須與信用狀一致，只要不與信用狀之說明有所牴觸即可。

⑸金　額：幣別須與信用狀相同。

⑹製作人簽字：通常為出口商，但不一定須簽署。

3.份　數

⑴ One Invoice：1 份正本發票。

⑵ Invoice in One Copy：1 份正本發票。

⑶ Invoice in 4 Copies：至少 1 份正本發票，其餘副本即可。

㈢包裝單 (Packing List)

1.意　義

由出口商所簽發，記載所裝運商品包裝方式、內容與件數的清單。

2.名　稱

只要含有貨物包裝的細節，無論以 "Packing List"、"Packing Note"、"Packing and Weight List" 或無名稱均可。

3. 中性包裝單

出口商的名稱不在包裝單上出現，所以通常無出口商簽頭 (Letter Head)，而且出口商不簽名蓋章。

㈣產地證明書 (Certificate of Origin)

⑴證明貨物係在某地製造、生產或加工的證明文件。

⑵ Form A 是開發中國家輸出貨物適用優惠關稅的專用產地證書。

㈤領事發票 (Consular Invoice)

由出口商向駐在輸出國的輸入國領事請求簽發的特定格式的官用發票，其功能與產地證明書大致相同。

㈥海關發票 (Customs Invoice)

某些進口國的海關當局所規定的特定格式發票，其功能與產地證明書大致相同。

五 貿易融資

㈠應收帳款承購 (Factoring)

承購商（Factor，主要為銀行或金融公司）買進出口商對進口商的應收帳款債權，承擔進口商的信用風險，並提供帳務管理、應收帳款收取與貿易融資等多項服務為一體的整合性金融業務。

㈡遠期信用狀賣斷；無追索權的票據貼現 (Forfaiting)

貼現商 (Forfaitor) 在無追索權的基礎上，對輸出資本財的出口商，以固定利率貼現方式買進銀行保證的付款票據（匯票或本票），並於預扣利息後將款項付給出口商的一種中長期融資業務。

	承作標的	搭配付款方式	規避風險	追索權	融資功能	期　間
Factoring	出口商對進口商的應收帳款	O/A, D/A	進口商信用風險 進口國政治風險	通常無追索權	有	短期
Forfaiting	開狀銀行的承兌匯票	遠期 L/C	開狀銀行信用風險 進口國政治風險	通常無追索權	有	中長期

試題暨解析

（ 1 ） 1. 我國管理外匯條例對「外匯」之定義不包括　①黃金　②外國貨幣　③外國有價證券　④外國票據。

（ 3 ） 2. 有關貿易融資的特性之敘述，下列何者不正確？　①大多涉及跟單匯票之處理　②涉及之風險較高　③大貿易商才需要貿易融資　④銀行大多透過信用狀給廠商貿易融資。

> 解析　大型企業獲得資金的方式較為多樣且靈活；中小型企業可利用的融資管道則較為有限，故更需要貿易融資。

（ 2 ） 3. 若 L/C 上規定必須由某一指定銀行辦理押匯，而受益人又與該指定銀行無往來時，則可透過何種方式完成押匯手續？　①保結押匯　②轉押匯　③電詢押匯　④瑕疵押匯。

（ 1 ） 4. 有關轉押匯之敘述，下列何者錯誤？　①拒付時應由再押匯銀行向開狀銀行交涉　②審單工作由押匯銀行負責　③再押匯銀行負責寄單及求償　④再押匯銀行兼為保兌銀行時不適用。

> 解析　依「銀行間辦理出口轉押匯業務權責劃分要點」，有關單據拒付之處理，應由第一押匯銀行逕向開狀銀行交涉。

（ 4 ） 5. 進口商簽發本票或信託收據 (T/R) 先向銀行領取單據辦理提貨，適用於以下何種方式之進口結匯？　①付款交單　②承兌交單　③即期信用狀　④遠期信用狀。

（ 2 ） 6. 受益人為取得信用狀押匯額度時，所提供給押匯銀行的質押權利總設定書簡稱為　① L/I　② L/H　③ T/T　④ M/T。

（ 3 ） 7. 當進口貨物較押匯單證正本先到達進口地，而進口商又急需提貨時，可用下列何種方式辦理提貨？　①副提單背書提貨　②小提單提貨　③擔保提貨　④提供擔保品提貨。

（ 3 ） 8. 當進口貨物較押匯單證正本先到達進口地，且進口商已從出口商接到副提單 (Duplicate B/L)，則進口商可用下列何種方式辦理提貨？　①副提單提貨　②擔保提貨　③副提單背書提貨　④小提單提貨。

（ 4 ） 9. 以託收方式辦理進口結匯的情形下，依一般慣例，託收票款之費用由何者負擔？　①出口地託收銀行　②進口地託收銀行　③進口商　④出口商。

（ 3 ）10.依管理外匯條例之規定，掌理外匯之業務機關為下列何者？　①財政部　②經濟部　③中央銀行　④臺灣銀行。

（ 1 ）11.依指定銀行辦理外匯業務應注意事項之規定，有關「進口外匯業務」進口所需外匯以新臺幣結購者，應製發下列哪一種單據？　①進口結匯證實書　②出口結匯證實書　③買匯水單　④賣匯水單。

解析　依照題目「進口外匯業務」，可知答案為①進口結匯證實書。

（ 4 ）12.依指定銀行辦理外匯業務應注意事項之規定，有關「匯出匯款業務」匯出款項以新臺幣結購者，應製發下列哪一種單據？　①進口結匯證實書　②出口結匯證實書　③買匯水單　④賣匯水單。

解析　客戶向銀行結購外匯，對銀行而言即為賣出外匯，故應製發賣匯水單。

註　本題題目未說明為進口結匯，故可知①非正確答案。

（ 1 ）13.下列何種單證是約定出口商與押匯銀行間的權利義務？　①質押權利總設定書　②結匯證實書　③匯出匯款申請書　④擔保提貨申請書。

（ 3 ）14.凡進口商向開狀銀行融資開狀時，提單抬頭人則為　①託運人　②押匯銀行　③開狀銀行　④通知銀行。

解析　提單抬頭人即「受貨人」，若開狀銀行對申請人融資，則信用狀多規定須以開狀銀行為提單的受貨人，由開狀銀行掌握貨物的權利，以確保其債權的安全。

（ 2 ）15.出口押匯時所提示之匯票，其內容不須記載　①付款人　②船名、航次　③開狀銀行　④發票人。

（ 2 ）16.凡廠商與銀行每次有結匯行為發生時，都應有　①出口押匯約定書　②結匯證實書　③保結書　④質押權利總設定書。

解析　題目未特別指明出口或進口，依照題目「結匯」二字，可知答案為②結匯證實書。

（ 4 ）17.以 FOB 為貿易條件時，開狀銀行通常要求進口商須先提出何種單證？　① Insurance Policy　② Insurance Certificate　③ Trust Receipt　④ TBD Policy。

（ 3 ）18.所謂出口押匯係指下列何種方式之出口結匯？　① D/P　② M/T　③ L/C　④ O/A。

（ 3 ）19.出口押匯時，出口商所簽發的匯票，是屬於　① Banker's Bill

② Banker's check　③ Commercial Bill　④ Clean Bill。

（1）20.出口商將貨物裝運後，依信用狀規定簽發匯票並以代表貨物的貨運單證為擔保，請銀行辦理讓購貨運單據，以取得貨款的動作，稱為　①出口押匯　②保結押匯　③開狀結匯　④贖單結匯。

（1）21.在國際貿易付款方式中，有關託收和信用狀的敘述何者正確？　①兩者使用的匯票都是商業匯票　②兩者使用的匯票都是銀行匯票　③託收使用的匯票是商業匯票；信用狀使用的匯票是銀行匯票　④託收使用的匯票是銀行匯票；信用狀使用的匯票是商業匯票。

（3）22.進口商申請開發信用狀時繳交保證金的結匯，稱為　①保結押匯　②進口押匯　③融資開狀結匯　④贖單結匯。

解析　依照題目「申請開發信用狀時」，可知答案為③開狀結匯。

（3）23.以即期信用狀「融資開狀」之情況下，進口商於何時向開狀行付清保證金以外之餘款？　①申請開狀時　②出口押匯時　③進口贖單時　④報關提貨時。

（1）24.「全額開狀」之情況下，進口商於何時向開狀行付清信用狀款項？　①申請開狀時　②出口押匯時　③進口贖單時　④報關提貨時。

（1）25.轉押匯適用在下列何種信用狀？　①特別信用狀　②直接信用狀　③一般信用狀　④讓購信用狀。

（3）26.下列何種方式付款時不須匯票？　① D/P　② Acceptance Credit　③ Deferred Payment Credit　④ D/A。

（2）27.中性包裝單 (Neutral Packing List) 係指包裝單內容中　①無進口商名稱　②無簽頭 (Letter head)　③無抬頭人　④產品以中性材料包裝。

（4）28. Fumigation Certificate 係指下列何種單據？　①檢驗證明書　②原產地證明書　③船公司附加聲明書　④燻蒸證明書。

（1）29.有關海關發票之敘述，下列何者錯誤？　①其作用與領事發票完全不同　②供作進口國海關統計之用　③供作進口國對進口貨物決定其課稅價格的根據　④供作進口國海關查核出口商有無傾銷情事。

（4）30.如果貿易條件為 FOB 時，除信用狀另有規定外，受益人所提示的押匯文件不必有　①匯票　②商業發票　③提單　④保險單或保險證明書。

解析　FOB 貿易條件下賣方無投保義務，故不須提示保險單。

（1） 31. 依 UCP 600 之規定，除信用狀另有規定外，下列單據何者可不必簽署？
①商業發票　②保險單據　③產地證明書　④運送單據。

（2） 32. 下列何者可由出口商自行簽發？　①保險單　②商業發票　③提單
④領事發票。

解析　①由保險公司簽發；②由出口商簽發；③由運送人簽發；④由進口國派駐出口國的領事
簽發。

（1） 33. 押匯銀行於辦理押匯墊付貨款之後，若因不歸責於自身因素，而無法自
開狀銀行處獲得貨款，則押匯銀行應轉向誰求償？　①受益人　②開狀
申請人　③保險公司　④認賠了事。

（3） 34. 利用定期船運，不論貨物數量之多寡，在貨物裝船後則憑著下列哪一項
單證，來換取 B/L？　① L/C　② Invoice　③ Mate's Receipt
④ Packing List。

（4） 35. 就押匯銀行而言，下列何者非為開狀銀行拒付之原因？　①單據瑕疵
②限押信用狀未到指定銀行辦理押匯　③未按規定寄送押匯單證　④進
口商惡意詐欺。

解析　開狀銀行僅須憑單據付款，不應考慮與單據可能有關的貨物、勞務或履約行為。故進口
商惡意詐欺的風險不得成為開狀銀行拒付之原因（該項風險應由開狀銀行承擔）。

（2） 36. 保結押匯係指憑受益人出具下列何種文件辦理押匯手續？　① L/H
② L/I　③ P/I　④ B/L。

（3） 37. 若出口商押匯所提示之單據不符合信用狀之規定，但符合買賣契約之規
定，則下列何者正確？　①開狀銀行必須接受　②進口商可因此解除契
約　③出口商不得以單據符合買賣契約為理由要求開狀銀行接受　④視
實際情況而定。

（3） 38. 出口押匯所提示之保險單據，被保險人為下列何者時，須於保單背面空
白背書？　①保兌銀行　②開狀銀行　③賣方　④買方。

解析　賣方辦理押匯時所提示的保險單若以賣方自己為被保險人，則賣方應於押匯時背書轉讓，
以利銀行或進口商於貨物發生損害時，得以憑保單向保險公司請求賠償。

（4） 39. 進口商應持下列何種提單至開狀銀行辦理副提單背書手續？　①傳真提
單　②副本提單　③影本提單　④正本提單。

（3）40.廠商辦理擔保提貨，主要是先向船公司換取下列何種單證，以辦理報關提貨？ ① B/L ② C/O ③ D/O ④ S/O。

解析 不論是否辦理擔保提貨，貨主皆須憑 D/O 辦理報關提貨。

（3）41.我國稱為國際金融業務分行，俗稱境外金融中心之簡稱為 ① APEC ② DBU ③ OBU ④ OTC。

解析 境外金融中心 (Offshore Banking Unit, OBU)：係指一個國家、地區或城市藉由減少或廢除金融及外匯管制，且在租稅上提供優惠待遇為誘因，來吸引國際性銀行參與經營以非當地貨幣為媒介、並以非當地居民為對象的銀行業務。

（4）42.下列哪一點不屬銀行審核押匯單據之通則？ ①應以相當之注意 ②單據必須符合信用狀條款 ③除信用狀另有規定，應依 UCP 規定 ④參考買賣契約之約定。

（3）43.除信用狀另有規定外，下列何種情況將被視為「瑕疵」？ ①商業發票未經受益人簽署 ②保險單表明其承保範圍適用免賠額 ③檢驗證明書之檢驗日期遲於裝運日期 ④保險單生效日期早於裝運日期。

解析 ①商業發票可不簽署；②保險單表明其承保範圍適用免賠額，在部分保險種類上係保險市場的習慣，故銀行不會拒絕；③檢驗證明書之檢驗日期必須早於裝運日期；④保險單生效日期不得遲於裝運日期。

（1）44.有關目前我國銀行界所承做之出口押匯，下列敘述何者錯誤？ ①買賣行為 ②授信行為 ③質押墊款性質 ④匯票在此係屬為擔保清償墊款之信託行為。

（2）45.下列敘述何者正確？ ①信用狀要求保險金額為發票金額的 110% 時，所提示之保險單據之金額得為發票金額的 100% ②清潔運送單據係指未載明貨物及包裝有瑕疵狀況之條款或註記的運送單據 ③除信用狀另有規定外，受益人不得提示第三者提單 (THIRD PARTY B/L) ④空運提單上可以表明受貨人為 "to order"。

（1）46.當信用狀要求提示 INVOICE IN 3 COPIES 時，則下列何種情況將不被接受？ ①提示 3 張副本 ②提示 3 張正本 ③提示 2 張正本及 1 張副本 ④提示 1 張正本及 2 張副本。

（1）47.海運廠商出口貨物可不必繳納下列何種稅捐費用？ ①關稅 ②特別驗貨、監視費 ③商港服務費 ④推廣貿易服務費。

解析 各國為鼓勵出口、限制進口，大多僅對進口貨物課徵進口關稅，少有課徵出口關稅的。

（４）48. 信用狀若已要求出具海關發票時，大多不再要求提供下列何種單據，因海關發票已具有此單據之功能？ ①信用狀 ②檢驗證明書 ③提單 ④產地證明書。

（４）49. 出口商出具有瑕疵的貿易文件押匯時，押匯銀行得要求出口商保證，此瑕疵押匯稱為 ①擔保押匯 ②質押押匯 ③信用押匯 ④保結押匯。

解析 依照題意「要求出口商保證」，可知答案為④「保結押匯」。

（３）50. 受益人提示跟單匯票押匯時，押匯銀行將接受下列哪一項單據？ ①提單上之日期在裝船日期後 ②匯票日期在押匯期限後 ③商業發票上對貨品之記載與信用狀完全一樣 ④保險單據生效日期在裝船日期後。

解析 ①一般提單的簽發日期即視為裝運日期，若係簽發備運提單後再註明裝運日期，則簽發日在裝運日之前，故提單日期在裝運日期後的情況係屬不正常；②匯票簽發日期必須早於押匯期限，否則將視為遲延押匯；③各種單據之中，僅商業發票上對貨品之記載要求必須與信用狀完全一樣，其他單據對貨品之記載則只要不與信用狀的說明牴觸即可；④保險單據生效日期須不遲於裝船日期（早於裝船日或在裝船日當天），以避免船隻起運之後，遇危險事故發生，但保險卻尚未生效，致無法獲得保險賠償。

（４）51. 依不可撤銷信用狀裝運貨物出口後，押匯單據無瑕疵而買方倒閉無法贖單，下列何者為開狀銀行最合理的處理方式？ ①通知賣方退回原貨 ②藉詞拒絕付款 ③片面撤銷信用狀 ④提領貨物並支付貨款，轉售貨物。

解析 只要單據無瑕疵，開狀銀行即有付款義務。故開狀銀行須自行承擔進口商的信用風險，不得轉嫁給受益人。

（４）52. 除信用狀另有規定外，有關商業發票之抬頭人，下列敘述何者正確？ ①以押匯銀行為抬頭人 ②以信用狀受益人為抬頭人 ③以開狀銀行為抬頭人 ④以開狀申請人為抬頭人。

（４）53. 下列何者不是初次辦理出口押匯的手續？ ①簽具 L/H ②開立外匯存款帳戶 ③送交印鑑登記卡 ④簽具 L/I。

（１）54. 出口商辦理押匯時，填寫匯出匯款申請書的目的通常為支付 ①佣金 ②運費 ③保險費 ④貼現息。

解析 出口商為收取貨款的一方，故多為申請匯入匯款，惟當出口商應支付國外業者交易佣金時，即可能申請匯出匯款。

（１）55. 所謂擔保提貨係指由何方負責擔保？ ①開狀銀行 ②買方 ③賣方

④船方。

（ 3 ） 56.國際貿易上以信用狀交易方式所開匯票的 "drawer" 及 "drawee" 通常分別為　①出口商；押匯銀行　②進口商；押匯銀行　③出口商；開狀銀行　④進口商；開狀銀行。

（ 3 ） 57.進口結匯係指　①出口商持匯票向銀行辦理貼現　②進口商開出信用狀轉交出口商　③進口商向外匯銀行申購外匯　④出口商向外匯銀行讓購信用狀。

（ 1 ） 58.賣方將買賣交易所產生之應收帳款，售予應收帳款承購商，此種貿易融資業務稱為　① Factoring　② Forfaiting　③ Collection ④ Franchise。

（ 1 ） 59.對出口商而言，貿易融資業務中所稱之 Forfaiting 係指下列何者？　①遠期信用狀賣斷　②即期信用狀買斷　③出口應收帳款承購　④進口應收帳款承兌。

（ 2 ） 60.有關 Forfaiting 之敘述，下列何者錯誤？　①融資期限多為中長期半年至數年　② Forfaiter 對出口商有追索權　③有進口國銀行或政府機構對票據保證　④提供出口商中長期出口融資及規避風險，成為拓展新興市場之優勢。

（ 3 ） 61.有關 Forfaiting 之敘述，下列何者錯誤？　①將未來應收之債權轉讓給中長期應收票據收買業者　②權利的移轉　③係以有追索權方式賣斷給買斷行　④出口商可規避進口國之國家、政治風險及開狀行到期不付款之信用風險。

（ 2 ） 62.某臺商以境外公司名義接受德國客戶訂單，並安排由大陸昆山工廠生產貨物及裝運出口後，該臺商持國外開來之信用狀欲辦理押匯，請問該臺商應至下列何者辦理押匯？　① DBU　② OBU　③中央銀行　④國貿局。

解析 臺商的境外公司作為信用狀受益人，押匯款即入該公司的境外帳戶。

（ 1 ） 63.出口商將貨物裝運出口後，應立即發出裝船通知的目的，下列何者錯誤？　①便於賣方投保　②便於買方投保　③買方預售貨物　④買方付款。

（ 3 ） 64.信用狀條款中規定提示瑕疵單據押匯時將扣除瑕疵費，該費用係依下列

何者指示扣除？　①押匯銀行　②補償銀行　③開狀銀行　④付款銀行。

（ 3 ）65.依 ISBP 規定，有關匯票的簽發日期之說明下列何者適當？　①不可早於提示日，也不可與提示日同一日　②宜早於 B/L date 幾日　③不可早於 B/L date，可與 B/L date 同一日　④宜早於 B/L date，不可與 B/L 同一日。

（ 3 ）66.下列何者不是貿易商規避匯率風險的方法？　①外匯期貨交易　②遠期外匯交易　③投保運輸保險　④外匯選擇權交易。

（ 2 ）67.產地證明書 Form A 係指　①一般產地證明書　②優惠關稅產地證明書　③檢驗合格產地證明書　④歐盟產地證明書。

（ 4 ）68.依據原產地證明書管理辦法之規定，原產地證明書　①可以塗改　②可另頁說明變更　③可由簽證單位在原證書上加註說明更改　④不得塗改。

（ 1 ）69.信用狀交易下，匯票 (Bill of Exchange) 之付款人通常為　①開狀銀行　②出口商　③押匯銀行　④通知銀行。

（ 2 ）70.根據我國銀行界慣例，信用狀的受益人到銀行押匯時所提示的匯票受款人 (payee) 通常是　①受益人　②押匯銀行　③通知銀行　④開狀銀行。

（ 3 ）71.下列何種單據的商品記載應與 L/C 上所規定者相符？　① Certificate of Origin　② Consular Invoice　③ Commercial Invoice　④ Insurance Policy。

（ 1 ）72.信用狀內容規定提示單據中要求之 Packing List，依 ISBP 之規定可否用 Packing Note 代替？　①可以　②不可以　③由押匯銀行決定　④由開狀銀行決定。

（ 4 ）73.除信用狀另有規定外，有關匯票之敘述，下列何者錯誤？　①約略金額 (about USD 3,000,000) 的匯票無效　②匯票上之大小寫金額必須相符　③依 UCP 600 之規定，不應以開狀申請人為付款人，否則銀行將認為該匯票為額外之單據　④匯票之出票人為開狀申請人。

（ 4 ）74.依 ISBP 及 UCP 600 銀行審單原則，下列何者錯誤？　①除匯票外，銀行可接受所有單據得由受益人以外之人簽發　②銀行收到所提示單據非屬信用狀所要求者，將不予理會　③拼字錯誤或繕打錯誤不影響該字或該句意義時，不構成單據瑕疵　④銀行需審核單據上數學計算明細。

（2）75. 下列單據中，何者具有相同之作用？ a. Certificate of Origin； b. Customs Invoice； c. Proforma Invoice； d. Consular Invoice　　① acd　　② abd　　③ abc　　④ bcd。

（3）76. 貿易單據可分為契約單據、財務單據、貨運單據，下列何者於押匯或託收時不必提示？　　①商業發票、保險單、提單　　②信用狀、匯票　　③報價單、訂單、售貨確認書　　④檢驗合格證、包裝單。

（4）77. 下列何者不屬於以 L/C 辦理押匯時的單據瑕疵？　　① Overdraw　　② Short Shipment　　③ Late Presentation　　④提單之貨物品名與 L/C 不同，但符合通用貨品名稱。

解析 ①超額押匯；②貨物短裝；③遲延提示押匯。

（4）78. 進口商以 L/G 提貨，下列何者錯誤？　　①日後貨物有瑕疵不可拒絕受貨　　②押匯銀行提供之單據有瑕疵不得拒絕受理　　③不可拒付貨款　　④可以扣留 B/L。

（2）79. 下列哪一項係所有單據的中心，交運的貨品都以該文件上所載的內容為準？　　① B/L　　② Commercial Invoice　　③ Packing List　　④ L/C。

（3）80. 依國際貨幣基金 (IMF) 規定，國際收支有關經常帳中貨物計算標準為何？　　①進口貨物以 CIF 價值計算，出口貨物以 FOB 價值計算　　②進口貨物以 FOB 價值計算，出口貨物以 CIF 價值計算　　③進出口貨物均按 FOB 價值計算　　④進出口貨物均按 CIF 價值計算。

（3）81. 依 UCP 600 規定，單據上顯示的申請人地址與信用狀中規定的申請人地址必須完全一致的為　　①商業發票　　②保險單　　③運送單據之收貨人或被通知人　　④產地證明書。

第十章

貨物運輸保險、輸出保險

一　海上貨物運輸危險

(一)基本險

(1)海上固有危險 (Perils of the Seas)。

(2)火災 (Fire)。

(3)暴力盜竊 (Thieves)。

(4)投棄 (Jettison)。

(5)船長船員的惡意行為 (Barratry)。

(6)其他一切類似危險 (All Other Perils)。

(二)特別險

(1)戰爭 (War)。

(2)罷工、暴動、民眾騷擾 (Strikes, Riots and Civil Commotions)。

(3)偷竊、挖竊、遺失 (Theft, Pilferage and Non-Delivery)。

二　海上貨物運輸損害

(一)全　損

1. 意　義

保險標的物的全部滅失。

2. 種　類

(1)實際全損 (Actual Total Loss)。

(2)推定全損 (Constructive Total Loss)：保險標的物遭受危險，程度上雖未達全部滅失，但其回復似不可能，其回復費用、其損害修護費用及運到目的港的費用將超過抵達後標的物本身價值者。

㈡分　損 (Average)

1. 意　義

保險標的物的部分損失。

2. 種　類

⑴共同海損 (General Average)：在海上發生緊急危難時，船長為避免船舶及貨載的共同危險所作處分而直接發生的犧牲及費用。共同海損應由貨主與船東按比例分擔。

⑵單獨海損 (Particular Average)：貨物在海上運送中，因不可預料的危險所造成的部分滅失或損害，這種損害並非由共同航海的財產共同負擔，而是由遭受損害的各財產所有人單獨負擔。

㈢費　用

除貨物損害之外，因危險發生而導致的費用支出也可以獲得賠償。

1. 損害防止費用 (Sue and Labour Charges)

貨物在海上運送中遇險時，被保險人或其代理人或受讓人為減輕損失程度，努力營救所發生的費用。

2. 施救費用 (Salvage Charges)

船貨在海上遇險後，經由第三人（不包括被救財產所有人、其代理人或受雇人）非契約的任意施救行為而獲救時，該第三人依法可獲得的報酬。

3. 單獨費用 (Particular Charges)

船隻於航行中遇到海上危險時，貨主為了保護貨物的安全，所支付的特別起卸費、臨時倉儲費或貨物維護費等費用。

三　海運保險的種類

㈠基本險

新協會貨物保險條款			舊協會貨物保險條款	保險範圍
ICC (A)	←	類似 →	A.R.（全險）	最大
ICC (B)	←	類似 →	W.P.A.（水漬險）	次大
ICC (C)	←	類似 →	F.P.A.（平安險）	最小

(二)附加險

　　(1)兵險 (War Risks, WR)。

　　(2)罷工暴動險 (Strikes, Riots and Civil Commotions, SR&CC)。

　　(3)偷竊、挖竊遺失險 (Theft, Pilferage and Non-Delivery, TPND)。

說明：全險並非承保全部危險，WR 與 SR&CC 不在全險範圍內。

	WR	SR&CC	TPND
ICC (A)	不保	不保	保
ICC (B)	不保	不保	不保
ICC (C)	不保	不保	不保

四　保險實務

(一)保險內容

　　依據 Incoterms® 2010 之規定：CIF 或 CIP 貿易條件下，若雙方未約定保險內容，則：

　　(1)保險範圍：賣方至少應投保 ICC(C) 或 FPA。

　　(2)保險金額：賣方至少應投保貨物價金加 10%（即至少 CIF × 110%，或 CIP × 110%）。

說明：保險金額為保險契約中所定的最高賠償金額。

　　(3)投保幣別：與契約相同貨幣。（若以 L/C 付款，須與 L/C 同幣別。）

(二)何時投保

1. 銀行不接受其簽發日期遲於運送單據上所示裝載、發送或接管之日期之保險單據

2. CIF 貿易條件出口

　　出口商應於貨物裝運之前或裝運時投保。

3. FOB 或 CFR 貿易條件進口

　　進口商應於貨物裝運前辦妥預保手續。

(三)保險區間

1. 海上貨物保險係航程保險，原則上是以 Warehouse to Warehouse

保險單所載　　　　　　　　　　　保險單所載
起運地倉庫　　　　　　　　　　　目的地倉庫

2.保險效力的終止

以下列三者先發生者為準：

(1)貨物依照正常運輸航程，運送到保險單所載明的目的地倉庫或儲存處所。

(2)貨物經運送到保險單所載目的地以外的倉庫或儲存處所，而該倉庫或儲存處所係供被保險人用作正常運輸過程以外之儲存或分銷、分配。

(3)貨物經運送到最終卸貨港卸載完畢後，因財務、貿易或其他因素，導致貨物無法順利通關或繼續運送，貨物自海輪卸載完畢後起算屆滿 60 天。

五　保險單

㈠依投保時各項裝運條件是否確定

1.確定保險單 (Definite Policy)

保險人簽發保險單時，貨物數量、金額、承運船舶以及預定開航日期均已確定者。

2.未確定保險單 (Indefinite Policy)

貨物數量、金額、承運船舶及預定開航日期尚未確定即先行投保時，保險人簽發的保險單。

(1)預保單 (To Be Declared Policy, TBD Policy)。

(2)流動保險單 (Floating Policy)。

(3)預約保險單 （Open Policy 或 Open Cover）。

㈡保險證明書 (Insurance Certificate)

1.意　義

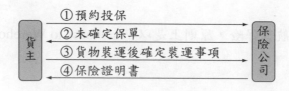

2.性　質

效力與正式保險單相同。

㈢暫保單 (Cover Note)

貨主透過保險經紀人向保險公司投保時，由保險經紀人發給貨主，通知貨主某批貨載已由他付保的投保通知單。

結論：

名　稱	簽發人	簽發時間	銀行接受與否
保險單 (Insurance Policy)	保險人	裝船後	接受
保險證明書 (Insurance Certificate)			
預保單 (TBD Policy)		裝運前	不接受
流動保險單 (Floating Policy)			
預保單 (Open Policy)			
暫保單 (Cover Note)	保險經紀人	裝運之前或之後	

六　航空貨運保險

㈠基本險

只有 Institute Cargo Clauses (Air) 一種，其承保範圍與海運保險的 ICC (A) 大致相同。

㈡附加險

1.兵　險

2.罷工險

㈢保險效力期間

自載運飛機於最終卸貨地卸載之日起屆滿 30 日，保險效力終止。

七　輸出保險

㈠目　的

政策性保險，不以營利為目的，旨在鼓勵發展輸出貿易，並保障廠商因出口所致的損失。

㈡要保人與被保險人

通常為出口商。

㈢保險標的

貨款。

㈣承保危險

信用危險、政治危險（國家風險）。

㈤承保機構

中國輸出入銀行。

㈥種　類

⑴託收方式 (D/P、D/A) 輸出綜合保險。

⑵中長期延付輸出保險。

⑶海外投資保險。

⑷全球通帳款保險。

⑸海外工程保險。

⑹記帳方式 (O/A) 輸出綜合保險。

⑺信用狀出口保險。

⑻中小企業安心出口保險。

㈦保險金額

多有限額，無法依照貨物價值或投資金額全額投保，因此廠商須承擔部分危險。

㈧資金融通

輸出保險不具融資功能，但廠商如有資金融通需求，可於辦理輸出保險後，出具保險證明書向銀行辦理融資。

㈨不承保的風險

進出口商雙方因買賣契約糾紛（例如關於交貨品質的爭議）導致出口商無法收回貨款的損失，承保機構不予賠償。

試題暨解析

（ 3 ） 1. 有關輸出融資綜合保險，下列敘述何者錯誤？　①保險金額為保險價額的 90%　②以輸出融資金額為保險標的　③因出口商信用危險致融資不能收回之損失，不負責賠償　④係以融資銀行為要保人或被保險人。

　　　解析　承保融資銀行因出口商（借款人）信用風險，而無法償還出口融資款項的風險。

（ 4 ） 2. 下列有關輸出保險之敘述，何者錯誤？　①是一種政策性保險　②保險金額有限制，無法按貨物價值全額投保　③出口商須承擔部分風險　④輸出保險不承保進口商因金融風暴倒閉，致出口商所生貨款之損失。

　　　解析　進口商因金融風暴倒閉即為信用風險，屬輸出保險的承保範圍。

（ 3 ） 3. 出口商可向下列何者投保輸出保險？　①中央信託局　②外貿協會　⑶中國輸出入銀行　④中國生產力中心。

（ 3 ） 4. 輸出融資綜合保險的承保對象為　①出口商　②進口商　③融資銀行　④運送人。

（ 4 ） 5. 下列何者不屬於輸出保險之承保危險範圍？　①政治危險　②信用危險　③國家風險　④海上貨物基本危險。

（ 4 ） 6. 輸出保險是屬於下列哪一種保險？　①運輸保險　②商業性保險　③產物保險　④政策性保險。

（ 3 ） 7. 輸出保險係以出口商為要保人與被保險人，其保險標的為　①輸出貨物　②貿易條件　③貨款　④運輸航程。

（ 2 ） 8. 出口廠商於辦理輸出保險後，如需要資金融通，可出具下列何者向銀行取得周轉資金？　①要保書　②保險證明書　③貨物輸出通知書　④銀行保證函。

（ 1 ） 9. 海上貨物運輸保險所承保之危險是　①基本危險與特殊危險　②政治危險　③信用危險　④國家危險。

（ 3 ） 10. 協會貨物保險條款之保險費率負擔最高的是　① (C) 條款　② (B) 條款　③ (A) 條款　④視保險貨物內容而定。

（ 2 ） 11. 貨物或船舶發生海損雖未達全部滅失但受損過鉅，救援或修理費用高於其價值者稱為　①共同海損　②推定全損　③單獨海損　④全損。

（3）12.由海難事故所造成的共同海損應由　①貨主負擔　②船東負擔　③貨主與船東比例分攤　④由肇事船隻分攤。

（2）13.海上貨物運輸保險金額一般係以　①發票金額加一倍　②發票金額加10%　③低於貨物發票金額　④信用狀金額投保。

（4）14.海上貨物運輸基本險之保險責任的終止係以　①保險單所記載之目的地受貨人倉庫或儲存處所　②保險單所記載之目的地之倉庫或儲存處所為正常運送過程以外的儲存　③被保險貨物自貨輪於最終卸貨港卸載完畢之日起屆滿 60 天　④所列選項之三種終止情形以先發生者為準。

（3）15.在海上發生緊急危難時，船長為了避免船舶及貨物的共同危險所作處分而直接發生的犧牲及費用稱為　①單獨海損　②實際全損　③共同海損　④分損。

> 解析　依照題意「共同危險」，可知答案為③「共同海損」。

（4）16.投棄係屬於海損中的何種類型？　①推定全損　②實際全損　③單獨海損　④共同海損。

> 解析　在海上發生緊急危難時，船長為避免船舶及貨載的共同危險而將部分貨物予以投棄，故屬於共同海損。

（1）17.下列何者不屬於貨物運輸海上基本危險？　①戰爭　②火災　③投棄　④觸礁。

（4）18.船舶承載之麵粉遭海水浸入，致全部泡水變成糊狀，則此項損失應屬於　①共同海損　②單獨海損　③推定全損　④實際全損。

> 解析　在種類上已不成為原來的物體，也已經不能再使用，故屬於實際全損。

（1）19.船貨在海上遇險時，若經由第三人非契約的任意施救行為而獲救時，其所支付該第三人的報酬，稱為　①施救費用　②單獨費用　③額外費用　④共同海損分攤。

> 解析　依照題意「施救行為」，可知答案為①施救費用。

（3）20.TPND 保險是指　①平安險　②罷工險　③偷竊遺失險　④水漬險。

（3）21.投保兵險時，其保險人之兵險責任是終止於貨物在最終卸貨港卸離海船或到達最終卸貨港當日午夜起算屆滿　① 45 天　② 30 天　③ 15 天　④ 5 天。

（2）22.依據 UCP 600 之規定，若保險單之生效日期較提單裝船日期為遲時，通常受理單證的銀行將如何處理？　①照單全收　②拒絕接受　③不置可否　④留待通知。

（2）23.依 UCP 600 之規定，保險單之簽發日期原則不得遲於　①開狀日期　②裝船日期　③押匯日期　④轉讓日期。

（2）24.有關保險單之敘述，下列何者錯誤？　① TBD 保單是屬於船名未確定保單　②若信用狀中規定 "Insurance Certificate in duplicate"，則銀行將拒絕接受保險單　③除非信用狀中特別授權，否則銀行將拒絕接受投保通知書　④一般海上貨運保單多屬於航程保單。

解析　保險單可以代替保險證明書。故信用狀中規定應提示保險證明書 (Insurance Certificate) 時，提示保險單 (Insurance Policy) 亦可為銀行所接受。

（3）25.有關 Insurance Policy 與 Insurance Certificate 兩者之敘述，下列何者錯誤？　① Insurance Policy 可供向保險索賠之用　② Insurance Certificate 為生效中的保險證明　③兩者之保險效力不同　④兩者均可供做押匯之用。

（3）26.下列何者非保險單據之功用？　①保險契約成立之憑證　②得作成指示式或無記名式同保險標的物一同轉讓　③在 FOB、CFR 條件，保險單據為押匯單據中重要文件　④保險事故發生時，保險單據向保險人請領賠款必要證件。

解析　在 FOB、CFR 貿易條件下，賣方不須投保，故押匯時不須提示保險單據。

（2）27. a.預約保單 (Open Policy)；b.保險單 (Insurance Policy)；c.保險證明書 (Insurance Certificate)；d.投保通知書 (Cover Note)，請問以信用狀付款的情況下，銀行接受上述何種保險單據？　① a、b　② b、c　③ c、d　④ a、d。

（4）28.依據 UCP 600 之規定，下列何者所簽發之保險單據，銀行將不予接受？　①保險公司　②保險人　③保險人之代理人　④保險經紀人。

（3）29.保險單上記載 TBD 係指　①保險費待通知　②保險條件待通知　③船名、航次與開航日期待通知　④受益人待通知。

（3）30.海上貨物運輸保險的保險單均以「倉庫至倉庫」方式承保，其所指之倉

庫係為　①出口商的發貨倉庫　②出口商受領貨物的倉庫　③保險單載明的航程起、訖運地點之倉庫　④供貨廠商的倉庫。

（ 3 ）31.以 CIF 或 CIP 條件出口時，出口商應於下列何時辦理投保手續，才能獲得充分的保障？　①貨物裝船後　②辦理押匯同時　③貨物交運前或裝船前　④船舶駛離裝船港。

（ 3 ）32.航空貨物保險，其保險效力係貨物自載運飛機於最終目的地機場卸載完畢之日起屆滿多少天終止？　① 10 天　② 15 天　③ 30 天　④ 60 天。

（ 4 ）33.下列何種原因所導致的遲延交貨，賣方仍需負責？　①天災　②戰爭　③罷工封鎖　④第三人的過失。

解析　天災、戰爭或罷工封鎖等不可抗力事故所導致的遲延交貨，賣方不須負責。若係導因於第三人的過失，例如由於供應商供貨不及導致賣方遲延交貨，雖然賣方本身並無過失，但賣方既然身為契約當事人的一方，對於自己廠商的過失，仍應負起全部責任。至於賣方與供應商之間的責任歸屬，則由雙方根據供貨契約的約定解決。

（ 4 ）34.依據 UCP 600 之規定，除信用狀另有規定外，保險金額之幣別須與下列何者同一貨幣表示？　①出口國家之貨幣　②進口國家之貨幣　③買賣雙方商議　④信用狀。

（ 4 ）35.協會貨物保險條款 (B) 條款與下列何者的承保範圍相類似？　① WR　② FPA　③ AR　④ WA。

（ 3 ）36.平安險的承保範圍與下列哪一協會貨物保險條款相似？　① (A) 條款　② (B) 條款　③ (C) 條款　④ (D) 條款。

（ 3 ）37.下列何者不屬於協會貨物保險 (A) 條款之除外不保的事項？　①保險標的物之固有瑕疵　②被保險人故意惡行所致的毀損滅失　③地震、火山爆發、雷擊等　④罷工暴動或內亂。

解析　①、②兩項都係保險人一定不予承保的危險；④ ICC(A) 不承保的附加險有兵險與罷工暴動險。

（ 2 ）38.保險人未正式簽發保險單之前，為證明保險契約已成立因而簽發的一種臨時文件，稱為　①預約保險單　②暫保單　③預保單　④流動保險單。

解析　依照題意「臨時文件」（亦即暫時文件），可知答案為②暫保單。

（ 2 ）39.協會航空貨物險條款 ICC (AIR)，其承保範圍與下列何種條款大致相同？　①罷工險　② (A) 條款　③平安險　④ (B) 條款。

（ 4 ） 40.信用狀上要求投保 SRCC，係指下列何種附加險？　①破損險　②戰爭險　③雨水險　④罷工、暴動、民眾騷擾險。

（ 2 ） 41.以 FOB 或 CFR 條件進口時，進口商應於下列何時辦理投保手續，才能獲得完整的保障？　①貨物裝運後　②申請開發信用狀前或貨物裝運前　③提領貨物時　④船舶抵達進口港時。

（ 1 ） 42.貨物運輸保險之賠款地點，除非另有規定外，通常是以下列何地為之？　①買方或貨物運輸的最終目的地　②賣方或貨物輸出地　③買賣雙方自行決定　④保險人決定。

（ 3 ） 43.以出口商的立場要掌握保險品質，又要善用保險來做貿易的避險工具，最好以何種貿易條件出貨買保險？　① FOB　② CFR　③ CIF　④ CPT。

> 解析　出口商自行投保才可掌握保險品質，上述選項中，僅③ CIF 貿易條件係由出口商負責投保。

（ 2 ） 44.買賣契約中規定，保險單上載明不計免賠額比率均要賠償之文字係為　① Deductible　② I.O.P (Irrespective of Percentage)　③ Franchise　④ Claim。

> 解析　② I.O.P. (Irrespective of Percentage)：不計免賠額比率。

（ 4 ） 45.下列哪一項保險與國際貿易較不相關？　①貨物保險　②輸出信用保險　③產品責任保險　④旅行平安保險。

（ 1 ） 46.貨物運輸保險「單獨海損不賠」又稱為　①平安險　②水漬險　③特殊險　④全險。

（ 4 ） 47.依我國海商法規定，船舶失蹤經相當時間而無音訊，係屬於　①共同海損　②實際全損　③單獨海損　④推定全損。

（ 1 ） 48.貿易條件為 CIP 投保運輸保險時，除非特殊情況或 L/C 上另有規定外，通常以何者為保單上 Assured？　① L/C 受益人　② L/C 申請人　③開狀銀行　④保險公司。

> 解析　在 CIF 或 CIP 貿易條件下，以出口商為被保險人 (Assured)；在 FOB、CFR、FCA 或 CPT 貿易條件下，以進口商為被保險人。

（ 3 ） 49.下列何者適用於國際貨物運輸保險？　①海牙規則　②華沙公約　③約

克安特衛普規則　④華沙牛津規則。

（2）50.本國廠商在「臺灣接單、大陸出口」下，以一年期以下 D/P、D/A、O/A 或 L/C 付款方式交易者，宜投保下列何種保險？　①輸出融資綜合保險　②境外貿易保險　③普通輸出保險　④海外投資保險。

（3）51.協會保險條款 (A) (B) (C) 之保險有效期限：保險從貨物離開指定地之倉庫開始生效，到貨物在最後卸貨港完成卸貨之後幾天效力終止？　① 30 天　② 45 天　③ 60 天　④ 90 天。

（4）52.關於貨物運輸保險之約定，下列何者錯誤？　①海上貨物保險又稱水險　②最低投保金額一般為 CIF 或 CIP 價值加一成　③在 DDP 條件下，購買保險及支付保費的責任歸屬賣方　④保險金額為保險契約中所定的最低賠償額。

（4）53.當貨物發生損壞，欲提出保險索賠時，下列處理方式何者最好？　①立即逕行檢驗並自己作成報告　②逕行找公證行檢驗，作成報告　③立即通知銀行找公證行，會同檢驗，作成公證報告　④立即通知保險人找公證行，會同檢驗，作成公證報告。

（4）54.出口商為避免因進口地發生戰爭致貨物無法進口或無法收取貨款之損失，則可選擇投保　①兵險　②全險　③平安險　④輸出保險。

（1）55.一般的貨物水險保單都是屬於　①航程保單　②定期保單　③航空保單　④增值分紅保單。

（1）56.貨輪駛往目的港途中失火，船長為貨物安全採取緊急措施往船艙灌水施救，下列損害結果何者非屬共同海損？　① 300 箱貨物因火災毀損　② 400 箱貨物因灌水施救而毀損　③拖船費 1,500 美元　④額外燃料費 10,000 美元。

解析　300 箱貨物係因火災導致的損失，並非為了保全其他船貨的安全，故不屬於共同海損。

第十一章 國際貨物運輸

一 海 運

㈠運費的負擔

	FOB、FCA	CIF、CIP、CFR、CPT
運費負擔	買方	賣方
運費支付時、地	進口地提領貨物時支付	出口地交運貨物時支付
提單上註明	Freight Collect	Freight Prepaid 或 Freight Paid

㈡運費計算

1. 基本運費

2. 附加運費 (Surcharge)

    (1)超重附加費。

    (2)超大附加費。

    (3)超長附加費。

    (4)燃料附加費（常以燃料調整因素 BAF 計算）。

    (5)幣值附加費（常以幣值調整因素 CAF 計算）。

㈢裝卸條件

裝卸條件	裝貨由誰負責？	卸貨由誰負責？	使用場合
Berth Term	船方	船方	主要用於定期船運輸
FIO (Free In and Out)	貨方	貨方	主要用於不定期船運輸
FI (Free In)	貨方	船方	
FO (Free Out)	船方	貨方	

㈣貨櫃運輸

1. 標準貨櫃單位（標準載運能量的計算單位）

⑴ TEU (Twenty-foot Equivalent Unit)：20 呎等量單位（8 呎×8 呎×20 呎）。

⑵ FEU (Forty-foot Equivalent Unit)：40 呎等量單位（8 呎×8 呎×40 呎）。

2. 貨櫃運輸的方式

	CY/CY (FCL/FCL)	CY/CFS (FCL/LCL)	CFS/CY (LCL/FCL)	CFS/CFS (LCL/LCL)
作業方式	出口整裝／ 進口整拆	出口整裝／ 進口分拆	出口併裝／ 進口整拆	出口併裝／ 進口分拆
出口地裝櫃作業由誰負責？	出口商	出口商	運送人	運送人
進口地拆櫃作業由誰負責？	進口商	運送人	進口商	運送人
一個貨櫃內的貨物有幾個託運人 (Shipper)	一人	一人	兩人以上	兩人以上
一個貨櫃內的貨物有幾個受貨人 (Consignee)	一人	兩人以上	一人	兩人以上

㈤提單 (Bill of Lading, B/L)

1. 功　能

⑴運送人收到託運貨物的收據。

⑵運送契約的憑證。

⑶表彰貨物所有權的證書。

　★實務上，提單不具有「直接提貨」的功能，受貨人必須以 B/L 換取提貨單（小提單）(D/O)，然後憑 D/O 辦理報關提貨。

2. 種　類

⑴簽發提單時貨物是否已裝船

　◆ 裝船提單 (On Board B/L)：貨物確已全部裝船後所簽發的提單。

　◆ 備運提單 (Received for Shipment B/L)：貨物交給運送人後，在尚未裝上船時即簽發的提單。

⑵提單上有無瑕疵批註

　◆ 清潔提單 (Clean B/L)：未註明所承運的貨物外觀或其包裝有任何缺陷瑕疵的提單。

◆ 不清潔提單 (Unclean B/L)：註明所承運的貨物外觀或其包裝有缺陷瑕疵的提單。

(3)能否流通轉讓

◆ 可轉讓提單 (Negotiable B/L)：可經由背書方式將提單所表彰的貨物所有權轉讓給他人的提單。例如 "to order of issuing bank"，表示須由開狀銀行背書轉讓。

◆ 不可轉讓提單 (Non-Negotiable B/L)：又稱為直接提單 (Straight B/L)。直接指定受貨人，該記名受貨人不得將提單背書轉讓給他人的提單。

(4)其他種類提單

◆ 複合運送提單 (Combined Transport B/L; Multi-modal Transport B/L)：貨物經由兩種以上運送方式，自裝貨地運到目的地，由第一運送人、其代理人或貨運承攬人所簽發，涵蓋全部運送過程的提單。

◆ 貨櫃提單 (Container B/L)：貨物裝入貨櫃交由貨櫃船運送的提單。

以整櫃方式裝運出口（CY 出口）的提單上經常會載明 "shipper's load & count"（託運人裝貨點數）或 "said by shipper to contain"（據託運人稱內裝）以表明運送人對貨櫃內的貨物數量、裝運方式等不負責。這種記載並不構成提單的瑕疵。

◆ 併裝提單 (Groupage B/L)：貨運承攬人或併裝業者將各個出口商所託運的零星貨物集合成一大批貨物交由船公司運送時，由船公司以貨運承攬人或併裝業者為託運人所簽發的提單。又稱為主提單 (Master B/L)。

◆ 海運貨單 (Sea Waybill)：仿照空運提單 (Air Waybill) 設計，代替海運提單的海上運送文件。

◆ 第三者提單 (Third Party B/L)：信用狀受益人以外的第三者為託運人的提單。除非特別禁止，否則銀行不會拒絕接受。

◆ 簡式提單 (Short Form B/L)：背面未載明貨運條款的提單。又稱背面空白提單。除非特別禁止，否則銀行不會拒絕接受。

◆ 傭船提單 (Charter Party B/L)：以不定期船運送所簽發的提單。

	定期船提單	傭船提單
運送契約	✓	✗（提單外另簽訂運送契約）
貨物收據	✓	✓
物權證書	✓	✓

◆ UCP 拒絕接受的提單：

• 不清潔提單。

• 備運提單。

• 陳舊提單。

• 甲板提單。

• 傭船提單。

3.提單若未特別註明裝船日期，即以簽發日期為裝船日

二 航空運輸

1.空運市場的特性

(1)託運貨物數量愈多，運費率愈低。

(2)貨主多透過貨運承攬人向運送人託運，由承攬人集合貨主的零星貨物成為大批貨物之後，整批向運送人託運，以適用較低運費率。

(3)運送人以承攬人為託運人簽發主提單 (Master Air Waybill, MAWB)，再由承攬人以貨主為託運人簽發分提單 (House Air Waybill, HAWB)。

★發生糾紛時，貨主能憑 HAWB 向承攬人主張權利，不得直接向航空公司索賠。

2.空運提單的特性

(1)受貨人：記名式。

(2)不是憑單提貨的物權證書。

(3)運送人放貨：認人不認單。

(4)全套 3 份：

◆ 第 1 份：運送人留存。

◆ 第 2 份：隨貨上飛機。

◆ 第 3 份：交託運人。

3. 空運運費

　　⑴以重量（KG 或 lb）為計算基準，按貨物的種類訂定其適用費率。費率通常由國際航空運輸協會（International Air Transport Association，IATA）制定。

　　⑵就貨物「實際重量」與「體積重量」比較，取較高者為計價重量。

　　　體積重量換算公式：英制：1 公斤 = 366 立方吋或 1 磅 = 166 立方吋。

　　　　　　　　　　　　公制：1 公斤 = 6,000 立方公分。

　　⑶託運貨物重量愈重，單位運費率愈低。

　　⑷運費代號：M：最低運費。

　　　　　　　　C：特別商品費率。

　　　　　　　　N：貨量低於 45 公斤的適用費率。

　　　　　　　　Q：貨量高於 45 公斤的適用費率，又依貨物重量分為多種級距。

　　　　　　　　R：商品分級費率 (Commodity Classification Rate)。

試題暨解析

（ 4 ） 1. 有關 HAWB 的提單號碼，實務上以下列何者編製？　①前 3 碼是阿拉伯數字　②全部是阿拉伯數字　③以航空公司英文名稱字首縮寫表示④以空運承攬業者的英文名稱字首縮寫表示。

　　　解析　HAWB 係由空運承攬業者所簽發，可知答案為④。

（ 1 ） 2. MAWB 與 HAWB 最大的不同點是　①簽發人　②貨物收據　③運輸契約憑證　④提貨功能。

（ 1 ） 3. 航空公司於承運貨物時，簽發給承攬業者或併裝業者之提單，稱為
　　　　① MAWB　② HAWB　③ FCR　④ MTD。

（ 3 ） 4. 依華沙公約之規定，空運貨物承運人對貨物的最高賠償責任為 1 公斤多少美元？　① 50　② 30　③ 20　④ 10。

（ 3 ） 5. 正本空運提單為一式三聯，出口商應持下列哪一聯至銀行辦理押匯？
　　　　① Original 1　② Original 2　③ Original 3　④ Original 4。

（ 4 ） 6. 定期船的裝卸條件依世界航運習慣為　① FIO 條件　② FO 條件
　　　　③ FI 條件　④ Berth Term 條件

（2） 7. 20 呎貨櫃簡稱為　①FEU　②TEU　③HQ　④OCP。

解析　"20(Twenty)" 第一個字母為 T，可知答案為② TEU。

（4） 8. 空運運費表中，最低運費之等級代號為　①Q、N　②R、S　③C　④M。

解析　「最低 (Minimum)」第一個字母為 M，可知答案為④ M。

（1） 9. 海運提單是由下列何者簽發？　①出口地的船公司　②進口地的船公司　③報關行　④港務局。

（3） 10. 下列何者為併裝／整拆？　①FCL/FCL　②FCL/LCL　③LCL/FCL　④LCL/LCL。

（2） 11. CFS/CY 在起運地之裝櫃作業及目的地之拆櫃作業分別由何者負責？　①託運人，受貨人　②船公司，受貨人　③託運人，船公司　④船公司，託運人。

（3） 12. HAWB 是由下列何者簽發？　①航空公司　②航空貨運代理商　③航空貨運承攬業者　④國際航空運輸協會。

（1） 13. 直接提單又稱為　①不可轉讓提單　②主提單　③備運提單　④可轉讓提單。

（1） 14. Short Form Bill of Lading 又稱為　①背面空白提單　②可轉讓提單　③分提單　④備運提單。

（3） 15. Charter Party B/L 是指　①簡式提單　②備運提單　③傭船提單　④不可轉讓提單。

（3） 16. 運送人為防止誤遭索賠，收貨時如貨物或包裝有瑕疵，會將該狀況載明於提單上，該提單稱為　① Stale B/L　② Received for Shipment B/L　③ Unclean B/L　④ on board B/L。

（4） 17. 若提單之託運人 (Shipper) 非為信用狀之受益人，則該提單稱為　① Through B/L　② Received for Shipment B/L　③ Combined Transport B/L　④ Third Party B/L。

（2） 18. MAWB 提貨時是　①認單不認人　②認人不認單　③須經過背書　④完全與海運提單相同，只要證明其為提單上之受貨人即可。

（1） 19. 出口商於何時取得 S/O？　①洽妥艙位時　②出口檢驗時　③貨物裝船時　④出口簽證時。

（1）20.在進口地提貨時，由進口商以 B/L 去換領之單據是　① Delivery Order　② Shipping Order　③ Bill of Lading　④ Cargo Receipt。

（1）21.海運提單不具備下列何種功能？　①直接提貨　②貨物收據　③運送契約　④表彰貨物所有權。

（1）22.下列何種裝運條件對出口商安排船期較有彈性？　① Shipment during July　② Prompt Shipment　③ Shipment on 20th July　④ Immediate Shipment。

> 解析　①「七月份交貨」，一個月的交貨時間，較有彈性；②「即刻交貨」；③「限定於 7 月 20 日當天交貨」，彈性不足；④「立刻交貨」可能涉及雙方對 "Prompt" 或 "Immediate" 解釋的歧異，容易導致糾紛。

（2）23.國際貨運承運人對於油料或燃料漲價而增列之附加費用稱為　① CAF　② BAF　③ THC　④ PSS。

（4）24.裝船通知 (Shipping Advice) 是由 a.出口商；b.船公司或貨運承攬業者；c.港務局；d.進口商等四單位中的誰寄給誰？　① b → d　② c → d　③ a → c　④ a → d。

（1）25.陸橋作業係陸運與下列何種運送方式配合之複合運送？　①海運　②內陸水運　③陸運　④空運。

> 解析　「陸橋」意即以大陸當作橋樑，故係「海運－陸運－海運」的組合方式。

（4）26.海運提單應載明之事項，不包括下列哪一項目？　①船舶名稱及航次　②託運人名稱及地址　③包裝嘜頭、貨物名稱、件數、重量及材積噸　④貨物價值。

（2）27.依 UCP 600 之規定，下列何種提單不被銀行所接受？　① On Board B/L　② Unclean B/L　③ Short Form B/L　④ Third Party B/L。

（1）28.對貨主而言，以下哪一點不是貨櫃運輸之優點？　①免除貨物包裝費用　②減少被竊損失　③減少貨物搬運破損　④減少裝卸及倉儲費用。

> 解析　由於貨櫃已具有相當程度的保護效果，故貨物以貨櫃裝運，可節省包裝費用，但並非裝在貨櫃內就可完全不須包裝，貨物仍須適度包裝。故應該係「減少」貨物包裝費用，而非「免除」貨物包裝費用。

（2）29.一般用以裝運車輛、鋼板、木材、電纜的貨櫃為　①乾貨貨櫃　②平板貨櫃　③冷藏貨櫃　④開頂貨櫃。

解析 車輛、鋼板、木材、電纜不須特別以密封式的貨櫃保護，裝載於非密封式的平板貨櫃即可。

（1）30.海運貨物如按重量噸計算運費，主要是依據下列何種重量？ ① Gross Weight ② Net Weight ③ Net Net Weight ④ Tare Weight。

解析 按重量計算貨物運費時，皆以包含包裝材料的毛重 (Gross Weight) 為準。

（1）31.空運貨物之託運，將貨物運到機場進倉庫需經多少小時後，始可報關檢驗放行？ ① 12 小時 ② 24 小時 ③ 36 小時 ④ 48 小時。

（2）32.提單上以預先印定措辭表明貨物業已裝載或裝運於標名之船舶，則提單上之何種日期將視為裝載日期及裝運日期？ ①接管日期 ②簽發日期 ③接收貨物日期 ④收取單據日期。

（4）33.下列何者不屬於海運運費的附屬費？ ①超重費 ②超長費 ③更改卸貨港費 ④文件製作費。

（4）34.貴重物品如珠寶、鑽石等，其計算運費之單位是以下列何種方式計費？ ①體積噸 ②重量噸 ③論件法 ④從價法。

解析 由於運送人對於貨物損害的賠償金額多有上限規定，故貴重貨物多於託運時申報貨價，若貨物因運送人故意或過失而遭受損害時，運送人須照價賠償，不受賠償上限的限制。由於運送人賠償責任加重，必須透過保險轉嫁風險，因此這類貨物並非依貨物重量或體積計算運費，而係依據所申報貨物的價值計算運費，以補償運送人的保費支出。

（1）35.空運運費以體積重量作為計價重量時，1 公斤等於多少立方吋？ ① 366 ② 6,000 ③ 1,728 ④ 35.315。

（2）36.關於不可轉讓海運貨單 (Sea Waybill)，下列敘述何者正確？ ①認單不認人 ②認人不認單 ③認人後認單 ④認單又認人。

（2）37.除信用狀另有規定外，通常提單之內容不須記載下列何項？ ①貨物名稱及件數 ②貿易條件 ③被通知人 ④提單份數。

（1）38.海運提單上註明 "Said to Contain" 字樣，係指該批貨物運送方式應為 ① CY ② CFS ③ LCL ④ CIF。

（2）39.海運提單上註明 "Shipper's Load and Count"，下列解釋何者錯誤？ ①船公司發行整櫃提單上所加的條款 ②除 L/C 另有規定外，銀行將不接受含有上述條款之提單 ③運送人對貨櫃內所裝貨物是否與提單上記載相符不負責 ④運送人對裝櫃之不適當而引起損害不負賠償責任。

（3）40.若信用狀上規定提單必須 "Endorsed in Blank"，意指該份提單須如何處理？ ①指示背書 ②記名背書 ③空白背書 ④不須背書。

　　解析 Endorsed in Blank：空白背書，即背書時只由背書人簽名，不須記載被背書人姓名的背書方式。

（4）41.提單上受貨人 (Consignee) 欄如為 "To Order of Issuing Bank"，是指提單必須經由何人背書後，才能提貨？ ①押匯銀行 ②保兌銀行 ③通知銀行 ④開狀銀行。

（4）42.如海運提單上表明受貨人為 "To Order" 時，則該提單應由下列何者背書始能流通轉讓？ ①押匯銀行 ②開狀銀行 ③補償銀行 ④託運人。

　　解析 提單受貨人僅記載 "To Order"，未表明由誰指定 (Order) 時，一般認為係由託運人指示 (To order of shipper)。

（4）43. Forwarder's Cargo Receipt 係由下列何者簽發？ ①船公司 ②經營物流業者 ③貨櫃集散站 ④貨運承攬業者。

　　解析 Forwarder：貨運承攬人，故 Forwarder's Cargo Receipt 係由貨運承攬人所簽發。

（2）44. Multimodal Transportation 係指 ①二種貨物混合運送 ②二種以上不同運輸方式 ③國內複合運送 ④單一方式運送。

（1）45.下列哪一種 B/L 不是物權證券？ ① Airway Bill ② Marine B/L ③ Charter Party B/L ④ Third Party B/L。

（2）46.下列何者運送方式適合同一託運人 (Shipper) 及同一受貨人 (Consignee)？ ① CY/CFS ② CY/CY ③ CFS/CY ④ CFS/CFS。

（1）47.提單 (B/L) 所載之被通知人 (Notify Party) 通常為下列何者？ ①買方或其代理人或其報關行 ②通知銀行 ③保兌銀行 ④押匯銀行。

（3）48.在定期船的運費結構中，CAF 是代表 ①超大附加費 ②燃料調整因素 ③幣值調整因素 ④港口壅塞附加費。

（2）49.航空快遞業務 (Air Express Service) 公司派專人從發貨人處提取貨物後，運抵目的地由專人提貨辦妥通關手續後，直接送達收貨人，此種運輸方式稱為 ① Door to Customs Service ② Door to Door Service ③ Door to Warehouse Service ④ Door to Factory Service。

（4）50.對空運運費的敘述，下列何者錯誤？ ①費率由 IATA 制定 ②重量愈重,費率愈低　③運費基準以公斤或磅為單位　④運費收費無起碼運費。

(1) 51.有關空運提單之敘述,下列何者錯誤?　①具物權憑證　②作為運送契約　③作為貨物收據　④不能轉讓。

(3) 52.海運貨單 (Sea Waybill) 與承攬運送收據 (Forwarder's Cargo Receipt) 具備下列哪一項共同特質?　①物權單據　②運送契約　③貨物收據　④可轉讓之單據。

解析

	Sea Waybill	Forwarder's Cargo Receipt
物權單據	×	×
運送契約	○	×(貨主與 Forwarder 間的契約,不是貨主與真正運送人之間的運送契約)
可轉讓之單據	×	×
貨物收據	○	○

(2) 53.買方若採 CWO 付款方式時,應要求提單上之受貨人欄如何填寫,較有利?　① To order of shipper　② To Buyer　③ To order of Issuing Bank　④ To Issuing Bank。

解析　CWO (Cash with Order):買方預付貨款,應要求提單直接記名買方為受貨人 (To Buyer),買方可直接提貨,不須向運送人提示經背書轉讓的提單。

(1) 54.出口商出貨後,即向運送人提出電報放貨申請,然後直接在貨物運抵目的地時,將貨物交給下列何者?　①進口商　②船務公司代理人　③倉儲公司人員　④海關。

解析　為爭取時效,出口商可向船公司申請電報放貨(須附電報放貨切結書),船公司在接到出貨人的申請後,即直接以電報通知終點港的船公司,放貨給買方,無須簽發正本提單。如果船公司已經簽發提單,則須將全部正本提單繳回,才能辦理電報放貨。

(1) 55. L/C 中規定提單 (B/L) 上 Consignee 的表示方式,下列哪一項對出口商最有利?　① To order of shipper　② To order of Issuing Bank　③ To Buyer　④ To Issuing Bank。

解析　就記名式提單(提單的 Consignee 記載為 "to ×××")與指示式提單(提單的 Consignee 記載為 "to order of ×××")而言,對出口商較有利的是指示式提單。而指示式提單當中,又以「由出口商(即託運人)自己指示」(To order of shipper) 對出口商更有利。

（ 1 ） 56. 貨櫃運輸之運輸路線所稱 "Land Bridge" 係採下列哪一種複合運送 ？
①海—陸—海　②海—陸　③陸—海—陸　④海—陸—陸。

解析　參照 25 題說明，Land Bridge：陸橋。

（ 3 ） 57. A 公司接到 B 公司寄來的 Clean on Board B/L，提貨後發現貨品品質有
瑕疵及不良品，請問 A 公司應向誰索賠？　①船公司　②保險公司
③B 公司　④自認倒楣。

解析　所謂清潔提單，係指未批註所承運貨物外觀或包裝有任何缺陷或瑕疵的提單。船公司收
到貨物時，通常只對貨物外觀或包裝進行檢查，並不檢查貨物內容，只要外觀或包裝沒
有問題即簽發清潔提單。故貨品品質的瑕疵應由賣方（B 公司）負責。

（ 3 ） 58. 船公司報出 "ALL IN" 之運費時，下列何者不包括在內？　①幣值附加費
②基本費率　③貨櫃處理費　④轉船附屬費。

（ 2 ） 59. 貨物白遠東地區運往美國中部或東部之運輸作業能利用下列哪一種方
式 ？　① BAF　② OCP　③ LASH　④ CAF。

解析　OCP (Overland Common Point)：陸路共同地點作業，係美國、加拿大西岸特有的制度，
適用於自遠東運至美國或加拿大西岸各港口卸貨，須經內陸運輸工具轉運至中部地區的
貨物。

（ 3 ） 60. 實務上常見信用狀規定 "2/3 set of clean on board Bill of Lading" 此句意
指　①發行 2 份正本提單只需提示 1 份　②發行 3 份正本提單只需提示
1 份　③發行 3 份正本提單只需提示 2 份　④發行 2 份正本提單只需提
示 3 份。

解析　一般海運提單發行 3 份正本為一套，信用狀規定應提示「三分之二套」(2/3 set)，意指應
提示 2 份正本。

（ 3 ） 61. 下列何者為必須經過背書才能轉讓的提單？　①直接提單　②記名提單
③指示式提單　④海運貨單。

（ 4 ） 62. 提單上所載明之裝船日期不可作為　①判斷是否超過輸入許可證有效期
②判斷是否符合信用狀裝船期限　③判斷是否延遲押匯　④判斷是否為
清潔提單。

解析　僅④與日期或期限無關。

（ 4 ） 63. 貨主持有 HAWB，貨物一旦發生運送糾紛，貨主可向誰主張權利？
①國際航空運輸協會　②航空公司　③航空貨運代理公司　④航空貨運

承攬業者。

（1）64. 下列何者適用於國際海上貨物運輸？ ①海牙規則 ②華沙公約 ③約克安特衛普規則 ④華沙牛津規則。

（2）65. 貨物須以兩種以上不同運輸工具才能到達目的地時所簽發涵蓋全程的運送單據稱為 ①承攬運送人簽發之運送單據 ②複合運送單據 ③備船提單 ④海運貨單。

（1）66. 假設外銷貨品體積大而重量輕，計有 550 箱，每箱體積 30″×20″×20″，則最佳裝櫃方式為 ① 2 個 FEU ② 2 個 TEU ③ 1 個 FEU ④ 4 個 TEU。

> 解析 30″ × 20″ × 20″ = 12,000 立方吋 = 6.94 (12,000/1,728) 立方英呎 (CFT) = 0.197 (6.94/35.315) 立方公尺 (CBM)。550 箱合計 = 0.197 × 500 = 98.26 (CBM)。一個 20 呎貨櫃 (TEU) 約可裝 25 CBM，一個 40 呎貨櫃 (FEU) 約可裝 50 CBM。故 98.26 CBM 應裝於二個 FEU。

（3）67. 有關 Air Waybill 之特性，下列敘述何者正確？ ①背書轉讓性 ②流通性 ③受貨人採記名式 ④屬有價證券。

（3）68. 當出口地的船公司所發行之海運提單全套收回後，以 FAX 通知進口地船公司放貨，稱為 ① Clean B/L ② Stale B/L ③ Surrendered B/L ④ Combined transport B/L。

> 解析 參照 54 題說明，採電報放貨方式，出口商不領正本提單，故稱為 Surrendered B/L。

（1）69. 海運提單的表面條款記載 "One of which being accomplished, the others to stand void"，若發行份數為 4 份，則當提出幾份時，其餘海運提單變成無效？ ①1 份 ②2 份 ③3 份 ④4 份。

> 解析 其意為「若 1 份海運提單完成提貨，其餘海運提單即失去效力」。

（2）70. 就國際複合一貫運輸而言，貨物由基隆港海上運輸至美國西岸，再利用鐵路運至東岸，最後利用海運運送至歐洲，此種運送方式稱為 ① MLB ② LBS ③ MBS ④ LASH。

> 解析 LBS (Land Bridge Service)：陸橋作業，為「海─陸─海」的組合運輸方式。

（2）71. 美國大賣場委託在臺代理商向一供應商購入雜貨一櫃，擬將進口貨分散至各地分店，則代理商以何種裝運方式最合適？ ① CFS-CY ② CY-CFS ③ CY-CY ④ CFS-CFS。

解析　貨櫃內的貨物屬同一託運人、不同受貨人。

（3）72.實務上 CFS 裝櫃配貨，下列何者不適當？　①成衣與布匹　②鐵釘與螺帽　③茶葉與肥料　④罐頭與醬油。

解析　若肥料包裝破損，茶葉易沾染肥料的氣味或受到汙染。

（1）73.有關空運運送，下列敘述何者錯誤？　①空運運送不可適用貨櫃運送　②未向航空公司投保時，有關保險金額欄位則記載為 NIL　③若託運高價值貨品，可向運送人申報價值，但若未申報價值時，則標示 NVD　④實務上可將空運提單做副提單背書。

解析　空運備有專用貨櫃。

（3）74.運送人簽發清潔提單後，若有下列何種狀況運送人可以不賠？　①部分貨物數量不足　②部分貨物嚴重破損　③部分貨物外包裝完好，但箱內貨物短缺　④提單未加註 shipper's load and count。

解析　運送人檢量貨物時，僅檢查外包裝數量與外包裝狀況，不檢查包裝內貨物。

（1）75.海運提單 (Ocean B/L) 上，如加註 Freight Collect 字樣，則其貿易條件為　① FOB　② CFR　③ CIF　④ CIP。

（4）76.海運提單 (Ocean B/L) 上，如加註 Freight Prepaid 字樣，則其貿易條件為　① EXW　② FAS　③ FOB　④ CFR。

NOTE

第二篇

術科重點整理及範例演練

勞動部術科範例

一 國貿業務丙級技術士技能檢定術科測試應檢人須知

(1)本職類丙級術科測試採紙筆測試，並依「試題保密」方式命製，測試前不公布試題，各術科測試場地統一於同一時間舉行，測試辦理時間及地點由術科測試辦理單位於測試前 14 天（以郵戳為憑），另行通知。

(2)本職類丙級術科測試時間為二小時，測試範圍包括：貿易概論與流程、基礎貿易英文、出口價格核算、商業信用狀分析、貿易單據製作等，總分為 100 分，成績評定採百分法，60 分以上（含 60 分）為及格，測試方式請參考試題範例。

(3)應檢人應自備藍色（或黑色）原子筆（或鋼筆）、修正液（或修正帶）、使用經中央主管機關公告之電子計算器機型（請參附件），除必要文具外，其餘未規定用具一律不得攜帶入場。

(4)作答時應使用藍色或黑色原子筆、鋼筆，塗改時可使用修正液、修正帶，使用鉛筆作答者，扣該科成績 5 分，使用其他顏色筆作答者該題不予計分。作答時應依題號順序於所附答案紙上作答，不敷使用時可於背面作答，未依題號順序作答者，該題以零分計算。

(5)答案紙上除於指定位置書寫姓名、准考證號碼外，於其他位置註記不應有之文字、符號或標記者，術科測試成績以零分計算。應檢人應於本答案紙指定欄位內填寫姓名、准考證號碼及答案，如於答案紙其他位置書寫或劃記不應有之標記、計算過程、姓名……等，依上開規定辦理。

(6)應檢人於測試前詳閱准考證背面「技術士技能檢定作業及試場規則」相關規定，並依規定應檢，測試結束後，應將試題及答案紙一併交予監場人員。

(7)其他未規定事宜，悉依「技術士技能檢定及發證辦法」、「技術士技能檢定作業及試場規則」相關規定辦理。

二 國貿業務丙級技術士技能檢定術科測驗試題範例

㈠基礎貿易英文

1.臺灣貿易有限公司係一家出口貿易公司，專門經營汽車零件出口，今擬拓銷至海外市場，並已擬妥一封開發信，請於下列答案語群中，選出最適當之答案，並將答案代號填入答案紙，完成開發信之內容。

答案代號	答案語群
A	inquiry
B	product
C	payment
D	price list
E	requirement
F	advice
G	business
H	quality
I	market
J	learned

TAIWAN TRADING CO., LTD.

P.O. Box ×××–1966

Taipei, Taiwan

Tel: 886–2–2307–××××

Fax: 886–2–2307–××××

Date: July 25, 2006

Importadora Davis Ltda.

Diagonal Oriente 1704

Providencia Santiago

Chile

Attn: Import Manager

Dear Sirs,

Re: Auto Parts

Through the courtesy of World Buyers Information, we have ____①____ of your esteemed name

& address, and we take the liberty of introducing captioned products for you, hope these items will meet your ___②___.

For your information, we have been manufacturing/exporting this ___③___ for many years, we have been enjoying a good sale of our products all over the world, and are now desirous of expanding our market to your end.

We enclose our newest catalogue as well as ___④___ for your reference. If our products are suitable or you find any size interesting, plese let us know without hesitation, we assure you of our best service at all times.

We look forward to establishing ___⑤___ relationship with you soon and hope to receive your early reply.

Very truly yours,
Taiwan Trading Co., Ltd.

Calvin Lee
General Manager

CL/yy
Encl: Catalogue and Price List

解　答

題　號	①	②	③	④	⑤
答　案	J	E	B	D	G

2.完成下列翻譯：（空格裡不只一字）

①我方很樂意與貴公司建立商務往來關係。

　We would be delighted to _____ with you.

②付款將透過銀行轉帳。

　Payment will be made by _____.

③如您能寄一些材料樣本，將感激不盡。

　It _____ if you could send some samples of the material.

④您的貨款已逾期三個月。

　Your payment is _____.

⑤儘管原物料價格上漲，我們仍維持原價。

　_____ in raw material prices, we maintain our existing prices.

解 答

題　號	答　案
①	establish business relations/enter into business relations
②	bank transfer
③	would be appreciated
④	three months overdue
⑤	In spite of the rise/Despite the rise

㈡貿易流程

　　請依下列之貿易流程圖，依序將①②③④⑤之步驟名稱填入答案欄內。（本測試項目評分依下列公佈範例為準）

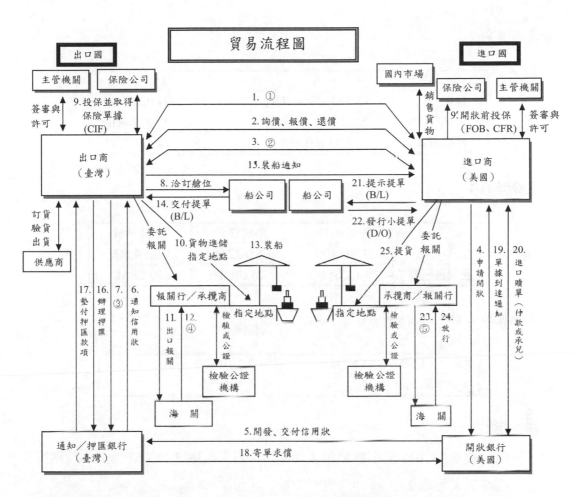

貿易流程圖

解　答

題　號	答　案
①	招攬交易、信用調查
②	接受並確認
③	預售外匯（避險操作）
④	放行
⑤	進口報關

㈢出口價格核算

根據以下資料，對貨號 A 與貨號 B 兩種以體積噸計算海運運費的貨物，分別以併櫃與整櫃運量，核算相關運費與報價。

1.產品資料：

型 號	A	B
包裝方式	15 SETS/箱 (CTN)	12 PCS/箱 (CTN)
包裝尺寸	50 × 45 × 36 (cm)	12″ × 15″ × 20″ (inch)
採購成本	NTD 200/SET	NTD 240/PC

2.運費資料：

運 費	併櫃 (CFS)	20呎整櫃	40呎整櫃
	USD 100	USD 2,500	USD 4,500
最低裝運量	1 CBM	25 CBM	50 CBM

3.其他報價資料：

匯率：1 USD = 33.5 NTD	利潤率：10%
保險費率：0.13%	業務費率：5%

注意事項：

1.計算結果要求：CBM 至小數點第 4 位，四捨五入後取 3 位；其餘至小數點第 3
位，四捨五入後取 2 位。

2.佣金計算方式：以所求報價條件本身為佣金計算基礎，如 FOBC、CFRC 與 CIFC
分別為 FOB、CFR 與 CIF 為基礎之含佣價。

3.計算過程不需列出，直接填入數字答案。

貨號 A：併櫃方式報價

題 目	答 案	單 位
1.每箱 CBM 數	①	CBM
2.每 SET 運費	②	USD/SET
3. FOB 報價	③	USD/SET
4. CFR 報價	④	USD/SET
5. CIFC3 報價	⑤	USD/SET

貨號 B：40 呎整櫃方式報價

題　目	答　案	單　位
6. 每箱才數	⑥	才 (CFT)
7. 每箱 CBM 數	⑦	CBM
8. 40 呎櫃報價數量	⑧	PCS
9. 每 PC 運費	⑨	USD/PC
10. CIF 報價	⑩	USD/PC

解　答

題　號	①	②	③	④	⑤
答　案	0.081	0.54	6.98	7.61	7.86
題　號	⑥	⑦	⑧	⑨	⑩
答　案	2.08	0.059	10176	0.44	8.91

備註：參考計算方式

	本測驗項目依下列核算方式計算，作答時僅填入答案
①	$0.50 \times 0.45 \times 0.36 = 0.081$
②	$0.081 \times 100 \div 15 = 0.54$
③	$(200 \div 33.50) \div (1 - 5\%) \div (1 - 10\%) = 6.98$
④	$[(200 \div 33.50) + 0.54] \div (1 - 5\%) \div (1 - 10\%) = 7.61$
⑤	$[(200 \div 33.50) + 0.54] \div (1 - 1.1 \times 0.13\%) \div (1 - 5\%) \div (1 - 10\%) \div (1 - 3\%) = 7.86$
⑥	$(12 \times 15 \times 20) \div 1728 = 2.08$
⑦	$2.08 \div 35.315 = 0.059$
⑧	$50 \div 0.059 = 847.56$，進位取整數 848 箱 $\times 12 = 10,176$
⑨	$4500 \div 10,176 = 0.44$
⑩	$[(240 \div 33.50) + 0.44] \div (1 - 1.1 \times 0.13\%) \div (1 - 5\%) \div (1 - 10\%) = 8.91$

（於答案卷上註記不應有之文字、符號或標記者，包括計算式者，術科測試成績以零分計算）

㈣商業信用狀分析

　　請依所附完整信用狀之內容，回答答案紙所列問題，並將正確答案填入。

MEGA INTERNATIONAL COMMERCIAL BANK CO., LTD.
TAIPEI, TAIWAN

*** AUTH.CORRECT WITH CURRENT KEY ***

FIN UAK　　　　　　　　　　　　　　　　　{1: F21 ICBCTWTPA×××1808130031}
{4: {177: Date and Time (YYMMDDHHMM): 090620 1420}

```
                {451: acceptance/rejection 0} }
```

{1: FIN MESSAGE/Session/OSN		F01 ICBCTWTPA×××1808130031}
{2: Output Message Type		700 issue of a documentary credit
Input Time/MIR		1501 090620 MRMDUS33
Received from		HSBC BANK USA, NEW YORK
Output Date/time		090620 1420
Priority/Delivery		Normal

:40A   FORM OF DOCUMENTARY CREDIT
         IRREVOCABLE

:20   DOCUMENTARY CREDIT NUMBER
         DC MTN 562462

:31C   DATE OF ISSUE
         090620

:31D   DATE AND PLACE OF EXPIRY
         090920 IN COUNTRY OF OPENING BANK

:50   APPLICANT
         ABC USA INC.
         100 LAGUNA RD. LOS ANGELES CA. 90024, USA

:59   BENEFICIARY
         XYZ CO., LTD.
         P.O. BOX 1000 TAIPEI, TAIWAN

:32B   CURRENCY CODE, AMOUNT
         USD 204,516.89

:41D   AVAILABLE WITH...BY...
         ANY BANK BY NEGOTIATION

:42C   DRAFTS AT...
         SIGHT FOR 100 PCT OF INVOICE VALUE

:42D   DRAWEE
         ISSUING BANK

:43P   PARTIAL SHIPMENTS
         ALLOWED

:43T   TRANSHIPMENT
         NOT ALLOWED

:44E   PORT OF LOADING
         KEELUNG, TAIWAN

:44F   PORT OF DISCHARGE
         LOS ANGELES

:44C   LATEST DATE OF SHIPMENT
         090910

:45A   SHIPMENT OF GOODS
         ELECTRIC RESISTANCE WELDED PIPE, CFR LOS ANGELES

:46A   DOCUMENTS REQUIRED
         1. FULL (3/3) SET OF ORIGINAL CLEAN ON BOARD BILLS OF LADING MARKED FREIGHT PREPAID, CONSIGNED TO OUR ORDER NOTIFY APPLICANT
         2. MANUALLY SIGNED COMMERCIAL INVOICE IN THREE COPIES
         3. PACKING LIST IN ONE ORIGINAL AND ONE COPY

:47A   ADDITIONAL CONDITIONS
         +INSURANCE COVERED BY THE APPLICANT
         +A USD 25.00 FEE WILL BE DEDUCTED IF PROCEEDS ARE REMITTED VIA WIRE TRANSFER

:48   PERIOD FOR PRESENTATION
         DOCUMENTS TO BE PRESENTED WITHIN 10 DAYS AFTER THE DATE OF ISSUANCE OF SHIPPING DOCUMENTS BUT WITHIN THE VALIDITY OF THE CREDIT

:71B   CHARGES
         ALL BANKING CHARGES OUTSIDE USA INCLUDING ADVISING CHARGES ARE FOR ACCOUNT OF BENEFICIARY

:49   CONFIRMATION INSTRUCTIONS

```
        WITHOUT
:72     SENDER TO RECEIVER INFORMATION
        THIS CREDIT IS SUBJECT TO UCP (2007 REVISION) ICC PUBLICATION NO. 600
{5: {MAC: 32CABC93} AUTHENTICATION SUCCESSFUL WITH PRIMARY KEY}

*END
```

解　答

信用狀當事人（請寫出英文抬頭）	
開狀銀行	HSBC BANK USA, NEW YORK
受益人	XYZ CO., LTD. P.O. BOX 1000 TAIPEI, TAIWAN
匯票付款人	HSBC BANK USA, NEW YORK

信用狀種類		
是否為保兌信用狀？	☐ 是	☑ 否
是否為即期信用狀？	☑ 是	☐ 否
是否為可轉讓信用狀？	☐ 是	☑ 否

信用狀相關期限	
開狀日期	2009 年 6 月 20 日
信用狀有效期限及地點	2009 年 9 月 20 日於開狀銀行國家
最後裝運期限	2009 年 9 月 10 日

運送相關規定		
裝船港	KEELUNG	
運費給付方式	☑ 預付	☐ 到付
是否可分批裝運	☑ 是	☐ 否

提示單據種類、份數、規定	
B/L 份數	三份正本
CONSIGNEE	TO ORDER OF HSBC BANK USA, NEW YORK
包裝單份數	一份正本一份副本

㈤貿易單據製作

　　請依加拿大 Bank of Montreal 開來之信用狀摘要及相關工廠出貨明細資料，填製㈠ Bill of Exchange ㈡ Invoice ㈢ Packing List ㈣ Shipping Order 等單據所要求之內容，並請依照題號①、②、③……，依序將正確答案填入答案紙之答案欄內。

```
Form of Doc. Credit   *40 A : IRREVOCABLE
Doc. Credit Number    *20   : HKU-8023
Date of Issue         31 C : 080930
Expiry                *31 D : 081215 AT OUR COUNTER
Applicant             *50   : LEE INTERNATIONAL CORPORATION
                              2527 JOHNSON ROAD, VANCOUVER, B. C., CANADA
Beneficiary           *59   : WANG TRADING CO., LTD.
                              NO. 1234, SEC. 1, JHONG SHAN N. RD., TAIPEI, TAIWAN (R.O.C.)
Amount                *32 B : CURRENCY USD AMOUNT 26,775.00
Available with/by     *41 D : ANY BANK BY NEGOTIATION
Drafts at...          42 C : 120 DAYS AFTER SIGHT
Drawee                42 A : BANK OF MONTREAL
Partial shipments     43 P : PROHIBITED
Transhipment          43 T : ALLOWED
Port of Loading       44 E : ANY TAIWANESE PORT
Port of Discharge     44 F : VANCOUVER
Latest Date of Ship   44 C : 081130
Descript. of Goods    45 A : 8,500 DOZ. OF SLIPPERS (MODEL NO. S-238 & S-240)
                              AS PER BUYER'S ORDER NO. L-123, CIFC5 VANCOUVER
                              SHIPPING MARK: LEE238 (IN DIA)/VANCOUVER/1-UP
Documents required    46 A :
+SIGNED COMMERCIAL INVOICE IN QUADRUPLICATE
+PACKING LIST IN TRIPLICATE SHOWN G/W, N/W OF EACH CARTON.
+2/3 SET CLEAN ON BOARD BILLS OF LADING MADE OUT TO ORDER NOTIFY APPLICANT
  MARKED FREIGHT PREPAID
+INSURANCE POLICIES OR CERTIFICATES IN DUPLICATE ENDORSED IN BLANK, FOR FULL CIF
  INVOICE VALUE PLUS 10%. COVERING ICC (A) AND INSTITUTE STRIKES CLAUSES (CARGO).
+BENEFICIARY CERTIFICATE STATING THAT ONE SET OF ORIGINAL DOCUMENTS SENT TO
  APPLICANT AFTER THE SHIPMENT
Additional Cond.      47 A : ALL DOCUMENTS MUST BE SHOWN THE CREDIT NUMBER.
Details of Charges    71 B : ALL BANKING CHARGES OUTSIDE CANADA ARE FOR ACCOUNT OF
                              BENEFICIARY.
Presentation Period   48   : WITHIN 15 DATS AFTER THE DATE OF SHIPMENT BUT WITHIN THE
                              VALIDITY OF THIS CREDIT.
```

工廠出貨明細資料：

型 號	S-238	S-240
包裝方式	30 DOZ/CTN	20 DOZ/CTN
每箱重量	NW: 5.35 KGS; GW: 5.85 KGS	N.W.: 6.35 KGS; G.W.: 6.85 KGS
出貨數量	6,000 DOZ	2,500 DOZ
每箱尺寸	$20'' \times 15'' \times 12''$	$72 \times 52 \times 52$ (cm)

備註：

1. S-238 每箱 CBM 計算方式：

   先求 CFT $= (20 \times 15 \times 12) \div 1,728 = 2.08$；再算 CBM $= 2.08 \div 35.315 = 0.059$

2. S-240 每箱 CFT 計算方式：

   先求 CBM $= 0.72 \times 0.52 \times 0.52 = 0.195$；再算 CFT $= 0.195 \times 35.315 = 6.89$

BILL OF EXCHANGE

DRAFT NO. _____123_____

EXCHANGE FOR _____USD 26,775.00_____   TAIPEI, TAIWAN _____25–NOV–08_____

AT _____①_____ SIGHT OF THIS FIRST OF EXCHANGE (SECOND OF THE SAME TENOR AND DATE BEING UNPAID) PAY TO THE ORDER OF

FIRST COMMERCIAL BANK

THE SUM OF _____②_____ VALUE RECEIVED

DRAWN UNDER LETTER OF CREDIT NO. _____③_____ DATED _____30–SEP–08_____

ISSUED BY _____BANK OF MONTREAL_____

TO

_____④_____

WANG TRADING CO., LTD

INVOICE

No. _____123_____   Date: _____25–NOV–08_____

INVOICE of _____⑤_____

For account and risk of Messrs. _____⑥_____

Shipped by _____✕_____

Sailing on or about _____25–NOV–08_____   Per _____LINCOLN V. 571_____

From _____KEELUNG_____   To _____VANCOUVER_____

L/C No. _____HKU–8023_____   Contract _____No. L–123_____

Marks & Nos.	Description of Goods	Quantity	Unit Price	Amount

⑦	SLIPPERS
	AS PER BUYER'S
	ORDER NO. L–123
	    MODEL NO. S–238
	    MODEL NO. S–240
		
		6,000 DOZ.
		2,500 DOZ.
		8,500 DOZ.
		vvvvvvvvvv
			⑧
			
			⑨
				
				USD 17,100.00
				USD 9,675.00
				USD 26,775.00
				vvvvvvvvvvvv

SAY TOTAL U.S. DOLLARS ✕✕✕✕ ONLY

DRAWN UNDER BANK OF MONTREAL L/C NO. HKU–8023

DATED 30–SEP–08

WANG TRADING CO., LTD.

✕✕✕✕

PACKING LIST

No. ___123___   Date: ___25-NOV-08___

PACKING LIST of _____×_____   MARKS & NOS.

For account and risk of messrs. _____×_____

_____

Shipped by _____×_____   ×

Per ___LINCOLN V. 571___

Sailing on or about ___25-NOV-08___

Shipment From ___KEELUNG___ to ___VANCOUVER___

Packing No.	Description	Quantity	Net Weight	Gross Weight	Measurement
1-200	SLIPPERS MODEL NO. S-238	@ 30 DOZ. 6,000 DOZ.	@ 5.35 KGS 1,070.00 KGS	@ 5.85 KGS 1,170.00 KGS	⑩ CBM
201-325	MODEL NO. S-240	@ 20 DOZ. 2,500 DOZ.	@ 6.35 KGS 793.75 KGS	@ 6.85 KGS 856.25 KGS	
		8,500 DOZ. vvvvvvvvvvv	1,863.75 KGS vvvvvvvvvvvvv	2,026.25 KGS vvvvvvvvvvvv	

⑪ SAY TOTAL

L/C NO. HKU-8023

WANG TRADING CO., LTD.

×××

Taiwan Marine Transport Corporation		SHIPPING ORDER	
Shipper: ⑫		Please receive for shipment the under mentioned goods subject to your published regulations and conditions	S/O NO.
Consignee: ⑬		Taiwan Marine Transport Corporation 臺灣海運股份有限公司	
Notify Party: (Full name and address) ⑭			
Also Notify:		洽訂船位之廠商：　　　電話／聯絡人： 報關行：　　　　　　　電話／聯絡人：	
Ocean Vessel LINCOLN	Voy. No. 571	Final destination (On Merchant's Account And Risk)	
Place of Receipt KEELUNG	Port of Loading KEELUNG	⑮ Freight to be: ☐ Prepaid　　☐ Collect	
Port of Discharge VANCOUVER	Place of Delivery VANCOUVER	領提單處：　臺　北　臺　中　臺中港　高　雄	

Marks and Numbers/Container No. and Seal No.	Quantity and Unit	Description of Goods	Gross Weight (KGS)	Measurement (M³)
✕	325 CTNS ⅴⅴⅴⅴⅴⅴⅴⅴ L/C NO. HKU−8023 SAY TOTAL ✕	SLIPPERS	2,026.25 KGS 櫃型／櫃數 ＿＿ ×20′ ＿＿ ×40′ SERVICE REQUIRED ☐ FCL/FCL ☐ LCL/LCL ☐ FCL/LCL ☐ LCL/FCL	✕

SPECIAL NOTE:
1.副本＿＿份　2.運費證明＿＿份　3.電報放貨＿＿　4.危險品＿＿　5.其他＿＿＿＿

填表請注意：

1. 危險品請註明 UN NO. IMO CLASS 與燃點，並附上 Shipper's Certificate。

2. 嘜頭及品名如超過十行，請以附表繕打，俾便提單製作。

解答

題 號	答 案
①	120 DAYS
②	U.S. DOLLARS TWENTY SIX THOUSAND SEVEN HUNDRED AND SEVENTY FIVE ONLY
③	HKU–8023
④	BANK OF MONTREAL
⑤	8,500 DOZ OF SLIPPERS
⑥	LEE INTERNATIONAL CORPORATION 2527 JOHNSON ROAD, VANCOUVER, B. C., CANADA
⑦	LEE238 (IN DIA) VANCOUVER C/NO. 1–325 MADE IN TAIWAN
⑧	CIFC5 VANCOUVER
⑨	USD 2.85 USD 3.87
⑩	@ 0.059 CBM 11.800 CBM @ 0.195 CBM 24.375 CBM 36.175 CBM vvvvvvvvvv
⑪	THREE HUNDRED TWENTY FIVE (325) CARTONS ONLY.
⑫	WANG TRADING CO., LTD. NO. 1234, SEC. 1, JHONG SHAN N. RD., TAIPEI, TAIWAN (R.O.C.)
⑬	TO ORDER
⑭	LEE INTERNATIONAL CORPORATION 2527 JOHNSON ROAD, VANCOUVER, B. C., CANADA
⑮	請勾選：☑ Prepaid　☐ Collect

第十二章　基礎貿易英文

一　考試方式

(一)選擇填充題

自推銷函、詢價函、報價函、催款函與索賠函等五種信函中，任選一種信函出題。依據該信函的文意，在試題所提供的數個英文字詞中選出適當的答案填入信函的空格中。

(二)一般填充題

自行填入適當的英文字詞。

二　應考技巧

應考者除須具備基礎英文能力之外，也應該熟悉貿易書信中常用的字詞與專業術語，由於「一般填充題」大多是出自學科第五章「基礎貿易英文」，因此，應理解並熟記學科第五章試題的重要單字與片語。

三　重要片語和單字

(一)單　字

acceptance [n.]	接受	fair	展覽
accept [v.]	接受	favorable	優惠的，有利的
account	帳戶	feature	特色
agent	代理商	import	進口
amend	修改	inspection	檢驗
amount	金額	installment	分期付款
arbitration	仲裁	insurance	保險
arrange	安排	invoice	發票
arrive [v.]	抵達	item	項目
arrival [n.]	抵達	manufacturer	製造商（工廠）

available	可利用的，可買到的	material	原料
bill	帳單	offer	報價
brand	品牌	order	訂單
cancellation [n.]	取消，解約	outlet	通路，商店
cancel [v.]	取消，解約	overdue	逾期
carrier	運送人	packing	包裝
carton	紙箱	payment	付款
catalog (catalogue)	型錄（商品目錄）	permit	許可
certificate	證明書	postpone	延期，延遲
charge	費用	price	價格
claim	索賠	process	處理
commission	佣金	product	產品
commodity	商品	profit	利潤
company	公司	purchase	購買
compare	比較	quality	品質
compensate	賠償	quantity	數量
competitive	競爭的	quotation [n.]	報價
condition	條件	quote [v.]	報價
confirmation	確認	recommend	推薦
consignment	寄售，託付的貨物	reference	參考
contact	聯繫	regret	抱歉，遺憾
container	貨櫃	reliable	可靠的
contract	契約	remittance	匯款
convenience	方便	repair	修理
cooperation	合作	replace	取代，更換
corporation	公司	reply	回覆
courier	快遞	representative	代表
credit	信用	reputation	信譽
customer	客戶	request	要求
customs	海關	revocation	撤銷
damage	損害	risk	風險
delay	遲延	sample	樣品
deliver	交貨	satisfactory	令人滿意的
demand	需求	shipment	裝運（交貨）
demonstration	示範	shortage	短缺
destination	目的地	specialize	專精於（+ in）
discount	折扣	specification	規格
dispatch	發送	substitute	代替（+ for）

distributor	經銷商	supplier	供應商
draft	匯票	supply	供給
enclose	（隨函）附上（attach 意思相近，但較常用於電子郵件）	tare	皮重
		term	條件
		transaction	交易
enquiry (inquiry)	詢價	transhipment	轉運
exhibit	展示	unit price	單價
expand	擴大	validity	有效期限
export	出口	warranty	保證，擔保
extension	延長，伸展	withdraw	撤回

(二)專有名詞縮寫

A.S.A.P.	As Soon As Possible	儘快
C.C.	Carbon Copy（＋人）	副本抄送（＋人）
CWO	Cash with Order	訂貨付現
D/A	Documents against Acceptance	承兌交單
D/P	Documents against Payment	付款交單
G.W.	Gross Weight	毛重
HAWB	House Air Waybill	空運分提單
L/C	Letter of Credit	信用狀
MAWB	Master Air Waybill	空運主提單
N.W.	Net Weight	淨重
O/A	Open Account	專戶記帳
P/L	Price List	價目表
S/O	Shipping Order	裝貨單
T/T	Telegraphic Transfer	電匯

㈢片語或專業術語

bank transfer	銀行轉帳
best-selling product	暢銷產品
business relationship	交易關係
business relations	交易關係
certificate of origin	產地證明
Chamber of Commerce	商會
counter offer	還價（反報價）
credit your account	存入您的帳戶
customs broker	報關行
do not hesitate to	不要猶豫；不要客氣
exchange rate	匯率
financial standing	財務狀況
force majeure	不可抗力
get in touch with	聯繫，接洽
have no choice but to	不得不
in great demand	需求甚殷
in stock	現貨，庫存
in urgent need	急需
in your favor	以您為受益人（信用狀方式之下）
insurance policy	保險單
intellectual property right	智慧財產權
leading manufacturer	領導廠商
letter of proposal	推銷函，開發信
long association with our company	與本公司長期合作
look forward to（+ n. 或 V-ing）	期待
maintain existing price	維持原價
make further reduction	再降價
multinational company	跨國公司
newly-developed product	新開發產品
out of stock	缺貨
partial shipment	分批裝運
regular order	定期採購訂單
post receipt	郵政收據
proforma invoice	預估發票
provide 人 with 物	提供某物給某人
public surveyor	公證人

raw material	原料
refund for the overcharge	退還超收的費用
settle account	結帳,清算,支付
shipment has been effected	已裝運完成
shipping advice	裝運通知
shipping instruction	裝運指示
shipping mark	裝運標誌
slipping space	艙位
sold out	售完
sole agent	獨家代理
strict confidence	嚴格的機密
subject to...	以……為條件
surveyor's report	公證報告
under separate cover	另外寄上
upon receipt of...	一收到……

四 選擇填充題與範例 (答案請見本章最後)

㈠推銷 (Promotion) 函

1. 目 的

由出口商向進口商發出,目的在引起潛在客戶對於擬推銷商品的興趣,刺激客戶的購買需求與意願。

2. 內容與例句

(1)獲悉對方的途徑:

> Your name and address have been recommended to us by TAITRA as one of the greatest importers of computer parts.
>
> 本公司經由「外貿協會」(TAITRA) 的推薦,獲知貴公司的名稱與地址,並得知貴公司係電腦零件的最大進口商之一。

(2)表示願與其建立業務關係：

> We take the liberty to write you with the earnest desire of having the opportunity to enter into business relation with you.
>
> 本公司很冒昧的寫信給貴公司，誠摯盼望能獲得與貴公司建立交易關係的機會。

(3)出口商自我介紹：

> We believe that our experience in foreign trade and knowledge of international market conditions are sufficient for us to undertake any orders from you.
>
> 相信本公司從事對外貿易的經驗，以及對於國際市場狀況的瞭解，足堪勝任處理貴公司的訂單。

(4)扼要說明交易條件：

> As to the terms of payment, we usually trade on T/T.
>
> 關於付款條件，本公司通常係以電匯方式。

(5)提供信用備詢人，以便對方查詢我方信用：

> For information as to our financial standing, we would refer you to the following...（往來銀行或客戶名稱）。
>
> 關於本公司財務狀況的資訊，本公司願提供以下（往來銀行或客戶名稱）供貴公司查詢參考。

(6)有禮貌的結束：

> We sincerely hope that you are interested in our products and we may cooperate with each other in the near future. So, we look forward to hearing from you soon.
>
> 本公司誠摯的希望貴公司能對本公司的產品感興趣，在不久的將來可以彼此合作。因此，本公司盼望能儘速收到貴公司的回音。

3.範例題

Dear Sirs,

　　From one of our business friends Mr. Lee, we are pleased to learn that you are acting as a ____①____ for the leading department stores and supermarkets in your district. We now take the ____②____ to write to you for some chance of business.

　　As we know, you are very ____③____ in the Taiwan glassware which falls within the scope of our business ____④____. We are a ____⑤____ specializing in light products. Our "AAA" ____⑥____ goblet and tumbler are very ____⑦____ in the area of North America and West Europe. It is our belief that the inclusion of the ____⑧____ products under "AAA" brand in your program will enrich and add color to your requisition schedule for the next quarter, and will certainly win warm reception from your principals.

　　A detailed ____⑨____ is being forwarded to your address. We anticipate your comments and look forward to your valued ____⑩____.

Best Regards,

Paul Cheng

答案代號	答案語群	答案代號	答案語群	答案代號	答案語群
A	activities	G	various	M	liberty
B	brand	H	offer	N	term
C	interested	I	corporation	O	validity
D	inquiries	J	payment	P	customer
E	purchasing agent	K	marketable		
F	catalog	L	packing		

答案欄

題　號	①	②	③	④	⑤	⑥	⑦	⑧	⑨	⑩
答　案										

(二)詢價 (Inquiry) 函

1.目　的

　　多由進口商向出口商所發出，目的在詢問某種商品的交易條件（包含價格與其他重要條件）。

2. 內容與例句

(1)將所要詢問的問題提出：

> Thank you for your latest catalogues which we just received. After going through them, we are very interested in your ABC-series. Please kindly quote your best prices. We would also like to know the minimum order quantities per item.
>
> 本公司甫接獲貴公司寄來的最新商品型錄，謹此致謝。在閱覽過型錄之後，本公司對於貴公司 ABC 系列的產品感到興趣，敬請貴公司提出最佳的報價。同時，本公司也希望能得知每項商品的最低訂購數量。

(2)陳述詢問的目的：

> As this series of products is very competitive in our market, please kindly give us your best prices. If your terms are satisfactory, we would consider placing big orders with you.
>
> 由於該系列商品在本地市場競爭相當激烈，敬請提出貴公司的最佳報價。倘貴公司提供的條件令人滿意，本公司將考慮與貴公司簽下大筆訂單。

(3)有禮貌的結束：

> We hope to receive your reply soon.
>
> 本公司期盼能儘速收到貴公司的回音。

3. 範例題

Dear Sirs,

Thank you for your e-mail of March 12, 2018, expressing your desire to enter into ___①___ relations with us.

After carefully examining your catalogue we found that the Art No. 123 and No. 124 may be ___②___ for this ___③___ . We would be obliged if you would ___④___ us your best ___⑤___ CIF Madrid and give us your general ___⑥___ for business.

We look forward to ___⑦___ the information at your earliest ___⑧___ .

Thank you for your ___⑨___ !

___⑩___ sincerely,

José Luis Alonso S.

答案代號	答案語群	答案代號	答案語群	答案代號	答案語群
A	receiving	F	Ours	K	sent
B	business	G	cooperation	L	quote
C	market	H	quantity	M	convenience
D	suitable	I	price	N	corporation
E	Yours	J	conditions		

答案欄

題　號	①	②	③	④	⑤	⑥	⑦	⑧	⑨	⑩
答　案										

㈢報價 (Offer, Quotation) 函

1.目　的

　　多數由出口商向進口商發出，將擬銷售商品的交易條件（包含價格與其他重要條件）告知進口商，表示願依這些條件將商品賣給對方。

2.內容與例句

(1)開頭句：

> Thank you for your inquiry of (date) about (goods), and we are pleased to offer you on the following terms and conditions.
>
> 感謝貴公司於（日期）對本公司（某產品）所發出的詢價，本公司很樂意依據以下條件向貴公司提出報價。

(2)報價條件：

◆ 品　質 (Quality)：

> Quality to be as per the sample submitted to you on (date).
>
> 品質依（日期）向貴公司所提供的樣品為準。

◆ 數　量 (Quantity)：

> The minimum order quantity is 3,000 pieces.
>
> 最低訂購數量為 3,000 件。

◆ 價　格 (Price)：

EUR 30.00 per piece CIF Madrid, including your commission 5% on FOB basis.

每件報價 30 歐元，包含運送到馬德里的運費與保費在內，並且包含貴公司的佣金，佣金為 FOB 金額的 5%。

◆ 包　裝 (Packing)：

One piece in a plastic bag, 12 plastic bags in a paper box, and then 60 boxes packed in an export carton.

1 件裝入 1 個塑膠袋，12 個塑膠袋裝入 1 個紙盒，60 個紙盒裝入 1 個出口紙箱。

◆ 保　險 (Insurance)：

Insurance to be covered by seller against ICC (A) and W.R. for CIF value plus 10%.

賣方負責投保，保險範圍為協會貨物條款 A 款險加保兵險，保險金額按 CIF 金額加一成。

◆ 交　貨 (Shipment)：

Shipment by Aug. 20, 2018. Partial shipment allowed. Transhipment prohibited.

2018 年 8 月 20 日之前交貨。允許分批交貨，禁止轉運。

◆ 付　款 (Payment)：

Payment shall be made by draft drawn on buyer payable at sight, D/P.

憑買方擔任付款人的即期匯票付款，付款交單。

◆ 報價有效期限 (Validity)：

This offer is valid until (date).

本報價有效至（日期）。

(3)有禮貌的結束：

> We are waiting for your prompt and favorable reply.
>
> 本公司殷切期盼貴公司接受本報價的快速回函。

3.範例題

Dear Sirs,

　　We refer to your enquiry of March 17, 2018, and we are very pleased to _____①_____ as follows:

"AAA" Brand Glassware

Item No.	Minimum Qty.	②
		CIF Madrid
123	3,000 SETS	EUR 30.00/SET (of 6 pcs per set)
124	2,400 SETS	EUR 45.00/SET (of 6 pcs per set)

Packing: To be packed in gift box of 6 pieces each. 10 boxes/(sets) to one export carton.

Measurement: 40 cm × 25 cm × 35 cm.

　　___③___ : At the end of May, 2018.

　　___④___ : By Open Account.

Insurance: To be covered by the seller for 110% of full ___⑤___ value against ICC (A).

　　We hope that the above prices and conditions will be acceptable to you and wait for your orders.

Best Regards,

Paul Cheng

答案代號	答案語群	答案代號	答案語群	答案代號	答案語群
A	shipment	D	suitable	G	quote
B	unit price	E	payment	H	invoice
C	market	F	terms		

答案欄

題　號	①	②	③	④	⑤
答　案					

(四)催款 (Collection) 函

1.目　的

付款期限已過，進口商卻仍未付款，出口商可適時發出催款函催促付款。

2.內容與例句

(1)開頭句：

> We notice that your account which was due for payment on (date) still remains unpaid.
>
> 我們注意到貴公司已到期的應付帳款尚未付訖。

(2)假定發生了特殊事故，才使付款延誤：

> It is doubtless that the rush of business at the period of the year has caused you to overlook the payment of our account.
>
> 顯然因為貴公司今年商務繁忙，導致貴公司疏忽了應付款項。

(3)請對方儘速付款：

> We shall thank you to kindly remit us USD 10,000 at your earliest convenience.
>
> 倘若貴公司方便的話，煩請儘速匯款 1 萬美元至本公司，不勝感激。

3.範例題

Dear Sirs,

　　As you are usually very prompt in ___①___ your account, we wonder whether there is any special reason why we have not ___②___ any information with ___③___ to the statement of ___④___ submitted on April 10.

　　We think you may not have ___⑤___ the statement of account and we ___⑥___ a copy and hope it may have your early ___⑦___.

　　Please kindly note that this payment is more than one month ___⑧___. Your immediate action in settling it is required and ___⑨___. Please kindly arrange the payment by ___⑩___ and return your confirmation soon.

Best Regards,

Paul Cheng

答案代號	答案語群	答案代號	答案語群	答案代號	答案語群
A	account	G	settling	M	received
B	contract	H	overdue	N	amend
C	damage	I	claim	O	deliver
D	enclose	J	contact	P	appreciated
E	attention	K	T/T	Q	reliable
F	received	L	B/L	R	regard

答案欄

題　號	①	②	③	④	⑤	⑥	⑦	⑧	⑨	⑩
答　案										

(五)索賠 (Claim) 函

1. 目　的

買賣雙方發生交易糾紛，受損方向對方提出抱怨或賠償請求。

2. 內容與例句

(1)具體說明索賠的原因：

Upon examination immediately after taking delivery, we found that many of the goods were severely damaged.

在提貨並經迅速檢查之後，本公司發現許多貨物已遭受嚴重損害。

(2)提出相關資料：

We enclose a copy of survey report No. 1010 issued by Taipei Surveying Co., Inc.

謹附上由臺北公證公司所出具的第 1010 號公證報告影本。

(3)提出希望解決的方法：

We are compelled to claim on you to compensate us for the loss, USD 5,000, which we have sustained by the damage to the goods.

本公司不得不向貴公司請求因貨物損害造成我方損失的賠償，共 5,000 美元。

3.範例題

Dear Sirs,

　　We acknowledge with thanks the receipt of your mail dated Sep. 1 together with the shipping ___①___ for the subject shipment.

　　Upon the ___②___ of the goods at Madrid we have taken ___③___ of these 900 cartons and have asked ABC Superintendence Co., Ltd. to have them ___④___. It is very regrettable that many of the cartons have been found damaged. We are sure that the glassware ___⑤___ therein would have ___⑥___. We enclosed a copy of ___⑦___ No. 123 issued by ABC Superintendence Co., Ltd. from which you will note the ___⑧___ of the damage inflicted on the goods under this shipment.

　　We shall appreciate it if you will ___⑨___ us the CIF value of all the broken glassware as shown in the report.

　　Since this is an urgent matter, your early ___⑩___ thereto is hereby requested.

Faithfully yours,

　　José Luis Alonso S.

答案代號	答案語群	答案代號	答案語群	答案代號	答案語群
A	survey report	F	fact	K	attention
B	inspected	G	claim	L	details
C	arrival	H	compensate	M	delivery
D	documents	I	broken	N	payment
E	reasons	J	contained		

答案欄

題　號	①	②	③	④	⑤	⑥	⑦	⑧	⑨	⑩
答　案										

五 填充題與範例（答案請見本章最後）

(一)推銷函

1. 本公司為高級辦公設備的製造商。

We are ____①____ of high quality office equipment.

2. 正如您從（本公司）附上的型錄中所看到的，本公司提供眾多種類的產品。

As you can see from the enclosed ____②____ , we offer a wide range of products.

3. 本公司從事印表機的出口已有二十年的經驗。

We have been ____③____ printers for 20 years.

4. 請向他們查詢任何關於本公司的資訊。

Please ____④____ to them for any information concerning our company.

5. 本公司所擅長的是流行且平價的鞋款。

We ____⑤____ in fashionable and affordable footwear.

6. 建議您來參觀本公司位於洛杉磯的陳列室，您將可飽覽種類繁多的品項。

May we suggest that you visit our ____⑥____ in Los Angeles where you can see a wide range of units.

7. 很榮幸能自我介紹，本公司是一家進口代理商。

We have the pleasure to introduce ourselves as an import ____⑦____ .

8. 本公司專門從事高級自行車的生產。

We specialize in high ____⑧____ bicycles.

9. 本公司自波士頓的商會得知，貴公司為臺灣防水手錶的主要製造廠商。

We have ____⑨____ from the Chamber of Commerce in Boston that you are a leading manufacturer of waterproof watches in Taiwan .

10. 我們另外寄出樣品。

We are ____⑩____ you our samples under separate cover.

(二)詢價函

1. 若貴公司能提供優惠的報價，本公司將定期向貴公司發出訂單。

   Provided you can offer favorable quotations, we will place regular ___①___ with you.

2. 由於這是本公司首次與貴公司交易，若貴公司能提供我們一些參考資料，本公司將不勝感激。

   As this is our first transaction with you, we would be obliged if you could provide us with some ___②___ .

3. 本公司有興趣進口瑞士乳酪，若能收到貴公司的最新型錄與出口價目表，將不勝感激。

   We are interested in importing Swiss cheese and would appreciate receiving your current catalog and export price ___③___ .

4. 我們於 10 月 12 日傳真給貴公司，索取一些關於貴公司筆記型電腦的資訊。

   We sent you a fax on October 12 ___④___ some information about your notebook computers.

5. A325 有現貨嗎？

   Do you have A325 in ___⑤___ ?

6. 我們急需這些貨品。

   We are in ___⑥___ need of these goods.

7. 他請您儘快回覆他的信息。

   He asked you to reply to his ___⑦___ ASAP.

8. 貴公司若有任何疑問，請不吝賜教。

   If you have any questions, please do not ___⑧___ to let us know.

9. 一旦貨物裝船，請電郵告知。

   Please ___⑨___ us by email once the goods have been shipped.

10. 供應商告知該商品目前已無庫存。

    Our supplier has informed us that the item is out of ___⑩___ at present.

㈢報價函

1. 本公司是否可派遣代表攜帶一個型式的機器至貴公司以便進行實地示範？

Can we send our representative to you with a model of the machine so he can give you a ___①___ ?

2. 感謝您 10 月 12 日關於 DVD 播放器的詢價。

Thank you for your ___②___ of October 12 concerning DVD players.

3. 以銀行轉帳的方式付款。

Payment will be made by bank ___③___ .

4. 貴公司已經選擇了市面上可供選購的最高級與最受歡迎的手機之一。

You have chosen one of the most advanced and ___④___ mobile phones available on the market today.

5. 若（訂購）數量不低於200，本公司可提供30%的折扣。

We provide a ___⑤___ of 30% on quantities of not less than 200.

6. 您將發現，就本產品的品質而言，（本公司）所報價格極具競爭力。

You will notice that the prices quoted are extremely ___⑥___ for a product of this quality.

7. 在收到貴公司的確認之後，我們將立即執行此張訂單。

Upon receipt of your ___⑦___ , we will execute the order.

8. 由於這個款式的產品市場需求量很大，我們建議您儘快接受本報價。

As this model is in great demand, we would ___⑧___ that you accept this offer as soon as possible.

9. 若未能於6月15日前接受，則本報價將撤回。

This offer will be ___⑨___ if not accepted before June 15.

10. 本公司期待您能滿意這些條件。

We hope that you will find these terms ___⑩___ .

㈣催促履約與回覆

1. 貴公司 A231 號訂單正在處理中，下星期之前應可備妥出貨。

Your order No. A231 is now being ___①___ and should be ready for dispatch by next week.

2. 我們將竭盡所能確保提早裝運。

   We will do everything we can to ensure early ___②___.

3. 關於（本公司開給貴公司）第 23130 號、金額 2,578 元的發票，本公司預期應於兩週前結清，然而本公司迄今尚未收到貴公司的匯款。

   In regard to your invoice No. 23130 for $2,578, which we expected to be cleared two weeks ago, we still have not yet received your ___③___.

4. 本公司對於遲延深感抱歉，相信這應不至於造成您的不便。

   We ___④___ for the delay and trust it will not cause you inconvenience.

5. 敬請以電郵方式確認訂單，並請於寄送發票予我方時，同時附上裝運相關資訊。

   Please confirm the order by email and send us the shipping information along with your ___⑤___.

6. 本公司將提前一週交貨，所以想同時將付款日期提前。

   Our delivery will be a week early, so we'd like to move up the ___⑥___ date as well.

7. 請儘速開立相關信用狀，以利我方如期安排交貨事宜。

   Please open the relative ___⑦___ as soon as possible so we can arrange shipment without delay.

8. 您的貨款已逾期三個月。

   Your payment is three months ___⑧___.

9. 因為 5 月 1 日放假，所以我們會在 5 月 2 日送貨。

   Since May 1 is a holiday, we will send your ___⑨___ on May 2.

10. 隨信附上 1,530.75 元的支票，用以支付貴公司所開第 A531 號發票的款項。

   We enclose our ___⑩___ for $1,530.75 in payment of your invoice number A531.

(五)索賠函與回覆

1. 本公司將為您換貨，或是您亦可選擇將退款存入貴公司帳戶。

   We can send you a ___①___, or if you like, we can credit your account.

2. 茲附上本公司第 C35 號、金額為 15.75 元的貸項憑單，作為第 A321 號發票所溢開金額的退款憑證。

   We enclose our ___②___ note No. C35 for $15.75, which is a refund for the overcharge on invoice No. A321.

3.破損的茶壺已被妥善保管，如果您需要，可以作為向供應商請求賠償的依據。

The broken teapots have been kept aside in case you need them to support a claim on

your suppliers for ___③___ .

4.關於受損貨物，我方已向保險公司提出索賠。

Regarding the ___④___ goods, we have filed a claim with the insurance company.

5.貨物運抵時，發現三箱貨物遺失。

Three cases in the consignment were missing on ___⑤___ .

6.你將明瞭我們必須透過儘量增加銷售通路的方式提升銷量。

You will understand that we must increase sales by distributing through as many

___⑥___ as possible.

7.本公司相信所委託的貨物將會完好無損地送達。

We trust that the ___⑦___ will reach you in perfect condition.

8.敬請退回受損的貨物，我方將提供免費換貨。

Please return the damaged goods. We will replace them free of ___⑧___ .

9.由於影印機仍於保固期內，我方將提供免費維修。

As the photocopier is still under ___⑨___ , we'll repair it for free.

10.您的索賠已送至敝保險公司，我們將儘速與您聯繫。

Your claim has been passed on to our insurance company, who will get in ___⑩___

with you soon.

六 自我評量（答案請見本章最後）

(一)選擇填充題

1. 推銷函

Dear Sir / Madame,

　　We have your name and ___①___ from the Chamber of Commerce and are glad to learn your interest in Taiwanese housewares.

　　We have been in the light industrial field since 1990 and have grown to become one of the ___②___ Imp. & Exp. Company dealing with a wide range of ___③___ like stationery, gift, toy, bicycle and houseware. We are exporting various brands of housewares, among which "LOVE" Brand and "PEACE" Brand are the most ___④___ ones. By keeping the principle of "excellent ___⑤___ , competitive ___⑥___ , superior service", we have won a very good ___⑦___ from all of our ___⑧___ . For continuous 13 years, our Government has granted us many export achievement awards, as our annual sales ___⑨___ is more than USD 30,000,000.00.

　　By taking this opportunity, we hope to extend our business ___⑩___ with you and our illustrated catalogs will be sent to you by separate post. Please do not hesitate to specify the items which interest you and send us your inquiry by return. You will certainly enjoy the best cooperation provided by us.

Best Regards,

Jenny Wang

答案代號	答案語群	答案代號	答案語群	答案代號	答案語群
A	quantity	F	customers	K	address
B	commodities	G	famous	L	relationship
C	leading	H	quality	M	amount
D	shipment	I	reputation	N	claim
E	price	J	requirements		

答案欄

題　號	①	②	③	④	⑤	⑥	⑦	⑧	⑨	⑩
答　案										

2.詢價函

Dear Sirs,

　　We appreciate the information you have so kindly furnished us on Mar. 2. We are glad to learn your desire of establishing business relations with us.

　　After studying your ___①___ carefully, we found the "LOVE" brand #L246 and #O135 housewares for bathroom are quite suitable for the Danish market. We would like to place an ___②___ for ___③___ during May 2018.

　　Please kindly check and inform by return if you are able to ___④___ and quote us your best ___⑤___ for these items on the basis of CIF Copenhagen with details about packing, insurance and means of ___⑥___.

　　We would like to have some samples for further evaluation. Please kindly arrange to send us as soon as possible. We will pay you the sample ___⑦___ if needed.

　　Your immediate and careful ___⑧___ to this matter would be highly appreciated. We look forward to your favorable ___⑨___.

Very ___⑩___ yours,

Etele Baráth

答案代號	答案語群	答案代號	答案語群	答案代號	答案語群
A	enquiry	G	catalog	M	prices
B	reply	H	supply	N	attention
C	order	I	payment	O	sincerely
D	highest	J	cartons	P	charges
E	assortment	K	delivery		
F	terms	L	demand		

答案欄

題　號	①	②	③	④	⑤	⑥	⑦	⑧	⑨	⑩
答　案										

3.報價函

Dear Sirs,

Thank you for your letter ___①___ for our LOVE brand housewares. Based on your requirement, we are glad to inform you that we can supply #L246 and #O135 with the favorable ___②___ as bellow:

LOVE BRAND HOUSEWARE:

#L246 USD 66.00/SET   CIF Copenhagen

#O135 USD 72.00/SET   CIF Copenhagen

Packing: To be packed in export cartons of one set each, 100 cartons to be packed in a 40′ ___③___ .

Shipment: Shipment is effected during May 2018 on the ___④___ that the relevant L/C arrives by the end of 25th April, 2018.

Payment: Payment shall be made by an irrevocable sight ___⑤___ in our favor.

___⑥___ : For 110% invoice value covering ICC (A) and ___⑦___ .

The above quotation is ___⑧___ until Mar. 20, 2018.

You will find that the prices quoted are very ___⑨___ and in case you need more information, we will be glad to answer you at any time. We are looking forward to receiving an ___⑩___ from you.

Best Regards,

Jenny Wang

答案代號	答案語群	答案代號	答案語群	答案代號	答案語群
A	valid	F	carton	K	inquiring
B	contract	G	condition	L	Letter of Credit
C	expensive	H	War Risk	M	order
D	container	I	reasonable	N	insurance
E	quotation	J	offer		

答案欄

題　號	①	②	③	④	⑤	⑥	⑦	⑧	⑨	⑩
答　案										

4.催款函

Dear Sirs,

We are much ___①___ in your ignoring our letters concerning the ___②___ of US Dollars 12,000.00 which you owe us.

As you know, the ___③___ of our agreement extend credit for one month only. This bill is now two months ___④___ . Please kindly check this matter with your ___⑤___ department and settle it at once. Surely you don't want to lose your ___⑥___ standing with us, nor do we want to lose you as a ___⑦___ .

We therefore insist on receiving a check at once. We urge you to keep your ___⑧___ on the same friendly and pleasant basis it has always been in the past.

Of course if there is any reason why you cannot pay this bill, or can pay only ___⑨___ of it now, we would be very happy to talk it over with you.

Thanks for your ___⑩___ , and we look forward to your confirmation soon.

Best Regards,

　Jenny Wang

答案代號	答案語群	答案代號	答案語群	答案代號	答案語群
A	loss	F	cooperation	K	accounting
B	overdue	G	damage	L	part
C	terms	H	customer	M	accept
D	account	I	bill	N	claim
E	credit	J	disappointed		

答案欄

題　號	①	②	③	④	⑤	⑥	⑦	⑧	⑨	⑩
答　案										

5. 索賠函

Dear Sirs,

The goods you shipped against our order No. 456 per S.S. "Bottega Veneta" ___①___ at Keelung on Nov. 12.

Upon examination immediately after taking delivery, we found that many of the goods were severely ___②___, though the cases themselves showed no trace of damage.

Considering this damage was due to the rough ___③___ by the shipping company, we claimed on them for recovery of the ___④___, but investigation made by the ___⑤___ has revealed the fact that the damage is attributable to the improper ___⑥___. For further particulars, we refer you to the surveyor's ___⑦___ enclosed.

We are, therefore, compelled to ___⑧___ on you to compensate us for the loss, US Dollars 20,000.00 which we have sustained by the damage to the goods. We trust you will be kind enough to accept this claim and deduct the sum claimed from the ___⑨___ of your next invoice to us.

Since this is an urgent matter, your early ___⑩___ thereto is hereby requested.

Best Regards,

Etele Baráth

答案代號	答案語群	答案代號	答案語群	答案代號	答案語群
A	loss	F	attention	K	quantity
B	surveyor	G	insurance	L	quality
C	claim	H	packing	M	report
D	damaged	I	arrived	N	overdue
E	handling	J	amount		

答案欄

題　號	①	②	③	④	⑤	⑥	⑦	⑧	⑨	⑩
答　案										

(二)填充題

1.(1)以下是本公司最暢銷的產品清單。

The following is a list of our ___①___ products.

(2)我們很榮幸能與貴公司建立交易關係。

We would be delighted to ＿＿②＿＿ business relations with you.

(3)這項產品實在太受歡迎，因此很抱歉通知您，庫存已售罄。

This line has proved so popular that we regret to inform you that it is out of ＿＿③＿＿.

(4)我們期待您能儘速回覆。

We look forward to your prompt ＿＿④＿＿.

(5)我方已報出最優惠的價格。

We have quoted our most ＿＿⑤＿＿ prices.

2. (1)本公司將在商展中展示一些新研發的產品。

At the fair, we will ＿＿①＿＿ some of our newly-developed products.

(2)倘若貨物的品質符合期望，本公司有可能定期向您訂貨。

If the quality of the goods comes up to our expectations, we can probably let you have ＿＿②＿＿ orders.

(3)已附上本公司的價目表，但由於目前原物料市場相當不穩定，所以要提醒您，各項價格可能有所變動。

We have enclosed our price list but should point out that prices are subject to change as the market for raw ＿＿③＿＿s is rather unstable at present.

(4)請您儘快結清逾期款。

Please ＿＿④＿＿ the overdue payments immediately.

(5)當裝運完成時，本公司將以傳真通知您。

As soon as shipment has been ＿＿⑤＿＿, we will advise you by fax.

3. (1)由於裝運日期逼近，本公司必須請求貴公司儘速傳真信用狀與裝運指示。

As the time of shipment is fast approaching, we must ask you to fax the L/C and shipping ＿＿①＿＿ immediately.

(2)若貴公司尚未於本地指派代理人，本公司有興趣擔任貴公司的獨家代理。

If you are not already represented here, we should be interested in acting as your ＿＿②＿＿ agents.

(3)您提供的任何訊息，本公司將絕對保密。

Any information you provide will be treated in strict ___③___.

(4)敬請退回受損的貨物，本公司將免費換貨。

Please return the damaged goods. We will ___④___ them free of charge.

(5)這次的新款具有多項吸引顧客的特色。

The new model has several additional ___⑤___ which will appeal to customers.

4.(1)由於影印機仍於保固期內，我們將免費維修。

As the photocopier is still under warranty, we'll ___①___ it for free.

(2)我們想知道該工廠在快速結清帳目方面是否值得信賴。

We would like to know whether the firm is ___②___ in settling its accounts promptly.

(3)倘若貴公司允許我們對本張發票延後三個月付款，我方將不勝感激。

We would be grateful if you would allow us an ___③___ of three months to pay this invoice.

(4)您所詢價的貨物已經售罄，但我們可提供您替代品。

The goods you inquired about are sold out, but we can offer you a ___④___.

(5)由於我們的倉庫發生火災，必須展延交貨日期至 8 月 15 日。

Owing to a fire in our warehouse, we have to ___⑤___ the shipping date to August 15.

5.(1)本公司提供的代理業務是以收取佣金為基礎。

The agency we are offering will be on a ___①___ basis.

(2)我們是一家擴展迅速的跨國公司。

We are a rapidly ___②___ing multinational company.

(3)茲附上本公司最新的型錄與價目表供您參考。

___③___ are our latest catalog and price list for your reference.

(4)倘若貨物的品質符合我們的期望，有可能定期向您訂貨。

If the quality of the goods comes up to our ___④___, we can probably let you have regular orders.

(5)倘貴公司能惠賜若干貨物樣品，我方將不勝感激。

It would be ___⑤___ if you could send some samples of the material.

6.(1)本公司為紡織品的進口貿易商，有意與這項產品的供應商聯繫。

We are importers in the textile trade and would like to get in touch with ___①___ of this line.

(2)查驗人員檢查產地證明書，查兌貨物的生產地。

The inspector looked at the certificate of ___②___ to check where the goods were produced.

(3)您的索賠已送至敝保險公司，我們將儘速與您聯繫。

Your ___③___ has been passed on to our insurance company, who will get in touch with you soon.

(4)在這種情況之下，我們不得不取消訂單。

Under the circumstances, we have no choice but to ___④___ the order.

(5)本公司已經指示往來銀行修改信用狀。

We have instructed our bankers to ___⑤___ the L/C.

解　答

㈠選擇填充題與範例

1. 推銷函 (p. 184)

題　號	①	②	③	④	⑤	⑥	⑦	⑧	⑨	⑩
答　案	E	M	C	A	I	B	K	G	F	D

2. 詢價函 (p. 186)

題　號	①	②	③	④	⑤	⑥	⑦	⑧	⑨	⑩
答　案	B	D	C	L	I	J	A	M	G	E

3. 報價函 (p. 189)

題　號	①	②	③	④	⑤
答　案	G	B	A	E	H

4.催款函 (p. 191)

題　號	①	②	③	④	⑤	⑥	⑦	⑧	⑨	⑩
答　案	G	F	R	A	M	D	E	H	P	K

5.索賠函 (p. 192)

題　號	①	②	③	④	⑤	⑥	⑦	⑧	⑨	⑩
答　案	D	C	M	B	J	I	A	L	H	K

㈡填充題與範例

1.推銷函 (p. 193)

題　號	①	②	③	④	⑤
答　案	manufacturers	catalogue	exporting	refer	specialize
題　號	⑥	⑦	⑧	⑨	⑩
答　案	showrooms	agent	quality	learned	sending

2.詢價函 (p. 194)

題　號	①	②	③	④	⑤
答　案	orders	references	list	requesting	stock
題　號	⑥	⑦	⑧	⑨	⑩
答　案	urgent	message	hesitate	advise	stock

3.報價函 (p. 195)

題　號	①	②	③	④	⑤
答　案	demonstration	enquiry	transfer	popular	discount
題　號	⑥	⑦	⑧	⑨	⑩
答　案	competitive	confirmation	recommend	withdrawn	satisfactory

4.催促履約與回覆 (p. 195)

題　號	①	②	③	④	⑤
答　案	processed	shipment	remittance	apologize	invoice
題　號	⑥	⑦	⑧	⑨	⑩
答　案	payment	L/C	overdue	shipment	check

5.索賠函與回覆 (p. 196)

題　號	①	②	③	④	⑤
答　案	replacement	credit	compensation	damaged	arrival
題　號	⑥	⑦	⑧	⑨	⑩
答　案	outlets	consignment	charge	warranty	touch

㈢自我評量

1.選擇填充題

⑴推銷函 (p. 199)

題　號	①	②	③	④	⑤	⑥	⑦	⑧	⑨	⑩
答　案	K	C	B	G	H	E	I	F	M	L

⑵詢價函 (p. 200)

題　號	①	②	③	④	⑤	⑥	⑦	⑧	⑨	⑩
答　案	G	C	K	H	M	I	P	N	B	O

⑶報價函 (p. 201)

題　號	①	②	③	④	⑤	⑥	⑦	⑧	⑨	⑩
答　案	K	E	D	G	L	N	H	A	I	M

⑷催款函 (p. 202)

題　號	①	②	③	④	⑤	⑥	⑦	⑧	⑨	⑩
答　案	J	I	C	B	K	E	H	D	L	F

⑸索賠函 (p. 203)

題　號	①	②	③	④	⑤	⑥	⑦	⑧	⑨	⑩
答　案	I	D	E	A	B	H	M	C	J	F

2.填充題

⑴ (p. 203)

題　號	①	②	③	④	⑤
答　案	best-selling	establish	stock	reply	favorable

⑵ (p. 204)

題　號	①	②	③	④	⑤
答　案	exhibit	regular	materials	settle	effected

⑶ (p. 204)

題　號	①	②	③	④	⑤
答　案	instructions	sole	confidence	replace	features

⑷ (p. 205)

題　號	①	②	③	④	⑤
答　案	repair	reliable	extension	substitute	postpone

⑸ (p. 205)

題　號	①	②	③	④	⑤
答　案	commission	expanding	Enclosed	expections	appreciated

⑹ (p. 205)

題　號	①	②	③	④	⑤
答　案	suppliers	origin	claim	cancel	amend

第十三章

貿易流程

　　本單元的考試內容最為確定，即依據勞動部所公布「術科參考資料」的流程圖（如下圖），挑出其中幾項流程，依題號填入空格。因此，應考技巧無他，只要熟背該流程圖即可，而且，作答時，每項流程的內容最好與該流程圖所述的文字完全相同，即可確保得分。

一　貿易流程圖範例

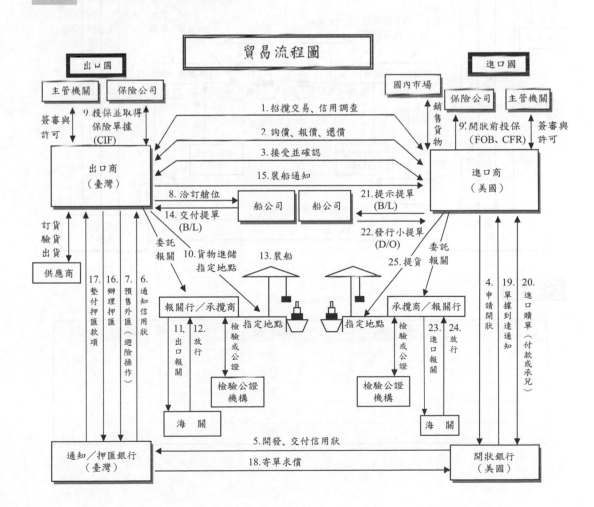

二 自我評量

㈠請依下列之貿易流程圖，依序將①～⑩之步驟名稱填入答案紙內

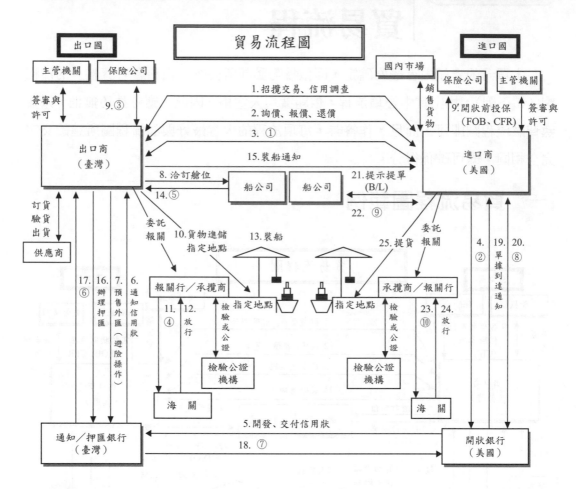

答案欄

題 號	答 案	題 號	答 案
①		⑥	
②		⑦	
③		⑧	
④		⑨	
⑤		⑩	

解　答

題　號	答　　案	題　號	答　　案
①	接受並確認	⑥	墊付押匯款項
②	申請開狀	⑦	寄單求償
③	投保並取得保險單據 (CIF)	⑧	進口贖單（付款或承兌）
④	出口報關	⑨	發行小提單 (D/O)
⑤	交付提單 (B/L)	⑩	進口報關

㈡請依下列之貿易流程圖，依序將①～⑩之步驟名稱填入答案紙內

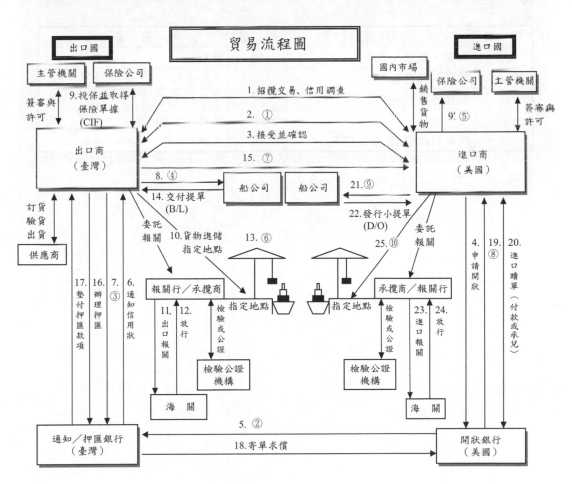

答案欄

題 號	答 案	題 號	答 案
①		⑥	
②		⑦	
③		⑧	
④		⑨	
⑤		⑩	

解 答

題 號	答 案	題 號	答 案
①	詢價、報價、還價	⑥	裝船
②	開發、交付信用狀	⑦	裝船通知
③	預售外匯（避險操作）	⑧	單據到達通知
④	洽訂艙位	⑨	提示提單 (B/L)
⑤	開狀前投保 (FOB、CFR)	⑩	提貨

第十四章

出口價格核算

一 概 論

我國廠商對外貿易經常採用的貿易條件有 FOB 、 CFR 、 CIF 以及 FOB&C (FOBC)、CFR&C (CFRC)、CIF&C (CIFC) 等。在估算上述各條件的價格時，首先必須先瞭解其彼此之間的關係：

* FOB ＝ 貨物出口前的成本 ＋ 業務費用 ＋ 利潤
* CFR ＝ FOB ＋ 海運費
* CIF ＝ FOB ＋ 海運費 ＋ 保險費
* FOB&C ＝ FOB ＋ 佣金
* CFR&C ＝ CFR ＋ 佣金
* CIF&C ＝ CIF ＋ 佣金

至於實際的計算方式，各家廠商所採用的方式或有不同，就價格的詳密粗疏，可分為總價法與單價法；就計算的次序不同，又可分為順算法與倒算法。勞動部丙級檢定公告範例（參見本書第 167 至 180 頁）所採用的計算方式，原則上為順算方式的單價法，然其計算的公式較為特別，為配合考試，必須完全依照其所採用的方式計算，才可確保答案正確無虞。

二 運費的計算

範例中報價的計算方式分為兩種情況，一為併櫃 (CFS) 裝運，一為整櫃 (CY) 裝運，併櫃以 1 立方公尺 (CBM) 為運費計價單位，整櫃則以 20 呎貨櫃或 40 呎貨櫃為計價單位，預設 20 呎貨櫃裝運體積為 25 CBM，而 40 呎貨櫃裝運體積為 50 CBM，由於題目所提供貨品項目的體積單位係英制，而船公司運費的計價單位為公制，因此計算運費時，尚涉及不同度量衡的換算，茲以該範例說明單位的換算方式，以及在兩種裝運方式之下運費的計算：

㈠單位的換算

1.換算公式

★ 1 英呎 = 12 英吋

★ 1 英吋 = 2.54 公分

★ 1 立方英呎（CFT，俗稱「才」）= 1,728 立方英吋

★ 1 立方公尺 (CBM) = 35.315 立方英呎 (CFT)

2.換算公式的求得

應試者可選擇以下任一方式求得換算數據：

⑴背下來：將以下兩項重要換算公式直接背下來：

★ 1 立方英呎 (CFT) = 1,728 立方英吋

★ 1 CBM = 35.315 CFT

⑵依據大眾熟知的換算公式求得：

以上換算公式，較為大眾熟知的是：

★ 1 英呎 = 12 英吋

★ 1 英吋 = 2.54 公分

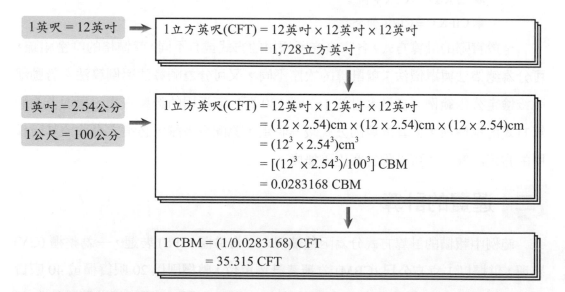

㈡計算時應注意事項

由於實際檢定測驗時，計算題只要求填入最終的答案，不須列出計算過程，因此計算過程當中，小數的四捨五入也必須完全符合其要求，否則即可能由於計算過程中小數位數取捨的過多或不足而影響答案的精確度。此外，計算含佣金價

格 (FOB&C、CFR&C、CIF&C) 時，計算的基礎為尚未包含佣金的價格（亦即以 FOB、CFR、CIF 為計算的基礎）。依據公告範例的說明：

1. 核算要求

計算過程無法整除者，CBM 計算至小數第四位，四捨五入後取至小數第三位；其餘請計算至小數第三位，四捨五入後取至小數第二位。

2. 佣金計算方式

以所求報價條件本身為佣金計算基礎，如 FOB&C 與 CIF&C 分別為 FOB 與 CIF 為基礎之含佣價。

(三)不同裝運方式的運費計算

廠商以 CFR 條件或 CIF 條件對外報價時，必須先行估算海運費，再計入價格之中，船公司報價運費時，通常分為整櫃與併櫃兩種方式，在整櫃的方式之下，一只貨櫃係計收固定的運費（如範例所示，一只 20 呎貨櫃收 USD 2,500，一只 40 呎貨櫃收 USD 4,500）；併櫃的方式之下，則以託運貨物的體積或重量計價（如範例所示，每 CBM 收費 USD 100）。

若貨物數量少，裝不滿一個貨櫃，為節省運費，貨主通常不會選擇包櫃（即整櫃），而是採用併櫃的方式託運，與其他貨主的貨物同裝於一只貨櫃之內。若貨物數量多，可裝滿一個或數個貨櫃，則貨主以包櫃方式託運，相對而言，運費會比以併櫃託運的方式來得划算。

出口廠商對於相同的產品，往往會依據客戶的詢價要求，區分為以整櫃方式裝運（亦即客戶訂購數量較多）的報價價格，以及以併櫃方式裝運（亦即客戶訂購數量較少）的報價價格。

茲依據公告範例說明不同裝運方式之下的運費計算：

(1)產品資料：

型　號	A	B
包裝方式	15 SETS/箱 (CTN)	12 PCS/箱 (CTN)
包裝尺寸	$50 \times 45 \times 36$ (cm)	$12 \times 15 \times 20$ (inch)
採購成本	NTD 200/SET	NTD 240/PC

(2)運費資料：

裝運方式	併　櫃 (CFS)	20 呎整櫃 (CY)	40 呎整櫃 (CY)
運　費	USD 100	USD 2,500	USD 4,500
最低裝運量	1 CBM	25 CBM	50 CBM

(3)其他報價資料：

匯率：1 USD = 33.5 NTD	利潤率：10%
保險費率：0.13%	業務費率：5%

1. 併櫃 (CFS)

客戶對於 A 產品所詢問的是併櫃裝運的價格，因此必須先計算出併櫃裝運的運費：

(1)每箱 CBM 數：

A 產品包裝方式為每箱裝 15 SETS，每箱體積：

$50 \text{ cm} \times 45 \text{ cm} \times 36 \text{ cm} = 0.5 \text{ m} \times 0.45 \text{ m} \times 0.36 \text{ m} = 0.081 \text{ CBM}$

> ★在這項計算當中，必須留意 CBM 計算至小數第四位，四捨五入後，取至小數第三位，本例因小數四位以下均為 0，故無四捨五入問題。

(2)每盒 (SET) 運費：

每箱運費 = USD 100×0.081 = USD 8.10

> ★在這項計算當中，必須留意 USD 計算至小數第三位，四捨五入後，取至小數第二位，本例因小數三位以下均為 0，故無四捨五入問題。

每盒運費 = USD $8.10 \div 15$ = USD 0.54

> ★在這項計算當中，必須留意 USD 計算至小數第三位，四捨五入後，取至小數第二位，本例因小數三位以下均為 0，故無四捨五入問題。

2. 整櫃 (CY)

當國外客戶訂購數量多，足以裝滿一個或數個貨櫃時，廠商即以整櫃託運的方式計算運費，這種計算的方法，與併櫃方式之下有所不同。由於以整櫃方式託運時，只要貨物重量與體積都在船公司所要求的上限範圍（如範例所示，20 呎貨櫃最多裝 25 CBM；40 呎貨櫃最多裝 50 CBM）之內，不論裝運多少數量，都是以一只貨櫃固定運費計算，為達經濟效益，貨物必須儘量裝滿一貨櫃，每件貨物所分攤的運費才能達到最低。

範例中客戶對於 B 產品所詢問的是 40 呎整櫃裝運的價格，因此必須先計算出整櫃裝運的運費：

⑴每箱才數：

B 產品包裝方式為每箱裝 12 PCS，每箱體積：

$$12'' \times 15'' \times 20'' = (12 \div 12) \text{ 英呎} \times (15 \div 12) \text{ 英呎} \times (20 \div 12) \text{ 英呎}$$
$$= [(12 \times 15 \times 20) \div (12 \times 12 \times 12)] \text{ CFT}$$
$$= [(12 \times 15 \times 20) \div 1,728] \text{ CFT}$$
$$= 2.08 \text{ CFT （才）}$$

★在這項計算當中，CFT 計算至小數第三位，四捨五入後，取至小數第二位，本例計算出答案為 2.083…，四捨五入為 2.08。

⑵每箱 CBM 數：

每箱體積 2.08 CFT = (2.08 ÷ 35.315) CBM = 0.059 CBM

★在這項計算當中，CBM 計算至小數第四位，四捨五入後，取至小數第三位，本例計算出答案為 0.0588…，四捨五入為 0.059。

> 計算時請以前一項已經四捨五入之後的答案為計算依據，切勿以未四捨五入的數據直接計算。亦即：以 2.08，不可以 2.083、2.0833、2.08333 等數字來計算，否則將影響答案的正確性。

⑶40 呎貨櫃報價數量：

依題目提供的 40 呎貨櫃裝運貨物體積上限 50 CBM，B 產品裝滿一只 40 呎貨櫃時，可裝箱數 = 50/0.059 = 847.46…，採無條件進位法，成為 848 箱（此乃由於 50 CBM 係較為保守的估計，以 50 除以每箱貨物的體積之後，若有餘數，以無條件進位方式增加一箱貨物的裝運應該不至於超過貨櫃的容量）。

★在貨櫃可裝箱數計算當中，非常容易發生錯誤之處在於未採用「無條件進位法」，故應特別留意此處貨櫃裝箱數應無條件進位至個位數。

> 計算時請以前一項已經四捨五入之後的答案為計算依據，切勿以未四捨五入的數據直接計算。亦即：以 0.059，不可以 0.0588、0.05889、0.058898 等數字來計算，否則將影響答案的正確性。

B 產品每箱裝 12 PCS，一只 40 呎貨櫃可裝運貨物件數：

12 PCS × 848 = 10,176 PCS

> 計算時請以前一項已經四捨五入之後的答案為計算依據，切勿以未四捨五入的數據直接計算。亦即：以 848，不可以 847.46 等數字來計算，然後再無條件進位，否則將影響答案的正確性。許多應試者只記得要「無條件進位」，卻忘了應該是在哪個計算步驟，切記！是在計算箱數的時候無條件進位，而不是在計算件數的時候。

⑷每 PC 運費：

一只 40 呎貨櫃報價運費 USD 4,500，B 產品裝滿一只 40 呎貨櫃時，可裝入 10,176 PCS，故每件 B 產品應分攤運費：

USD 4,500 / 10,176 PCS = USD 0.44/PC

> ★在這項計算當中，USD 計算至小數第三位，四捨五入後，取至小數第二位，本例計算出答案為 0.442…，四捨五入為 0.44。

三 價格的計算

依據範例所示，已知價格計算的因素有：

⑴國內採購成本：多以新臺幣單價表示，須以題目所提供的匯率換算成外幣。

⑵匯率：若同時有買入匯率與賣出匯率時，由於出口商有外匯收入，係外匯的售出者，應適用銀行所報的外匯買入匯率，故出口報價應以買入匯率核算。

⑶業務費率：在題目中以 % 表示。

⑷利潤率：在題目中以 % 表示。

⑸保險費率：只有計算 CIF 價格時才需加上保費。

◆ 保險費率：在題目中以 % 表示

◆ 保險加成：

- 若題目中有特別規定，則依其規定加成。例如：保險加成：20%（或二成），則保額 = CIF × 120%，保費 = CIF × 120% × 保險費率
- 若題目未特別規定，根據一般貿易慣例，保額 = CIF × 110%，保費 = CIF × 110% × 保險費率

(6)佣金率：多直接於題目中表示，如本例產品 A 報價的 CIFC3 即表示以 CIF 為基礎的 3% 佣金。

再依據前一節計算所得的運費，即可計算不同貿易條件的報價金額（以外幣表示的單價），價格的計算公式如下：

★ FOB =（國內採購成本÷匯率）÷（1－業務費率）÷（1－利潤率）

★ FOBC× =（國內採購成本÷匯率）÷（1－業務費率）÷（1－利潤率）÷（1－佣金率）

★ CFR = [（國內採購成本÷匯率）+每件貨物運費]÷（1－業務費率）÷（1－利潤率）

★ CFRC× = [（國內採購成本÷匯率）+每件貨物運費]÷（1－業務費率）÷（1－利潤率）÷（1－佣金率）

★ CIF = [（國內採購成本÷匯率）+每件貨物運費]÷（1－業務費率）÷（1－利潤率）÷（1－保險費率×1.1）

★ CIFC× = [（國內採購成本÷匯率）+每件貨物運費]÷（1－業務費率）÷（1－利潤率）÷（1－保險費率×1.1）÷（1－佣金率）

㈠ A 產品要求以下列三條件報價

1. FOB

FOB =（200÷33.5）÷（1－5%）÷（1－10%）= 6.98（USD/SET）

★在這項計算當中，USD 計算至小數第三位，四捨五入後，取至小數第二位，本例計算出答案為 6.982…，四捨五入為 6.98。

> 須格外小心的是，計算過程中，必須連續計算，不可中途停頓，四捨五入後再繼續算，否則將影響答案的精確性，進而造成後續的計算皆有誤差的骨牌效應（實際檢定測驗時，只填答案，不列計算過程）。本例計算時，應先行計算好 1－5% = 1－0.05 = 0.95；1－10% = 1－0.1 = 0.9，然後計算機依照以下步驟連續按：
>
> 200÷33.5 ⟹ ÷0.95 ⟹ ÷0.9 ⟹ 計算好再四捨五入至小數第二位
>
> 連續按計算機，不可中斷 →

2. CFR

CFR = [(200 ÷ 33.5) + 0.54] ÷ (1 − 5%) ÷ (1 − 10%) = 7.61 (USD/SET)

✿在這項計算當中，USD 計算至小數第三位，四捨五入後，取至小數第二位，本
　例計算出答案為 7.614…，四捨五入為 7.61。

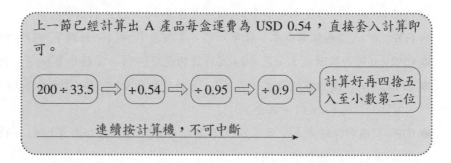

3. CIFC3

CIFC3 = [(200 ÷ 33.5) + 0.54] ÷ (1 − 5%) ÷ (1 − 10%) ÷ (1 − 1.1 × 0.13%) ÷ (1 −

3%)

= 7.86 (USD/SET)

✿在這項計算當中，USD 計算至小數第三位，四捨五入後，取至小數第二位，本
　例計算出答案為 7.860…，四捨五入為 7.86。

上一節已經計算出 A 產品每盒運費為 USD 0.54，直接套入計算即
可。另外必須先行計算出 1 − 1.1 × 0.13% = 1 − 1.1 × 0.0013 = 1 −
0.00143 = 0.99857（不可四捨五入）；1 − 3% = 0.97。

200 ÷ 33.5 ⇒ +0.54 ⇒ ÷ 0.95 ⇒ ÷ 0.9 ⇒ ÷ 0.99857 ⇒ ÷ 0.97

連續按計算機，不可中斷 →

計算好再四捨五
入至小數第二位

㈡ B 產品要求以下列條件報價

$$CIF = [(240 \div 33.5) + 0.44] \div (1 - 5\%) \div (1 - 10\%) \div (1 - 1.1 \times 0.13\%)$$

$$= 8.91 \ (USD/PC)$$

★在這項計算當中，USD 計算至小數第三位，四捨五入後，取至小數第二位，本
例計算出答案為 8.906⋯，四捨五入為 8.91。

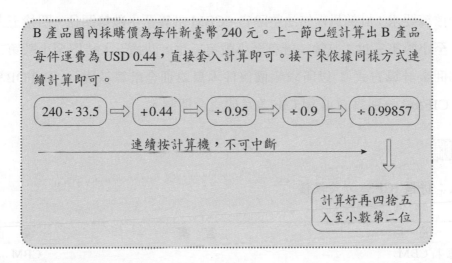

B 產品國內採購價為每件新臺幣 240 元。上一節已經計算出 B 產品
每件運費為 USD 0.44，直接套入計算即可。接下來依據同樣方式連
續計算即可。

$240 \div 33.5$ ⟹ $+0.44$ ⟹ $\div 0.95$ ⟹ $\div 0.9$ ⟹ $\div 0.99857$

連續按計算機，不可中斷

計算好再四捨五
入至小數第二位

四　自我評量

㈠請根據以下資料，對型號 A 與 B 貨物，分別以併櫃 (CFS) 與整櫃 (CY) 運量，核算相關運費與報價

1. 產品資料

型　號	A	B
包裝方式	15 SETS/箱 (CTN)	12 PCS/箱 (CTN)
包裝尺寸	$50 \times 60 \times 40$ (cm)	$12 \times 16 \times 18$ (inch)
採購成本	NTD 300/SET	NTD 400/PC

2. 運費資料

裝運方式	併櫃 (CFS)	20 呎整櫃 (CY)	40 呎整櫃 (CY)
運　費	USD 80	USD 2,000	USD 3,200
最低裝運量	1 CBM	25 CBM	50 CBM

3.其他報價資料

匯率：1 USD = 33.2 NTD	利潤率：5%
保險費率：0.5% + 0.1%	業務費率：3%

4.注意事項

(1)核算要求：計算過程無法整除者，CBM 計算至小數第四位，四捨五入後取至小數第三位；其餘請計算至小數第三位，四捨五入後取至小數第二位。

(2)佣金計算方式：以所求報價條件本身為佣金計算基礎，如 FOB&C 與 CIF&C 分別為 FOB 與 CIF 為基礎之含佣價。

答案欄

型號 A：併櫃 (CFS) 方式報價

題　目	答　案	單　位
1.每箱 CBM		CBM
2.每套 (SET) 運費		USD/SET
3. FOB 報價		USD/SET
4. CFR 報價		USD/SET
5. CIFC5 報價		USD/SET

型號 B：20 呎整櫃 (CY) 方式報價

題　目	答　案	單　位
6.每箱才數		才 (CFT)
7.每箱 CBM		CBM
8.20 呎櫃報價數量		PC
9.每 PC 運費		USD/PC
10. CIF 報價		USD/PC

解　答

答題時依據題目空格的順序計算，並且留意規定的單位。

㈠ A 產品

考試作答時，請勿列出算式。

題　目	答　案	單　位
1. 每箱 CBM	$0.5 \times 0.6 \times 0.4 = 0.12$	CBM
2. 每套 (SET) 運費	$80 \times 0.12 \div 15 = 0.64$	USD/SET
3. FOB 報價	$(300 \div 33.2) \div (1 - 3\%) \div (1 - 5\%) = 9.81$	USD/SET
4. CFR 報價	$[(300 \div 33.2) + 0.64] \div (1 - 3\%) \div (1 - 5\%) = 10.50$	USD/SET
5. CIFC5 報價	$[(300 \div 33.2) + 0.64] \div (1 - 3\%) \div (1 - 5\%) \div (1 - 1.1 \times 0.6\%) \div (1 - 5\%) = 11.13$	USD/SET

1. 每箱 CBM

A 產品每箱體積 $= 50\,\mathrm{cm} \times 60\,\mathrm{cm} \times 40\,\mathrm{cm} = 0.5\,\mathrm{m} \times 0.6\,\mathrm{m} \times 0.4\,\mathrm{m} = 0.12\,\mathrm{CBM}$

> 在這項計算當中，必須留意 CBM 計算至小數第四位，四捨五入後，取至小數第二位，本例因小數二位以下均為 0，故無四捨五入問題。

2. 每套 (SET) 運費

船公司報價併櫃方式的運費為每 CBM 收 USD 80。A 產品每箱體積 0.12 CBM，故每箱運費 = USD 80 × 0.12，A 產品每箱裝 15 套，故每套運費：

USD $80 \times 0.12 \div 15 = 0.64$ (USD/SET)

> 取到小數第二位。

3. FOB 報價

A 產品國內採購價每套新臺幣 300 元，匯率 33.2，利潤率 5%，業務費率 3%。

FOB $= (300 \div 33.2) \div (1 - 3\%) \div (1 - 5\%) = 9.81$ (USD/SET)

> 先計算 1 − 5% = 0.95，1 − 3% = 0.97，再套入上式連續計算，不可中斷，最後答案取到小數第二位。

4. CFR 報價

依據上述 FOB 資料，再加上 2.所求得的每套運費 0.64。

CFR = [(300 ÷ 33.2) + 0.64] ÷ (1 − 3%) ÷ (1 − 5%) = 10.50 (USD/SET)

> 先計算 1 − 3% = 0.97，1 − 5% = 0.95，再套入上式連續計算，不可中斷，最後答案取到小數第二位。

5. CIFC5 報價

依據上述 CFR 資料，再加上保險費率 0.6%(0.5% + 0.1%)、佣金率 5%。

CIFC5 = [(300 ÷ 33.2) + 0.64] ÷ (1 − 3%) ÷ (1 − 5%) ÷ (1 − 1.1 × 0.6%) ÷ (1 − 5%)

= 11.13 (USD/SET)

> 先計算 1 − 3% = 0.97，1 − 5% = 0.95，1 − 1.1 × 0.6% = 0.9934，再套入上式連續計算，不可中斷，最後答案取到小數第二位。

(二) B 產品

考試作答時，請勿列出算式。

題　目	答　案	單　位
6. 每箱才數	12 × 16 × 18 ÷ 1,728 = 2	才 (CFT)
7. 每箱 CBM	2 ÷ 35.315 = 0.057	CBM
8. 20 呎櫃報價數量	25 ÷ 0.057 = 439 （無條件進位），12 × 439 = 5,268	PC
9. 每 PC 運費	2,000 ÷ 5,268 = 0.38	USD/PC
10. CIF 報價	[(400 ÷ 33.2) + 0.38] ÷ (1 − 3%) ÷ (1 − 5%) ÷ (1 − 1.1 × 0.6%) = 13.58	USD/PC

1. 每箱才數

B 產品每箱體積單位為英吋，1 英呎 = 12 英吋。

$12'' × 16'' × 18'' = (12 ÷ 12)$ 英呎 $× (16 ÷ 12)$ 英呎 $× (18 ÷ 12)$ 英呎

= [(12 × 16 × 18) ÷ (12 × 12 × 12)] CFT

= [(12 × 16 × 18) ÷ 1,728] CFT

= 2 CFT

> 取至小數第二位，本例因小數以下均為 0，故無四捨五入問題。

2. 每箱 CBM

依據公式：1 CBM = 35.315 CFT。

2 CFT = (2 ÷ 35,315) CBM = 0.057 CBM

> CBM 須計算到小數第四位，四捨五入取至小數第三位，本例計算出
> 答案為 0.0566…，四捨五入為 0.057。

3. 20 呎櫃報價數量

一只 20 呎貨櫃裝運數量為 25 CBM，依據 2. 計算所得，B 產品每箱體積為 0.057 CBM，25 ÷ 0.057 = 438.596 = 439（無條件進位），一只 20 呎貨櫃可裝 B 產品 439 箱，每箱裝 12 PCS，共可裝 12 PCS × 439 = 5,268 PCS。

> 因為裝箱數必須為整數，故必須在計算箱數時無條件進位成為整數，
> 而不是在計算件數時才無條件進位。

4. 每件 (PC) 運費

一只 20 呎貨櫃可裝 B 產品 5,268 PCS，而一只 20 呎貨櫃報價運費 USD 2,000，故每件 B 產品分攤的運費 = 2,000 ÷ 5,268 = 0.38。

> 計算到小數第三位，四捨五入取至小數第二位，本例計算出答案為
> 0.379…，四捨五入為 0.38。

5. CIF 報價

B 產品國內採購價每套新臺幣 400 元，匯率 33.2，利潤率 5%，業務費率 3%，保險費率 0.6%，再依據 4. 計算所得每件運費 USD 0.38，即可計算出每件 CIF 價格。

$$CIF = [(400 ÷ 33.2) + 0.38] ÷ (1 - 3\%) ÷ (1 - 5\%) ÷ (1 - 1.1 × 0.6\%)$$

$$= 13.58$$

計算到小數第三位，四捨五入取至小數第二位，本例計算出答案為
13.576…，四捨五入為 13.58。

㈡請根據以下資料，對型號 C、D 貨物，分別以併櫃 (CFS) 與整櫃 (CY) 運量，核算運費與報價

1. 產品資料

型　號	C	D
包裝方式	15 SETS/箱 (CTN)	12 PCS/箱 (CTN)
包裝尺寸	$1'2'' \times 1'4'' \times 1'6''$	$0.5\,m \times 0.65\,m \times 0.48\,m$
採購成本	NTD 250/SET	NTD 1,000/PC

2. 運費資料

裝運方式	併　櫃 (CFS)	20 呎整櫃 (CY)	40 呎整櫃 (CY)
運　費	USD 75	USD 2,200	USD 3,400
最低裝運量	1 CBM	25 CBM	50 CBM

3. 其他報價資料

匯率：買入 1 USD = 33.0 NTD；賣出 1 USD = 33.1 NTD	利潤率：8%
保險費率：0.5%	業務費率：5%

4. 注意事項

⑴核算要求：計算過程無法整除者，CBM 計算至小數第四位，四捨五入後取至小數第三位；其餘請計算至小數第三位，四捨五入後取至小數第二位。

⑵佣金計算方式：以所求報價條件本身為佣金計算基礎，如 FOB&C 與 CIF&C 分別為 FOB 與 CIF 為基礎之含佣價。

答案欄

型號 C：併櫃 (CFS) 方式報價

題　目	答　案	單　位
1.每箱才數		才 (CFT)
2.每箱 CBM		CBM
3.每套 (SET) 運費		USD/SET
4. FOBC3 報價		USD/SET
5. CFRC3 報價		USD/SET
6. CIFC3 報價		USD/SET

型號 D：40 呎整櫃 (CY) 方式報價

題　目	答　案	單　位
7.每箱 CBM		CBM
8.40 呎櫃報價數量		PCS
9.每 PC 運費		USD/PC
10. CFR 報價		USD/PC
11. CIFC3 報價		USD/PC

解　答
(一)型號 C

考試作答時，請勿列出算式。

題　目	答　案	單　位
1.每箱才數	$14 \times 16 \times 18 \div 1,728 = 2.33$	才 (CFT)
2.每箱 CBM	$2.33 \div 35.315 = 0.066$	CBM
3.每套 (SET) 運費	$75 \times 0.066 \div 15 = 0.33$	USD/SET
4. FOBC3 報價	$(250 \div 33.0) \div (1 - 5\%) \div (1 - 8\%) \div (1 - 3\%) = 8.94$	USD/SET
5. CFRC3 報價	$[(250 \div 33.0) + 0.33] \div (1 - 5\%) \div (1 - 8\%) \div (1 - 3\%) = 9.33$	USD/SET
6. CIFC3 報價	$[(250 \div 33.0) + 0.33] \div (1 - 5\%) \div (1 - 8\%) \div (1 - 1.1 \times 0.5\%) \div (1 - 3\%) = 9.38$	USD/SET

1.每箱才數

$1' = 12''$（1 英呎 = 12 英吋）。將 C 產品體積單位統一換成英吋再計算 CFT

（取至小數第二位）。每箱才數：

$$1'2'' \times 1'4'' \times 1'6'' = 14'' \times 16'' \times 18'' = (14 \div 12)' \times (16 \div 12)' \times (18 \div 12)'$$
$$= (14 \times 16 \times 18 \div 1,728)\,CFT = 2.33\,CFT$$

2. 每箱 CBM

根據公式：1 CBM＝35.315 CFT，求算每箱 CBM（取至小數第三位）。

2.33 CFT＝(2.33 ÷ 35.315) CBM＝0.066 CBM

3. 每套 (SET) 運費

一箱裝 15 套，每套運費＝USD 75 × 0.066 ÷ 15＝0.33（取至小數第二位）。

4. FOBC3 報價

依題目所提供，每件出廠成本 NTD 250，匯率 33.0，利潤率 8%，業務費率 5%，依本題所求 FOBC3，得知佣金率 3%。

FOBC3＝[(250 ÷ 33.0)] ÷ (1 − 5%) ÷ (1 − 8%) ÷ (1 − 3%) = 8.94 (USD/SET)

> 先計算 1 − 5%＝0.95，1 − 8%＝0.92，1 − 3%＝0.97，再套入上式連續計算，不可中斷，最後答案取到小數第二位。

5. CFRC3 報價

依 3. 計算所得，每套運費 USD 0.33，依題目所提供，保險費率 0.5%，利潤率 8%，業務費率 5%，依本題所求 FOBC3，得知佣金率 3%。

CFRC3＝[(250 ÷ 33.0) + 0.33] ÷ (1 − 5%) ÷ (1 − 8%) ÷ (1 − 3%)
　　　　＝9.33 (USD/SET)

> 先計算 1 − 5%＝0.95，1 − 8%＝0.92，1 − 3%＝0.97，再套入上式連續計算，不可中斷，最後答案取到小數第二位。

6. CIFC3 報價

依據上題再加上保費即可。

CIFC3＝[(250 ÷ 33.0) + 0.33] ÷ (1 − 5%) ÷ (1 − 8%) ÷ (1 − 1.1 × 0.5%)
　　　　÷ (1 − 3%)
　　　　＝9.38 (USD/SET)

> 先計算 $1 - 1.1 \times 0.5\% = 0.9945$，再套入上式連續計算，不可中斷，最後答案取到小數第二位。

(二)型號 D

考試作答時，請勿列出算式。

題　目	答　案	單　位
6. 每箱 CBM	$0.5 \times 0.65 \times 0.48 = 0.156$	CBM
7. 40 呎櫃報價數量	$50 \div 0.156 = 321$ （無條件進位）；$12 \times 321 = 3{,}852$	PCS
8. 每 PC 運費	$3{,}400 \div 3{,}852 = 0.88$	USD/PC
9. CFR 報價	$[(1{,}000 \div 33) + 0.88] \div (1 - 5\%) \div (1 - 8\%) = 35.68$	USD/PC
10. CIFC3 報價	$[(1{,}000 \div 33) + 0.88] \div (1 - 5\%) \div (1 - 8\%) \div (1 - 1.1 \times 0.5\%) \div (1 - 3\%) = 36.99$	USD/PC

1. 每箱 CBM

每箱體積 $0.5 \text{ m} \times 0.65 \text{ m} \times 0.48 \text{ m} = 0.156 \text{ CBM}$（取至小數第三位）。

2. 40 呎櫃報價數量

40 呎櫃容量 50 CBM，可裝 $320.5 \cdots (= 50 \div 0.156)$ 箱，無法整除，箱數必須為整數，則無條件進位，成為 321 箱。

一箱裝 12 PCS，321 箱共 $12 \times 321 = 3{,}852 \text{ PCS}$。

3. 每 PC 運費

本題船公司報價 40 呎貨櫃 USD 3,400，一只 40 呎貨櫃可裝 3,852 PCS，每 PC 分攤的運費 $= 3{,}400 \div 3{,}852 = 0.88 \text{ (USD/PC)}$（取至小數第二位）。

4. CFR 報價

依上題得知，每 PC 運費 $=$ USD 0.88，依題目所提供，每件出廠成本 NTD 1,000，匯率 33.0，利潤率 8%，業務費率 5%。

$$\text{CFR} = [(1{,}000 \div 33) + 0.88] \div (1 - 5\%) \div (1 - 8\%) = 35.68 \text{ (USD/PC)}$$

> 先計算 $1 - 5\% = 0.95$，$1 - 8\% = 0.92$，再套入上式連續計算，不可中斷，最後答案取到小數第二位。

5. CIFC3 報價

依 3. 計算所得，每 PC 運費 = USD 0.88，依題目所提供，保險費率 0.5%，利潤率 8%，業務費率 5%，依本題所求 CIFC3，得知佣金率 3%。

$$CIFC3 = [(1,000 \div 33) + 0.88] \div (1 - 5\%) \div (1 - 8\%) \div (1 - 1.1 \times 0.5\%) \div (1 - 3\%)$$

$$= 36.99 \ (USD/PC)$$

先計算 $1 - 5\% = 0.95$，$1 - 8\% = 0.92$，$1 - 1.1 \times 0.5\% = 0.9945$，$1 - 3\% = 0.97$，再套入上式連續計算，不可中斷，最後答案取到小數第二位。

㈢請根據以下資料，對型號 E、F 貨物，分別以併櫃 (CFS) 與整櫃 (CY) 運量，核算報價（型號 E：USD/DOZ；型號 F：USD/SET）

1. 產品資料

型 號	E	F
包裝方式	6 DOZS/CTN	5 SETS/BOX, 4 BOXES/CTN
包裝尺寸	$10'' \times 12'' \times 15''$	$25 \ cm \times 35 \ cm \times 40 \ cm$
採購成本	NTD 250/DOZ	NTD 180/SET

2. 運費資料

裝運方式	併 櫃 (CFS)	20 呎整櫃 (CY)	40 呎整櫃 (CY)
運 費	USD 120	USD 2,500	USD 4,500
最低裝運量	1 CBM	25 CBM	50 CBM

3. 其他報價資料

匯率：1 USD = 32.25 NTD	利潤率：10%
保險費率：0.625%	業務費率：2.5%

4.注意事項

　　⑴核算要求：計算過程無法整除者，CBM 計算至小數第四位，四捨五入後取至小數第三位；其餘請計算至小數第三位，四捨五入後取至小數第二位。

　　⑵佣金計算方式 ： 以所求報價條件本身為佣金計算基礎 ， 如 FOB&C 與 CIF&C 分別為 FOB 與 CIF 為基礎之含佣價。

答案欄

	型號 E			型號 F		
	CFS	CY (20′)	CY (40′)	CFS	CY (20′)	CY (40′)
FOBC5						
CFRC5						
CIFC5						

解 答

	型號 E			型號 F		
	CFS	CY (20′)	CY (40′)	CFS	CY (20′)	CY (40′)
FOBC5	9.30	9.30	9.30	6.70	6.70	6.70
CFRC5	9.99	9.87	9.81	6.95	6.90	6.89
CIFC5	10.06	9.94	9.88	7.00	6.95	6.93

㈠型號 E

1.併　櫃 (CFS)

　　每箱體積 $= 10 \times 12 \times 15 \times 2.54^3 \div 100^3 = 0.029$ (CBM)

　　每 DOZ 分攤運費 $= 120 \times 0.029 \div 6 = 0.58$ (USD/DOZ)

　　FOBC5 $= (250 \div 32.25) \div (1 - 2.5\%) \div (1 - 10\%) \div (1 - 5\%)$

　　　　　$= 9.30$ (USD/DOZ)

　　CFRC5 $= [(250 \div 32.25) + 0.58] \div (1 - 2.5\%) \div (1 - 10\%) \div (1 - 5\%)$

　　　　　$= 9.99$ (USD/DOZ)

　　CIFC5 $= [(250 \div 32.25) + 0.58] \div (1 - 2.5\%) \div (1 - 10\%) \div (1 - 1.1$

　　　　　$\times 0.625\%) \div (1 - 5\%)$

　　　　　$= 10.06$ (USD/DOZ)

2. 20 呎整櫃 (CY)

一只 20 呎貨櫃可裝 $25 \div 0.029 = 862.06 = 863$（無條件進位）

每箱 6 打，863 箱共有 $863 \times 6 = 5,178$ DOZ。

每 DOZ 分攤運費 $= 2,500 \div 5,178 = 0.48$

$\text{FOBC5} = (250 \div 32.25) \div (1 - 2.5\%) \div (1 - 10\%) \div (1 - 5\%)$

$\qquad = 9.30 \text{ (USD/DOZ)}$

$\text{CFRC5} = [(250 \div 32.25) + 0.48] \div (1 - 2.5\%) \div (1 - 10\%) \div (1 - 5\%)$

$\qquad = 9.87 \text{ (USD/DOZ)}$

$\text{CIFC5} = [(250 \div 32.25) + 0.48] \div (1 - 2.5\%) \div (1 - 10\%) \div (1 - 1.1$

$\qquad \times 0.625\%) \div (1 - 5\%)$

$\qquad = 9.94 \text{ (USD/DOZ)}$

3. 40 呎整櫃 (CY)

一只 40 呎貨櫃可裝 $50 \div 0.029 = 1,724.13 = 1,725$（無條件進位）

每箱 6 打，1,725 箱共有 $1,725 \times 6 = 10,350$ DOZ。

每 DOZ 分攤運費 $= 4,500 \div 10,350 = 0.43$

$\text{FOBC5} = (250 \div 32.25) \div (1 - 2.5\%) \div (1 - 10\%) \div (1 - 5\%)$

$\qquad = 9.30 \text{ (USD/DOZ)}$

$\text{CFRC5} = [(250 \div 32.25) + 0.43] \div (1 - 2.5\%) \div (1 - 10\%) \div (1 - 5\%)$

$\qquad = 9.81 \text{ (USD/DOZ)}$

$\text{CIFC5} = [(250 \div 32.25) + 0.43] \div (1 - 2.5\%) \div (1 - 10\%) \div (1 - 1.1$

$\qquad \times 0.625\%) \div (1 - 5\%)$

$\qquad = 9.88 \text{ (USD/DOZ)}$

㈡型號 F

1. 併　櫃 (CFS)

5 SETS / BOX，4 BOXES / CTN，故 20 SETS / CTN

每箱體積 $= 25 \text{ cm} \times 35 \text{ cm} \times 40 \text{ cm} = 0.035$ CBM

每 SET 分攤運費 $= 120 \times 0.035 \div 20 = 0.21 \text{ (USD/SET)}$

$\text{FOBC5} = (180 \div 32.25) \div (1 - 2.5\%) \div (1 - 10\%) \div (1 - 5\%)$

$\qquad = 6.70 \text{ (USD/SET)}$

$$CFRC5 = [(180 \div 32.25) + 0.21] \div (1 - 2.5\%) \div (1 - 10\%) \div (1 - 5\%)$$

$$= 6.95 \, (USD/SET)$$

$$CIFC5 = [(180 \div 32.25) + 0.21] \div (1 - 2.5\%) \div (1 - 10\%) \div (1 - 1.1$$

$$\times 0.625\%) \div (1 - 5\%)$$

$$= 7.00 \, (USD/SET)$$

2. 20 呎整櫃 (CY)

一只 20 呎貨櫃可裝 $25 \div 0.035 = 714.28 = 715$（無條件進位）

每箱 20 套，715 箱共有 $715 \times 20 = 14,300$ SET。

每 SET 分攤運費 $= 2,500 \div 14,300 = 0.17$

$$FOBC5 = (180 \div 32.25) \div (1 - 2.5\%) \div (1 - 10\%) \div (1 - 5\%)$$

$$= 6.70 \, (USD/SET)$$

$$CFRC5 = [(180 \div 32.25) + 0.17] \div (1 - 2.5\%) \div (1 - 10\%) \div (1 - 5\%)$$

$$= 6.90 \, (USD/SET)$$

$$CIFC5 = [(180 \div 32.25) + 0.17] \div (1 - 2.5\%) \div (1 - 10\%) \div (1 - 1.1$$

$$\times 0.625\%) \div (1 - 5\%)$$

$$= 6.95 \, (USD/SET)$$

3. 40 呎整櫃 (CY)

一只 40 呎貨櫃可裝 $50 \div 0.035 = 1,428.57 = 1,429$（無條件進位）

每箱 20 套，1,429 箱共有 $1,429 \times 20 = 28,580$ SET。

每 SET 分攤運費 $= 4,500 \div 28,580 = 0.16$

$$FOBC5 = (180 \div 32.25) \div (1 - 2.5\%) \div (1 - 10\%) \div (1 - 5\%)$$

$$= 6.70 \, (USD/SET)$$

$$CFRC5 = [(180 \div 32.25) + 0.16] \div (1 - 2.5\%) \div (1 - 10\%) \div (1 - 5\%)$$

$$= 6.89 \, (USD/SET)$$

$$CIFC5 = [(180 \div 32.25) + 0.16] \div (1 - 2.5\%) \div (1 - 10\%) \div (1 - 1.1$$

$$\times 0.625\%) \div (1 - 5\%)$$

$$= 6.93 \, (USD/SET)$$

NOTE

第十五章

商業信用狀分析

依據勞動部所公告的範例，「商業信用狀分析」偏重於目前市場的主流——SWIFT L/C，題目的形式為填充題，由於 SWIFT L/C 係以電文代號引導，其意義於該代號前均有說明，易於明瞭。故雖然每張信用狀的內容不盡相同，但是應試者只要能熟悉信用狀常用的專業英文，並對 UCP 的規定有一定的認識，即可明瞭 SWIFT L/C 相關條件的意義，輕鬆應答（請注意：每項代號之前或之後均有代號意義，例如 40A 為 Type of Documentary Credit，只要瞭解 Type of Documentary Credit 的中文意思即可，不須死背各代號所代表的意義）。

一 信用狀範例

茲以實例說明信用狀的各項規定：

● 表 15-1　　SWIFT 信用狀

(1) Issue of a Documentary Credit		BKJSHKA08E SESSION: 000 ISN: 000000
(2) Sender: BANK OF JASON, HONG KONG		
(3) Receiver: KOEXKRSEXXX		
KOREA EXCHANGE BANK, SEOUL		
178.2 KA, ULCHI RO, CHUNG-KO		
(4) Message Type: MT700		
(5) Sequence of Total	27	1/1
(6) Type of Documentary Credit	40A	IRREVOCABLE
(7) Letter of Credit Number	20	LC840081/07
(8) Date of Issue	31C	180916
(9) Date and Place of Expiry	31D	181015 KOREA
(10) Applicable Rules	40E	UCP LATEST VERSION
(11) Applicant	50	JASMINE TRADING CO., LTD. ROOM 2209, 22/FL., No. 3 LOCKHARD ROAD, WANCHAI, HONG KONG
(12) Beneficiary	59	ROSE CORPORATION PO BOX 110, SEOUL, KOREA
(13) Currency Code, Amount	32B	USD 385,000.00
(14) Available with...by...	41D	ANY BANK BY NEGOTIATION
(15) Drafts at	42C	45 DAYS AFTER SIGHT FOR FULL INVOICE VALUE
(16) Drawee	42D	BANK OF JASON HONG KONG BRANCH
(17) Partial Shipments	43P	ALLOWED
(18) Transhipment	43T	PROHIBITED
(19) Place of Receipt	44A	BUSAN
(20) Port of Loading	44E	BUSAN
(21) Port of Discharge	44F	HONG KONG

(22) Place of Delivery	44B	HONG KONG
(23) Latest Date of Shipment	44C	180930
(24) Description of Goods or Services	45A	FROZEN YELLOWFIN SOLE WHOLE ROUND (WITH WHITE BELLY) QUANTITY: 500 MT USD 770/MT CIF HONG KONG

(25) Documents Required   46A
- SIGNED COMMERCIAL INVOICE IN 5 COPIES.
- FULL SET OF CLEAN ON BOARD BILLS OF LADING MADE OUT TO ORDER AND BLANK ENDORSED, MARKED "FREIGHT PREPAID" NOTIFYING MARK OCEAN FISHING CO., LTD.
- PACKING LIST IN 4 COPIES INDICATING QUANTITY/GROSS AND NET WEIGHTS OF EACH PACKAGE.
- MARINE INSURANCE POLICY/CERTIFICATE IN TRIPLICATE FOR 110% INVOICE VALUE, COVERING INSTITUTE CARGO CLAUSES (A) AND INSTITUTE WAR CLAUSE.

(26) Additional Instructions   47A
- SHIPMENT PRIOR TO L/C ISSUING DATE IS ACCEPTABLE.
- BOTH QUANTITY AND AMOUNT 10 PERCENT MORE OR LESS ARE ALLOWED.

(27) Charges   71B   ALL BANKING CHARGES OUTSIDE THE OPENING BANK ARE FOR BENEFICIARY'S ACCOUNT.

(28) Period for Presentation   48   DOCUMENTS MUST BE PRESENTED WITHIN 15 DAYS AFTER THE DATE OF SHIPMENT BUT WITHIN THE VALIDITY OF THE CREDIT.

(29) Confirmation Instructions   49   WITHOUT

(30) Instructions to the Paying/Accepting/ Negotiating Bank   78
- ALL DOCUMENTS TO BE FORWARDED IN ONE COVER.
- DISCREPANT DOCUMENT FEE OF USD 50.00 OR EQUAL CURRENCY WILL BE DEDUCTED FROM DRAWING IF DOCUMENTS WITH DISCREPANCIES ARE ACCEPTED.

*********other wordings between banks are omitted*********

解 析

(1) Issue of a Documentary Credit：

跟單信用狀的開發。由此可知：

🌟 本信用狀為「跟單信用狀」。

(2) Sender：

註明於 "Sender" 之後的銀行名稱即為「開狀銀行」。由此可知：

🌟 本信用狀的開狀銀行為「位於香港的 BANK OF JASON」。

有些信用狀上係以 Received From 表示 「信用狀係自……銀行收到」，則 Received From 之後的銀行即為開狀銀行。

若還是不太確定 BANK OF JASON, HONG KONG 是否即為開狀銀行，還可從以下項目再作確認：

◆ 代號 42D Drawee：匯票的被發票人，即匯票的付款人。由於多數信用狀都是以開狀銀行為匯票付款人，因此也可以從 42D 來確認開狀銀行。本例 42D 為 BANK OF JASON HONG KONG BRANCH，可以確認開狀銀行為 BANK OF JASON, HONG KONG。

> 部分信用狀係要求以開狀銀行以外的其他銀行作為匯票的付款人，故此方法僅供參考。

◆ 代號 50 Applicant：開狀申請人，申請人通常與開狀銀行位於相同國家或地區，若申請人所在地與信用狀上方註明 "Sender（或 Received From）" 之後的銀行係位於相同國家或地區，也可確認該行即為開狀銀行。本例申請人也是位於 HONG KONG，由此亦可推斷 BANK OF JASON, HONG KONG 應為開狀銀行。

> 有時申請人會向其他國家的銀行申請開狀，故此方法僅供參考。

⑶ Receiver：

註明於 "Receiver" 之後的銀行即為通知銀行。由此可知：

★本信用狀的通知銀行為 「位於韓國首爾 (SEOUL) 的 KOREA EXCHANGE BANK」。

> 若電文形式為 MT711，該電文為第一通知銀行給第二通知銀行的電文，則 Sender 為第一通知銀行，Receiver 為第二通知銀行。

⑷ Message Type：

信息形式。SWIFT 傳送信息分為很多類，其中 MT700 係指「跟單信用狀的開發」。由此可知：

★本信用狀為「跟單信用狀」。

⑸ Sequence of Total：

信用狀的電文順序，若為 1/2，意即「共兩個電文，此為第一個」，本例為 1/1，由此可知：

★本信用狀共有一個電文。

⑹ Type of Documentary Credit：

跟單信用狀的類型，IRREVOCABLE 係「不可撤銷」之意。本欄若還有載明

TRANSFERABLE，則該信用狀為可轉讓信用狀，本信用狀未載明TRANSFERABLE，故為不可轉讓信用狀。由此可知：

　　★本信用狀為「不可撤銷信用狀」、「不可轉讓信用狀」。

⑺ Letter of Credit Number：

信用狀號碼。

　　★本信用狀號碼為「LC840081/07」。

> 不論全部是阿拉伯數字、全部是英文字母或是數字與英文字母都有，填寫信用狀號碼時，務必全部照抄。

⑻ Date of Issue：

開狀日期。SWIFT 電文的日期表示為：YYMMDD（年月日），由此可知：

　　★本信用狀開狀日期為「2018 年 9 月 16 日」。

> 若無標註代號 31C Date of Issue，則以電文發出的日期為開狀日期。

⑼ Date and Place of Expiry：

　　有效期限與地點。即受益人可以使用信用狀的最後期限。為避免因各地時差造成當事人的爭議，有效期限除了註明日期外，還會載明係以何地時間為準，因為是受益人可以使用信用狀的最後期限，所以通常都是以受益人所在地時間為準，本例即是。由此可知：

　　★本信用狀的有效日期為「2018 年 10 月 15 日」，而且是以韓國時間為準。

> ⑴未載明有效期限的信用狀乃無效的信用狀，故日期一定要標明。但是地點則為非必要記載項目，若未標註地點，推定係以受益人所在地時間為準。
> ⑵有效期限若遇銀行固定休業日（例如國定假日），可順延至次一銀行營業日。但若遇銀行因不可抗力事故（例如颱風、罷工）而休業，則不得順延。

⑽ Applicable Rules：

適用規則。該項有六種可供使用的選擇，分別為：

◆ UCP latest version（信用狀統一慣例最新版本）。

◆ eUCP latest version（電子信用狀統一慣例最新版本）。

◆ UCP URR latest version（信用狀統一慣例及償付統一規則最新版本）。

◆ eUCP URR latest version（電子信用狀統一慣例及償付統一規則最新版本）。

◆ ISP latest version（國際擔保函慣例最新版本）。

◆ other（其他）。

本例適用 UCP latest version，這也是目前一般商業信用狀最常見的適用規則，由於本信用狀的開狀日期在 2007 年 7 月 1 日（UCP 600 開始實施日期）之後，由此可知：

★本信用狀的適用規則為 UCP 600。

(11) Applicant：

開狀申請人，通常是買賣契約的買方（或進口商）。由此可知：

★本信用狀的申請人為「位於香港的 JASMINE TRADING CO., LTD.」。

(12) Beneficiary：

受益人，通常是買賣契約的賣方（或出口商）。由此可知：

★本信用狀受益人為「位於韓國首爾的 ROSE CORPORATION」。

(13) Currency Code, Amount：

Currency Code：貨幣代號。Amount：金額。常用的貨幣代號有：USD（美元）；EUR（歐元）；JPY（日圓）；GBP（英鎊）。由此可知：

★本信用狀的金額為 385,000.00 美元。

(14) Available with...by...：

信用狀可使用的方式。Available with 之後填入可受理使用該信用狀的銀行，by 之後則填入信用狀的使用方式。信用狀的使用方式可分為：

◆ 付款 (by payment)。

◆ 延期付款 (by deferred payment)。

◆ 承兌 (by acceptance)。

◆ 讓購 (by negotiation)：凡載明 "Available by negotiation" 者即為讓購信用狀。讓購信用狀又分為：

特　點　信用狀類別	限押信用狀 (Restricted L/C)；又稱為特別信用狀 (Special L/C)	自由讓購信用狀 (Freely Negotiable L/C)；又稱為一般信用狀 (General L/C)
指定讓購銀行	是	否
信用狀載明	Available with ×× （標明銀行名稱） bank by negotiation.	Available with any bank by negotiation.

本信用狀載明 "Available with any bank by negotiation."，由此可知：

★本信用狀可在任何銀行辦理讓購，屬「讓購信用狀」，且為「自由讓購信用狀」（又稱為一般信用狀）。

> (1)信用狀若載明 "Available...by negotiation" 時，該信用狀為讓購信用狀 (Negotiation L/C)，否則即為直接信用狀 (Straight L/C)。
>
> (2)多數的信用狀都是可以辦理讓購的讓購信用狀，至於是否指定讓購銀行，則不一定，故本項目一定要看清楚才作答。
>
> (3)有指定讓購銀行的信用狀，受益人可以向銀行申請辦理「轉押匯」(Re-negotiation)。

⒂ Drafts at：

匯票期限。匯票依期限不同可分為：

特　性　匯票類別	即期匯票 (Sight Draft; Sight Bill; Demand Draft; Demand Bill)	遠期匯票 (Usance Draft; Usance Bill; Time Draft; Time Bill)
付款時間	見票即付	未來特定時日付款
付款日的規定方式	at sight	at ×× days after sight：見票後××天付款
		at ×× days after date：開立匯票日後××天付款
		at ×× days after B/L date：提單簽發日後××天付款
信用狀類別	即期信用狀 (Sight L/C)	遠期信用狀 (Usance L/C)

本例規定匯票期限為 "Draft at 45 days after sight"，由此可知：

★本信用狀為「遠期信用狀」，付款時間為見票日（即承兌匯票之日）後45天。

for full invoice value 意指匯票金額須與商業發票金額相同。

> ⑴若信用狀規定 for 60% invoice value，則依商業發票金額的 60% 簽
> 發匯票。若信用狀未規定匯票金額，依據 ISBP，匯票金額應與商
> 業發票金額相同。
>
> ⑵信用狀通常都要求必須提示匯票，但也有例外，若開狀銀行未要
> 求受益人簽發匯票，而是承諾於提示單據時即付款，該信用狀仍
> 稱為即期信用狀 (Sight L/C)；若承諾於提示單據後若干日付款者，
> 則不稱為遠期信用狀，而稱為「延期付款信用狀」(Deferred Payment
> L/C)，此時，通常信用狀會標註代號 42P Deferred Payment Details
> （延期付款條款）。

⒃ Drawee：

被發票人，即匯票的付款人 (Payer)。信用狀通常係以開狀銀行為匯票付款人，
但也可能指定其他銀行為付款人。

　　★本信用狀的被發票人（付款人）為開狀銀行 BANK OF JASON HONG KONG
　　BRANCH。

⒄ Partial Shipments：

分批裝運。通常本項僅簡單表示允許或禁止。「允許」的用語有 allowed、
permitted；「禁止」的用語有 prohibited、not allowed、not permitted。本例載明
"allowed"，由此可知：

　　★本信用狀准許貨物分批裝運。

> 信用狀通常都會表明允許或禁止分批裝運，若未表明，則視為允許
> 分批裝運。

⒅ Transhipment：

轉運。通常本項僅簡單表示允許或禁止。允許或禁止的用語同上述⒄，請參
照。本例載明 "prohibited"，由此可知：

　　★本信用狀禁止貨物轉運。

> 信用狀通常都會表明允許或禁止轉運，若未表明，則視為允許轉運。

(19) Place of Receipt：

收貨地。即運送人內陸收貨的地點。由此可知：

> ✦本信用狀規定貨物的收貨地為韓國釜山 (BUSAN)。

(20) Port of Loading：

裝運港。表明貨物裝船的港口。由此可知：

> ✦本信用狀規定貨物的裝運港為韓國釜山 (BUSAN)。

> 若運送人收貨地點也是在裝運港的港區，44A 與 44E 兩項為相同地點，本例即是。

(21) Port of Discharge：

卸貨港，表明卸下貨物的港口。由此可知：

> ✦本信用狀規定貨物的卸貨港為香港 (HONG KONG)。

(22) Place of Delivery：

交貨地，表明運送人於內陸交付貨物的地點。由此可知：

> ✦本信用狀規定貨物的交貨地為香港 (HONG KONG)。

> 若運送人交貨地點也是在卸貨港的港區，44F 與 44B 兩項為相同地點，本例即是。

(23) Latest Date of Shipment：

最遲裝運日或裝運期限。本例載明 180930，由此可知：

> ✦本信用狀規定貨物的裝運期限為 2018 年 9 月 30 日。

> (1)本項為非必要記載項目，若未載明，則以信用狀有效期限（代號 31D Date and Place of Expiry）為裝運期限。
> (2)不論因國定假日或因不可抗力事故，裝運期限皆不得順延。

(24) Description of Goods or Services：

商品或服務的描述（或說明）。由於信用狀所處理者為單據，而非與該等單據可能有關的貨物、勞務或履約行為，銀行並不檢查貨物，所以一般信用狀都只記載貨物的概略數量與名稱（有時還載明貨物單價），至於詳細的品質或規格則多不載入，以免徒生困擾。頂多在貨物數量與名稱之後加上類如 "as per P/I No. ××"（P/I 即預估發票 Proforma Invoice 的縮寫）或 "as per P/O No. ××"（P/O 即訂單 Purchase Order 的縮寫），以示交運貨物的品質規格須與預估發票、訂單或契約書所約定者一致。在本項目的最後，依習慣都會載明買賣雙方所約定的貿易條件。本 例 規 定 "FROZEN YELLOWFIN SOLE WHOLE ROUND (WITH WHITE BELLY) QUANTITY: 500 MT USD 770/MT CIF HONG KONG"。由此可知：

★本信用狀規定所應提示的單據須載明交運的貨物為 FROZEN YELLOWFIN SOLE WHOLE ROUND (WITH WHITE BELLY)，貨物數量為 500 MT，而單價為 USD 770/MT。

★商業發票的單價一欄須載明 CIF HONG KONG，此外，配合 CIF 條件下應由賣方於出口地預付運費，提單上亦須載明運費已付 (Freight Prepaid, Freight Paid)。（代號 46A 也會規定提單上應載明運費已付或運費待付 (Freight Collect)，本例 46A 即規定 "Freight Prepaid"。）

> 除商業發票外，其他單據上貨物、勞務或履約行為之說明，如有敘明者，得為不與信用狀之說明有所牴觸之統稱。亦即，在商業發票 "Description of Goods" 一欄中應載明與信用狀 45A 完全一致的說明，如本例，為 "FROZEN YELLOWFIN SOLE WHOLE ROUND (WITH WHITE BELLY)"，至於其他單據，則可僅載明 "FROZEN YELLOWFIN SOLE WHOLE ROUND"。

⒂ Documents Required：

應提示的單據。本項可說是信用狀最重要的項目，受益人須確實依據本項規定備妥單據辦理提示，方能獲得付款。一般的商業跟單信用狀多要求應提示商業發票、包裝單與提單，在 CIF 或 CIP 條件下，受益人還必須提示保險單或保險證明書。有些信用狀還可能要求提示產地證明書、受益人證明書、公證報告、檢驗證明書、重量尺碼單、領事發票、海關發票等，不一而足。至於應該提示哪些單據、各項單據應具備何種內容與份數，必須依個別信用狀的規定。本例要求應提示的單據如下：

單據名稱		應具備內容	應提示份數
英文名稱	中文名稱		
Commercial Invoice	商業發票	經簽署	5 份
Bills of Lading	提單	清潔、裝船、受貨人以空白背書方式指示，註明運費預付，以 MARK OCEAN FISHING CO., LTD. 為被通知人	全套
Packing List	包裝單	載明每件包裝的淨重、毛重與體積	4 份
Marine Insurance Policy/Certificate	海運保險單或保險證明書	保險金額：發票金額的 110% 保險範圍：協會貨物保險條款 (A)，加保協會兵險條款	3 份

由此可知：

★本信用狀要求應提示的提單種類為：清潔提單 (Clean B/L)、裝船提單 (On Board B/L)，此外，由於提單的受貨人須為指示式，故為指示式提單，又稱為可轉讓提單 (Negotiable B/L)。

(1)除信用狀另有要求之外，商業發票無須簽署，本例有要求，故應簽署。規定 "manually signed" 者，係表示應以「手簽」，不可複製簽署或使用打孔式簽字。

(2)信用狀要求提單受貨人為 "MADE OUT TO ORDER"，未載明由何人指示，一般解釋為 "to order of shipper"（由託運人指示）。

(3)指示式提單轉讓時，應由有權指示者背書，例如信用狀規定 "to order of shipper"，則應由託運人背書。

(4)若信用狀規定託運人 (Shipper) 為信用狀受益人以外的第三人時，該提單稱為第三者提單 (Third Party B/L)。

(5)若信用狀規定 "short form B/L acceptable"，表示銀行接受背面空白的簡式提單。

(6)提單的被通知人不一定是申請人，須留意信用狀的規定。

(7)開狀申請人也稱為 Accountee。

(8)信用狀未規定應提示份數者，至少須提示 1 份正本。

(9)信用狀要求提示單據份數為 "IN 5 COPIES"，則至少應提示 1 份正本，其餘可為副本（以下方式均可：5 份正本、1 份正本 4 份副本、2 份正本 3 份副本、3 份正本 2 份副本、4 份正本 1 份副本）。應提示 "IN 4 COPIES" 或 "IN 3 COPIES" 者，同理可推。

(10)提單通常全套正本為 3 份。若信用狀要求提示的份數為 2/3，即表示應提示全套 3 份正本中的 2 份。

(11)單據份數有時係以文字表示。各份數的英文如下：

2 份	3 份	4 份	5 份
Duplicate	Triplicate	Quadruplicate	Quintuplicate
6 份	7 份	8 份	
Sextuplicate	Scptuplicate	Octuplicate	

(26) **Additional Instructions：**

其他指示。本例的指示事項有二：

★裝運日期顯示早於開狀日期者可以接受。

★裝運貨物的數量與金額得增減 10%。

(1)依據 UCP 600 之規定，單據日期得早於開狀日，但絕不可遲於提示日。本例特別載明的條件與 UCP 600 規定相同，故並無特別的效力。

(2)關於貨物的數量與金額的寬容範圍，UCP 600 規定如下：

◆ 信用狀有規定：

　• 載明明確的寬容範圍：則依信用狀規定。

　• 數量或金額之前冠上 "about"（約）或 "approximately"（大概）：可有增減 10% 的彈性。

◆ 信用狀未規定：

　則依其數量單位不同而有別：

　• 以包裝單位或個別件數為數量單位者：這類數量單位可精確計算，例如 PC（件）、SET（套）、DOZEN（打）等，故若未容許增減，即不得增減。

　• 其他數量單位：這類數量單位無法精確計算，例如重量、長度或容積單位等，雖未容許增減，亦得有增減 5% 的彈性。但應注意，所動支的總金額不得超過信用狀金額。

　本例已載明數量與金額可增減 10%，即依其規定。

(3)遠期信用狀之下，若規定貼現息 (Discount Charge) 應由賣方（受益人）負擔者，稱為賣方遠期信用狀 (Seller's Usance L/C)；規定由買方（申請人）負擔者，稱為買方遠期信用狀 (Buyer's Usance L/C)；未規定時，視為賣方負擔。

(27) Charges：

費用。本項係規定與信用狀相關的銀行費用由申請人或受益人負擔。多數的信用狀都規定，凡進口地以外的銀行費用（例如通知費用、押匯費用）均由受益人負擔，本例亦同。由此可知：

★開狀銀行以外的銀行所收取的費用均由受益人承擔。

(28) Period for Presentation：

提示期限，即單據的提示（押匯）期限。依據 UCP 600 之規定，若信用狀未規定提示期限，則應於裝運日後 21 天內辦理提示，但絕不得遲於信用狀有效期限。本例規定單據應於裝運日後 15 天內提示，且不得超過信用狀有效期限（即 2018 年 10 月 15 日）。

★本信用狀裝運期限為 2018 年 9 月 30 日，提示期限為裝運日後 15 天內，而信用狀有效期限為 10 月 15 日。故只要在 9 月 30 日之前裝運，並於裝運日後 15 天內提示，即不會超過 10 月 15 日。

> (1)本例規定 "...WITHIN 15 DAYS AFTER THE DATE OF SHIPMENT..."，依據 UCP 600 之規定，"after" 用於確定裝運期間時，不包括提及之日，故若裝運日為 9 月 20 日，則從 9 月 21 日起算 15 天，期限為 10 月 5 日（9 月 20 日＋15 日＝9 月 35 日，9 月 35 日－30 日＝10 月 5 日）。
>
> (2)若規定 "...WITHIN 15 DAYS FROM THE DATE OF SHIPMENT..."，依 UCP 600，"from" 用於確定裝運期間時，包括提及之日；用於確定到期日時，不包括所提及之日。此處是用於確定到期日，故若裝運日為 9 月 20 日，則從 9 月 21 日起算 15 天，期限為 10 月 5 日。
>
> (3)提示期限若遇銀行固定休業日（例如國定假日），可順延至次一銀行營業日。但若遇銀行因不可抗力事故（例如罷工、地震）而休業，則不得順延。

(29) Confirmation Instructions：

保兌的指示。若申請人未於開狀申請書中要求信用狀須經開狀銀行以外的另一家銀行加以保兌，信用狀上即直接表明該信用狀無須保兌，本例載明 "without" 即是。由此可知：

★本信用狀屬「無保兌信用狀」。

⑶ Instructions to the Paying/Accepting/Negotiating Bank：

對付款銀行／承兌銀行／讓購銀行的指示。通常是開狀銀行基於本身作業上的需要，對指定銀行所作的特別指示。本例的指示事項有：

★所有的單據須一次寄送，不可分批寄送。

★銀行若接受有瑕疵的單據，則須自付款金額中扣除50美元（或以其他幣別時，與50美元等同價值者）的瑕疵費用。

> (1)為避免因單據於寄送過程中遺失而造成不便，有些押匯銀行習慣將單據拆成兩套或三套分批寄送，開狀銀行若希望單據一次寄送，可於信用狀中特別明文規定。
>
> (2)瑕疵費用通常是由受益人負擔。

二　自我評量

㈠請依據以下信用狀回答問題

180929		
MT S700	Issue of a Documentary Credit	Page 00001
CITIBANK, HONG KONG		

SENDER: CITIBANK, HONG KONG
RECEIVER: TAIWAN COMMERCIAL BANK TAIPEI TW

Sequence of Total	*27	: 1/1
Form of Doc. Credit	*40A	: IRREVOCABLE
Doc. Credit Number	*20	: FG6566
Date of Issue	31C	: 180929
Expiry	*31D	: DATE 181030 PLACE IN TAIWAN
Applicant	*50	: BROWN CO., LTD. 88 LIN PAI ROAD, KWAI CHUNG N.T. HONG KONG
Beneficiary	*59	: PINK TRADING CO., LTD. NO. 224, NEI HU RD., TAIPEI, TAIWAN
Amount	*32B	: CURRENCY USD AMOUNT #15,380.00#
Applicable Rules	40E	: UCP LATEST VERSION
Available with...by...	*41D	: ANY BANK BY NEGOTIATION
Drafts at...	42C	: SIGHT FOR 100 PCT INVOICE VALUE
Drawee	42A	: CITIBANK, HONG KONG
Partial Shipments	43P	: PROHIBITED
Transhipment	43T	: PROHIBITED
Place of Receipt	44A	: KEELUNG
Port of Loading	44E	: KEELUNG
Port of Discharge	44F	: MANILA
Place of Delivery	44B	: MANILA
Latest Date of Shipment	44C	: 181020
Shipment of Goods	45A	: 5,200 M OF FABRIC AS PER PROFORMA INVOICE NO.

Documents Required	DF456632 CIF MANILA
	46A : • COMMERCIAL INVOICE IN DUPLICATE, DULY SIGNED
	• FULL SET CLEAN ON BOARD B/L MADE OUT TO ORDER OF ISSUING BANK MARKED FREIGHT PREPAID NOTIFY APPLICANT
	• PACKING LIST IN TRIPLICATE
	• MARINE INSURANCE POLICY/CERTIFICATE IN TRIPLICATE FOR 110% INVOICE VALUE, COVERING INSTITUTE CARGO CLAUSES (A) AND INSTITUTE WAR CLAUSE
Additional Conditions	47A : CONTAINER SHIPMENT REQUIRE
Details of Charges	71B : ALL BANKING CHARGES OUTSIDE HONG KONG ARE FOR ACCOUNT OF BENEFICIARY
Presentation Period	48 : WITHIN 10 DAYS AFTER THE DATE OF SHIPMENT BUT WITHIN VALIDITY OF CREDIT
Confirmation	*49 : WITHOUT
Trailer	: AUT/2232

DWS7561 Authentication successful with primary key

答案欄

開狀銀行				
開狀日期	年　月　日			
信用狀號碼				
通知銀行				
受益人				
申請人				
信用狀金額				
適用規則				
有效期限	年　月　日	遇假日可否順延？	□可　□不可	
		遇不可抗力事故可否順延？	□可　□不可	
匯票發票人				
匯票付款人				
匯票金額				
貨物名稱				
貨物數量		可否增減	□可；彈性為上下各增減　%	
			□不可	
貿易條件				
收貨地				
裝運港				
卸貨港				

交貨地						
裝運期限	年　　月　　日		遇假日可否順延？		☐ 可	☐ 不可
			遇不可抗力事故可否順延？		☐ 可	☐ 不可
分批裝運	☐ 可		☐ 不可			
轉　運	☐ 可		☐ 不可			
貨物須以貨櫃運輸	☐ 是		☐ 否			
提示（押匯）期限			遇假日可否順延？		☐ 可	☐ 不可
			遇不可抗力事故可否順延？		☐ 可	☐ 不可
			若 10 月 10 日裝船，則最晚應於　　月　　日押匯			
信用狀種類	☐ 可撤銷		☐ 不可撤銷			
	☐ 即期		☐ 遠期；付款期限：			
	☐ 讓購		☐ 直接			
	☐ 一般		☐ 限押；限於			押匯
	☐ 可轉讓		☐ 不可轉讓			
	☐ 保兌		☐ 無保兌			
費用負擔	開狀費用		☐ 申請人　☐ 受益人			
	押匯費用		☐ 申請人　☐ 受益人			
	通知費用		☐ 申請人　☐ 受益人			
應提示單據	名　稱	份　數		內　容		

解　答

開狀銀行	CITIBANK, HONG KONG
開狀日期	2018 年 9 月 29 日　（31C）
信用狀號碼	FG6566　（*20）
通知銀行	TAIWAN COMMERCIAL BANK TAIPEI TAIWAN

受益人	PINK TRADING CO., LTD. NO. 224, NEI HU RD., TAIPEI, TAIWAN (*59)			
申請人	BROWN CO., LTD. 88 LIN PAI ROAD, KWAI CHUNG N.T. HONG KONG　(*50)			
信用狀金額	USD 15,380.00　　(*32B)			
適用規則	UCP 600　　(40E)			
有效期限	2018 年 10 月 30 日　　(*31D)	遇假日可否順延？	☑ 可	☐ 不可
		遇不可抗力事故可否順延？	☐ 可	☑ 不可
匯票發票人	PINK TRADING CO., LTD. NO. 224, NEI HU RD., TAIPEI, TAIWAN			
匯票付款人	CITIBANK, HONG KONG　　(42A)			
匯票金額	與發票金額相同　　(42C)			
貨物名稱	FABRIC AS PER PROFORMA INVOICE NO. DF456632　　(45A)			
貨物數量	5,200 M　　(45A)	可否增減	☑ 可；彈性為上下各增減 5 ％	
			☐ 不可	
貿易條件	CIF MANILA　　(45A)			
收貨地	KEELUNG　　(44A)			
裝運港	KEELUNG　　(44E)			
卸貨港	MANILA　　(44F)			
交貨地	MANILA　　(44B)			
裝運期限	2018 年 10 月 20 日　　(44C)	遇假日可否順延？	☐ 可	☑ 不可
		遇不可抗力事故可否順延？	☐ 可	☑ 不可
分批裝運	☐ 可	☑ 不可　　(43P)		
轉　　運	☐ 可	☑ 不可　　(43T)		
貨物須以貨櫃運輸	☑ 是　　(47A)	☐ 否		
提示(押匯)期限	裝運日後 10 天內，且不得逾 2018 年 10 月 30 日　　(48)	遇假日可否順延？	☑ 可	☐ 不可
		遇不可抗力事故可否順延？	☐ 可	☑ 不可
		若 10 月 10 日裝船，則最晚應於 10 月 20 日押匯		
信用狀種類	☐ 可撤銷	☑ 不可撤銷　　(*40A)		
	☑ 即期　　(42C)	☐ 遠期；付款期限：		
	☑ 讓購　　(*41D)	☐ 直接		
	☑ 一般　　(*41D)	☐ 限押；限於		押匯
	☐ 可轉讓	☑ 不可轉讓		
	☐ 保兌	☑ 無保兌　　(*49)		

費用負擔	開狀費用	☑ 申請人　☐ 受益人　(71B)		
	押匯費用	☐ 申請人　☑ 受益人　(71B)		
	通知費用	☐ 申請人　☑ 受益人　(71B)		

	名　稱	份　數	內　容
應提示單據	商業發票	2 份	正式簽署　(46A)
	提　單	全套	清潔，裝船，受貨人由開狀銀行指示，載明運費預付，以申請人為被通知人 (46A)
	包裝單	3 份	(46A)
	海運保險單／保險證明書	3 份	以發票金額加一成投保 保險範圍：協會貨物保險條款 (A) 加保兵險　(46A)

說明：灰色字體標示者，乃答案所對應的 SWIFT 信用狀相關代號。

(二)請依據以下信用狀回答問題

HONG KONG AND SHANGHAI BANKING CORP. HONG KONG BRANCH

ADV. BANK: HONG KONG AND SHANGHAI BANKING CORP. TAIPEI BRANCH

27	Sequence of total	1/1
40A	Form of Doc. Credit	IRREVOCABLE
*20	Doc. Credit Number	IBD 809833
31C	Date of Issue	180908
31D	Expiry Date	181030 IN TAIWAN
*50	Applicant	ROBINSON INTERNATIONAL CORP. LTD. HONG KONG
*59	Beneficiary	UNIQUE TRADING CO. TAIPEI, TAIWAN
*32B	Amount	CURRENCY USD AMOUNT 53,760.00
40E	Applicable Rules	UCP LATEST VERSION
41D	Available with...by...	HSBC TAIPEI BY NEGOTIATION
42C	Draft at...	30 DAYS AFTER SIGHT IN DUPLICATE
42D	Drawee	HSBC NEW YORK
43P	Partial Shipments	ALLOWED
43T	Transhipment	PROHIBITED
44A	Place of Receipt	KEELUNG
44E	Port of Loading	KEELUNG
44F	Port of Discharge	HONG KONG
44B	Place of Delivery	HONG KONG
45B	Description of Goods	48,000 PIECES OF KITCHEN WARE CIF HONG KONG SHIPPING MARK: ROBINSON (IN TRI.)/HONG KONG/ 1–UP

46B　Documents Required

+ SIGNED COMMERCIAL INVOICE IN TRIPLICATE
+ PACKING LIST IN TRIPLICATE
+ MARINE INSURANCE POLICY IN TWO ORIGINALS, FOR 110 PCT OF THE INVOICE VALUE COVERING INSTITUTE CARGO CLAUSES (B) AND INSTITUTE STRIKES CLAUSES (CARGO)
+ FULL SET OF CLEAN ON BOARD BILLS OF LADING IN THREE ORIGINALS MADE OUT TO ORDER OF SHIPPER AND ENDORSED IN BLANK, MARKED "FREIGHT PREPAID" NOTIFY APPLICANT
+ BENEFICIARY'S CERTIFICATE CERTIFYING THAT ONE FULL SET OF NON-NEGOTIABLE COPY OF DOCUMENTS HAS BEEN SENT BY COURIER DELIVERY TO APPLICANT WITHIN

> SEVEN DAYS AFTER SHIPMENT
>
> | 47A | Additional Condition | + DISCOUNT CHARGES ARE FOR ACCOUNT OF BENEFICIARY |
> | | | + 3 PERCENT MORE OR LESS IN QUANTITY AND AMOUNT IS ACCEPTABLE |
> | 49 | Confirmation | WITHOUT |
> | 71B | Charges | ALL BANKING CHARGES OUTSIDE HONG KONG ARE FOR ACCOUNT OF BENEFICIARY |

答案欄

開狀銀行			
開狀日期	年　月　日		
信用狀號碼			
通知銀行			
受益人			
申請人			
信用狀金額			
有效期限與地點	期限：　　年　月　日		地點：
匯票發票人			
匯票付款人			
匯票金額			
貨物名稱			
貨物數量		可否增減	☐ 可；彈性為上下各增減 % ☐ 不可
貿易條件			
收貨地			
裝運港			
卸貨港			
交貨地			
裝運期限	年　月　日		
分批裝運	☐ 可	☐ 不可	
轉　運	☐ 可	☐ 不可	
提示（押匯）期限		若 10 月 5 日裝船，則最晚應於　月　日押匯	
		若 10 月 15 日裝船，則最晚應於　月　日押匯	
信用狀種類	☐ 可撤銷 ☐ 即期	☐ 不可撤銷 ☐ 遠期	付款期限：

		☐ 買方遠期信用狀
		☐ 賣方遠期信用狀
	☐ 讓購	☐ 直接
	☐ 一般	☐ 限押；限於　　　　　　　押匯
	☐ 可轉讓	☐ 不可轉讓
	☐ 保兌	☐ 無保兌
費用負擔	開狀費用	☐ 申請人　☐ 受益人
	押匯費用	☐ 申請人　☐ 受益人
	通知費用	☐ 申請人　☐ 受益人

	名　稱	份　數	內　容
應提示單據			

解　答

開狀銀行	HONG KONG AND SHANGHAI BANKING CORP. HONG KONG BRANCH
開狀日期	2018 年 9 月 8 日　(31C)
信用狀號碼	IBD 809833　(*20)
通知銀行	HONG KONG AND SHANGHAI BANKING CORP. TAIPEI BRANCH
受益人	UNIQUE TRADING CO. TAIPEI, TAIWAN　(*59)
申請人	ROBINSON INTERNATIONAL CORP. LTD. HONG KONG　(*50)
信用狀金額	USD 53,760.00 解析 可增減 3%　(*32B, 47A)
有效期限與地點：	期限：2018 年 10 月 30 日　(31D)　｜　地點：臺灣
匯票發票人	UNIQUE TRADING CO. TAIPEI, TAIWAN
匯票付款人	HONG KONG AND SHANGHAI BANKING CORP. NEW YORK　(42D)
匯票金額	與發票金額相同　(42C) 解析 若信用狀未規定匯票金額，則匯票金額同發票金額

貨物名稱	KITCHEN WARE　　(45B)		
貨物數量	48,000 PCS　　(45B)	可否增減	☑ 可；彈性為上下各增減 3%　(47A)
			☐ 不可
貿易條件	CIF HONG KONG　　(45B)		
收貨地	KEELUNG　　(44A)		
裝運港	KEELUNG　　(44E)		
卸貨港	HONG KONG　　(44F)		
交貨地	HONG KONG　　(44B)		
裝運期限	2018 年 10 月 30 日　　(31D)		
分批裝運	☑ 可　(43P)	☐ 不可	
轉　運	☐ 可	☑ 不可　(43T)	
提示 (押匯) 期限	裝運日後 21 天內，且不得逾 2018 年 10 月 30 日	若 10 月 5 日裝船，則最晚應於 10 月 26 日押匯	
		若 10 月 15 日裝船，則最晚應於 10 月 30 日押匯	
信用狀種類	☐ 可撤銷	☑ 不可撤銷　(40A)	
	☐ 即期	☑ 遠期	付款期限：見票後 30 天　(42C) ☐ 買方遠期信用狀 ☑ 賣方遠期信用狀　(47A)
	☑ 讓購　(41D)	☐ 直接	
	☐ 一般	☑ 限押；限於 HONG KONG AND SHANGHAI BANKING CORP. TAIPEI BRANCH　押匯 (41D)	
	☐ 可轉讓	☑ 不可轉讓	
	☐ 保兌	☑ 無保兌　(49)	
費用負擔	開狀費用	☑ 申請人　☐ 受益人　(71B)	
	押匯費用	☐ 申請人　☑ 受益人　(71B)	
	通知費用	☐ 申請人　☑ 受益人　(71B)	

應提示單據	名　稱	份　數	內　容
	商業發票	3 份	正式簽署　(46B)
	提　單	全套 (3 份正本)	清潔，裝船，受貨人由託運人空白背 書指示，載明運費預付，以申請人為 被通知人　(46B)
	包裝單	3 份	(46B)
	海運保險單	2 份	以發票金額加一成投保 保險範圍：協會貨物保險條款 (B) 加 保協會貨物條款罷工險　(46B)

受益人證明書	證明全套不可轉讓的貨運單據抄本已於貨物裝運之後的 7 天之內，以快遞方式寄予申請人　(46B)

說明：灰色字體標示者，乃答案所對應的 SWIFT 信用狀相關代號。

㈢請依據以下信用狀回答問題

GREAT INTERNATIONAL COMMERCIAL BANK

Notification of Documentary Credit

Dear Sirs,

　　Without any responsibility and/or engagement on our part, we have the pleasure of advising you that we have received an authenticated S.W.I.F.T. message from
RED COMMERCIAL BANK, SINGAPORE
Reading as follows: QUOTE

Sequence of Total	*27	: 1/ 1
Form of Doc. Credit	*40A:	IRREVOCABLE TRANSFERABLE
Doc. Credit Number	*20	: 67890
Date of Issue	*31C:	181112
Expiry	*31D:	181231 IN TAIWAN
Applicant	*50	: GREEN TRADING CO., 442, ORCHARD ROAD, SINGAPORE
Beneficiary	*59	: BLUE TRADING COMPANY, 8F, 120–1 WUFU 3RD ROAD, KAOHSIUNG, TAIWAN
Amount	*32B:	CURRENCY EUR AMOUNT 69,000.00
Available with...by...	*41D:	THE ADVISING BANK BY NEGOTIATION
Drawee	*42A:	RED COMMERCIAL BANK, SINGAPORE
Drafts at...	*42C:	AT 60 DAYS AFTER B/L DATE FOR SIXTY PERCENT OF INVOICE VALUE
Partial Shipments	*43P:	PROHIBITED
Transhipment	*43T:	PROHIBITED
Latest Date of Ship.	*44C:	181225
Port of Loading	44E:	KAOHSIUNG
Port of Discharge	44F:	SINGAPORE
Shipment of Goods	45A:	500 SETS OF ELECTRIC PIANO THE DETAILS AS PER PURCHASE ORDER NO. A567 DATED 181106 CIF SINGAPORE
Documents Required	*46A:	

+ COMMERCIAL INVOICE IN 3 COPIES, INDICATING PURCHASE ORDER NO. AND DATE
+ FULL SET OF CLEAN ON BOARD BILLS OF LADING MADE OUT TO ORDER AND BLANK ENDORSED MARKED FREIGHT PAID SHOWING BENEFICIARY AS SHIPPER NOTIFY APPLICANT
+ INSURANCE POLICIES OR CERTIFICATES IN 2 COPIES FOR 110 PERCENT OF THE COMMERCIAL INVOICE VALUE COVERING ICC (A)
+ INSPECTION CERTIFICATE IN 2 COPIES ISSUED BY A QUALIFIED ORGANIZATION BEFORE SHIPMENT
+ PACKING LIST IN 3 COPIES

Additional Cond.　*47A:

1) ONE SET OF NON-NEGOTIABLE SHIPPING DOCUMENTS SHOULD BE FORWARDED TO THE APPLICANT BY COURIER SERVICE WITHIN 3 DAYS AFTER THE SHIPMENT EFFECTED
2) EXCLUDING DRAFT, ALL DOCUMENTS FOR PRESENTATION MUST BE INDICATED

THE CREDIT NUMBER AND RELATED PURCHASE ORDER NUMBER AND DATE

Details of Charges	*71B:	ALL BANKING CHARGES OUTSIDE SINGAPORE ARE FOR BENEFICIARY'S ACCOUNT
Presentation Period	*48 :	DOCUMENTS TO BE PRESENTED WITHIN 7 DAYS FROM THE DATE OF SHIPMENT BUT WITHIN THE VALIDITY OF THE CREDIT
Confirmation	*49 :	WITHOUT
Applicable Rules	*40E:	UCP LATEST VERSION
Instructions	*78 :	NEGOTIATING/PAYING BANK MUST FORWARD ALL DOCUMENTS TO US IN ONE REGISTERED AIRMAIL
Trailer	:	AUT/7A32
MSGACK		
DWS 765I Authentication successful with primary key		

答案欄

開狀銀行		
開狀日期	年　　月　　日	
信用狀號碼		
通知銀行		
受益人		
申請人		
信用狀金額		
有效期限	年　　月　　日	
匯票發票人		
匯票付款人		
匯票金額		
貨物名稱		

貨物數量		可否增減	☐ 可；彈性為上下各增減　　% ☐ 不可

貿易條件		
裝運港		
卸貨港		

裝運期限	年　　月　　日	遇假日可否順延？	☐ 可　　☐ 不可
		遇不可抗力事故可否順延？	☐ 可　　☐ 不可

分批裝運	☐ 可	☐ 不可
轉　運	☐ 可	☐ 不可

提示（押匯）期限		遇假日可否順延？	☐ 可　　☐ 不可
		遇不可抗力事故可否順延？	☐ 可　　☐ 不可

		若 12 月 10 日裝船，則最晚應於 　月　　日押匯	
信用狀種類 （可複選）	☐ 不可撤銷信用狀 ☐ 直接信用狀 ☐ 可轉讓信用狀	☐ 遠期信用狀 ☐ 限押信用狀 ☐ 保兌信用狀	
訂單號碼			

應提示單據	名　稱	份　數	內　容		
	商業發票		應載明項目：1. ＿＿＿＿＿　 2. ＿＿＿＿＿ 商業發票可否不簽署？☐ 可　　☐ 否		
	提　單		提單種類	☐ 清潔提單 ☐ 裝船提單 ☐ 運費預付提單 ☐ 可轉讓提單	☐ 不清潔提單 ☐ 備運提單 ☐ 運費待付提單 ☐ 不可轉讓提單
			託運人　☐ 受益人　　☐ 申請人		
			被通知人　☐ 受益人　　☐ 申請人		
	保險單或 保險證明書		保險金額：商業發票金額 × ＿＿＿ % 保險範圍：☐ ICC (A)　☐ ICC (B)　☐ ICC (C)		
	檢驗證明書		應於＿＿＿＿＿＿＿簽發		
	包裝單				

解　答

開狀銀行	RED COMMERCIAL BANK, SINGAPORE	
開狀日期	2018 年 11 月 12 日　　(*31C)	
信用狀號碼	67890　　(*20)	
通知銀行	GREAT INTERNATIONAL COMMERCIAL BANK	
受益人	BLUE TRADING COMPANY, 8F, 120–1 WUFU 3RD ROAD, KAOHSIUNG, TAIWAN　　(*59)	
申請人	GREEN TRADING CO., 442, ORCHARD ROAD, SINGAPORE　　(*50)	
信用狀金額	EUR 69,000.00　　(*32B)	
有效期限	2018 年 12 月 31 日　　(*31D)	
匯票發票人	BLUE TRADING COMPANY, 8F, 120–1 WUFU 3RD ROAD, KAOHSIUNG, TAIWAN	
匯票付款人	RED COMMERCIAL BANK, SINGAPORE　　(*42A)	
匯票金額	發票金額的 60%　　(*42C)	
貨物名稱	ELECTRIC PIANO　　(45A)	
貨物數量	500 SETS　　(45A)	可否增減 ☐ 可；彈性為上下各增減　 % ☑ 不可

貿易條件	CIF SINGAPORE (45A)		
裝運港	KAOHSIUNG (44E)		
卸貨港	SINGAPORE (44F)		
裝運期限	2018 年 12 月 25 日 (*44C)	遇假日可否順延？ ☐ 可 ☑ 不可	
		遇不可抗力事故可否順延？ ☐ 可 ☑ 不可	
分批裝運	☐ 可	☑ 不可 (*43P)	
轉運	☐ 可	☑ 不可 (*43T)	
提示(押匯)期限	裝運日後 7 天內，且不得逾 2018 年 12 月 31 日 解析 信用狀規定 "from the date of shipment"，但此處係用於確定到期日，故不包含裝運日 (*48)	遇假日可否順延？ ☑ 可 ☐ 不可	
		遇不可抗力事故可否順延？ ☐ 可 ☑ 不可	
		若 12 月 10 日裝船，則最晚應於 12 月 17 日押匯	
信用狀種類 （可複選）	☑ 不可撤銷信用狀 (*40A) ☐ 直接信用狀 (*41D) ☑ 可轉讓信用狀 (*40A)	☑ 遠期信用狀 (*42C) ☑ 限押信用狀 (*41D) ☐ 保兌信用狀 (*49)	
訂單號碼	A567		

應提示單據	名 稱	份 數	內 容
	商業發票	3 份	應載明項目：1. 訂單號碼 2. 訂單日期 商業發票可否不簽署？☑ 可 ☐ 否 (*46A)
	提 單	全套	提單種類 ☑ 清潔提單 ☐ 不清潔提單 ☑ 裝船提單 ☐ 備運提單 ☑ 運費預付提單 ☐ 運費待付提單 ☑ 可轉讓提單 ☐ 不可轉讓提單 (*46A)
			託運人 ☑ 受益人 ☐ 申請人 (*46A)
			被通知人 ☐ 受益人 ☑ 申請人 (*46A)
	保險單或保險證明書	2 份	保險金額：商業發票金額 × 110 % 保險範圍：☑ ICC (A) ☐ ICC (B) ☐ ICC (C) (*46A)
	檢驗證明書	2 份	應於 （貨物）裝運前 簽發 (*46A)
	包裝單	3 份	(*46A)

說明：灰色字體標示者，乃答案所對應的 SWIFT 信用狀相關代號。

第十六章

貿易單據製作

依據勞動部公告的範例，貿易單據製作的測驗，主要係依據題目所提供的信用狀與相關資料，填製匯票、商業發票、包裝單與裝貨單。本章主要即在說明信用狀付款方式之下應如何製作這四種單據。

茲以表 16-1 的信用狀與以下資料說明匯票、商業發票、包裝單與裝貨單的製作方法：

(1)單據製作日期：2018 年 10 月 28 日。

(2)單據號碼：DEF-123。

(3)船名：GEMINI。

(4)航次：0522。

(5)裝船日：2018 年 10 月 27 日。

(6)裝運方式：整裝／整拆。

(7)領提單處：臺北。

(8)商品明細：

箱　　號	商品規格	每箱數量	單　　價	每箱淨重	每箱毛重	每箱體積
1–25	#TS–0001	5 SET	USD 50.00	15.3 KGS	16.0 KGS	0.15 CBMS
26–80	#RD–0013	5 SET	USD 52.00	21.6 KGS	22.2 KGS	0.12 CBMS
81–150	#GEM–6220	5 SET	USD 58.00	14.3 KGS	15.0 KGS	0.14 CBMS
151–200	#HH–5124	5 SET	USD 62.40	25.0 KGS	25.5 KGS	0.12 CBMS

●表 16-1　信用狀

10OCT18		HUA NAN COMMERCIAL BANK
MT S700	Issue of a Documentary Credit	Page 00001

Receive From:
*ABC BANK
*LOS ANGELES

Sequence of Total	*27	: 1/1
Form of Doc. Credit	*40A	: IRREVOCABLE
Doc. Credit Number	*20	: 66666
Date of Issue	31C	: 181010
Expiry	*31D	: DATE 181110 PLACE IN THE BENEFICIARY'S COUNTRY
Applicant	*50	: EAST CO., LTD., P.O. BOX NO. 54321, LOS ANGELES, CA., U.S.A.
Beneficiary	*59	: WEST TRADING COMPANY, P.O. BOX NO. 12345, TAIPEI
Amount	*32B	: CURRENCY USD AMOUNT 56,450.00
Applicable Rules	40E	: UCP LATEST VERSION
Available with/by	*41D	: ANY BANK BY NEGOTIATION
Drafts at	42C	: 60 DAYS AFTER SIGHT FOR 100% OF INVOICE VALUE
Drawee	42D	: ABC BANK, LOS ANGELES
Place of Receipt	44A	: KEELUNG
Port of Loading	44E	: KEELUNG
Port of Discharge	44F	: LOS ANGELES
Place of Delivery	44B	: LOS ANGELES
Latest Date of Shipment	44C	: 181031
Partial Shipments	43P	: ALLOWED
Transhipment	43T	: PROHIBITED
Shipment of Goods	45A	: 1,000 SETS OF K/D FURNITURE AS PER INDENT ORDER NO. RA-0702 SHIPPING MARK: EAST (IN DIA)/LOS ANGELES/1-UP FOB TAIWAN
Documents Required	46A	: • COMMERCIAL INVOICE IN 3 COPIES, DULY SIGNED • FULL SET CLEAN ON BOARD B/L MADE OUT TO ORDER OF ISSUING BANK MARKED FREIGHT COLLECT NOTIFY APPLICANT • PACKING LIST IN 3 COPIES

一　匯　票

　　國際貿易上使用的匯票，屬於國外匯票 (Foreign Bills)，文字一般多採用英文，格式採橫式。茲以所附空白匯票（表 16-2）與依表 16-1 信用狀所製作的匯票（表 16-3）說明匯票的填製方法：

㈠匯票號碼

　　由發票人自行編號，可不填。

㈡發票地點與日期

1.發票地點

　　⑴銀行所備的空白格式已印就：不須填。

　　⑵銀行所備的空白格式未印就：填入發票人營業處所或住所之所在地。

2. 發票日期

為必要記載事項。

⑴日期範圍：不得早於運送單據之裝運日期及相關單據之簽發日期，不得晚於信用狀有效期限及提示期限。

⑵記載方式：分為英式（日—月—年）與美式（月—日—年），月份可以阿拉伯數字或文字表示，例如 2018 年 11 月 12 日可以寫成：

英式：12.11.2018；12–NOV–18

美式：11.12.2018；Nov. 12, 2018；11/12/2018

> 月份最好以文字表示，而且以文字縮寫即可；至於採用英式或美式則無限定。各月份文字縮寫如下：
>
> | 1 月 | 2 月 | 3 月 | 4 月 | 5 月 | 6 月 | 7 月 | 8 月 | 9 月 | 10 月 | 11 月 | 12 月 |
> |------|------|------|------|------|------|------|------|------|-------|-------|-------|
> | Jan. | Feb. | Mar. | Apr. | May | Jun. | Jul. | Aug. | Sep. | Oct. | Nov. | Dec. |
>
> 說明：5 月的英文 (May) 本來就是三個字母，故 May 不須加上縮寫所使用的 "."。

★參照 SWIFT *31D (Expiry) 與 48 (Presentation Period) 確認日期未超過信用狀有效期限或提示期限。

㈢匯票金額小寫

Exchange for 之後填入匯票小寫金額。匯票金額係受益人請求付款的金額，而發票金額則為發貨的金額，由於受貨人發多少貨，即有權請求付款多少，故一般信用狀均規定匯票金額應與發票金額相同，如本例 "for 100% of invoice value" 即是。不過，若進口商於訂約時已先行預付部分款項，或出口商同意進口商先以信用狀支付一部分貨款，其餘款項待進口商收到貨物之後再付清，則匯票金額即可能低於發票金額，例如信用狀規定匯票金額為 "80% of invoice value"，則匯票金額為商業發票金額的八成。

> 若信用狀未規定匯票金額，則匯票金額應與發票金額相同。

1. 幣　別

與信用狀幣別相同，以幣別簡寫，各種國際通貨的幣別簡寫如下：

國　別	貨幣名稱	縮　寫
美國	US DOLLAR	USD
加拿大	CANADIAN DOLLAR	CAD
歐盟	EURO	EUR
英國	GREAT BRITISH POUND	GBP
瑞士	SWISS FRANC	CHF
日本	JAPANESE YEN	JPY
新加坡	SINGAPORE DOLLAR	SGD
香港	HONG KONG DOLLAR	HKD
中國大陸	CHINESE YUAN 或 RENMINBI	CNY
澳洲	AUSTRALIAN DOLLAR	AUD
紐西蘭	NEW ZEALAND DOLLAR	NZD

2. 數　字

每 3 位數應以 "," 加以間隔，並且表示到小數第 2 位，例如 USD 10,000.00；USD 76,543.21。此外，匯票金額必須是一定金額，約略金額（如 about USD 10,000.00）的匯票無效。

★參照 SWIFT 42C (Draft at) 的規定，據以判斷匯票金額是否應與發票金額相同。

四匯票期限

是匯票付款人履行付款的日期，依付款期限不同可分為：

1. 即期匯票

付款期限為見票即付 (at sight)，在 "at" 與 "sight" 之間原不須填任何文字，但為防止他人惡意竄改，習慣上在此欄以 "--------" 或 "×××××××" 填滿。

2. 遠期匯票

付款期限為未來某特定時日，應依信用狀或契約的規定填入付款期限，例如見票後 30 天付款，則填上 "30 days after" 或 "30 days"。

若信用狀規定為 "60 days after B/L date"，則應參照商業發票或包裝單上的提單日（通常記載於 "sailing on or about" 一欄之後，因為提單日一般即為裝運日），例如裝運日為 Jul. 20, 2018，則可填入 "60 days after B/L date Jul. 20, 2018" 或

"Sep. 18, 2018"（7 月 20 日＋ 60 日＝ 7 月 80 日，7 月 80 日－ 31 日＝ 8 月 49 日，8 月 49 日－ 31 日＝ 9 月 18 日）。

　　若信用狀規定為 "45 days after date"，意即「簽發日後 45 天」，則應參照匯票上的簽發日，例如簽發日為 Apr. 12, 2018，則可填入 "45 days after Apr. 12, 2018" 或 "May 27, 2018"（4 月 12 日＋ 45 日＝ 4 月 57 日，4 月 57 日－ 30 日＝ 5 月 27 日）。

　　★參照 SWIFT 42C (Draft at) 的規定填製。

㈤正副本

　　貿易實務上使用的匯票多為一套 2 份，2 份中任 1 份均可請求付款，1 份已請求付款後，另 1 份即失效作廢。表 16–2 為第 1 份，表 16–3 為第 2 份。

> 本項無填寫必要。

㈥受款人

　　受款人在匯票上是主債權人，在國際貿易上，通常是付給洽款銀行（押匯銀行）或其代理行。外匯銀行所備匯票格式，此欄均已預先印上該銀行名稱，如本例 HUA NAN COMMERCIAL BANK 即是。

> 本項無填寫必要。

㈦匯票金額大寫

　　The sum of 之後填入匯票大寫金額。本欄的幣別與金額應與小寫金額相符。

1. 幣　別

　　不以幣別簡寫，須為全名，例如 US DOLLARS。

2. 金　額

　　英文沒有「萬」的單位，「萬」以「十個千」表示，金額最後並加上 "ONLY"（相當於中文的 "整"）表示結束，例如：

　　⑴ 63 萬 4 千 2 百 89 美元 (USD 634,289.00)：

> US DOLLARS SIX HUNDRED THIRTY FOUR THOUSAND TWO HUNDRED AND EIGHTY NINE ONLY.

　　⑵ 1 千 2 百 34 美元 56 美分 (USD 1,234.56)：

> US DOLLARS ONE THOUSAND TWO HUNDRED THIRTY FOUR AND
> CENTS FIFTY SIX（也可以寫成 FIFTY SIX CENTS）ONLY.

★參照 SWIFT 42C (Draft at) 的規定，據以判斷匯票金額是否應與發票金額相同。

> 金額超過 1 美元時，應為複數 "DOLLARS"，非單數 "DOLLAR"。
> 同理。超過 1 歐元時應為 EUROS，超過 1 日圓時應為 JAPANESE
> YENS。

(八)發票條款

由於貿易上多以信用狀為支付工具，故匯票上多已印上發票條款，表明該匯票係依據某信用狀所簽發，出口商只要填上信用狀號碼、開狀銀行名稱與開狀日期即可，若以其他方式付款，例如 D/P，則於 Drawn under 之後填上 "D/P" 即可。

★參照 SWIFT *20 (Documentary Credit No.) 填入信用狀號碼，31C (Date of Issue) 填入開狀日期。

> 開狀日期以一般方式填入 （如本例為 Oct. 10, 2018），最好勿以
> SWIFT L/C 的日期寫法 (101018)。

(九)付款人 (Payer)

即被發票人 (Drawee)，是匯票的主債務人。如為信用狀交易，一般是以信用狀的開狀銀行為付款人（並非絕對，應依信用狀規定為準）。如非信用狀交易，匯票一般均以進口商為付款人。

★參照 SWIFT 42A 或 42D (Drawee) 填製。

(十)發票人 (Drawer)

即簽發匯票的人，信用狀之下，發票人為受益人。應載明公司名稱，並由負責人或有權簽署者加以簽署。

★參照 SWIFT *59 (Beneficiary) 填製。

●表 16-2　匯　票

BILL OF EXCHANGE

No. ＿＿＿(一)匯票號碼＿＿＿　　　　　　　　　　　　＿＿＿(二)發票地點與日期＿＿＿

Exchange for ＿＿＿＿＿＿(三)匯票金額小寫＿＿＿＿＿＿

At ＿＿＿(四)匯票期限＿＿＿ sight of this FIRST of exchange (SECOND the same tenor and

date being unpaid)　　　　　(五)正副本

Pay to the order of

HUA NAN COMMERCIAL BANK　(六)受款人

The sum of ＿＿＿＿＿(七)匯票金額大寫＿＿＿＿＿

Drawn under ＿＿＿開狀銀行名稱＿＿＿ L/C No. ＿＿＿信用狀號碼＿＿＿

Dated ＿＿＿＿開狀日期＿＿＿＿　　　　　(八)發票條款

To ＿＿＿(九)付款人＿＿＿

＿＿＿(十)發票人＿＿＿

●表 16-3　匯票範例

BILL OF EXCHANGE

No. ＿＿＿DEF–123＿＿＿　　　　　　　　　OCT. 28, 2018 TAIPEI

Exchange for ＿＿＿USD 56,450.00＿＿＿

At ＿＿60 DAYS AFTER＿＿ sight of this Second of exchange (FIRST the same tenor and

date being unpaid)

Pay to the order of

HUA NAN COMMERCIAL BANK

The sum of US DOLLARS FIFTY SIX THOUSAND FOUR HUNDRED AND FIFTY

ONLY.

Drawn under ＿ABC BANK, LOS ANGELES＿ L/C No. ＿＿66666＿＿

Dated ＿＿＿OCT. 10, 2018＿＿＿

To ABC BANK, LOS ANGELES　　　　　　WEST TRADING COMPANY

JENNY CHENG

二　商業發票

商業發票無固定格式，茲以表 16–4 與表 16–5 為例說明其製作要點：

㈠發票號碼 (Number)

廠商自行編列，可不填列。

㈡發票日期 (Date)

為製作發票的日期。

1.日期範圍

不得遲於信用狀有效日期或提示押匯、付款或承兌期限。最好與裝運日期同一天。

2.記載方式

參照上一節匯票日期的填製方式。

> ★參照 SWIFT *31D (Expiry) 與 48 (Presentation Period) 確認日期未超過信用狀有效日期或提示期限。

㈢商品名稱及數量

Invoice of 之後填上商品總名稱與數量，例如 "2,000 SETS OF TOYS"。本欄商品名稱僅以總名稱即可，不須詳述商品品質或規格。數量則須與第㈢欄「貨物記述」的數量一致。

> ★參照 SWIFT 45A (Shipment of Goods) 填製。

㈣抬頭人

For account and risk of Messrs. 之後填上抬頭人名稱（也可包含地址），除信用狀另有規定外，一般均以開狀申請人（通常為進口商）為抬頭人。

> ★參照 SWIFT *50 (Applicant) 填製。

㈤發貨人

Shipped by 之後填上發貨人（即託運人 Shipper）名稱（也可包含地址），發貨人通常即為出口商（信用狀受益人），但有時信用狀會規定以受益人以外之人為託運人，此時應從其規定。

> ★參照 SWIFT *59 (Beneficiary) 或 SWIFT 46A (Required Documents) 填製。

㈥船名、航次或其他運送工具名稱

Shipped per 之後填入船名與航次，例如 "Shipped per S.S. Hai Tai V–123"。

1.船　名

海運時，船名之前須加上 S.S.（Steam Ship 的簡寫），若發票格式中已經印定 S.S. 字樣，則僅填入船名即可；空運時，將 "Aircraft" 或 "Airfreight" 字樣填入 "Shipped per" 之後；如以郵政包裹發貨時，則將 "Parcel Post" 字樣填在 "Shipped per" 之後。

2.航　次

航次之前須加上 V（Voyage 的簡寫）。

㈦啟航日期

Sailing on or about 之後填入啟航日，啟航日原則上官與提單上的 "on board date" 一致，但因有 "on or about" 字樣，所以不一定必須與裝運日期一致，可有前後各延伸 5 天的彈性期間，例如本欄填入 10 月 27 日，則實際裝運日期只要在 10 月 22 日至 11 月 1 日的任一天都算符合。

㈧裝運港 (Port of Loading)

貨物裝上船的港口。本項記載必須與信用狀所規定者相符，若信用狀未明確指明裝運港，例如 Any Taiwanese Port，則須依據 Shipping Order 上的記載為準。

★參照 SWIFT 44E (Port of Loading) 填製。

㈨卸貨港 (Port of Discharge)

卸下貨物的港口。本項記載必須與信用狀所規定者相符，若信用狀未明確指明卸貨港，例如 Any USA Port，則須依據 Shipping Order 上的記載為準。如須轉運時，也必須在此註明，如 "to be transhipped at Hong Kong into S.S. Hupeh"；但如只知其轉運港，不知船名時，可僅記轉運港，如 "to be transhipped at Hong Kong"。

★參照 SWIFT 44F (Port of Discharge) 填製。

㈩裝運標誌及件號 (Marks & Numbers)

須按照信用狀的規定表示。如未規定，則由受益人自行填載。通常的記載項目包括主標誌、目的地、件號與原產地，發票上的裝運標誌與件號應與運送單據及其他單據上所示者一致。

> (1)若信用狀規定 ABC IN TRIANGLE，C/NO. 1–UP，運送目的地為 NEW YORK，貨物總裝運包裝件數為 100 件，原產地為臺灣，則填入：
>
> | | | | |
> |---|---|---|---|
> | ABC | | | |
> | (IN TRI) | | ABC | |
> | NEW YORK | 或 | NEW YORK | |
> | C/NO. 1–100 | | C/NO. 1–100 | |
> | MADE IN TAIWAN | | MADE IN TAIWAN | |
>
> (2)須依實際裝運情況填寫貨物包裝件數（或箱數），不可逕依信用狀表面規定填入 "1–UP"。

★參照 SWIFT 45A (Shipment of Goods) 填入主標誌，L/C 未規定時，則自行編製，原則上，主標誌的圖案多為三角形或菱形，而圖形內的文字則多為進口商名稱的縮寫。

★參照 SWIFT 44F (Port of Discharge) 或 44B (Place of Delivery) 填製目的地。

★原產地不一定要標示，如果信用狀有特別規定產地，才須加上。

(宀)貨物記述 (Description of Goods)

商業發票上有關貨物的記述必須與信用狀上所載者一致，所謂「貨物的記述」，不僅指貨物的名稱，還包括其品質、規格及其他附帶說明。

> 本欄商品名稱建議最好完全照抄信用狀的描述（包括 as per proforma invoice no.... 或 as per purchase order no....）。

★參照 SWIFT 45A (Shipment of Goods) 填製。

(宀)數　量 (Quantity)

應與其他單據上所載者一致。

(宀)單　價 (Unit Price)

除單價數字外，並將幣別如 US$（或 USD），€（或 EUR）等標明。此外，尚須在單價上方加註貿易條件（如 FOB Keelung, CIF London 等）。

> (1)商品項目若超過一項，僅第一項商品的單價加上幣別，以下各項
>   商品單價只須填入數字即可（如表 16-5 所示範）。
> (2)若信用狀規定貿易條件為 CIF London Incoterms® 2010，則不可只
>   填 CIF London。

　★參照 SWIFT 45A (Shipment of Goods) 填入貿易條件。

㈢總金額 (Amount)

　　總金額乃貨物單價與裝運數量的相乘積，若有多項商品，則將個別總金額相加，表示進口商應付的總金額。

> 商品項目若超過一項，僅第一項商品的總金額加上幣別（與單價呼
> 應），各項總金額只須填入數字即可，加總之後的總金額再加上幣別
> （如表 16-5 所示範）。

㈣大寫金額 (Amount in Words)

　　應與小寫金額 (Amount in Figures) 一致。

> 金額大寫的方式參見匯票的金額大寫。

㈤發票條款

　　表明簽發發票的依據，以信用狀付款時，須載明開狀銀行名稱、開狀日期及信用狀號碼。

> 參見匯票的發票條款。

　★參照 SWIFT *20 (Documentary Credit No.) 填入信用狀號碼，31C (Date of Issue)
　　填入開狀日期。

㈥其他記載

　　依信用狀規定填入，例如填入信用狀號碼、契約號碼，原產國，商品 HS code 等。

㈥發票人簽署 (Signature)

商業發票的簽發人為受益人，並由其簽署，依 UCP 規定，除非信用狀特別要求，商業發票可以不簽署。本例信用狀要求商業發票須 Duly Signed，故須簽署。

★參照 SWIFT *59 (Beneficiary) 填製。

●表 16–4　發　票

INVOICE				
No. ㈠發票號碼		Date ㈡發票日期		
Invoice of ㈢商品名稱及數量				
For account & risk of messrs. ㈣抬頭人				
Shipped by ㈤發貨人				
Per ㈥船名、航次或其他運送工具名稱		Sailing on or about ㈦啟航日期		
Port of Loading ㈧裝運港		Port of Discharge ㈨卸貨港		
Marks & Nos.	Description of Goods	Quantity	Unit Price	Amount
㈩裝運標誌及件號	㈪貨物記述	㈫數量	㈬單價（加註貿易條件）	㈭總金額
	㈮大寫金額 ㈯發票條款			
㈰其他記載				
				㈱發票人簽署

●表 16–5　發票範例

INVOICE

No. _____ DEF–123 _____ Date _____ OCT. 28, 2018 _____

Invoice of _____ 1,000 SETS OF K/D FURNITURE _____

For account & risk of messrs. EAST CO., LTD., P.O. BOX NO. 54321, LOS ANGELES, CA., U.S.A.

Shipped by _____ WEST TRADING COMPANY, P.O. BOX NO. 12345, TAIPEI

Per _____ S.S. GEMINI V–0522 _____ Sailing on or about _____ OCT. 27, 2018

Port of Loading _____ KEELUNG _____ Port of Discharge _____ LOS ANGELES

Marks & Nos.	Description of Goods	Quantity	Unit Price	Amount
EAST (IN DIA) LOS ANGELES C/NO. 1–200 MADE IN TAIWAN	K/D FURNITURE AS PER INDENT ORDER NO. RA–0702		FOB TAIWAN	
	#TS–0001	125 SETS	USD 50.00	USD 6,250.00
	#RD–0013	275 SETS	52.00	14,300.00
	#GEM–6220	350 SETS	58.00	20,300.00
	#HH–5124	250 SETS	62.40	15,600.00
		1,000 SETS		USD 56,450.00

TOTAL US DOLLARS FIFTY SIX THOUSAND FOUR HUNDRED AND FIFTY ONLY.

DRAWN UNDER L/C NO. 66666 DATED OCT. 10, 2018 ISSUED BY ABC BANK, LOS ANGELES.

WEST TRADING COMPANY

JENNY CHENG

三 包裝單

㈠包裝單號碼 (Number)

㈡簽發日期 (Date)

㈢商品名稱及數量

㈣抬頭人

㈤發貨人

㈥船名、航次或其他運送工具名稱

㈦啟航日期

㈧裝運港

㈨卸貨港

㈩裝運標誌及件號

以上各項目的填製方式與商業發票㈠～㈩項相同。

㈩一包裝件號

須分別就不同種類或規格貨物的包裝方式與件數詳加說明，並與第㈩二欄貨物記述的貨物種類或規格彼此對齊。總包裝件數應與裝貨單 (S/O) 上所載者相同。

★依據題目所提供的裝運明細製作。

> 總包裝件數應與裝運標誌的總件數相符。

㈩二貨物記述

包裝單上有關貨物的記述雖然不必完全與信用狀上所載者相符（使用 general term 即可），但製作時最好與商業發票一致。

> 最好與商業發票的貨物記述一致，以避免爭議。

㈩三貨物數量

應就不同貨物種類或不同包裝方式載明其每件包裝商品數量（前以 @ 表示係每件包裝的貨物數量，下一列為相同包裝方式的相同貨物的總數量（包裝件數 ×

每件包裝的貨物數量)),依序列明之後,將貨物數量加總。

★參照 SWIFT 45A (Shipment of Goods) 填製。

> 包裝單上的貨物數量應與提單或商業發票所記載者相同。

㈥貨物淨重 (Net Weight)

應就不同貨物種類或不同包裝方式載明其每件包裝的淨重(前以 @ 表示係每件包裝的淨重),下一列為相同包裝方式的相同貨物的總淨重(包裝件數×每件包裝的淨重),依序列明之後,將貨物淨重加總。

★依據題目所提供的裝運明細製作。

> 若包裝單表格已預設重量的度量衡單位,必須以該單位表示。

㈦貨物毛重 (Gross Weight)

記載方式同上述㈥貨物淨重。總毛重應與裝貨單上所示者一致。

★依據題目所提供的裝運明細製作。

> 若表格已預設重量的度量衡單位,必須以該單位表示。

㈧貨物才積(體積)

記載方式同上述㈥貨物淨重。總體(才)積應與裝貨單上所示者一致。

★依據題目所提供的裝運明細製作。

> 若表格已預設體積的度量衡單位,必須以該單位表示。

㈨貨物總件數、總淨重、總毛重與總體(才)積

上述㈦、㈥、㈦與㈧的個別加總。須與發票、裝貨單上所示者一致。

> ㈦~㈨欄須注意水平與垂直的對齊。

㈩總包裝件數大寫

以文字將總包裝件數重述一次,並於結尾加上 "ONLY"。大寫件數若與小寫

件數（第㈦欄）不一致時，以大寫為準。

㈩發票條款

同匯票第㈧項及商業發票第㈥項「發票條款」。

　　★參照 SWIFT *20 (Documentary Credit No.) 填入信用狀號碼，31C (Date of Issue)
　　填入開狀日期。

㈱其他記載

依信用狀規定填入，例如填入信用狀號碼、契約號碼，原產國，商品 HS code
等。

㈲簽發人簽署

與商業發票第㈥項「發票人簽署」相同，應由出口商簽署。

　　★參照 SWIFT *59 (Beneficiary) 填製。

● 表 16-6　包裝單

PACKING LIST

No. ＿＿＿(一)包裝單號碼＿＿＿　　　　　Date ＿＿(二)簽發日期＿＿

Packing List of ＿＿＿(三)商品名稱及數量＿＿＿　　Marks & Nos.

For account & risk of messrs. ＿＿(四)抬頭人＿＿　　(十)裝運標誌及件號

＿＿＿＿＿＿＿＿＿＿＿＿＿＿＿＿

Shipped by ＿＿＿(五)發貨人＿＿＿

＿＿＿＿＿＿＿＿＿＿＿＿＿＿＿＿

Per ＿(六)船名、航次或其他運送工具名稱＿

Sailing on or about ＿＿(七)啟航日期＿＿

Port of Loading ＿＿(八)裝運港＿＿　Port of Discharge ＿＿(九)卸貨港＿＿

Package No.	Description of Goods	Quantity	Net Weight	Gross Weight	Measurement
(土)包裝件號	(圭)貨物記述	(圭)數量	(圭)淨重	(圭)毛重	(圭)體積
	(圭)貨物總件數、總淨重、總毛重與總體積				
(大)總包裝件數大寫					
(尢)發票條款 (廿)其他記載					

(廿一)簽發人簽署

●表 16-7　包裝單範例

PACKING LIST

No. _____DEF–123_____ Date _____OCT. 28, 2018_____

Packing List of _____1,000 SETS OF K/D FURNITURE_____

For account & risk of messrs. _____EAST CO., LTD., P.O. BOX NO. 54321, LOS ANGELES, CA., U.S.A._____

Shipped by _____WEST TRADING COMPANY, P.O. BOX NO. 12345, TAIPEI_____

Per _____S.S. GEMINI V–0522_____

Sailing on or about _____OCT. 27, 2018_____

Port of Loading _____KEELUNG_____ Port of Discharge _____LOS ANGELES_____

Marks & Nos.

EAST

(IN DIA)

LOS ANGELES

C/NO. 1–200

MADE IN TAIWAN

Package No.	Description of Goods	Quantity	Net Weight	Gross Weight	Measurement
	K/D FURNITURE AS PER INDENT ORDER NO. RA–0702				
1–25	#TS–0001	@ 5 SETS	@ 15.30 KGS	@ 16.00 KGS	@ 0.15 CBM
		125 SETS	382.50 KGS	400.00 KGS	3.75 CBM
26–80	#RD–0013	@ 5 SETS	@ 21.60 KGS	@ 22.20 KGS	@ 0.12 CBM
		275 SETS	1,188.00 KGS	1,221.00 KGS	6.60 CBM
81–150	#GEM–6220	@ 5 SETS	@ 14.30 KGS	@ 15.00 KGS	@ 0.14 CBM
		350 SETS	1,001.00 KGS	1,050.00 KGS	9.80 CBM
151–200	#HH–5124	@ 5 SETS	@ 25.00 KGS	@ 25.50 KGS	@ 0.12 CBM
		250 SETS	1,250.00 KGS	1,275.00 KGS	6.00 CBM
200 CTNS		1,000 SETS	3,821.50 KGS	3,946.00 KGS	26.15 CBM

TOTAL TWO HUNDRED (200) CARTONS ONLY.

DRAWN UNDER L/D NO. 66666 DATED OCT. 10, 2018 ISSUED BY ABC BANK, LOS ANGELES.

WEST TRADING COMPANY

JENNY CHENG

四　裝貨單

　　裝貨單是船公司指示船長接受單上記載貨物予以裝載的通知文件，同時也是船方同意配給貨主艙位的憑證，運送人日後簽發的提單除實際裝運項目之外，皆以裝貨單上的指示為準，故應正確填製。雖然各船公司的格式略有不同，但主要內容均包括下列項目：

㈠託運人 (Shipper)

　　又稱裝貨人，通常為出口商，以信用狀方式付款時，通常即為信用狀的受益人。但若信用狀有特別規定以受益人以外之人為託運人時，應填入該第三人名稱。本欄應填入受益人的名稱與連絡方式（通常為電話）。

　　★參照 SWIFT *59 (Beneficiary) 填製。

> 除填入託運人公司名稱外，還必須填入連絡方式（地址或電話）。

㈡受貨人 (Consignee)

　　乃有權要求交付貨物的人。本欄應依信用狀規定列載。

　　★參照 SWIFT 46A (Documents Required) 關於 B/L 的規定填製。

填製時應注意：

信用狀規定	受貨人欄位填入
(made out) to order of shipper	(○) to order of shipper (×) to order of 「shipper 的實際公司名稱」
(made out) to order	(○) to order
(made out) to order of opening bank（或 issuing bank） to order of us	(○) to order of「開狀銀行的實際名稱與分行所在地」 (×) to order of opening bank （或 to order of issuing bank）

　　★如本例規定 "TO ORDER OF ISSUING BANK"，則應填入 "TO ORDER OF ABC BANK, LOS ANGELES"。

㈢被通知人 (Notify Party)

信用狀如有規定被通知人時，應從其規定填寫。若被通知人有兩位，均應填入。

★參照 SWIFT 46A (Documents Required) 關於 B/L 的規定填製。

> 填製時應注意，L/C 規定 "Notify Applicant" 時，則填入開狀申請人的名稱與連絡方式（地址或電話），不得在本欄填入 "Applicant"。

㈣船名及航次 (Ocean Vessel & Voyage No.)

㈤收貨地 (Place of Receipt)

在貨櫃運輸，收貨地指運送人內陸收貨的地點。本項記載須與信用狀規定相符。

㈥裝運港 (Port of Loading)

㈦卸貨港 (Port of Discharge)

㈧交貨地 (Place of Delivery)

在貨櫃運輸，交貨地指運送人內陸交付貨物的地點。本項記載須與信用狀規定相符。

㈨標誌及件號 (Marks and Numbers)

㈣、㈥、㈦、㈨項請參照商業發票或包裝單相同欄位的填製方式。

㈩運　費 (Freight)

運費究係由出口商或進口商支付，應載明於 S/O，俾利運送人依循。

1. 信用狀有規定

依信用狀規定。

★參照 SWIFT 46A (Documents Required) 關於 B/L 的規定填製。

2. 信用狀未載明

從貿易條件加以判斷：

⑴ FOB、FAS、FCA 條件：由進口商提貨時繳付，勾選 "Freight Collect"。

⑵ CIF、CFR、CPT、CIP、DAT、DAP、DDP 條件：由出口商支付運費，勾選 "Freight Prepaid"。

★參照 SWIFT 45A (Shipment of Goods) 關於貿易條件的規定。

㈡貨櫃裝運方式

　　貨櫃運送方式一般分四種，託運人可自由選擇，通常都是依據貨物數量、託運人數與受貨人數，決定應採用何種方式。

1. CY/CY (FCL/FCL) 整裝／整拆

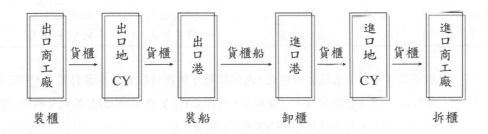

2. CY/CFS (FCL/LCL) 整裝／分拆

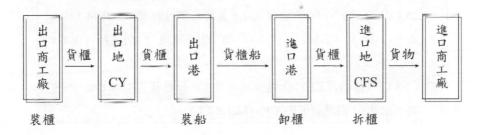

3. CFS/CY (LCL/FCL) 併裝／整拆

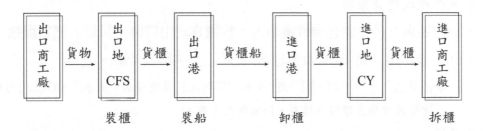

4. CFS/CFS (LCL/LCL) 併裝／分拆

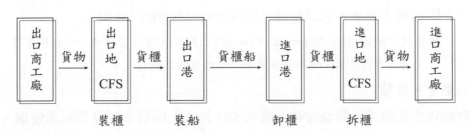

適用的場合：

	CY/CY (FCL/FCL)	CY/CFS (FCL/LCL)	CFS/CY (LCL/FCL)	CFS/CFS (LCL/LCL)
貨物數量	出口貨物數量多，可裝滿一個或數個貨櫃，則包下貨櫃較為經濟		出口貨物數量少，包貨櫃不經濟，故與其他貨主的貨物同裝於一個貨櫃內	
貨櫃內的貨物屬於	一個託運人	一個託運人	數個託運人	數個託運人
	一個受貨人	數個受貨人	一個受貨人	數個受貨人

★參照題目要求的裝運方式勾選，或依據題目所提供的貨物重量與體積，決定是否可裝滿一個或數個貨櫃。一般而言，選擇 CY/CY 或 CFS/CFS 的機會較大（特殊情況之下才有可能選擇 CY/CFS 或 CFS/CY）。

> (1) CY/CY (FCL/FCL)：若貨物體積接近 25 CBM（略大於或略小於 25 CBM），適合以 20′ 整櫃託運，若貨物體積接近 50 CBM（略大或略小於 50 CBM），適合以 40′ 整櫃託運，則選擇 CY/CY (FCL/FCL)。
>
> (2) CFS/CFS (LCL/LCL)：上述情況之外（例如體積為 10 CBM，毛重為 5 M/T），則選擇 CFS/CFS (LCL/LCL)。

(土)貨物記述 (Description of Goods)

1.總包裝件數或總貨櫃數

依據包裝單上的貨物包裝件數填入，整櫃方式出口時，另填入總貨櫃數（例如 2 × 40′，表示以二個 40 呎貨櫃裝運）。並以文字再次敘明。

> ★參照包裝單第(十)欄、第(土)欄，或第(大)欄填入包裝總件數；並參照 S/O 上所勾選的貨櫃尺寸與貨櫃總數填製，切勿彼此矛盾。

2.貨物名稱

運送人向來不管貨物的詳細記述 (Detailed Description)，故貨物的記述當比商業發票上所記載者簡略，或以普通名稱 (General Name) 記載。

> ★參照 SWIFT 45A (Shipment of Goods) 的規定，填入貨物的一般名稱即可。可依上述商業發票第(三)欄與包裝單第(三)欄的貨物名稱填入。

3.貨物重量、體積

整批貨物的總毛重與總體積。應依 S/O 格式上所要求的度量衡單位填入。

> ★參照包裝單上的總毛重（第(去)欄）與總體積（第(大)欄）填製。

●表 16–8　裝貨單

Shipper/Exporter (一)託運人		ABC LINE	
Consignee (二)受貨人		**SHIPPING ORDER**	
Notify Party (full name and address) (三)被通知人		Container Type Required ☐ Dry Cargo ＿×20′/ ＿×40′ ☐ Refrigerated ＿×20′/ ＿×40′ ☐ High Cube ＿×20′/ ＿×40′ ☐ Other	Service Mode ☐ CY/CY (FCL/FCL) ☐ CY/CFS (FCL/LCL) ☐ CFS/CY (LCL/FCL) ☐ CFS/CFS (LCL/LCL) (土)貨櫃裝運方式
Ocean Vessel (四)船　名	Voy. No. 航　次	Freight to be　　(十)運　費 ☐ Prepaid ☐ Collect ☐ Payable at ＿＿＿＿	領提單處 ☐ 臺　北 ☐ 臺　中 ☐ 高　雄
Place of Receipt (五)收貨地	Port of Loading (六)裝運港		
Port of Discharge (七)卸貨港	Place of Delivery (八)交貨地		
Marks & Nos. (九)標誌及件號	No. of Pkgs. or Containers (土)貨物記述（總包裝件數或總貨櫃數）	Description of Goods (土)貨物記述（貨物名稱）	Gross Weight (KGS) (土)貨物記述（總毛重）	Measurement (M³) (土)貨物記述（總體積）

●表 16–9　裝貨單範例

Shipper/Exporter WEST TRADING COMPANY, P.O. BOX NO. 12345, TAIPEI	ABC LINE		
Consignee TO ORDER OF ABC BANK, LOS ANGELES	SHIPPING ORDER		

Notify Party (full name and address) EAST CO., LTD., P.O. BOX NO. 54321, LOS ANGELES, CA., U.S.A.	**Container Type Required** ☑ Dry Cargo　1 × 20′　× 40′ ☐ Refrigerated　× 20′　× 40′ ☐ High Cube　× 20′　× 40′ ☐ Other	**Service Mode** ☑ CY/CY (FCL/FCL) ☐ CY/CFS (FCL/LCL) ☐ CFS/CY (LCL/FCL) ☐ CFS/CFS (LCL/LCL)

Ocean Vessel GEMINI	Voy. No. 0522	
Place of Receipt KEELUNG	Port of Loading KEELUNG	Freight to be ☐ Prepaid ☑ Collect ☐ Payable at _____
Port of Discharge LOS ANGELES	Place of Delivery LOS ANGELES	領提單處 ☑ 臺　北 ☐ 臺　中 ☐ 高　雄

Marks & Nos.	No. of Pkgs. or Containers	Description of Goods	Gross Weight (KGS)	Measurement (M³)
EAST (IN DIA) LOS ANGELES C/NO. 1–200 MADE IN TAIWAN	200 CTNS 1 × 20′ TOTAL TWO HUNDRED (200) CARTONS ONLY. TOTAL ONE TWENTY FOOT CONTAINER ONLY.	K/D FURNITURE	3,946.00 KGS	26.15 M³

五　自我評量

㈠請依據表 16–10 的信用狀及以下資料製作匯票、商業發票、包裝單與裝貨單

　(1)單據製作日期：2018 年 8 月 10 日。

　(2)單據號碼：AAA–123。

　(3)裝船日：2018 年 8 月 8 日。

　(4)船名：LIBRA。

　(5)航次：0923。

(6)裝運方式：整裝／整拆；共裝 5 只 40′ 貨櫃。

(7)領提單處：臺中。

(8)商品明細：

箱　號	商品規格	每箱數量	單　價	每箱淨重	每箱毛重	每箱體積
1–100	#WGTR–0001	4 PCS	USD 31.00	1.28 KGS	1.50 KGS	1.23 CBM
101–200	#JDLS–0153	3 PCS	USD 54.00	1.46 KGS	1.62 KGS	1.04 CBM
201–300	#JIDE–1220	3 PCS	USD 46.00	1.38 KGS	1.58 KGS	0.96 CBM

● 表 16–10　信用狀

PHILIPPINE BANK OF COMMUNICATIONS MANILA, PHILIPPINE

ADV. BANK: CITIBANK TAIPEI , TAIWAN

27	Sequence of total	: 1/1
40A	Form of Doc. Credit	: IRREVOCABLE
*20	Doc. Credit Number	: 84977
31C	Date of Issue	: 180701
31D	Expiry Date	: 180830 IN TAIWAN
*50	Applicant	: B INDUSTRIAL CORP. 245 SAN ROAD MANILA, PHILIPPINES
*59	Beneficiary	: A INDUSTRIAL CORP. 5TH FL. NO. 215 SEC. 2 MIN CHUNG EAST ROAD, TAIPEI, TAIWAN
*32B	Amount	: CURRENCY USD AMOUNT 42,400.00
40E	Applicable Rules	: UCP LATEST VERSION
41D	Available with by	: CITIBANK TAIPEI BY NEGOTIATION
42C	Draft at	: SIGHT FOR FULL INVOICE VALUE
42D	Drawee	: ISSUING BANK
43P	Partial Shipment	: NOT ALLOWED
43T	Transshipment	: NOT ALLOWED
44A	Place of Receipt	: KEELUNG
44E	Port of Loading	: KEELUNG
44F	Port of Discharge	: MANILA
44B	Place of Delivery	: MANILA
45B	Description of Goods	: 1,000 PCS TABLE LAMP CFR MANILA SHIPPING MARK: B (IN DIA)/C/NO. 1–up
46B	Documents required	: 1. BENEFICIARY'S SIGNED COMMERCIAL INVOICE IN TRIPLICATE 2. FULL SET OF CLEAN ON BOARD BILLS OF LADING DATED NOT LATER THAN 30 AUG. 18 MADE OUT TO OUR ORDER MARKED FREIGHT PREPAID AND NOTIFY APPLICANT

答案欄

BILL OF EXCHANGE

Draft No. _____ Date _____

Exchange for _____

At _____ sight of this FIRST of exchange (SECOND the same tenor and

date being unpaid)

Pay to the order of _____

CITIBANK TAIPEI

The sum of _____

Drawn under _____ L/C No. _____

Dated _____

To _____

_____

INVOICE

No. _____   Date _____

Invoice of _____

For account & risk of messrs. _____

_____

Shipped by _____

_____

Per S.S. _____   Sailing on or about _____

Port of Loading _____   Port of Discharge _____

Marks & Nos.	Description of Goods	Quantity	Unit Price	Amount

_____

PACKING LIST

No. _____   Date _____

Packing List of _____   Marks & Nos.

For account & risk of messrs. _____

_____

Shipped by _____

_____

Per S.S. _____

Sailing on or about _____

Port of Loading _____ Port of Discharge _____

Package No.	Description of Goods	Quantity	Net Weight	Gross Weight	Measurement

_____

Shipper/Exporter		ABC LINE	
Consignee		**SHIPPING ORDER**	
Notify Party (full name and address)		Container Type Required ☐ Dry Cargo　　×20′/　×40′ ☐ Refrigerated　×20′/　×40′ ☐ High Cube　　×20′/　×40′ ☐ Other	Service Mode ☐ CY/CY (FCL/FCL) ☐ CY/CFS (FCL/LCL) ☐ CFS/CY (LCL/FCL) ☐ CFS/CFS (LCL/LCL)
Ocean Vessel	Voy. No.		
Place of Receipt	Port of Loading	Freight to be ☐ Prepaid ☐ Collect ☐ Payable at ＿＿＿＿＿	領提單處 ☐ 臺　北 ☐ 臺　中 ☐ 高　雄
Port of Discharge	Place of Delivery		
Marks & Nos.	No. of Pkgs. or Containers	Description of Goods	Gross Weight (KGS)	Measurement (M³)

解 答

BILL OF EXCHANGE

Draft No. __AAA–123__   Date __AUG. 10, 2018 TAIPEI__

Exchange for _____ __USD 42,400.00__

At __XXXXXXXXXXX__ sight of this FIRST of exchange (SECOND the same tenor and date being unpaid)

Pay to the order of

CITIBANK TAIPEI

The sum of __US DOLLARS FORTY-TWO THOUSAND AND FOUR HUNDRED ONLY.__

Drawn under __PHILIPPINE BANK OF COMMUNICIATIONS, MANILA__ L/C No. __84977__

Dated __JUL. 01, 2018__

To __PHILIPPINE BANK OF COMMUNICIATIONS,__   A INDUSTRIAL CORP.
__MANILA__   XXXXXXXXXXX

INVOICE

No. <u>AAA–123</u>　　　　　　　　　Date <u>AUG. 10, 2018 TAIPEI</u>

Invoice of <u>1,000 PCS TABLE LAMP</u>

For account & risk of messrs. <u>B INDUSTRIAL CORP. 245 SAN ROAD MANILA,</u>

<u>PHILIPPINES</u>

Shipped by <u>A INDUSTRIAL CORP. 5TH FL. NO. 215 SEC. 2 MIN CHUNG EAST</u>

<u>ROAD, TAIPEI, TAIWAN</u>

Per S.S. <u>LIBRA V–0923</u>　　　Sailing on or about <u>AUG. 08, 2018</u>

Port of Loading <u>KEELUNG</u>　　Port of Discharge <u>MANILA</u>

Marks & Nos.	Description of Goods	Quantity	Unit Price	Amount
	TABLE LAMP		CFR MANILA	
B				
(IN DIA)	#WGTR–0001	400 PCS	USD 31.00	USD 12,400.00
MANILA	#JDLS–0153	300 PCS	54.00	16,200.00
C/NO. 1–300	#JIDE–1220	300 PCS	46.00	13,800.00
MADE IN TAIWAN		1,000 PCS		USD 42,400.00

TOTAL US DOLLARS FORTY TWO THOUSAND AND FOUR HUNDRED ONLY.

DRAWN UNDER L/C NO. 84977 DATED JUL. 01, 2018 ISSUED BY PHILIPPINE

BANK OF COMMUNICIATIONS, MANILA.

A INDUSTRIAL CORP.

XXXXXXXXXX

PACKING LIST

No. <u>AAA–123</u>   Date <u>AUG. 10, 2018 TAIPEI</u>

Packing List of <u>1,000 PCS TABLE LAMP</u>   Marks & Nos.

For account & risk of messrs. <u>B INDUSTRIAL CORP. 245</u>   B

<u>SAN ROAD MANILA, PHILIPPINES</u>   (IN DIA)

Shipped by <u>A INDUSTRIAL CORP. 5TH FL. NO. 215</u>   MANILA

<u>SEC. 2 MIN CHUNG EAST ROAD, TAIPEI, TAIWAN</u>   C/NO. 1–300

Per S.S. <u>LIBRA V–0923</u>   MADE IN TAIWAN

Sailing on or about <u>AUG. 08, 2018</u>

Port of Loading <u>KEELUNG</u>   Port of Discharge <u>MANILA</u>

Package No.	Description of Goods	Quantity	Net Weight	Gross Weight	Measurement
	TABLE LAMP				
1–100	#WGTR–0001	@ 4 PCS	@ 1.28 KGS	@ 1.50 KGS	@ 1.23 CBM
		400 PCS	128.00 KGS	150.00 KGS	123.00 CBM
101–200	#JDLS–0153	@ 3 PCS	@ 1.46 KGS	@ 1.62 KGS	@ 1.04 CBM
		300 PCS	146.00 KGS	162.00 KGS	104.00 CBM
201–300	#JIDE–1220	@ 3 PCS	@ 1.38 KGS	@ 1.58 KGS	@ 0.96 CBM
		300 PCS	138.00 KGS	158.00 KGS	96.00 CBM
300 CTNS		1,000 PCS	412.00 KGS	470.00 KGS	323.00 CBM

TOTAL THREE HUNDRED (300) CARTONS ONLY.

DRAWN UNDER L/C NO. 84977 DATED JUL. 01, 2018 ISSUED BY PHILIPPINE BANK OF COMMUNICIATIONS, MANILA.

A INDUSTRIAL CORP.

✕✕✕✕✕✕✕✕✕✕

Shipper/Exporter A INDUSTRIAL CORP.			ABC LINE		

ABC LINE

SHIPPING ORDER

Shipper/Exporter
A INDUSTRIAL CORP.

Consignee
TO ORDER OF PHILIPPINE BANK OF COMMUNICIATIONS, MANILA

Notify Party (full name and address)
B INDUSTRIAL CORP. 245 SAN ROAD, MANILA, PHILIPPINES

Ocean Vessel: LIBRA Voy. No.: 0923

Place of Receipt: KEELUNG Port of Loading: KEELUNG

Port of Discharge: MANILA Place of Delivery: MANILA

Container Type Required
☑ Dry Cargo ×20'/ 5 ×40'
☐ Refrigerated ×20'/ ×40'
☐ High Cube ×20'/ ×40'
☐ Other

Service Mode
☑ CY/CY (FCL/FCL)
☐ CY/CFS (FCL/LCL)
☐ CFS/CY (LCL/FCL)
☐ CFS/CFS (LCL/LCL)

Freight to be
☑ Prepaid
☐ Collect
☐ Payable at _____

領提單處
☐ 臺 北
☑ 臺 中
☐ 高 雄

Marks & Nos.	No. of Pkgs. or Containers	Description of Goods	Gross Weight (KGS)	Measurement (M³)
B (IN DIA) MANILA C/NO. 1–300 MADE IN TAIWAN	300 CTNS 5 × 40'	TABLE LAMP	470.00 KGS	323.00 M³

TOTAL THREE HUNDRED (300) CARTONS ONLY.
TOTAL FIVE FORTY FOOT CONTAINERS ONLY.

㈡請依據表 16–11 信用狀與相關資料製作匯票、商業發票、包裝單、裝貨單

●表 16–11　信用狀

HONG KONG AND SHANGHAI BANKING CORP., HONG KONG BRANCH
ADV. BANK: HONG KONG AND SHANGHAI BANKING CORP. TAIPEI BRANCH

27		Sequence of Total 1/1
40A	Form of Doc. Credit	IRREVOCABLE
* 20	Doc. Credit Number	IBD 809833
31C	Date of Issue	180908
31D	Expiry Date	181030 IN TAIWAN
* 50	Applicant	ROBINSON INTERNATIONAL CORP. LTD., HONG KONG
* 59	Beneficiary	UNIQUE TRADING CO., TAIPEI, TAIWAN
* 32B	Amount	CURRENCY USD AMOUNT 53,760.00
40E	Applicable Rules	UCP LATEST VERSION
41D	Available with...by...	HSBC TAIPEI BY NEGOTIATION
42C	Draft at...	30 DAYS AFTER SIGHT IN DUPLICATE
42D	Drawee	HSBC NEW YORK FOR FULL INVOICE VALUE
43P	Partial Shipments	ALLOWED
43T	Transhipment	PROHIBITED
44A	Place of Receipt	KEELUNG
44E	Port of Loading	KEELUNG
44F	Port of Discharge	HONG KONG
44B	Place of Delivery	HONG KONG
44C	Latest Date of Shipment	181015
45B	Descript of Goods	48,000 PIECES OF KITCHEN WARE CIF HONG KONG
		SHIPPING MARK: ROBINSON (IN TRI)/HONG KONG/1-UP

46B　Documents required
+ SIGNED COMMERCIAL INVOICE IN TRIPLICATE.
+ PACKING LIST IN TRIPLICATE.
+ MARINE INSURANCE POLICY IN TWO ORIGINALS, FOR 110 PCT. OF THE INVOICE VALUE, COVERING INSTITUTE CARGO CLAUSES (B) AND INSTITUTE STRIKES CLAUSES (CARGO).
+ FULL SET OF CLEAN ON BOARD BILLS OF LADING IN THREE ORIGINALS MADE OUT TO ORDER OF SHIPPER AND ENDORSED IN BLANK, MARKED "FREIGHT PREPAID" NOTIFY APPLICANT.
+ BENEFICIARY'S CERTIFICATE CERTIFYING THAT ONE FULL SET OF NON-NEGOTIABLE COPY OF DOCUMENTS HAS BEEN SENT BY COURIER DELIVERY TO APPLICANT WITHIN SEVEN DAYS AFTER SHIPMENT.

47A　Additional Condition　　　　　ALL DOCUMENTS MUST INDICATE THIS CREDIT NUMBER

出貨明細：

(1)型號：ASD−567。

(2)出貨數量：48,000 PCS。

(3)包裝：100 PCS/CARTON。

(4)每箱重量：N.W. 14.00 KG; G.W. 14.50 KG。

(5)每箱尺寸：16″× 18″× 20″。

(6)裝運日期：2018 年 10 月 5 日。

(7)船名：AQUARIUS；航次：V−0121。

(8)單據製作日期：2018 年 10 月 5 日。

答案欄

BILL OF EXCHANGE

Draft No. _____ Date _____

Exchange for _____

At _____ sight of this FIRST of exchange (SECOND the same tenor and

date being unpaid)

Pay to the order of

HONG KONG AND SHANGHAI BANKING CORPORATION

The sum of _____

Drawn under _____

L/C No. _____ Dated _____

To _____

_____   _____

INVOICE

No. _____   Date _____

Invoice of _____

For account & risk of messrs. _____

_____

Shipped by _____

Per S.S. _____   Sailing on or about _____

Port of Loading _____   Port of Discharge _____

Marks & Nos.	Description of Goods	Quantity	Unit Price	Amount

_____

PACKING LIST

No. _____ Date _____

Packing List of _____ Marks & Nos.

For account & risk of messrs. _____

_____

Shipped by _____

_____

Per S.S. _____

Sailing on or about _____

Port of Loading _____ Port of Discharge _____

Package No.	Description of Goods	Quantity	Net Weight	Gross Weight	Measurement

Shipper/Exporter		KING LINE		
Consignee		SHIPPING ORDER		
Notify Party (full name and address)		Service Mode ☐ CY/CY (FCL/FCL) ☐ CY/CFS (FCL/LCL) ☐ CFS/CY (LCL/FCL) ☐ CFS/CFS (LCL/LCL)		
Ocean Vessel	Voy. No.			
Place of Receipt	Port of Loading	Freight to be ☐ Prepaid ☐ Collect ☐ Payable at _____		
Port of Discharge	Place of Delivery			
Marks & Nos.	No. of Pkgs. or Containers	Description of Goods	Gross Weight (KGS)	Measurement (M³)
	Total number of containers or packages (In words)			

解 答

BILL OF EXCHANGE

Draft No. _____ Date OCT. 05, 2018 TAIPEI

Exchange for _____ USD 53,760.00 _____

At ___30 DAYS AFTER___ sight of this FIRST of exchange (SECOND the same tenor and date being unpaid)

Pay to the order of

HONG KONG AND SHANGHAI BANKING CORPORATION

The sum of US DOLLARS FIFTY THREE THOUSAND SEVEN HUNDRED AND SIXTY ONLY.

Drawn under HONG KONG AND SHANGHAI BANKING CORP., HONG KONG BRANCH

L/C No. ___IBD 809833___ Dated ___SEP. 08, 2018___

To HONG KONG AND SHANGHAI BANKING   UNIQUE TRADING CO.

CORP. NEW YORK _____   ✖✖✖✖✖✖✖✖✖✖

INVOICE

No. _____ Date OCT. 05, 2018 TAIPEI

Invoice of _____ 48,000 PIECES OF KITCHEN WARE _____

For account & risk of messrs. ROBINSON INTERNATIONAL CORP. LTD., HONG KONG

Shipped by _____ UNIQUE TRADING CO., TAIPEI, TAIWAN _____

Per S.S. _____ AQUARIUS V–0121 _____ Sailing on or about OCT. 05, 2018

Port of Loading KEELUNG   Port of Discharge HONG KONG

Marks & Nos.	Description of Goods	Quantity	Unit Price	Amount
ROBINSON (IN TRI) HONG KONG C/NO. 1–480 MADE IN TAIWAN	KITCHEN WARE ASD–567	48,000 PCS	CIF HONG KONG USD 1.12	USD 53,760.00

TOTAL US DOLLARS FIFTY THREE THOUSAND SEVEN HUNDRED AND SIXTY ONLY.

DRAWN UNDER L/C NO. IBD 809833 DATED SEP. 08, 2018 ISSUED BY HONG KONG AND SHANGHAI BANKING CORP., HONG KONG BRANCH

UNIQUE TRADING CO.

✕✕✕✕✕✕✕✕✕

PACKING LIST

No. _____   Date   OCT. 05, 2018 TAIPEI

Packing List of   48,000 PIECES OF KITCHEN WARE   Marks & Nos.

For account & risk of messrs.   ROBINSON   ROBINSON

INTERNATIONAL CORP. LTD., HONG KONG   (IN TRI)

Shipped by   UNIQUE TRADING CO., TAIPEI, TAIWAN   HONG KONG

C/NO. 1–480

Per S.S.   AQUARIUS V–0121   MADE IN TAIWAN

Sailing on or about   OCT. 05, 2018

Port of Loading   KEELUNG   Port of Discharge   HONG KONG

Package No.	Description of Goods	Quantity	Net Weight	Gross Weight	Measurement
	KITCHEN WARE				
1–480	ASD–567	@ 100 PCS	@ 14.0 KGS	@ 14.5 KGS	@ 0.094 CBM
		48,000 PCS	6,720.0 KGS	6,960.0 KGS	45.120 CBM

TOTAL FOUR HUNDRED AND EIGHTY (480) CARTONS ONLY.

DRAWN UNDER L/C NO. IBD 809833 DATED SEP. 08, 2018 ISSUED BY HONG

KONG AND SHANGHAI BANKING CORP., HONG KONG BRANCH

UNIQUE TRADING CO.

XXXXXXXXX

Shipper/Exporter UNIQUE TRADING CO., TAIPEI, TAIWAN		KING LINE		
Consignee TO ORDER OF SHIPPER		**SHIPPING ORDER**		
Notify Party (full name and address) ROBINSON INTERNATIONAL CORP. LTD., HONG KONG		Service Mode ☑ CY/CY (FCL/FCL) ☐ CY/CFS (FCL/LCL) ☐ CFS/CY (LCL/FCL) ☐ CFS/CFS (LCL/LCL)		
Ocean Vessel AQUARIUS	Voy. No. 0121			
Place of Receipt KEELUNG	Port of Loading KEELUNG	Freight to be ☑ Prepaid ☐ Collect ☐ Payable at _____		
Port of Discharge HONG KONG	Place of Delivery HONG KONG			
Marks & Nos.	No. of Pkgs. or Containers	Description of Goods	Gross Weight (KGS)	Measurement (M³)
ROBINSON (IN TRI) HONG KONG C/NO. 1–480 MADE IN TAIWAN	480 CTNS 1 × 40′	KITCHEN WARE L/C NO. IBD 80983	6,960.00 KGS	45.12 M³
Total number of containers or packages (In words) TOTAL FOUR HUNDRED AND EIGHTY (480) CARTONS ONLY. TOTAL ONE FORTY FOOT CONTAINER ONLY.				

㈢請依據表 16–12 信用狀與相關資料製作匯票、商業發票、包裝單、裝貨單

(1)製單日期：2018 年 11 月 30 日。

(2)裝運日期：2018 年 11 月 30 日。

(3)船名：VIRGO；航次：0824。

(4)出貨明細：

貨　號	單　價	包裝方式	每箱淨重	每箱毛重	每箱體積	出貨數量
FP–5	EUR　120.00/SET	1 SET/CTN	3.7 KGS	3.9 KGS	$106 \times 36 \times 12$ (cm)	200 SETS
FP–8	EUR　150.00/SET	1 SET/CTN	4.1 KGS	4.3 KGS	$100 \times 36 \times 12$ (cm)	300 SETS

(5)裝運方式：併裝一分拆

● 表 16–12　信用狀

GREAT INTERNATIONAL COMMERCIAL BANK

Notification of Documentary Credit

Dear Sirs,

Without any responsibility and/or engagement on our part, we have the pleasure of advising you that we have received an authenticated S.W.I.F.T. message from

RED COMMERCIAL BANK, SINGAPORE

Reading as follows: QUOTE

Sequence of Total	*27	: 1/1
Form of Doc. Credit	*40A	: IRREVOCABLE
Doc. Credit Number	*20	: 67890
Date of Issue	*31C	: 181112
Expiry	*31D	: 181231 IN TAIWAN
Applicant	*50	: GREEN TRADING CO., 442, ORCHARD ROAD, SINGAPORE
Beneficiary	*59	: BLUE TRADING COMPANY, 8F, 120–1 WUFU 3RD ROAD, KAOHSIUNG, TAIWAN
Amount	*32B	: CURRENCY EUR AMOUNT 69,000.00
Available with/by	*41D	: THE ADVISING BANK BY NEGOTIATION
Drawee	*42A	: RED COMMERCIAL BANK, SINGAPORE
Drafts at	*42C	: AT 60 DAYS AFTER B/L DATE FOR SIXTY PERCENT OF INVOICE VALUE
Partial Shipments	*43P	: PROHIBITED
Transhipment	*43T	: PROHIBITED
Latest Date of Ship.	*44C	: 181225
Place of Receipt	44A	: KAOHSIUNG
Port of Loading	44E	: KAOHSIUNG
Port of Discharge	44F	: SINGAPORE
Place of Delivery	44B	: SINGAPORE
Shipment of Goods	45A	: 500 SETS OF ELECTRIC PIANO THE DETAILS AS PER PURCHASE ORDER NO. A567 DATED 181106 CIF SINGAPORE
Documents Required	*46A	:

+ COMMERCIAL INVOICE IN 3 COPIES, INDICATING PURCHASE ORDER NO. AND

DATE

+ FULL SET OF CLEAN ON BOARD BILLS OF LADING MADE OUT TO ORDER AND BLANK ENDORSED MARKED FREIGHT PAID SHOWING BENEFICIARY AS SHIPPER NOTIFY APPLICANT
+ INSURANCE POLICIES OR CERTIFICATES IN 2 COPIES FOR 110 PERCENT OF THE COMMERCIAL INVOICE VALUE COVERING ICC (A)
+ PACKING LIST IN 3 COPIES

Additional Cond.　　　*47A :

1) ONE SET OF NON-NEGOTIABLE SHIPPING DOCUMENTS SHOULD BE FORWARDED TO THE APPLICANT BY COURIER SERVICE WITHIN 3 DAYS AFTER THE SHIPMENT EFFECTED
2) EXCLUDING DRAFT, ALL DOCUMENTS FOR PRESENTATION MUST BE INDICATED THE CREDIT NUMBER AND RELATED PURCHASE ORDER NUMBER AND DATE

BILL OF EXCHANGE

Draft No. _____　　　Date _____

Exchange for _____

At _____ sight of this FIRST of exchange (SECOND the same tenor and date being unpaid)

Pay to the order of

GREAT INTERNATIONAL COMMERCIAL BANK

The sum of _____

Drawn under _____

L/C No. _____　　　Dated _____

To _____

_____

INVOICE

No. _____   Date _____

Invoice of _____

For account & risk of messrs. _____

_____

Shipped by _____

_____

Per _____   Sailing on or about _____

Port of Loading _____   Port of Discharge _____

Marks & Nos.	Description of Goods	Quantity	Unit Price	Amount

PACKING LIST

No. _____ Date _____

Packing list of _____ Marks & Nos.

For account & risk of messrs. _____

_____

Shipped by _____

_____

Per _____

Sailing on or about _____

Port of Loading _____ Port of Discharge _____

Pkg. No.	Description of Goods	Quantity	Net Weight	Gross Weight	Measurement

16

Shipper/Exporter		QUEEN LINE		
Consignee		SHIPPING ORDER		
Notify Party (full name and address)		Service Mode ☐ CY/CY (FCL/FCL) ☐ CY/CFS (FCL/LCL) ☐ CFS/CY (LCL/FCL) ☐ CFS/CFS (LCL/LCL)		
Ocean Vessel	Voy. No.			
Place of Receipt	Port of Loading	Freight to be ☐ Prepaid ☐ Collect ☐ Payable at _____		
Port of Discharge	Place of Delivery			
Marks & Nos.	No. of Pkgs. or Containers	Description of Goods	Gross Weight (KGS)	Measurement (M³)
	Total number of containers or packages (In words)			
Remarks:				

解答

BILL OF EXCHANGE

Draft No. _____   Date   NOV. 30, 2018 KAOHSIUNG

Exchange for _____ EUR 41,400.00 _____

At   60 DAYS AFTER NOV. 30, 2018 (or JAN. 29, 2018)   sight of this FIRST of

exchange (SECOND the same tenor and date being unpaid)

Pay to the order of

GREAT INTERNATIONAL COMMERCIAL BANK

The sum of   EURO FORTY ONE THOUSAND AND FOUR HUNDRED ONLY.

Drawn under   RED COMMERCIAL BANK, SINGAPORE

L/C No.   67890   Dated   NOV. 12, 2018

To RED COMMERCIAL BANK,   BLUE TRADING COMPANY

   SINGAPORE   ✗✗✗✗✗✗✗✗✗✗

說明：依本信用狀 42C 的規定，匯票金額為發票金額的 60%，發票金額為 EUR 69,000.00，故匯票金額
　　　為 EUR 41,400.00。

INVOICE

No. _____   Date   NOV. 30, 2018 KAOHSIUNG

Invoice of _____ 500 SETS OF ELECTRIC PIANO _____

For account & risk of messrs. GREEN TRADING CO., 442, ORCHARD ROAD,

SINGAPORE

Shipped by   BLUE TRADING COMPANY, 8F, 120–1, WUFU 3RD ROAD,

KAOHSIUNG, TAIWAN

Per S.S. _____ VIRGO V–0824 _____   Sailing on or about   NOV. 30, 2018

Port of Loading   KAOHSIUNG   Port of Discharge   SINGAPORE

Marks & Nos.	Description of Goods	Quantity	Unit Price	Amount
GREEN (IN TRI) SINGAPORE C/NO. 1–500 MADE IN TAIWAN	ELECTRIC PIANO AS PER PURCHASE ORDER NO. A567 DATED 141106		CIF SINGAPORE	
	FP–5	200 SETS	EUR 120.00	EUR 24,000.00
	FP–8	300 SETS	150.00	45,000.00
		500 SETS		EUR 69,000.00

TOTAL EUROS SIXTY NINE THOUSAND ONLY.

DRAWN UNDER L/C NO. 67890 DATED NOV. 12, 2018 ISSUED BY RED

COMMERCIAL BANK, SINGAPORE

PURCHASE ORDER NO. A567 DATED NOV. 06, 2018

BLUE TRADING COMPANY

✗✗✗✗✗✗✗✗✗✗

PACKING LIST

No.	Date NOV. 30, 2018 KAOHSIUNG

Packing List of __500 SETS OF ELECTRIC PIANO__   Marks & Nos.

For account & risk of messrs. GREEN TRADING CO.,

442, ORCHARD ROAD, SINGAPORE

Shipped by BLUE TRADING COMPANY, 8F, 120–1,

WUFU 3RD ROAD, KAOHSIUNG, TAIWAN

Per S.S. __VIRGO V–0824__

Sailing on or about __NOV. 30, 2018__

Port of Loading __KAOHSIUNG__   Port of Discharge __SINGAPORE__

Marks & Nos. block:
GREEN
(IN TRI)
SINGAPORE
C/NO. 1–500
MADE IN TAIWAN

Pkg. No.	Description of Goods	Quantity	Net Weight	Gross Weight	Measurement
	ELECTRIC PIANO AS PER PURCHASE ORDER NO. A567 DATED 141106				
1–200	FP–5	@ 1 SET	@ 3.70 KGS	@ 3.90 KGS	@ 0.046 CBM
		200 SETS	740.00 KGS	780.00 KGS	9.200 CBM
201–500	FP–8	@ 1 SET	@ 4.10 KGS	@ 4.30 KGS	@ 0.043 CBM
		300 SETS	1,230.00 KGS	1,290.00 KGS	12.900 CBM
500 CTNS		500 SETS	1,970.00 KGS	2,070.00 KGS	22.100 CBM

TOTAL FIVE HUNDRED (500) CARTONS ONLY.

DRAWN UNDER L/C NO. 67890 DATED NOV. 12, 2018 ISSUED BY RED COMMERCIAL BANK, SINGAPORE

PURCHASE ORDER NO. A567 DATED NOV. 06, 2018

BLUE TRADING COMPANY

XXXXXXXXXX

Shipper/Exporter BLUE TRADING COMPANY 8F, 120–1 WUFU 3RD ROAD, KAOHSIUNG, TAIWAN	QUEEN LINE

Consignee TO ORDER	SHIPPING ORDER

	Service Mode

Notify Party (full name and address)
GREEN TRADING CO., 442
ORCHARD ROAD, SINGAPORE

Service Mode
- [✓] CY/CY (FCL/FCL)
- [ ] CY/CFS (FCL/LCL)
- [ ] CFS/CY (LCL/FCL)
- [ ] CFS/CFS (LCL/LCL)

Ocean Vessel VIRGO	Voy. No. 0824	

Freight to be
- [✓] Prepaid
- [ ] Collect
- [ ] Payable at _____

Place of Receipt KAOHSIUNG	Port of Loading KAOHSIUNG	

Port of Discharge SINGAPORE	Place of Delivery SINGAPORE	

Marks & Nos.	No. of Pkgs. or Containers	Description of Goods	Gross Weight (KGS)	Measurement (M^3)
GREEN (IN TRI) SINGAPORE C/NO. 1–500 MADE IN TAIWAN	500 CTNS 1 × 20′	500 SETS OF ELECTRIC PIANO	2,070 KGS	22.10 M^3

Total number of containers or packages (In words)
TOTAL FIVE HUNDRED (500) CARTONS ONLY.

Remarks：
L/C NO. 67890 DATED NOV. 12, 2018
PURCHASE ORDER NO. A567 DATED NOV. 06, 2018

附　錄

歷屆考古題

㈠基礎貿易英文（本大題合計 20 分）

1. 請於下列答案語群中，選出最適當之答案，並將答案代號填入答案紙，完成函電之內容。（本題語群選項不可重覆，共 5 小格，每小格 2 分，合計 10 分）

答案代號	答案語群
A	offer
B	supply
C	take
D	place
E	equipment
F	furniture
G	reference
H	recommended
I	stated
J	quoting

Dear Sir/Madam:

Your company has been highly ___①___ to us by Mann AG in Frankfurt, Germany, with whom we have done business during the past ten years.

We are importers of office ___②___ and are looking for a manufacturer who could ___③___ us with a wide range of business machines. Could you send us your latest catalog and price list, ___④___ your most competitive prices?

As there is a growing demand for high-quality business machines in the Far East, we will ___⑤___ substantial orders if the quality and prices of your products are suitable.

We look forward to hearing from you soon.

Yours truly,

Anthony Chang

答案欄

①	②	③	④	⑤

(一)解 答

①	②	③	④	⑤
H	E	B	J	D

(二)解 析

答案代號	答案語群	中文意義	答案代號	答案語群	中文意義
A	offer	報價、提供	F	furniture	家具
B	supply	供應	G	reference	參考
C	take	拿、取	H	recommended	推薦
D	place	發出（訂單）	I	stated	載明
E	equipment	設備	J	quoting	報價

本信函的中文意義說明：

1. Your company has been highly ① recommended to us by Mann AG in Frankfurt, Germany, with whom we have done business during the past ten years.

   我方與位於德國法蘭克福的 Mann AG 公司已有十年的生意往來，該公司向我方大力推薦貴公司。

2. We are importers of office ② equipment and are looking for a manufacturer who could ③ supply us with a wide range of business machines.

   我們是辦公設備進口商，正在尋找可提供各類辦公設備的製造商。

3. Could you send us your latest catalog and price list, ④ quoting your most competitive prices.

   可否請您寄來最新的產品目錄與價目表，並提供最優惠的報價？

4. As there is a growing demand for high-quality business machines in the Far East, we will
⑤ place substantial orders if the quality and prices of your products are suitable.

由於遠東地區對高品質辦公設備的成長性需求，倘若貴司產品的品質與價格均適
合，我方將大量訂貨。

2.請填入適當的語詞以完成下列翻譯。(本題為填空題，共 10 小格，每小格 1 分，
合計 10 分)

(1)這些餐盤的包裝表面看起來完好無缺。

The ____①____ ____②____ the dinner plates appeared to be in good condition.

(2)我們可以直接從庫存供貨，如期交貨絕對沒有問題。

We can supply from ____③____ and will have no troble meeting your ____④____
date.

(3)建議您到我們洛杉磯的展示室參觀，您可以看見各式各樣的機組。

May we suggest that you visit our ____⑤____ in Los Angeles ____⑥____ you can
see a wide range of units?

(4)請盡快開立相關信用狀，以便我方可以安排裝運，不致耽擱。

Please open the relative L/C as soon as ____⑦____ so we can arrange shipment
without ____⑧____.

(5)我們可否派遣代表帶著機器到您那裡為您示範？

Can we send our ____⑨____ to you with a model of the machine so he can give
you a ____⑩____?

答案欄

①		⑥	
②		⑦	
③		⑧	
④		⑨	
⑤		⑩	

①	package(s)	⑥	where
②	containing	⑦	possible
③	stock	⑧	delay
④	delivery	⑨	representative
⑤	showroom(s)	⑩	demonstration

㈡貿易流程圖（本題共 5 小題，每小題 2 分，合計 10 分）

請依下列之貿易流程圖，依序將①②③④⑤之步驟名稱填入答案紙之答案欄內。（本測試項目評分依公佈範例為準）

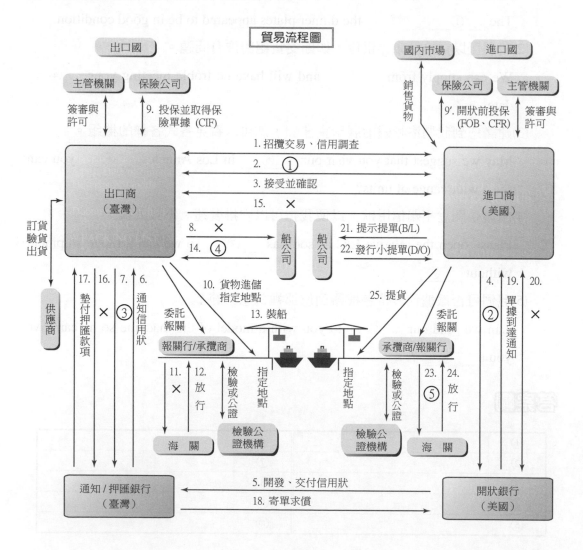

答案欄

題　號	答　案
①	
②	
③	
④	
⑤	

題　號	答　案
①	詢價、報價、還價
②	申請開狀
③	預售外匯（避險操作）
④	交付提單 (B/L)
⑤	進口報關

(三)出口價格核算（本題共 10 小題，每小題 2 分，合計 20 分）

根據以下資料，對貨號 KB001 與貨號 KB002 兩種以體積噸計算海運運費的貨物，分別以併櫃與整櫃運量，核算相關運費與報價。

產品資料：

貨　號	KB001	KB002
包裝方式	24 SETS/CTN	12 PCS/CTN
包裝尺寸	$48 \times 64 \times 60$ (cm)	$32'' \times 20'' \times 18''$
採購成本	NTD 450/SET	NTD 260/PC

運費資料：

運　費	併　櫃 (CFS)	20 呎整櫃	40 呎整櫃
	USD 80	USD 1,200	USD 2,050
最低裝運量	1 CBM	25 CBM	50 CBM

其他報價資料：

匯率：USD 1 = NTD 33.40	利潤率：10%
保險費率：0.06%，加 2 成投保	業務費率：12%

注意事項：

1. 計算結果要求：CBM 至小數點第 4 位，四捨五入後取 3 位；其餘至小數點第 3 位，四捨五入後取 2 位。

2. 佣金計算方式：以所求報價條件本身為佣金計算基礎，如 CFRC 與 CIFC 分別為 CFR 與 CIF 為基礎之含佣價。

3. 計算過程不需列出，直接填入數字答案。

貨號 KB001：併櫃方式報價

題　目	答　案	單　位
1. 每箱 CBM 數	①	CBM
2. 每 SET 運費	②	USD/SET
3. FOB 報價	③	USD/SET
4. CFRC5 報價	④	USD/SET
5. CIF 報價	⑤	USD/SET

貨號 KB002：40 呎整櫃方式報價

題　目	答　案	單　位
6. 每箱 CBM 數	⑥	CBM
7. 40 呎櫃報價數量	⑦	PCS
8. 每 PC 運費	⑧	USD/PC
9. CFR 報價	⑨	USD/PC
10. CIFC3 報價	⑩	USD/PC

答案欄

①	②	③	④	⑤
⑥	⑦	⑧	⑨	⑩

(一)解　答

①	②	③	④	⑤
0.184	0.61	17.01	18.72	17.79
⑥	⑦	⑧	⑨	⑩
0.189	3,180	0.64	10.64	10.97

(二)解　析

1. 貨號 KB001：併櫃方式報價

每箱 CBM 數 $= 0.48 \times 0.64 \times 0.6 = 0.184$

每 SET 運費 $= USD\ 80 \times 0.184 \div 24 = USD\ 0.61$

FOB 報價 $= (NTD\ 450 \div 33.40) \div (1-10\%) \div (1-12\%) = USD\ 17.01$

CFRC5 報價 $= (NTD\ 450 \div 33.40 + USD\ 0.61) \div (1-10\%) \div (1-12\%)$

$\div (1-5\%)$

$= USD\ 18.72$

CIF 報價 $= (NTD\ 450 \div 33.40 + USD\ 0.61) \div (1-10\%) \div (1-12\%)$

$\div (1-1.2 \times 0.06\%)$

$= USD\ 17.79$

2. 貨號 KB002：40 呎整櫃方式報價

每箱 CBM 數 $= 32 \times 20 \times 18 \div 1,728 \div 35.315 = 0.189$

40 呎櫃報價箱數 $= 50 \div 0.189 = 264.\cdots = 265$（無條件進位）

40 呎櫃報價 PCS 數 $= 12 \times 265 = 3,180$

每 PC（件）運費 $= USD\ 2,050 \div 3,180 = USD\ 0.64$

CFR 報價 $= [(NTD\ 260 \div 33.40) + USD\ 0.64] \div (1-10\%) \div (1-12\%)$

$= USD\ 10.64$

CIFC3 報價 $= [(NTD\ 260 \div 33.40) + USD\ 0.64] \div (1-10\%) \div (1-12\%)$

$\div (1-1.2 \times 0.06\%) \div (1-3\%)$

$= USD\ 10.97$

㈣商業信用狀分析（本題為填空題，合計 20 分）

請依下列信用狀之內容，回答答案紙所列問題，並將正確答案填入。

```
-----------------------------Message Header-----------------------------
Swift Output: FIN 700 ISSUE OF A DOCUMENTARY CREDIT
Sender    : HUA NAN COMMRECIAL BANK, LTD., CHUNGSHIAO EAST ROAD BRANCH
Receiver  : HUA NAN COMMRECIAL BANK, LTD., HO CHI MINH CITY BRANCH
-----------------------------Message Text-----------------------------
: 40A      : Form of Documentary Credit
             IRREVOCABLE
: 20       : Documentary Credit Number
             AB20554379
: 31C      : Date of Issue
             151215
: 40E      : Applicable Rules
             UCP LATEST VERSION
: 31D      : Date and Place of Expiry
             160315 IN THE COUNTRY OF BENEFICIARY
: 50       : Applicant
             MARGARET TRADING CO.
             NO.45, SEC.3, ZHONGXIAO E. RD., TAIPEI, TAIWAN
: 59       : Beneficiary
             LIBERTY CO., LTD.
             NO.106 PASTEUR STREET, DISTRICT 1 BEN THANH MARKET, HO CHI MINH CITY
             VIETNAM
: 32B      : Currency Code, Amount
             USD 63,542.00
: 39B      : Maximum Credit Amount
             NOT EXCEEDING
: 41D      : Available with . . . by . . .
             ADVISING BANK BY NEGOTIATION
: 42C      : Drafts at
             60 DAYS AFTER B/L DATE FOR 100% INVOICE VALUE
: 42A      : Drawee
             ISSUING BANK
: 43P      : Partial Shipments
             PROHIBITED
: 43T      : Transshipment
             PROHIBITED
: 44E      : Port of Loading
             HO CHI MINH, VIETNAM
: 44F      : Port of Discharge
             KEELUNG, TAIWAN
: 44C      : Latest Date of Shipment
             160228
: 45A      : Description of Goods and/or Services
             CASHEW NUTS AS PER S/C NO.VT23579
             S-546     3,000 KGS
             M-146     3,000 KGS
             L-789     3,000 KGS
             CIF KEELUNG INCOTERMS 2010
: 46A      : Documents Required
             1. COMMERCIAL INVOICE IN TRIPLICATE SHOWING SEPARATELY F.O.B VALUE
                FREIGHT CHARGES, INSURANCE PREMIUM, CIF VALUE AND COUNTRY OF
                ORIGIN: VIETNAM.
             2. NEUTRAL PACKING LIST IN TRIPLICATE.
```

3. 2/3 SET OF CLEAN ON BOARD BILLS OF LADING MADE OUT TO ORDER OF ISSUING BANK MARKED "FREIGHT PREPAID" INDICATING APPLICANT WITH FULL NAME AND ADDRESS.

4. INSURANCE POLICY OR CERTIFICATE COVERING INSTITUTE CARGO CLAUSES (C) FOR 110 PCT INVOICE VALUE SHOWING CLAIMS PAYABLE AT DESTINATION IN CURRENCY OF THIS DRAFT.

5. CERTIFICATE OF INSPECTION IN TRIPLICATE ISSUED BY INDEPENDENT SURVEYOR.

6. BENEFICIARY'S CERTIFICATE STATING THAT ONE ORIGINAL B/L AND ONE SET OF NON-NEGOTIABLE DOCUMENTS HAVE BEEN SENT DIRECTLY TO APPLICANT WITHIN 3 DAYS AFTER SHIPMENT DATE

: 47A : Additional Conditions

1. DISCOUNT CHARGES ARE FOR A/C OF APPLICANT.

2. A DISCREPANCY FEE OF USD 90.00 OR EQUIVALENT WILL BE THE PROCEEDS OF ANY DRAWING IF DISCREPANT DOCUMENTS ARE PRESENTED.

3. SHIPMENT TO BE MADE BY REGULAR LINER VESSEL IN SEA-WORTHY CONTAINER.

: 71B : Charges

ALL BANKING CHARGES OUTSIDE TAIWAN ARE FOR BENEFICIARY'S ACCOUNT.

: 49 : Confirmation Instructions

WITHOUT

: 57a : Advise Through Bank

MILITARY COMMERCIAL JOINT STOCK BANK

: 78 : Instructions to Pay/Acc/Neg Bank

1. UPON RECEIPT OF DOCUMENTS IN COMPLIANCE WITH THE TERMS AND CONDITIONS OF THE CREDIT, WE WILL REIMBURSE YOU AT SIGHT BASIS.

2. ALL DOCUMENTS MUST BE FORWARDED TO US (NO. 212, SEC. 4, ZHONGXIAO E. RD., ZHONGZHENG DIST., TAIPEI, TAIWAN) BY COURIER SERVICE.

答案欄

題　目	答　案
檢驗證明書須由誰簽發？ （中文作答）（2分）	
信用狀關係人？ （英文全名作答）	(1)第二通知銀行 ＿＿＿＿＿＿＿＿＿＿（2分） (2)限押銀行 ＿＿＿＿＿＿＿＿＿＿（2分） (3)付款銀行 ＿＿＿＿＿＿＿＿＿＿（2分）
信用狀有關期限之規定	(1)受益人提示單據期限 　裝運日後＿＿＿＿＿＿日內，但不得遲於信用狀有效期限（1分） (2)受益人寄送運送單據給申請人期限 　裝運日後＿＿＿＿＿＿日內（1分）
提單份數	(1)運送人簽發＿＿＿＿份正本（1分） (2)受益人押匯時應提示＿＿＿＿份正本（1分） (3)受貨人提貨時至少應提示＿＿＿＿份正本（1分）
信用狀種類	(1)□賣方遠期信用狀　□買方遠期信用狀（1分）

	(2)☐ 不可轉讓信用狀　　☐ 可轉讓信用狀　　（1分）
信用狀各期限之末日如適逢例假日時可否順延至次一營業日？	(1)有效期限之末日：☐ 可順延　☐ 不可順延（1分） (2)最後裝船日　　：☐ 可順延　☐ 不可順延（1分） (3)提示單據之末日：☐ 可順延　☐ 不可順延（1分）
有關商業發票之規定	(1)是否須簽署？　　☐ 須　　　☐ 無須　　（1分） (2)須註明原產國為哪一國？＿＿＿＿＿＿（中文作答）（1分）

(一)解答

題　目	答　案	信用狀相應電文代碼與解說
檢驗證明書須由誰簽發？（中文作答）（2分）	獨立公證行	46A-5
信用狀關係人（英文全名作答）	(1)第二通知銀行 　MILITARY COMMERCIAL JOINT STOCK BANK　（2分） (2)限押銀行 　HUA　NAN COMMERCIAL BANK, LTD., HO CHI MINH CITY BRANCH　（2分） (3)付款銀行 　HUA　NAN COMMERCIAL BANK, LTD., CHUNGSHIAO EAST ROAD BRANCH　（2分）	57a 41D Receiver 42A 78-1 Sender
信用狀有關期限之規定	(1)受益人提示單據期限 　裝運日後 21 日內，但不得遲於信用狀有效期限（1分） (2)受益人寄送運送單據給申請人期限 　裝運日後 3 日內（1分）	信用狀未規定時，依據UCP600規定 46A-6
提單份數	(1)運送人簽發 3 份正本（1分） (2)受益人押匯時應提示 2 份正本（1分） (3)受貨人提貨時至少應提示 1 份正本（1分）	46A-3（2/3套，表示運送人簽發一套提單為 3 份正本，其中 2 份須辦理提示） 46A-6（1 份正本提單由受益人直接寄給申請人，憑以提貨）
信用狀種類	(1)☐ 賣方遠期信用狀　☑ 買方遠期信用狀（1分） (2)☑ 不可轉讓信用狀　☐ 可轉讓信用狀（1分）	47A-1，貼現息由申請人負擔的遠期信用狀，稱為買方遠期信用狀 40A，未載明TRANSFERABLE，則該

		信用狀為不可轉讓信用狀
信用狀各期限之末日如適逢例假日時可否順延至次一營業日？	(1)有效期限之末日可順延（1分）　☑可順延　☐不	依據 UCP600 規定
	(2)最後裝船日可順延（1分）　☐可順延　☑不	
	(1)提示單據之末日可順延（1分）　☑可順延　☐不	
有關商業發票之規定	(1)是否須簽署？　☐須　☑無須	46A-1，信用狀未特別規定商業發票須簽署時，則無需簽署
	(2)須註明原產國為哪一國？　越南　（中文作答）（1分）	46A-1

(二)解　析

依題目所附信用狀，內容分析如下：

Sender	開狀銀行	HUA NAN COMMERCIAL BANK, LTD., CHUNGSHIAO EAST ROAD BRANCH
Receiver	第一通知銀行	HUA NAN COMMERCIAL BANK, LTD., HO CHI MINH CITY BRANCH
40A	跟單信用狀格式	不可撤銷
20	信用狀號碼	AB20554379
31C	開狀日期	2015 年 12 月 15 日
40E	適用規則	UCP 最新版，即 UCP600
31D	有效期限與地點	2016 年 3 月 15 日，受益人所在國家時間
50	申請人	MARGARET TRADING CO.
59	受益人	LIBERTY CO., LTD.
32B	信用狀金額	USD 63,542.00
39B	信用狀金額使用上限	不得超過信用狀金額
41D	信用狀使用	限於通知銀行辦理讓購
42C	匯票期限與金額	提單日後 60 天付款，匯票金額與發票金額相同
42A	匯票付款人	開狀銀行
43P	分批裝運	禁止
43T	轉　運	禁止
44E	裝運港	HO CHI MINH, VIETNAM
44F	卸貨港	KEELUNG, TAIWAN

44C	裝運期限		2016 年 2 月 28 日	
45A	貨　物	貨物名稱	腰果，品質依 VT23579 號的售貨確認書為準	
		貨物數量	S-546 3,000 公斤 M-146 3,000 公斤 L-789 3,000 公斤	
		貿易條件	CIF KEELUNG INCOTERMS 2010	
		裝運標誌	未規定	
46A	應提示單據	**名　稱**	**份　數**	**內　容**
		商業發票	3 份	簽署 載明 CIF 價格（分別載明 FOB 價格、運費與保險費）與原產國為越南
		包裝單（裝箱單）	3 份	中性包裝單
		提　單	2/3 套	清潔 裝船 受貨人由開狀銀行指示 載明運費預付 載明申請人的完整名稱與地址
		保險單／保險證明書	未規定	投保協會貨物條款 (C) 保險金額為發票金額的 110% 載明保險理賠可於目的地支付 理賠幣別與匯票幣別相同
		檢驗證明書	3 份	由獨立公證行簽發
		受益人證明書	未規定	載明一份正本提單與一套不可轉讓的單據已經於裝運日後三天內直接寄給申請人。
47A	其他條件		1.貼現費用由申請人負擔 2.若本信用狀下所提示的單據有瑕疵，每次請求付款時須扣除 90 歐元（或等值的其他貨幣）的瑕疵費用 3.貨物須託由一般的定期船運送，裝載於適航海運的貨櫃內	
71B	費　用		所有臺灣以外的銀行費用均由受益人負擔	
49	保兌的指示		無須保兌	
57a	第二通知銀行		MILITARY COMMERCIAL JOINT STOCK BANK	
78	給付款／承兌／讓購銀行的指示		1.當本行收到完全符合本信用狀條件的單據，將以即期方式進行償付 2.請將所有單據以快遞方式寄給本行（地址：NO. 212, SEC. 4, ZHONGXIAO E. RD., ZHONGZHENG DIST., TAIPEI, TAIWAN）	

㈤**貿易單據製作（本題共 15 小題，每小題 2 分，合計 30 分）**

　　請依下列信用狀部分內容及相關工廠出貨明細資料，填製㈠ Bill of Exchange、㈡ Invoice、㈢ Packing List、㈣ Shipping Order 等單據所要求之內容，並請依照題號①、②、③……依序將正確答案填入答案紙之答案欄內。

```
--------------------------------------Message Header--------------------------------------
Swift Output: FIN 700 ISSUE OF A DOCUMENTARY CREDIT
Sender      : SHANGHAI PUDONG DEVELOPMENT BANK CO., LTD.
              NO. 12, ZHONGSHAN DONG YI ROAD (27 BUND), SHANGHAI, CHINA
Receiver    : CATHAY UNITED COMMERCIAL BANK CO., LTD., ZHONGSHAN BRANCH
              NO. 47, SEC. 3, ZHONGSHAN N. RD., ZHONGSHAN DIST., TAIPEI, TAIWAN
---------------------------------------Message Text---------------------------------------
: 50        : Applicant
              NODAMA IMPORT & EXPORT CO., LTD.
              NO. 27, ZHONGSHAN DONG YI ROAD (27 BUND), SHANGHAI, CHINA
: 59        : Beneficiary
              HUAXIN TRADING CO., LTD.
              12F., NO. 57, SEC, 2, ZHONGSHAN N. RD., ZHONGSHAN DIST., TAIPEI, TAIWAN
: 42C       : Drafts at...
              AT SIGHT FOR 100% INVOICE VALUE
: 42A       : Drawee
              ISSUING BANK
: 44E       : Port of Loading
              KEELUNG
: 44F       : Port of Discharge
              SHANGHAI
: 45A       : Shipment of (goods)
              PLUSH TOYS PER ORDER NO. 8953
```

ITEM NO.	QUANTITY	UNIT PRICE
HC 5321	500 SETS	USD 6.75
HP 2311	600 SETS	USD 4.96
HD 4213	750 SETS	USD 6.99

```
              CFR SHANGHAI INCOTERMS 2010
              SHIPPING MARK: NOD (IN DIA)/C/NO: 1-UP
: 46A       : Documents Required
              1. SIGNED COMMERCIAL INVOICE IN DUPLICATE.
              2. PACKING LIST IN DUPLICATE.
              3. FULL SET OF CLEAN ON BOARD BILLS OF LADING MADE OUT TO ORDER AND
                 BLANK ENDORSED MARKED "FREIGHT PREPAID" NOTIFYING APPLICANT WITH
                 FULL ADDRESS.
: 47A       : Additional Conditions
              1. ALL GOODS MUST BE SHIPPED IN ONE 20' CY TO CY CONTAINER.
              2. L/C NUMBER SHOULD BE MENTIONED IN ALL DOCUMENTS.
```

工廠出貨明細資料：

貨　號	HC 5321	HP 2311	HD 4213
包裝方式	10 SETS/CTN	12 SETS/CTN	15 SETS/CTN
每箱重量	NW: 8.5 KGS GW: 11.0 KGS	NW: 9.3 KGS GW: 11.8 KGS	NW: 5.7 KGS GW: 8.2 KGS
每箱尺寸	$70 \times 65 \times 52$ (cm)	$30'' \times 18'' \times 16''$	$74 \times 50 \times 30$ (cm)
出貨數量	500 SETS	600 SETS	750 SETS

BILL OF EXCHANGE

Draft No. ___CT1258___   TAIWAN, ___DEC. 17, 2015___

For _____×_____

At _____①_____ sight of this **FIRST** of Exchange (Second of the same tenor and date being unpaid)

Pay to the order of   **HUA NAN COMMERCIAL BANK, LTD.**

The sum of _____②_____

Drawn under _____③_____

Credit No. ___25BV-23LC4265___   Dated   ___SEPT. 17, 2015___

To _____×_____   **HUAXIN TRADING CO., LTD.**

___✕✕✕___

HUAXIN TRADING COMPANY LIMITED

12F., NO. 57, SEC. 2, ZHONGSHAN N. RD.

ZHONGSHAN DIST., TAIPEI

TAIWAN

INVOICE

No.　CT1258　　　　　　　　　　　　　　　　Date:　DEC.17, 2015

INVOICE of　　　　　　　　　　　　　④

For account and risk of Messrs.　　NODAMA IMPORT & EXPORT CO., LTD.

NO. 27, ZHONGSHAN DONG YI ROAD (27 BUND), SHANGHAI, CHINA

Sailing on　　DEC. 17, 2015　　　Per S.S.　　　⑤

From　　　　KEELUNG　　　　　　To　　　　✕

Marks & Nos.	Description of Goods	Quantity	Unit Price	Amount
			CFR SHANGHAI INCOTERMS 2010	
⑥	⑦	✕	USD 6.75	⑧
			USD 4.96	
			USD 6.99	
SAY TOTAL ✕				
L/C NO. 25BV-23LC4265 DATED SEPT. 17, 2015				
ORDER NO ✕				

HUAXIN TRADING CO., LTD.

✕✕✕

SALES MANAGER

HUAXIN TRADING COMPANY LIMITED

12F., NO. 57, SEC. 2, ZHONGSHAN N. RD.

ZHONGSHAN DIST., TAIPEI

TAIWAN

PACKING LIST

No. _____ CT1258 _____   Date: DEC.17, 2015

PACKING LIST of _____ ✕ _____ MARKS & NOS.

For account and risk of Messrs. NODAMA IMPORT & EXPORT CO.,LTD.

NO. 27, ZHONGSHAN DONG YI ROAD (27 BUND), SHANGHAI, CHINA

Sailing on _____ DEC. 17, 2015 _____ Per S.S. ✕ _____ ✕

From _____ KEELUNG _____ To _____ ⑨ _____

Packing No.	Description of Goods	Quantity	Net Weight	Gross Weight	Measurement
⑩	✕	@10 SETS 500 SETS @12 SETS 600 SETS @15 SETS 750 SETS	⑪	@11 KGS 550 KGS @11.8 KGS 590 KGS @8.2 KGS 410 KGS	⑫
✕ vvvvvvvvv		1,850 SETS vvvvvvvvvv	✕ vvvvvvvvv	1,550 KGS vvvvvvvvvv	✕ vvvvvvvvv

SAY TOTAL ONE HUNDRED FIFTY (150) CARTONS ONLY

L/C NO. 25BV-23LC4265 DATED SEPT. 17, 2015

HUAXIN TRADING CO., LTD.

✕✕✕

SALES MANAGER

Taiwan Marine		SHIPPING ORDER	
Shipper: ╳		Please receive for shipment the under mentioned goods subject to your published regulations and conditions	S/O NO.
Consignee: ⑬		**Taiwan Marine Transport Corporatlon** **台灣海運股份有限公司**	
Notify Party: (Full name and address) ⑭			

Also Notify:		洽訂船位之廠商：	電話 / 聯絡人：
		報關行：	電話 / 聯絡人：

Ocean Vessel JOSCO LILY	**Voy. No.** S008	Final destination (On Merchant's Account And Risk)			
Place of Receipt	**Port of Loading** KEELUNG	Freight to be; ■ Prepaid ☐ Collect			
Port of Discharge ╳	**Place of Delivery**	領提單處：	臺　北	臺　中	臺中港	高　雄

Marks and Numbers	**No. of P'kgs or Units**	**Description of Goods**	**Gross Weight (KGS)**	**Measurement (M³)**
╳	150 CTNS	╳	1550	╳
			櫃型 / 櫃數 __ ×20′/__ ×40′	
"FREIGHT PREPAID" SAY TOTAL ONE HUNDRED FIFTY (150) CARTONS ONLY L/C NO. 25BV-23LC4265 DATED SEPT. 17, 2015			SERVICE REQUIRED ⑮ ☐ FCL/FCL　　☐ LCL/LCL 　 ☐ FCL/LCL　　☐ LCL/FCL	

SPECIAL NOTE:
1.副本_____份　2.運費證明_____份　3.電報放貨_____　4.危險品_____　5.其他_____

填表請注意：

1.危險品請註明 UN NO. IMO CLASS 與燃點，並附上 Shipper's Certificate。

2.嘜頭及品名如超過十行，請以附表繕打，俾便提單製作。

答案欄

題　號	答　　　案
①	
②	
③	
④	
⑤	
⑥	
⑦	
⑧	
⑨	
⑩	
⑪	
⑫	
⑬	
⑭	
⑮	☐ FCL/FCL　　☐ LCL/LCL ☐ FCL/LCL　　☐ LCL/FCL

題　號	答　　案	參照處	解　　析
①	××××××	・L/C 42C	本欄應填：匯票期限 ・信用狀規定提示即期 (At sight) 匯票，At 與 sight 之間不需填任何文字，為防止遭竄改，一般均填××××或 =====
②	US DOLLARS ELEVEN THOUSAND FIVE HUNDRED NINETY-THREE AND CENTS FIFTY ONLY.	・L/C 42C ・L/C 45A ・出貨明細	本欄應填：匯票金額大寫 ・匯票金額應與發票金額相同 ・貨物單價 ・出貨數量 發票金額為： HC 5321：500 * 6.75 = 3,375 HP 2311：600 * 4.96 = 2,976 HD 4213：750 * 6.99 = 5,242.5 3,375 + 2,976 + 5,242.5 = 11,593.5
③	SHANGHAI PUDONG DEVELOPMENT BANK CO., LTD.	・L/C Sender	本欄應填：開狀銀行名稱 ・開狀銀行

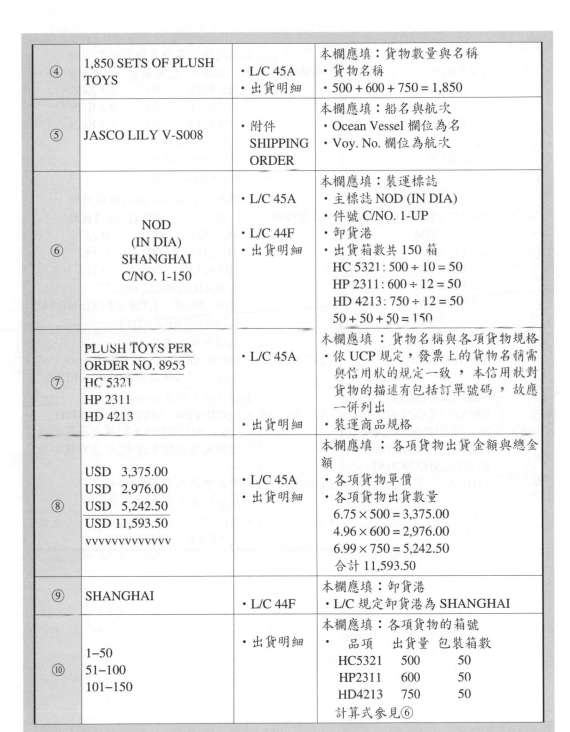

④	1,850 SETS OF PLUSH TOYS	・L/C 45A ・出貨明細	本欄應填：貨物數量與名稱 ・貨物名稱 ・$500 + 600 + 750 = 1,850$
⑤	JASCO LILY V-S008	・附件 SHIPPING ORDER	本欄應填：船名與航次 ・Ocean Vessel 欄位為名 ・Voy. No. 欄位為航次
⑥	NOD (IN DIA) SHANGHAI C/NO. 1-150	・L/C 45A ・L/C 44F ・出貨明細	本欄應填：裝運標誌 ・主標誌 NOD (IN DIA) ・件號 C/NO. 1-UP ・卸貨港 ・出貨箱數共 150 箱 　HC 5321：$500 \div 10 = 50$ 　HP 2311：$600 \div 12 = 50$ 　HD 4213：$750 \div 12 = 50$ 　$50 + 50 + 50 = 150$
⑦	PLUSH TOYS PER ORDER NO. 8953 HC 5321 HP 2311 HD 4213	・L/C 45A ・出貨明細	本欄應填：貨物名稱與各項貨物規格 ・依 UCP 規定，發票上的貨物名稱需與信用狀的規定一致，本信用狀對貨物的描述有包括訂單號碼，故應一併列出 ・裝運商品規格
⑧	USD　3,375.00 USD　2,976.00 USD　5,242.50 USD 11,593.50 ⅴⅴⅴⅴⅴⅴⅴⅴⅴⅴⅴ	・L/C 45A ・出貨明細	本欄應填：各項貨物出貨金額與總金額 ・各項貨物單價 ・各項貨物出貨數量 　$6.75 \times 500 = 3,375.00$ 　$4.96 \times 600 = 2,976.00$ 　$6.99 \times 750 = 5,242.50$ 　合計 11,593.50
⑨	SHANGHAI	・L/C 44F	本欄應填：卸貨港 ・L/C 規定卸貨港為 SHANGHAI
⑩	1–50 51–100 101–150	・出貨明細	本欄應填：各項貨物的箱號 ・　品項　　出貨量　包裝箱數 　HC5321　500　　　50 　HP2311　600　　　50 　HD4213　750　　　50 　計算式參見⑥

⑪	@8.5 KGS 425.0 KGS @9.3 KGS 465.0 KGS @5.7 KGS 285.0 KGS	・出貨明細	本欄應填：各項貨物的淨重明細 ・　品項　　包裝箱數　每箱淨重 　　HC 5321　　50　　8.5 KGS 　　HP 2311　　50　　9.3 KGS 　　HD 4213　　50　　5.7 KGS 　　$8.5 \times 50 = 425.0$ 　　$9.3 \times 50 = 465.0$ 　　$5.7 \times 50 = 285.0$
⑫	@0.237 CBM 　11.850 CBM @0.142 CBM 　7.100 CBM @0.111 CBM 　5.550 CBM	・出貨明細	本欄應填：各項貨物的體積明細 ・　品項　　包裝箱數　每箱體積 　　HC 5321　　50　　0.237 　　HP 2311　　50　　0.142 　　HD 4213　　50　　0.111 　　$0.70 \times 0.65 \times 0.52 = 0.237$ 　　$30 \times 18 \times 16 \div 1,728 \div 35.315 = 0.142$ 　　$0.74 \times 0.5 \times 0.3 = 0.111$
⑬	TO ORDER	・L/C 46A-3	・本欄應填：受貨人 ・MADE OUT TO ORDER，即規定提 　單的受貨人應記載為 "TO ORDER"
⑭	NODAMA IMPORT & EXPORT CO., LTD. NO.27, ZHONGSHAN DONG YI ROAD (27 BUND), SHANGHAI, CHINA	・L/C 46A-3 ・L/C 50	本欄應填：被通知人 ・NOTIFYING APPLICANT WITH 　FULL ADDRESS，即規定提單的被 　通知人為開狀申請人，且應載明地 　址 ・開狀申請人名稱與地址
⑮	☑ FCL/FCL ☐ LCL/LCL ☐ FCL/LCL ☐ LCL/FCL	・47A	本欄應勾選：貨櫃運輸方式 ・應以 20 呎貨櫃 CY TO CY 方式裝 　運，CY/CY 即 FCL/FCL

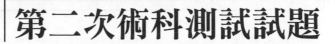

第二次術科測試試題

(一)基礎貿易英文（本大題合計 20 分）

1.請於下列答案語群中，選出最適當之答案，並將答案代號填入答案紙，完成函
　電之內容。（本題語群選項不可重覆，共 5 小格，每小格 2 分，合計 10 分）

答案代號	答案語群
A	affordable
B	interesting
C	model
D	immediate
E	Payment
F	produce
G	prompt
H	Delivery
I	interested
J	reasonably

Dear Sir/Madam:

You will be ___①___ to know that we have just introduced our latest-developed slow cooker, Wonderpot 100. The new ___②___ heats up quickly and has three settings, ranging from all-day cooking to a few hours. It is energy-efficient, time-saving, and easy to use. A perfect helper for the working mom!

We are sending sales promotional literature to give you full details. No doubt your customers will appreciate the opportunity to purchase this fine product at a very ___③___ price.

In case you wish to place an ___④___ order, we enclose an order form. ___⑤___ can be made within two weeks after receipt of your order. We look forward to hearing from you soon.

Sincerely,

Amanda Liu

答案欄

①	②	③	④	⑤

(一)解 答

①	②	③	④	⑤
I	C	A	D	H

(二)解 析

答案代號	答案語群	中文意義	答案代號	答案語群	中文意義
A	affordable	負擔得起的、優惠的	F	produce	生產
B	interesting	有趣的	G	prompt	迅速
C	model	型式、款式	H	Delivery	交貨
D	immediate	立即的	I	interested	感興趣的
E	Payment	付款	J	reasonably	合理地

本信函的中文意義說明：

1. You will be ① interested to know that we have just introduced our latest-developed slow cooker, Wonderpot 100.

   本公司將為您介紹最新研發的 Wonderpot 100 慢燉鍋，相信您會有興趣。

2. The new ② model heats up quickly and has three settings, ranging from all-day cooking to a few hours. It is energy-efficient, time-saving, and easy to use. A perfect helper for the working mom!

   這款新的慢燉鍋加熱快，並且有三段設定，從數小時到全天候烹調皆可，它節能、省時，並且操作簡單，是職業婦女的得力幫手！

3. We are sending sales promotional literature to give you full details.

   我們將寄出促銷文件，提供您完整的產品細節。

4. No doubt your customers will appreciate the opportunity to purchase this fine product at a very ③ affordable price.

毫無疑問地，您的客戶將會瞭解，這是個以優惠價格購入此優良產品的好機會。

5. In case you wish to place an ④ immediate order, we enclose an order form. ⑤ Delivery can be made within two weeks after receipt of your order.

為了方便您立即下訂，隨信附上訂單格式，我們將在收到訂單後的兩周內交貨。

2. 請填入適當的語詞以完成下列翻譯。(本題為填空題，共 10 小格，每小格 1 分，合計 10 分)

(1)請向他們查詢本公司的相關資料。

Please ___①___ to them for any ___②___ concerning our company.

(2)我們對延誤表示歉意，希望不會對貴公司造成不便。

We ___③___ for the delay and trust it will not cause you ___④___.

(3)若貴方未於 2014 年 12 月 15 日前接受此報價，我方即予撤回。

This offer will be ___⑤___ if not ___⑥___ before December 15, 2014.

(4)您的索賠案已交給保險公司，他們很快會與您聯絡。

Your ___⑦___ has been passed on to our insurance company, who will get in ___⑧___ with you soon.

(5)因貴方與本公司長期合作，我們將照定價打七五折給您。

Because of your long association with our company, we will offer you a 25% ___⑨___ off the ___⑩___ price.

答案欄

①		⑥	
②		⑦	
③		⑧	
④		⑨	
⑤		⑩	

解 答

①	refer	⑥	accepted
②	information	⑦	claim
③	apologize	⑧	touch
④	inconvenience	⑨	discount
⑤	withdrawn	⑩	list

(二)貿易流程圖（本題共 5 小題，每小題 2 分，合計 10 分）

請依下列之貿易流程圖，依序將①②③④⑤之步驟名稱填入答案紙之答案欄內。（本測試項目評分依公佈範例為準）

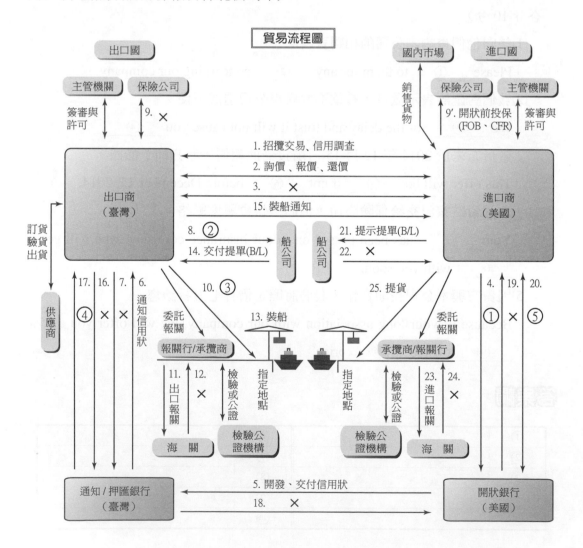

貿易流程圖

答案欄

題 號	答 案
①	
②	
③	
④	
⑤	

題 號	答 案
①	申請開狀
②	洽訂艙位
③	貨物進儲指定地點
④	墊付押匯款項
⑤	進口贖單（付款或承兌）

㈢出口價格核算（本題共 10 小題，每小題 2 分，合計 20 分）

根據以下資料，對貨號 A 與貨號 B 兩種以體積噸計算海運運費的貨物，分別以整櫃與併櫃運量，核算相關運費與報價。

產品資料：

貨 號	A	B
包裝方式	35 PCS/CTN	15 SETS/DOZ，4 DOZ/CTN
包裝尺寸	15″×18″×24″	0.48×0.56×0.4 (m)
採購成本	NTD 320/PC	USD 15/SET

運費資料：

運 費	併 櫃 (CFS)	20 呎整櫃	40 呎整櫃
	USD90	USD2,500	USD4,500
最低裝運量	1 CBM	25 CBM	50 CBM

其他報價資料：

匯率：USD1 = NTD32.54	利潤率：10%
保險費率：0.3%，投保115%	業務費率：8%

注意事項：

1. 核算要求：CBM 計算至小數點第 4 位，四捨五入後取 3 位；其餘請計算至小數點第 3 位，四捨五入後取 2 位。

2. 佣金計算方式：以所求報價條件本身為佣金計算基礎，如 FOBC、CIFC 以 FOB、CIF 為基礎之含佣價。

3. 計算過程不需列出，直接填入數字答案。

貨號 A：整櫃方式報價

題　目	答　案	單　位
1. 每箱才數	①	CFT
2. 每箱 CBM 數	②	CBM
3. 40 呎櫃報價箱數	③	CTNS
4. 每 PC 運費	④	USD/PC
5. CIFC7 報價	⑤	USD/PC

貨號 B：併櫃方式報價

題　目	答　案	單　位
6. 每箱 CBM 數	⑥	CBM
7. 每箱運費	⑦	USD/CTN
8. 每 SET 運費	⑧	USD/SET
9. FOBC5 報價	⑨	USD/SET
10. CFR 報價	⑩	USD/SET

答案欄

①	②	③	④	⑤
⑥	⑦	⑧	⑨	⑩

(一)解　答

①	②	③	④	⑤
3.75	0.106	472	0.27	13.17
⑥	⑦	⑧	⑨	⑩
0.108	9.72	0.16	19.07	18.31

(二)解　析

1. 貨號 A：整櫃方式報價

　　每箱才數 $= 15 \times 18 \times 24 \div 1{,}728 = 3.75$

　　每箱 CBM 數 $= 3.75 \div 35.315 = 0.106$

　　40 呎櫃報價箱數 $= 50 \div 0.106 = 471. \cdots = 472$（無條件進位）

　　40 呎櫃報價 PCS 數 $= 35 \times 472 = 16{,}520$

　　每 PC（件）運費 $= USD\ 4{,}500 \div 16{,}520 = USD\ 0.27$

　　CIFC7 報價 $= (NTD\ 320 \div 32.54 + USD\ 0.27) \div (1 - 10\%) \div (1 - 8\%)$

　　　　　　　　　　$\div (1 - 1.15 \times 0.3\%) \div (1 - 7\%)$

　　　　　　　$= USD\ 13.17$

2. 貨號 B：併櫃方式報價

　　每箱 CBM 數 $= 0.48 \times 0.56 \times 0.4 = 0.108$

　　每箱運費 $= USD\ 90 \times 0.108 = USD\ 9.72$

　　每 SET 運費 $= USD\ 9.72 \div 4 \div 15 = USD\ 0.16$

　　FOBC5 報價 $= USD\ 15 \div (1 - 10\%) \div (1 - 8\%) \div (1 - 5\%) = USD\ 19.07$

　　CFR 報價 $= (USD\ 15 + USD\ 0.16) \div (1 - 10\%) \div (1 - 8\%) = USD\ 18.31$

(四)商業信用狀分析（本題為填空題，合計 20 分）

　　請依下列信用狀之內容，回答答案紙所列問題，並將正確答案填入。

```
----------------------------------Message Header----------------------------------
Swift Output: FIN 700 ISSUE OF A DOCUMENTARY CREDIT
Sender      : TAISHIN INTERNATIONAL BANK
Receiver    : BANCO SANTANDER (BRAZIL) S.A.
----------------------------------Message Text----------------------------------
: 40A       : Form of Documentary Credit
```

IRREVOCABLE AND TRANSFERABLE

: 20	: Documentary Credit Number
	4NHAF1/00099A015
: 31C	: Date of Issue
	151210
: 40E	: Applicable Rules
	UCP LATEST VERSION
: 31D	: Date and Place of Expiry
	160331 IN BRAZIL
: 50	: Applicant
	JUSTING CO., LTD.
	NO.52, DAYE S. RD., SIAOGANG DIST. KAOHSIUNG CITY 812, TAIWAN (R.O.C.)
: 59	: Beneficiary
	LINGKONG STEEL CO., LTD.
	AV. BRIGADEIRO EDUARDO GOMES, 930 JARDIM LIMOEIRO-SERRA-ES BRAZIL
: 32B	: Currency Code, Amount
	USD 20,100,000
: 39A	: Percentage Credit Amount Tolerance
	05/05
: 41D	: Available with . . . by . . .
	ANY BANK BY NEGOTIATION
: 42C	: Drafts at
	SIGHT FOR 100% INVOICE VALUE
: 42A	: Drawee
	ISSUING BANK
: 43P	: Partial Shipments
	PERMITTED
: 43T	: Transshipment
	PROHIBITED
: 44E	: Port of Loading
	ANY BRAZILIAN PORT
: 44F	: Port of Discharge
	KAOHSIUNG PORT, TAIWAN
: 44C	: Latest Date of Shipment
	160310
: 45A	: Description of Goods and/or Services

50,000 MT OF PRIME STEEL SLABS PRODUCED BY CONTINUOUS CASTING PROCESS AS PER ORDER NO.SCS1Q DATED 8TH NOVEMBER, 2015

STEEL GRADE	SIZE	QUANTITY
SC2	225 MM × 1050 MM × 9800 MM	5,000MT
SC2	225 MM × 1250 MM × 9800 MM	25,000MT
SC4	225 MM × 1100 MM × 9800 MM	5,000MT
SC4	225 MM × 1250 MM × 9800 MM	9,000MT
SC4	225 MM × 1530 MM × 9800 MM	6,000MT

PRICE: USD 402/MT CFR KAOHSIUNG PORT, TAIWAN

: 46A   : Documents Required

1. SIGNED COMMERCIAL INVOICE IN 1 ORIGINAL AND 3 COPIES.
2. PACKING LIST IN 1 ORIGINAL AND 3 COPIES.
3. FULL SET OF ORIGINAL AND 4 NON-NEGOTIABLE COPIES OF CLEAN ON BOARD OCEAN BILLS OF LADING, MADE OUT TO THE ORDER OF TAISHIN INTERNATIONAL BANK AND NOTIFY APPLICANT MARKED FREIGHT PREPAID.
4. BENEFICIARY'S CERTIFICATE STATING THAT THE FOLLOWING DOCUMENTS HAVE BEEN SENT TO THE APPLICANT BY COURIER SERVICE WITHIN 5 WORKING DAYS AFTER SHIPMENT.
   QUALITY CERTIFICATE, PACKING LIST AND ORIGINAL CERTIFICATE OF ORIGIN.
5. A COPY OF E-MAIL ADVISING THE APPLICANT OF PARTICULARS OF SHIPMENT: CONTRACT NO., GOODS DESCRIPTION, QUANTITY AND WEIGHT SHIPPED, SHIPMENT DATE, LOADING PORT, B/L DATE AND NUMBER, NAME OF VESSEL,

ETD, ETA WITHIN 5 WORKING DAYS AFTER SHIPMENT DATE.

:47A : Additional Conditions
1. CHARTER PARTY BILLS OF LADING IS ACCEPTABLE.
2. THIRD PARTY DOCUMENTS EXCEPT DRAFTS AND COMMERCIAL INVOICE ARE ACCEPTABLE.
3. THIS L/C IS TRANSFERABLE BY THE ADVISING BANK.
IN THE EVENT THAT THE TRANSFER IS EFFECTED WITHOUT SUBSTITUTION OF INVOICE. TRANSFERING BANK MUST ADVISE US BY TELEX/SWIFT THE NAME AND ADDRESS OF THE PARTY TO WHOM THIS CREDIT HAS BEEN TRANSFERRED.
4. DELIVERY ALLOWANCE MORE OR LESS 10 PCT FOR EACH ITEM AND MORE OR LESS 5 PCT IN TOTAL QUANTITY AND TOTAL AMOUNT.
5. TT REIMBURSEMENT IS ACCEPTABLE.
6. AN AMOUNT OF USD 75.00 (OR EQUIVALENT) WILL BE DEDUCTED AT PAYMENT FOR EACH PRESENTATION OF DISCREPANT DOCUMENTS UNDER THIS CREDIT, NOTWITHSTANDING ANY INSTRUCTIONS TO THE CONTRARY, THIS CHARGE SHALL BE FOR THE ACCOUNT OF THE BENEFICIARY.

:71B : Charges
ALL BANKING CHARGES OUTSIDE OPENING BANK INCLUDING REIMBURSING CHARGES ARE FOR ACCOUNT OF BENEFICIARY.

:49 : CONFIRMATION INSTRUCTIONS
WITHOUT

:53A : REIMBURSING BANK
WELLS FARGO BANK, N.A.

:78 : Instructions to Pay/Acc/Neg Bank
1. TO NEGOTIATING BANK ONLY: PLEASE FORWARD ALL DOCUMENTS TO US (ADDRESS AS FOLLOWS: 5F-1, NO.260 CHUNG SHAN 2ND RD., CHIEN CHEN DIST., KAOHSIUNG, TAIWAN) BY COURIER SERVICE IN ONE LOT.
2. IF THE DOCUMENTS COMPLY WITH TERMS OF THIS CREDIT, YOU MAY REIMBURSE YOURSELVES FROM THE REIMBURSING BANK BY T/T INDICATING OUR CREDIT NO. IF TERMS ARE NOT COMPLIED WITH, WE WILL REMIT THE PROCEEDS TO YOU UPON DISCREPANT DOCUMENTS BEING ACCEPTED.

答案欄

題　目	答　案
出口商公司名稱？ （英文全名作答）（2分）	
轉讓銀行？ （英文全名作答）（2分）	
補償銀行？ （英文全名作答）（2分）	
FORM OF DOC. CREDIT?（2分）	(1) ☐ GENERAL CREDIT　（1分） 　　☐ SPECIAL CREDIT (2) ☐ STRAIGHT CREDIT 　　☐ NEGOTIATION CREDIT　（1分）
分批裝運？（1分）	☐ 允許　　☐ 不允許
轉運？（1分）	☐ 允許　　☐ 不允許
受益人證明書上須證明哪些單據	(1)＿＿＿＿＿＿＿＿＿＿＿＿＿　（1分）

裝運後要寄給買方？ （中文作答）（3分）	(2)_____（1分） (3)_____（1分）		
根據本信用狀 46A 第 5 項的規定，該 E-mail 內容應屬何種單據性質？（1分）	☐ Shipping Order　　☐ Shipping Advice ☐ Bill of Lading　　☐ Delivery Order		
押匯時，銀行可接受的提單？ （複選2項）（2分）	☐ 備船提單　　☐ 分提單 ☐ 簡式提單　　☐ 直接提單		
每一個品項之交貨數量可容許的範圍？（1分） 信用狀金額可容許的範圍？（1分）	±_____% ±_____%		
銀行手續費： 　(1)押匯手續費（1分） 　(2)補償手續費（1分）	(1)☐ 買方支付　　☐ 賣方支付 (2)☐ 買方支付　　☐ 賣方支付		

(一)解 答

題 目	答 案	信用狀相應電文代碼與解說
出口商公司名稱？ （英文全名作答）（2分）	LINGKONG STEEL CO., LTD.	59
轉讓銀行？（英文全名作答）（2分）	BANCO SANTANDER (BRAZIL) S.A.	47A-3 Receiver
補償銀行？（英文全名作答）（2分）	WELLS FARGO BANK, N.A.	53A
FORM OF DOC. CREDIT？（2分）	(1)☑ GENERAL CREDIT（1分） 　　☐ SPECIAL CREDIT (2)☐ STRAIGHT CREDIT（1分） 　　☑ NEGOTIATION CREDIT	41D 信用狀可押匯（NEGOTIATION），故為 NEGOTIATION CREDIT，且可於任何銀行押匯，故為 GENERAL CREDIT
分批裝運？（1分） 轉運？（1分）	☑ 允許　　☐ 不允許 ☐ 允許　　☑ 不允許	43P 43T
受益人證明書上須證明哪些單據裝運後要寄給買方？（中文作答）（3分）	(1) 品質證明書（1分） (2) 包裝單（1分） (3) 產地證明書正本（1分）	46A-4
根據本信用狀 46A 第 5 項的規定，該 E-mail 內容應屬何	☐ Shipping Order　　☑ Shipping Advice ☐ Bill of Lading　　☐ Delivery Order	受益人將裝運細節通知申請人，故為裝運通知(Shipping Advice)

種單據性質?(1 分)		
押匯時,銀行可接受的提單?(複選 2 項)(2 分)	☑ 備船提單　☐ 分提單 ☑ 簡式提單　☐ 直接提單	47A-1 Charter Party B/L (備船提單) 可接受 信用狀未明文拒絕簡式提單時,視為接受簡式提單
每一個品項之交貨數量可容許的範圍?(1 分)	± 10 %	47A-4
信用狀金額可容許的範圍?(1 分)	± 5 %	39A
銀行手續費: (1)押匯手續費(1 分) (2)補償手續費(1 分)	(1)☐ 買方支付　☑ 賣方支付 (2)☐ 買方支付　☑ 賣方支付	71B

(二)解　析

茲依據題目所附信用狀,將其內容分析如下:

Sender	開狀銀行	TAISHIN INTERNATIONAL BANK
Receiver	通知銀行	BANCO SANTANDER (BRAZIL) S.A.
40A	跟單信用狀格式	不可撤銷,可轉讓
20	信用狀號碼	4NHAF1/00099A015
31C	開狀日期	2015 年 12 月 10 日
40E	適用規則	UCP 最新版,即 UCP600
31D	有效期限與地點	2016 年 3 月 31 日,巴西時間
50	申請人	JUSTING CO., LTD.
59	受益人	LINGKONG STEEL CO., LTD.
32B	信用狀金額	USD 20,100,000
39A	信用狀金額使用彈性百分比	可增或減5%
41D	信用狀使用	可於任何銀行辦理讓購
42C	匯票期限與金額	即期匯票,匯票金額與發票金額相同
42A	匯票付款人	開狀銀行
43P	分批裝運	允許
43T	轉　運	禁止
44E	裝運港	任一巴西港口
44F	卸貨港	KAOHSIUNG, TAIWAN
44C	裝運期限	2016 年 3 月 10 日

45A	貨物	貨物名稱	以連鑄法製造的一級扁鋼胚，品質依 2015 年 11 月 8 日所發的第 SCS1Q 號訂單為準
		貨物數量	SC2 225*1,050*9,800 (MM)　5,000 公噸 SC2 225*1,250*9,800 (MM) 25,000 公噸 SC4 225*1,100*9,800 (MM)　5,000 公噸 SC4 225*1,250*9,800 (MM)　9,000 公噸 SC4 225*1,530*9,800 (MM)　6,000 公噸
		單　價	USD402/公噸
		貿易條件	CFR KAOHSIUNG PORT. TAIWAN
		裝運標誌	未規定

46A	應提示單據	名　稱	份　數	內　容
		商業發票	1 份正本 + 3 份影本	簽署
		包裝單（裝箱單）	1 份正本 + 3 份影本	
		提　單	全套正本 + 4 份不可轉讓影本	清潔 裝船 受貨人由 TAISHIN INTERNATIONAL BANK（開狀銀行）指示 以申請人為被通知人 載明運費預付
		受益人證明書	未規定	載明以下單據已經於裝運日後 5 個工作日內以快遞寄給申請人： 1. 品質證明書 2. 包裝單 3. 原產地證書正本
		發給申請人的電郵影本	未規定	電郵內容： 受益人於裝運日後 5 個工作日內將下列裝運細節通知申請人：契約號碼、商品描述、裝運數量與重量、裝運日、裝船港、提單簽發日與提單號碼、船名、預定啟航日、預定抵達日

47A	其他條件	1. 接受備船提單 2. 除匯票與商業發票外，第三者單據可接受 3. 本信用狀須於通知銀行辦理轉讓。轉讓時若未替換發票，轉讓銀行須將受讓人名稱與地址以 TELEX 或 SWIFT 通知本行 4. 每項商品的交貨數量可增減 10%，全部商品的交貨數量與貨款金額可增減 5% 5. 接受電匯求償 6. 若本信用狀下所提示的單據有瑕疵，每次請求付款時須扣付 75 美元（或等值的其他貨幣）的瑕疵費用，不論是否有相反的指示，本項費用概由受益人負擔

71B	費　用	所有開狀銀行以外的銀行費用（包括補償費用）均應由受益人負擔
49	保兌的指示	無須保兌
53A	補償銀行	WELLS FARGO BANK, N.A.
78	給付款／承兌／讓購銀行的指示	1. 給讓購銀行的指示：請將所有單據一次全部以快遞方式寄給本行（地址：5F-1, NO.260 CHUNG SHAN 2ND RD., CHIEN CHEN DIST., KAOHSIUNG, TAIWAN） 2. 若單據完全符合本信用狀條件，貴行將可標明本信用狀號碼向補償銀行以電匯求償。若單據不符信用狀條件，本行將於瑕疵單據被接受時，始付款給貴行

㈤貿易單據製作（本題共 15 小題，每小題 2 分，合計 30 分）

請依所附信用狀部分內容及相關工廠出貨明細資料，填製㈠ Bill of Exchange、㈡ Invoice、㈢ Packing List、㈣ Shipping Order 等單據所要求之內容，並請依照題號①、②、③……依序將正確答案填入答案紙之答案欄內。下列為信用狀部分內容：

```
--------------------------------Message Header--------------------------------
Swift Output: FIN 700 Issue of a Documentary Credit
Sender     : SMBCJPJTCLS
             SUMITOMO MITSUI BANKING CORPORATION, TOKYO BRANCH
             1-1-2, MARUNOUCHI, CHIYODA-KU, TOKYO, JAPAN
Receiver   : BKTWTWTP082
             BANK OF TAIWAN, SAN DOU BRANCH
             142 SINGUANG RD., LINGYA DIST., KAOHSIUNG, TAIWAN, R.O.C.
--------------------------------Message Text--------------------------------
50         : Applicant—Name & Address
             NEN KU CO., LTD., 15-6 UCHIKANDA 1-CHOME, CHIYODA-KU, TOKYO, JAPAN
59         : Beneficiary—Name & Address
             HAI TAI CO., LTD., No.210, SAN DOU 4TH RD., LINGYA DIST., KAOHSIUNG, TAIWAN,
             R.O.C.
42C        : Drafts at...
             AT 180 DAYS AFTER SIGHT FOR 100 PCT OF INVOICE VALUE
42A        : Drawee
             ISSUING BANK
43P        : PARTIAL SHIPMENTS
             ALLOWED
43T        : TRANSHIPMENT
             PROHIBITED
44E        : Port of Loading/Airport of Dep.
             ANY ASIAN PORT
44F        : Port of Discharge/Airport of Dest.
             ANY JAPANESE PORT
44C        : Latest Date of Shipment
             160315
45A        : Description of Goods &/or Services
```

1. COMMODITY: 90 SETS OF ELECTRONIC TREADMILLAS PER S/C NO.3254
2. HS CODE: 950691
3. PRICE MUST BE UNDERSTOOD CFR ANY JAPANESE PORT
4. SHIPPING MARK: NK (IN DIA)/C/NO:1-UP

46A   : Documents Required
1. SIGNED COMMERCIAL INVOICE IN 3 ORIGINALS SHOWING S/C NO.
2. PACKING LIST IN 3 ORIGINALS.
3. FULL SET (3/3) OF ORIGINAL AND 2 COPIES CLEAN SHIPPED
ON BOARD OCEAN BILLS OF LADING MADE OUT TO OUR ORDER INDICATING
HASEN ENTERPRISE CO. LTD. AS SHIPPER AND NOTIFYING THE APPLICANT.

47A   : Additional Conditions
1. COMMERCIAL INVOICE AND PACKING LIST MUST INDICATE COUNTRY OF
ORIGIN: CHINA AND HS CODE.

工廠出貨明細資料：

型　號	BM-200	AC-134	KD-243
包裝方式	1 SET/CTN	1 SET/CTN	1 SET/CTN
每箱重量	NW: 39 KGS GW: 40 KGS	NW: 11.8 KGS GW: 12.8 KGS	NW: 24.5 KGS GW: 25.5 KGS
出貨數量	10 SETS	20 SETS	15 SETS
價　格	USD 320/SET	USD 58/SET	USD 126/SET
每箱尺寸	22″×26″×52″	8″×22″×40″	10″×24″×50″

BILL OF EXCHANGE

Draft No.   HJ16538   Taiwan,   MARCH 10, 2016

For   ✕

At   180 DAYS   sight of this **FIRST** of Exchange (Second of the same tenor and date being unpaid)

Pay to the order of   **TAIWAN SHIN KONG COMMERCIAL BANK**

The sum of   ①

Drawn under   ✕

Credit No.   HF-007628753   Dated   DEC. 11, 2015

To   ②

                                                ③

                                                 ✕✕✕

HAI TAI COMPANY LIMITED

NO.210, SAN DOU 4TH RD., LINGYA DIST.

KAOHSIUNG, TAIWAN, R.O.C.

INVOICE

No IIJ16538   Date: MARCH 10, 2016

INVOICE of   AS FOLLOWS

For account and risk of Messrs.   NEN KU CO., LTD.

15-6 UCHIKANDA 1-CHOME, CHIYODA-KU, TOKYO, JAPAN

Sailing on or about   MARCH 10, 2016   Per S.S.   ④

From   ⑤   To   ×

L/C NO.   HF-007628753   S/C NO   3254

Marks & Nos.	Description of Goods	Quantity	Unit Price	Amount
			⑦	
×	⑥	10 SETS 20 SETS 15 SETS	×	×
		45 SETS vvvvvvvvvv	× vvvvvvvvvv	× vvvvv
SAY TOTAL	×			
×				

HAI TAI CO., LTD.

xxx

SALES MANAGER

HAI TAI COMPANY LIMITED

NO.210, SAN DOU 4TH RD., LINGYA DIST.

KAOHSIUNG, TAIWAN, R.O.C.

PACKING LIST

No. HJ16538　　　　　　　　　　　　　　　　Date: MARCH 10, 2016

PACKING LIST of 　　　　　　AS FOLLOWS　　　　　　MARKS & NOS.

For account and risk of Messrs.　　　NEN KU CO., LTD.

15-6 UCHIKANDA 1-CHOME, CHIYODA-KU, TOKYO, JAPAN

Sailing on or about　　MARCH 10, 2016　　Per S.S.　　✕　　⑧

From　　　　　✕　　　　　To　　　✕

Packing No.	Description	Quantity	Net Weight (KGS)	Gross Weight (KGS)	Measurement (CBM)
1–10			@39.0		
			390		
11–30	✕	⑨	@11.8	✕	✕
			236		
31–45			@24.5		
			367.5		
✕ vvvvvvvvvvv		✕ vvvvvvvvv	✕ vvvvvvvvvv	✕ vvvvvvvvv	⑩ vvvvvvvvv
	SAY TOTAL ⑪	✕			

HAI TAI CO., LTD.

✕✕✕

SALES MANAGER

Taiwan Marine	SHIPPING ORDER	
Shipper: ✕	Please receive for shipment the under mentioned goods subject to your published regulations and conditions	S/O NO.
Consignee: ⑫	**Taiwan Marine Transport Corporation** **台灣海運股份有限公司**	
Notify Party: (Full name and address) NEN KU CO., LTD. 15-6 UCHIKANDA 1-CHOME CHIYODA-KU, TOKYO, JAPAN	洽訂船位之廠商：　　　電話 / 聯絡人： 報關行：　　　　　　電話 / 聯絡人：	

Ocean Vessel SCORPION	Voy. No. 9836	Final destination (On Merchant's Account And Risk)
Place of Receipt	**Port of Loading** SHANGHAI	Freight to be: ⑬ ☐ Prepaid　☐ Collect
Port of Discharge TOKYO	**Place of Delivery**	領提單處：　　臺　北　　臺　中　　臺中港　　高　雄

Marks and Numbers	No. of P'kgs or Units	Description of Goods	Gross Weight (KGS)	Measurement (M³)
✕	✕	ELECTRONIC TREADMILL	⑭	✕
			櫃型 / 櫃數 __ ×20′/ __ ×40′	
SAY TOTAL _____	⑮		SERVICE REQUIRED ☐ FCL/FCL　　☐ LCL/LCL ☐ FCL/LCL　　☐ LCL/FCL	

SPECIAL NOTE:
1.副本_____ 份　2.運費證明_____ 份　3.電報放貨_____　4.危險品_____　5.其他_____

填表請注意：
1.危險品請註明 UN NO. IMO CLASS 與燃點，並附上 Shipper's Certificate。
2.嘜頭及品名如超過十行，請以附表繕打，俾便提單製作。

答案欄

題　號	答　　案
①	
②	
③	
④	
⑤	
⑥	
⑦	
⑧	
⑨	
⑩	
⑪	
⑫	
⑬	□ Prepaid　　　□ Collect
⑭	
⑮	

題　號	答　　案	參照處	解　析
①	US DOLLARS SIX THOUSAND TWO HUNDRED AND FIFTY ONLY.	・L/C 42C ・出貨明細	本欄應填：匯票金額大寫 ・匯票金額應與發票金額相同 ・　型號　　單價　出貨數量 　BM-200　320　　10 　AC-134　58　　20 　KD-243　126　　15 320 * 10 = 3,200 58 * 20 = 1,160 126 * 15 = 1,890 3,200 + 1,160 + 1,890 = 6,250
②	SUMITOMO MITSUI BANKING CORPORATION, TOKYO BRANCH	・L/C 42A ・Sender	本欄應填：匯票付款人 ・匯票付款人為開狀銀行 ・開狀銀行名稱
③	HAI TAI CO., LTD.	・L/C 59	本欄應填：匯票付款人 ・匯票由信用狀受益人簽發

④	SCORPION V-9836	· 附件 SHIPPING ORDER	本欄應填：船名與航次 · Ocean Vessel 欄位為船名 Voy. No. 欄位為航次
⑤	SHANGHAI	· 附件 SHIPPING ORDER	本欄應填：裝運港 · Port of Loading 欄位為裝運港
⑥	ELECTRONIC TREADMILL AS PER S/C NO.3254 BM-200 AC-134 KD-243	· L/C 45A-1 · 出貨明細	本欄應填：貨物名稱與各項貨物規格 · 依 UCP 規定，發票上的貨物名稱需與信用狀的規定一致，本信用狀對貨物的描述有包括售貨確認書號碼，故應一併列出 · 裝運商品規格
⑦	CFR TOKYO	· L/C 45A-3 · 附件 SHIPPING ORDER	本欄應填：貿易條件 · 貿易條件為 CFR ANY JAPANESE PORT · CFR 條件後面應加卸貨港，Port of Discharge 欄位為卸貨港
⑧	NK (IN DIA) TOKYO C/NO. 1–45 MADE IN CHINA	· L/C 45A-4 · 附件 SHIPPING ORDER · 出貨明細 · L/C 47A	本欄應填：裝運標誌 · 主標誌 NK (IN DIA) 件號 C/NO: 1-UP · 卸貨港 TOKYO · 出貨箱數共 45 箱 　BM-200　　10 箱 　AC-134　　20 箱 　KD-243　　15 箱 　10 + 20 + 15 = 45 · 原產地 CHINA
⑨	@1SET 10SETS @1SET 20SETS @1SET 15SETS	· 出貨明細	本欄應填：各項貨物的包裝數量明細 ·　品項　　每箱數量　總數量 　BM-200　　1 套　　　10 套 　AC-134　　1 套　　　20 套 　KD-243　　1 套　　　15 套
⑩	10.125 CBM	· 出貨明細	本欄應填：總體積 · BM-200 　22 * 26 * 52 ÷ 1,728 ÷ 35.315 = 0.487 　0.487 * 10 = 4.87 　AC-134

			$8 * 22 * 40 \div 1,728 \div 35.315 = 0.115$ $0.115 * 20 = 2.300$ KD-243 $10 * 24 * 50 \div 1,728 \div 35.315 = 0.197$ $0.197 * 15 = 2.955$ $4.870 + 2.300 + 2.955 = 10.125$
⑪	COUNTRY OF ORIGIN: CHINA HS CODE: 950691	・L/C 47A ・L/C 45A-2	本欄應填：原產國 ・商業發票與包裝單上須載明 　COUNTRY OF ORIGIN: CHINA 並 　載明 HS CODE ・HS CODE 為 950691
⑫	TO ORDER OF SUMITOMO MITSUI BANKING CORPORATION, TOKYO BRANCH	・L/C 46A-3 ・L/C Sender	本欄應填：受貨人 ・MADE OUT TO OUR ORDER，意即 　受貨人由開狀銀行指示 ・開狀銀行名稱
⑬	☑ Prepaid　☐ Collect	・L/C 45A-3	本欄應勾選：運費支付 ・CFR 條件下，運費由賣方負擔，賣方 　須於出口地交運貨物時即支付運 　費，故提單上載明 Freight to 　be Prepaid（運費預付）
⑭	1,038.50	・出貨明細	本欄應填：貨物總毛重 ・　品項　　箱數　每箱毛重 　BM-200　10　　40 　AC-134　20　　12.8 　KD-243　15　　25.5 　$10 * 40 = 400$ 　$20 * 12.8 = 256$ 　$15 * 25.5 = 382.5$ 　$400 + 256 + 382.5 = 1,038.5$
⑮	FORTY FIVE (45) CARTONS ONLY.	・出貨明細	本欄應填：貨物總包裝件數大寫 ・共出貨 45 箱，計算式參見答案欄⑧

第一次術科測試試題

㈠基礎貿易英文（本大題合計 20 分）

1. 請於下列答案語群中，選出最適當之答案，並將答案代號填入答案紙，完成函電之內容。（本題語群選項不可重覆，共 5 小格，每小格 2 分，合計 10 分）

答案代號	答案語群
A	account
B	advise
C	amount
D	doing
E	enclosed
F	overcharged
G	is attached
H	making
I	overlooked
J	reminder

Dear Mr. Graham,

May I draw your attention to our invoice of September 3 in the ___①___ of €1,175.00, which is now more than a month overdue.

I am sure that the seasonal rush has kept you busy and that the invoice was ___②___. Your prompt remittance would be appreciated.

A copy of Invoice No. A115 ___③___ in case you have misplaced your copy. If payment has already been made, please disregard this ___④___.

Let me take this opportunity to thank you for placing orders with us, and I look forward to ___⑤___ business with you again in the near future.

Best regards,

Julia Chang

答案欄

①	②	③	④	⑤

(一)解 答

①	②	③	④	⑤
C	I	G	J	D

(二)解 析

答案代號	答案語群	中文意義	答案代號	答案語群	中文意義
A	account	帳戶	F	overcharged	超收
B	advise	勸告	G	is attached	被附上
C	amount	金額	H	making	製造
D	doing	做	I	overlooked	忽略
E	enclosed	隨信附上	J	reminder	提醒

本信函的中文意義說明：

1. May I draw your attention to our invoice of September 3 in the ① amount of €1,175.00, which is now more than a month overdue.

   容我提醒您注意，本公司於 9 月 3 日所開立 1,175 歐元的發票，目前已逾期超過一個月。

2. I am sure that the seasonal rush has kept you busy and that the invoice was ② overlooked. Your prompt remittance would be appreciated.

   我方確信應是旺季的忙碌，導致貴公司忽略了該張發票，若您能儘快匯款，本公司將不勝感激。

3. A copy of Invoice No. A115 ③ is attached in case you have misplaced your copy. If payment has already been made, please disregard this ④ reminder.

   茲附上第 A115 號的發票，以防您一時找不到發票的影本，若您已付款，則請您不需理會本項提醒。

4. Let me take this opportunity to thank you for placing orders with us, and I look forward to ⑤ doing business with you again in the near future.

貴公司惠賜訂單，謹致上謝忱，期待不久的未來還能有機會與貴公司交易。

2.請填入適當的語詞以完成下列翻譯。(本題為填空題，共 10 小格，每小格 1 分，合計 10 分)

(1)謝謝您 10 月 12 日來函詢問數位影音光碟機。

Thank you for your ＿＿①＿＿ of October 12 concerning DVD ＿＿②＿＿.

(2)我們從波士頓的商會得知，貴公司為臺灣首屈一指的防水錶製造商。

We have ＿＿③＿＿ from the Chamber of Commerce in Boston that you are a ＿＿④＿＿ manufacturer of waterproof watches in Taiwan.

(3)本公司為紡織品進口商，想與同行供應商取得聯繫。

We are importers in the ＿＿⑤＿＿ trade and would like to get in ＿＿⑥＿＿ with suppliers of this line.

(4)我們可以直接從庫存供貨，如期交貨絕對沒有問題。

We can ＿＿⑦＿＿ from stock and will have no trouble meeting your ＿＿⑧＿＿ date.

(5)因裝船時間即將來臨，我們必須請您立即將信用狀及裝運指示傳真過來。

As the time of shipment is fast ＿＿⑨＿＿, we must ask you to fax the L/C and shipping ＿＿⑩＿＿ immediately.

答案欄

①		⑥	
②		⑦	
③		⑧	
④		⑨	
⑤		⑩	

①	enquiry	⑥	touch
②	players	⑦	supply
③	learned	⑧	delivery
④	leading	⑨	approaching
⑤	textile	⑩	instructions

㈡貿易流程圖（本題共 5 小題，每小題 2 分，合計 10 分）

請依下列之貿易流程圖，依序將①②③④⑤之步驟名稱填入答案紙之答案欄內。（本測試項目評分依公佈範例為準）

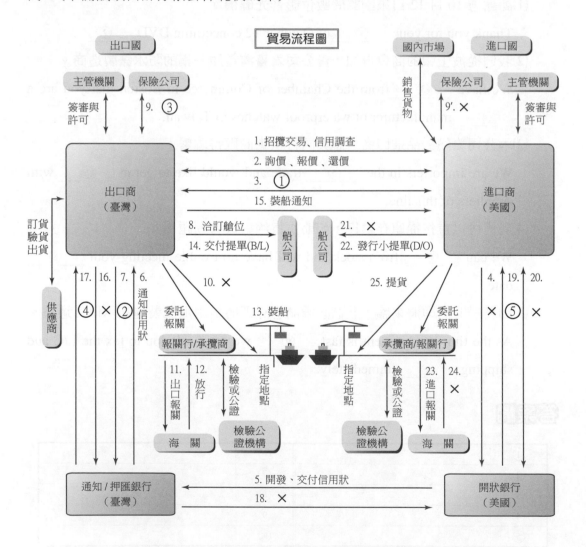

答案欄

題 號	答 案
①	
②	
③	
④	
⑤	

題 號	答 案
①	接受並確認
②	預售外匯（避險操作）
③	投保並取得保險單據 (CIF)
④	墊付押匯款項
⑤	單據到達通知

㈢出口價格核算（本題共 10 小題，每小題 2 分，合計 20 分）

根據以下資料，對貨號 A01 與貨號 A02 兩種以體積噸計算海運運費的貨物，分別以併櫃與整櫃運量，核算相關運費與報價。

產品資料：

貨 號	A01	A02
包裝方式	15 SETS/CTN	18 SETS/CTN
包裝尺寸	4′5″×3′5″×2′5″	80 cm×50 cm×70 cm
採購成本	TWD 280/SET	TWD 320/SET

運費資料：

運 費	併 櫃 (CFS)	20 呎整櫃	40 呎整櫃
	USD 75	USD 1,500	USD 2,500
最低裝運量	1 CBM	25 CBM	50 CBM

其他報價資料：

匯率：USD 1 = TWD 31.45	利潤率：15%
保險費率：投保 ICC(A) 條款 0.18% 　　　　　 ICC(WAR) 條款 0.02%	業務費率：10%

注意事項：

　1.計算過程不需列出，直接填入數字答案。

　2.核算要求：CBM 計算至小數點第 4 位，四捨五入後取 3 位；其餘請計算至
　　小數點第 3 位，四捨五入後取 2 位。

　3.含佣價計算方式：以所求報價條件本身為佣金計算基礎，如 FOBC 為 FOB
　　基礎之含佣價。

貨號 A01：併櫃方式報價

題　目	答　案	單　位
1.每箱才數	①	才 (CFT)
2.每箱 CBM 數	②	CBM
3.每 SET 運費	③	USD/SET
4. FOBC8 報價	④	USD/SET
5. CIF 報價	⑤	USD/SET

貨號 A02：40 呎整櫃方式報價

題　目	答　案	單　位
6.每箱 CBM 數	⑥	CBM
7.每箱才數	⑦	才 (CFT)
8. 40 呎櫃報價箱數	⑧	CTNS
9.每 SET 運費	⑨	USD/SET
10. CFR 報價	⑩	USD/SET

答案欄

①	②	③	④	⑤
⑥	⑦	⑧	⑨	⑩

㈠解　答

①	②	③	④	⑤
36.47	1.033	5.17	12.65	18.44
⑥	⑦	⑧	⑨	⑩
0.280	9.89	179	0.78	14.32

㈡解　析

1. 貨號 A01：併櫃方式報價

每箱才數 = $53 \times 41 \times 29 \div 1,728 = 36.47$ ($4'5'' = 53''$, $3'5'' = 41''$, $2'5'' = 29''$)

每箱 CBM 數 = $36.47 \div 35.315 = 1.033$

每 SET 運費 = USD $75 \times 1.033 \div 15 = $ USD 5.17

FOBC8 報價 = TWD $280 \div 31.45 \div (1 - 15\%) \div (1 - 10\%) \div (1 - 8\%)$

$= $ USD 12.65

CIF 報價 = (USD $280 \div 31.45 + $ USD $5.17) \div (1 - 15\%) \div (1 - 10\%)$

$\div (1 - 1.1 \times 0.2\%)$

$= $ USD 18.44

2. 貨號 A02：整櫃方式報價

每箱 CBM 數 = $0.8 \times 0.5 \times 0.7 = 0.280$

每箱才數 = $0.28 \times 35.315 = 9.89$

40 呎櫃報價箱數 = $50 \div 0.28 = 178. \cdots = 179$（無條件進位）

40 呎櫃報價 SET 數 = $18 \times 179 = 3,222$

每 SET 運費 = USD $2,500 \div 3,222 = $ USD 0.78

CFR 報價 = (TWD $320 \div 31.45 + $ USD $0.78) \div (1 - 15\%) \div (1 - 10\%)$

$= $ USD 14.32

㈣商業信用狀分析（本題為填空題，合計 20 分）

請依下列信用狀之內容，回答答案紙所列問題，並將正確答案填入。

```
------------------------------------------Message Header------------------------------------------
Message Type: MT700 ISSUE OF A DOCUMENTARY CREDIT
Sender      : TAI SHIN INTERNATIONAL BANK KAOHSIUNG BRANCH
Receiver    : KEB HANA BANK HAEUNDAE BRANCH
------------------------------------------Message Text------------------------------------------
27              : SEQUENCE OF TOTAL
                  1/1
40A             : FORM OF DOCUMENTARY CREDIT
                  IRREVOCABLE
20              : DOCUMENTARY CREDIT NUMBER
                  NHAF16S00
31C             : DATE OF ISSUE
                  160803
40E             : APPLICABLE RULES
                  UCP LATEST VERSION
31D             : DATE AND PLACE OF EXPIRY
                  161209 IN THE COUNTRY OF BENEFICIARY
50              : APPLICANT
                  WEN MING CO., LTD.
                  NO. 135, CHUNG HWA 3RD RD., KAOHSIUNG, TAIWAN
59              : BENEFICIARY
                  WART MARINE SYSTEMS CO., LTD.
                  8F, SAESAM BUILDING, 39 SESIL-RO, BUSAN, KOREA
32B             : CURRENCY CODE, AMOUNT
                  USD 1,028,000.00
41D             : AVAILABLE WITH . . . BY . . .
                  ADVISING BANK BY NEGOTIATION
42C             : DRAFTS AT ...
                  AT SIGHT
42D             : DRAWEE
                  ISSUING BANK
43P             : PARTIAL SHIPMENTS
                  ALLOWED
43T             : TRANSSHIPMENT
                  PROHIBITED
44E             : PORT OF LOADING/AIRPORT OF DEPARTURE
                  ANY KOREAN PORT
44F             : PORT OF DISCHARGE/AIRPORT OF DESTINATION
                  KAOHSIUNG, TAIWAN
44C             : LATEST DATE OF SHIPMENT
                  161110
45A             : DESCRIPTION OF GOODS AND/OR SERVICES
                  2 SHIPSETS OF INTEGRATED BRIDGE SYSTEM
                  AS PER CONTRACT NO. S2465 AND INVITATION NO. R5468
                  FOB KOREA
46A             : DOCUMENTS REQUIRED
                  1. MANUALLY SIGNED COMMERCIAL INVOICE IN 1 ORIGINAL.
                  2. MANUALLY SIGNED PACKING LIST IN 1 ORIGINAL.
                  3. 2/3 SET OF CLEAN ON BOARD OCEAN BILLS OF LADING MADE OUT TO ORDER
                     AND BLANK ENDORSED MARKED "FREIGHT COLLECT" AND NOTIFY
                     APPLICANT AS INDICATED ABOVE.
                  4. BENEFICIARY'S CERTIFICATE STATING THAT 1/3 SET OF ORIGINAL B/L AND
                     ONE COMPLETE SET OF NON-NEGOTIABLE DOCUMENTS INCLUDING 6 COPIES
```

OF INVOICE AND PACKING LIST HAVE BEEN FORWARDED BY REGISTERED AIRMAIL DIRECTLY TO THE APPLICANT BY BENEFICIARY WITHIN 3 DAYS AFTER THE SHIPMENT EFFECTED.

5. TEST REPORT ISSUED BY INDEPENDENT SURVEYOR IN DUPLICATE.

6. CLASSIFICATION CERTIFICATE ISSUED BY DNV IN DUPLICATE.

7. LETTER OF BANK GUARANTEE ADVISED THROUGH MEGA INTERNATIONAL COMMERCIAL BANK CO., LTD., KAOHSIUNG BRANCH.

47A　　: ADDITIONAL CONDITIONS

1. ALL DOCUMENTS MUST BEAR THE CREDIT NUMBER.

2. PARTIAL SHIPMENTS ARE ALLOWED BUT NOT MORE THAN 2 SHIPMENTS.

3. THE BILL OF LADING DATED WITHIN 30 DAYS AFTER THE LATEST SHIPMENT DATE IS ACCEPTABLE BUT BENEFICIARY HAS TO PAY A DELAY PENALTY ON THE BASIS OF 0.1 PCT OF THE INVOICE VALUE FOR EACH DAY DELAYED. SUCH PENALTY SHOULD BE DEDUCTED FROM THE NEGOTIATING AMOUNT BY THE NEGOTIATING BANK.

4. THE DRAFT(S) MUST BEAR "DRAWN UNDER DOCUMENTARY CREDIT NO."

5. CLASSIFICATION CERTIFICATE SHALL BEAR INVOICE NUMBER, CONTRACT NUMBER AND INVITATION NUMBER.

6. ON DECK B/L IS NOT ACCEPTABLE.

7. OCEAN BILLS OF LADING MUST BE ISSUED BY KANA SHIPPING CO., LTD. TEL: 82-2-752-2145 FAX: 82-2-756-3245

71B　　: CHARGES

ALL BANKING CHARGES OUTSIDE TAIWAN INCLUDING REIMBURSEMENT COMMISSION ARE FOR ACCOUNT OF BENEFICIARY.

49　　: CONFIRMATION INSTRUCTION

WITHOUT

78　　: INSTRUCTIONS TO THE PAYING/ACCEPTING/NEGOTIATING BANK

1. TO NEGOTIATING BANK ONLY: PLEASE FORWARD ALL DOCUMENTS TO US BY COURIER/EXPRESS IN ONE LOT.

2. UPON RECEIPT OF DOCUMENTS IN COMPLIANCE WITH THE TERMS OF THE CREDIT, WE WILL REMIT THE PROCEEDS TO PRESENTING BANK AS INSTRUCTED.

答案欄

題　目	答　案
RESTRICTED NEGOTIATING BANK?（英文作答）（2分）	
PAYING BANK?（英文作答）（2分）	
本信用狀規定須由哪一家運輸公司簽發提單?（英文作答）（2分）	
根據 46A，除了商業發票、包裝單、提單及受益人證明書外，押匯單據還有哪些?（英文作答）	(1)＿＿＿＿＿＿＿＿＿＿＿＿＿＿＿＿＿（2分） (2)＿＿＿＿＿＿＿＿＿＿＿＿＿＿＿＿＿（2分） (3)＿＿＿＿＿＿＿＿＿＿＿＿＿＿＿＿＿（2分）
FORM OF CREDIT?	(1)☐ GENERAL L/C　☐ SPECIAL L/C　（1分） (2)☐ CONFIRMED L/C　☐ UNCONFIRMED L/C（1分）
押匯時，提示下列提單銀行會接受嗎?	

(1) STRAIGHT B/L	(1) ☐ YES ☐ NO （1分）
(2) SHORT FORM B/L	(2) ☐ YES ☐ NO （1分）
(3) ON DECK B/L	(3) ☐ YES ☐ NO （1分）
(4) THIRD PARTY B/L	(4) ☐ YES ☐ NO （1分）
分批裝運最多限幾次？	☐2次 ☐3次 ☐4次 （1分）
若提單的簽發日為11月15日，則出口商會被扣幾天的遲延罰款？	☐1天 ☐3天 ☐5天 （1分）

(一)解 答

題 目	答 案	信用狀相應電文代碼與解說
RESTRICTED NEGOTIATING BANK?（英文作答）（2分）	KEB HANA BANK HAEUNDAE BRANCH	41D Receiver
PAYING BANK?（英文作答）(2分)	TAI SHIN INTERNATIONAL BANK KAOHSIUNG BRANCH	42D Sender
本信用狀規定須由哪一家運輸公司簽發提單？（英文作答）（2分）	KANA SHIPPING CO., LTD.	47A-7
根據46A，除了商業發票、包裝單、提單及受益人證明書外，押匯單據還有哪些？（英文作答）	(1) TEST REPORT （2分） (2) CLASSIFICATION CERTIFICATE （2分） (3) LETTER OF BANK GUARANTEE （2分）	46A-5 46A-6 46A-7
FORM OF CREDIT?	(1) ☐ GENERAL L/C ☑ SPECIAL L/C （1分） (2) ☐ CONFIRMED L/C ☑ UNCONFIRMED L/C （1分）	41D 指定押匯銀行，故為 SPECIAL L/C 49
押匯時，提示下列提單銀行會接受嗎？ (1) STRAIGHT B/L (2) SHORT FORM B/L (3) ON DECK B/L (4) THIRD PARTY B/L	(1) ☐ YES ☑ NO （1分） (2) ☑ YES ☐ NO （1分） (3) ☐ YES ☑ NO （1分） (4) ☑ YES ☐ NO （1分）	46A-3 要求提示指示式提單，故記名式提單(STRAIGHT B/L) 將不被接受 信用狀未明文拒絕簡式提單，視為接受 47A-6 信用狀未明文拒絕第三者提單，視為接受

分批裝運最多限幾次？	☑2 次　□3 次　□4 次（1 分）	47A-2
若提單的簽發日為 11 月 15 日，則出口商會被扣幾天的遲延罰款？	□1 天　□3 天　☑5 天（1 分）	44C 47A-3 裝運期限 11 月 10 日， 15 − 10 = 5

㈡解　析

依據題目所附信用狀，分析內容如下：

Sender	開狀銀行	TAI SHIN INTERNATIONAL BANK KAOHSIUNG BRANCH
Receiver	通知銀行	KEB HANA BANK HAEUNDAE BRANCH
40A	跟單信用狀格式	不可撤銷
20	信用狀號碼	NHAF16S00
31C	開狀日期	2016 年 8 月 3 日
40E	適用規則	UCP 最新版，即 UCP600
31D	有效期限與地點	2016 年 12 月 9 日，受益人所在國時間
50	申請人	WEN MING CO., LTD.
59	受益人	WART MARINE SYSTEMS CO., LTD.
32B	信用狀金額	USD 1,028,000.00
41D	信用狀使用	限於通知銀行辦理讓購
42C	匯票期限	即期匯票
42D	匯票付款人	開狀銀行
43P	分批裝運	允許
43T	轉　運	禁止
44E	裝運港	任一韓國港口
44F	卸貨港	KAOHSIUNG, TAIWAN
44C	裝運期限	2016 年 11 月 10 日
45A	貨　物	貨物名稱：整合船橋系統，品質依 S2465 號契約與 R5468 號邀請函的內容為準 貨物數量：2 套 貿易條件：FOB KOREA 裝運標誌：未規定

46A	應提示單據	名　稱	份　數	內　容
		商業發票	1 份正本	手簽
		包裝單（裝箱單）	1 份正本	手簽

		海運提單	2/3 套正本	清潔 裝船 受貨人待指示 以空白背書方式轉讓 載明運費待付 以本信用狀上述的申請人為被通知人
		受益人證明書	未規定	載明受益人已經於裝運後 3 天內將 1/3 套正本提單與一整套不可轉讓單據（包含 6 份發票與包裝單影本）以航空掛號郵寄方式直接寄給申請人
		測試報告	2 份	由獨立公證行簽發
		分級證書	2 份	由 DNV 國際驗證股份有限公司簽發
		銀行保證函	未規定	透過兆豐銀行高雄分行通知
47A	其他條件			1. 所有單據均須載明本信用狀號碼 2. 允許分批交貨，但最多只能分 2 批交貨 3. 裝運期限後 30 天內所簽發的提單可接受，但受益人須支付遲延罰款（發票金額×0.1%×遲延天數），該罰款將由押匯銀行自押匯款中扣除 4. 匯票需載明 "DRAWN UNDER DOCUMENTARY CREDIT NO." （依跟單信用狀號碼×××所簽發） 5. 分級證書須載明發票號碼、契約號碼與邀請函號碼 6. 不接受甲板提單 7. 指定由 KANA SHIPPING CO., LTD. 簽發提單
71B	費 用			所有臺灣以外的銀行費用（包括補償費用）均應由受益人負擔
49	保兌的指示			無須保兌
78	給付款／承兌／讓購銀行的指示			1. 給押匯銀行的指示：請將所有單據一次全部以快遞方式寄給本行 2. 若本行所收到的單據完全符合本信用狀條件，本行將依指示匯款予提示銀行

㈤貿易單據製作（本題共 15 小題，每小題 2 分，合計 30 分）

請依下列信用狀部分內容及相關工廠出貨明細資料，填製㈠ Bill of Exchange、㈡ Invoice、㈢ Packing List、㈣ Shipping Order 等單據所要求之內容，並請依照題號①、②、③……依序將正確答案填入答案紙之答案欄內。

```
-----------------------------------------Message Header-----------------------------------------
Swift Output: FIN 700 Issue of a Documentary Credit
Sender      : BANK OF AMERICA
Receiver    : MEGA INTERNATIONAL COMMERCIAL BANK CO., LTD., KAOHSIUNG BRANCH
```

```
------------------------------------------------Message------------------------------------------------
50          : APPLICANT
            HANA TRADING CO., LTD.
            2324 WEST BLEVEN MILE ROAD, SOUTHFIELD, MT 484123, USA
59          : BENEFICIARY
            MINGO TRADING CO., LTD.
            12F-3, NO.297, CHUNG SHAN 2ND ROAD, CHIEN CHEN DIST., KAOHSIUNG, TAIWAN
32B         : CURRENCY CODE, AMOUNT
            USD 162,000.00
41D         : AVAILABLE WITH . . . BY . . .
            ANY BANK BY NEGOTIATION
42C         : DRAFTS AT
            AT 180 DAYS AFTER SIGHT FOR 100% INVOICE VALUE
42A         : DRAWEE
            ISSUING BANK
44E         : PORT OF LOADING
            VERACRUZ, MEXICO
44F         : PORT OF DISCHARGE
            HOUSTON, TX, USA
44C         : LATEST DATE OF SHIPMENT
            161016
45A         : SHIPMENT OF GOODS
            5,000 PCS OF SWEATER AS PER P/I NO.25146.
            TRADE TERMS: CFR HOUSTON (INCOTERMS 2010)
46A         : DOCUMENTS REQUIRED
            1. SIGNED COMMERCIAL INVOICE IN ONE ORIGINAL MARKED P/I NO.
            2. PACKING LIST IN ONE ORIGINAL.
            3. FULL SET OF CLEAN ON BOARD OCEAN BILLS OF LADING ISSUED TO OUR
               ORDER MARKED "FREIGHT PREPAID" AND NOTIFY APPLICANT WITH ADDRESS.
47A         : ADDITIONAL CONDITIONS
            1. ALL DOCUMENTS MUST INDICATE THIS CREDIT NUMBER
            2. SHIPPING MARK: HT(IN DIA)/C/NO.: 1-UP
            3. COMMERCIAL INVOICE AND PACKING LIST MUST INDICATE "THE COUNTRY OF
               ORIGIN: MEXICO"
```

工廠出貨明細資料：

型　號	A-200	A-134	A-224
包裝方式	20 PCS/CTN	20 PCS/CTN	25 PCS/CTN
每箱重量	NW: 25 KGS GW: 26 KGS	NW: 25 KGS GW: 26 KGS	NW: 24.5 KGS GW: 25.5 KGS
出貨數量	1,000 PCS	1,000 PCS	500 PCS
每箱尺寸	$45 \times 65 \times 78$ (cm)	$45 \times 65 \times 78$ (cm)	$18'' \times 26'' \times 30''$

BILL OF EXCHANGE

Draft No. HJ16538   Taiwan,   SEPT. 20, 2016

For   ✕

At   ①   sight of this **FIRST** of Exchange (Second of the same tenor and date being unpaid)

Pay to the order of   **TAIWAN SHIN KONG COMMERCIAL BANK**

The sum of   ✕

Drawn under   ②

Credit No.   HF-007628753   Dated   AUG. 11, 2016

To

        ✕   ③

                                    ✕✕✕✕

MINGO TRADING CO., LTD.

12F-3, NO.297, CHUNG SHAN 2ND RD.

CHIEN CHEN DIST., KAOHSIUNG

TAIWAN

INVOICE

No.　CD543　　　　　　　　　　　　　Date:　SEPT. 20, 2016

INVOICE of　　　　　AS FOLLOWS

For account and risk of Messrs.　　　　　　　　④

Sailing on or about　　SEPT. 20, 2016　　Per S.S.　　YU HENG V.6214

From　　VERACRUZ, MEXICO　　To　　HOUSTON, TX, USA

Marks & Nos.	Description of Goods	Quantity	Unit Price	Amount
			⑤	
✕	SWEATER AS PER P/I NO. 25146 A 200 A-134 A-224	✕	USD 32.00/PC USD 34.00/PC USD 30.00/PC	✕
		✕ vvvvvvvvvv		✕ vvvvvvvvvv
SAY TOTAL　　　　　⑥ CREDIT NO. HF–007628753 　　　⑦				
			MINGO TRADING CO., LTD. ✕✕✕ SALES MANAGER	

MINGO TRADING CO., LTD.

12F-3, NO.297, CHUNG SHAN 2ND RD.

CHIEN CHEN DIST., KAOHSIUNG

TAIWAN

PACKING LIST

No. CD543   Date: SEPT. 20, 2016

PACKING LIST of   AS FOLLOWS   MARKS & NOS.

For account and risk of Messrs.   ✕

⑧

Sailing on or about SEPT. 20, 2016   Per S.S. YU HENG V.6214

From   VERACRUZ, MEXICO   To   HOUSTON, TX, USA

Packing No.	Description	Quantity	Net Weight (KGS)	Gross Weight (KGS)	Measurement (CBM)
✕	SWEATER A-200 A-134 A-224	⑨	@25.00 1250.00 @25.00 1250.00 @24.50 490.00	✕	✕
✕ vvvvvvv		✕ vvvvvvv	✕ vvvvvvv	⑩ vvvvvvv	✕ vvvvvvv
SAY TOTAL ⑪					
✕					

MINGO TRADING CO., LTD.

✕✕✕

SALES MANAGER

Taiwan Marine		SHIPPING ORDER	
Shipper: ×		Please receive for shipment the under mentioned goods subject to your published regulations and conditions	S/O NO.
Consignee: ⑫		**Taiwan Marine Transport Corporation** **台灣海運股份有限公司**	
Notify Party: (Full name and address) ⑬		洽訂船位之廠商：　　　　　電話／聯絡人： 報關行：　　　　　　　　　電話／聯絡人：	
Ocean Vessel YU HENG	**Voy. No.** 6214	Final destination (On Merchant's Account And Risk)	
Place of Receipt	**Port of Loading** ×	Freight to be: ■ Prepaid　　☐ Collect	
Port of Discharge ⑭	**Place of Delivery**	領提單處：　臺　北　臺　中　臺中港　高　雄	
Marks and Numbers	**No. of P'kgs or Units**	**Description of Goods**	**Gross Weight (KGS)**	**Measurement (M³)**
×	×	SWEATER	×	⑮
			櫃型／櫃數 ＿ ×20′／＿ ×40′	
SAY TOTAL _____×_____ CREDIT NO. HF-007628753			SERVICE REQUIRED ☐ FCL/FCL　　☐ LCL/LCL ☐ FCL/LCL　　☐ LCL/FCL	

SPECIAL NOTE:
1. 副本 _____ 份　2. 運費證明 _____ 份　3. 電報放貨 _____　4. 危險品 _____　5. 其他 _____

填表請注意：

1. 危險品請註明 UN NO. IMO CLASS 與燃點，並附上 Shipper's Certificate。
2. 嘜頭及品名如超過十行，請以附表繕打，俾便提單製作。

答案欄

題　號	答　案
①	
②	
③	
④	
⑤	
⑥	
⑦	
⑧	
⑨	
⑩	
⑪	
⑫	
⑬	
⑭	
⑮	

題　號	答　案	參照處	解　析
①	180 DAYS AFTER	・L/C 42C	本欄應填：匯票期限 ・見票後 180 天付款
②	BANK OF AMERICA	・L/C Sender	本欄應填：開狀銀行 ・開狀銀行名稱
③	MINGO TRADING CO., LTD.	・L/C 59	本欄應填：匯票發票人 ・匯票由信用狀受益人簽發
④	HANA TRADING CO., LTD. 2324 WEST BLEVEN MILE ROAD, SOUTHFIELD, MT 484123, USA	・L/C 50	本欄應填：發票抬頭人 ・發票抬頭人須為信用狀申請人
⑤	CFR HOUSTON (INCOTERMS 2010)	・L/C 45A	本欄應填：貿易條件 ・貿易條件須與信用狀所規定完全一致（若信用狀上有規定 INCOTERMS 2010，亦須載入）

⑥	US DOLLARS EIGHTY ONE THOUSAND ONLY.	・貨物單價 ・出貨明細	本欄應填：發票金額大寫 ・　品項　單價　出貨數量 　A-200　32　　1,000 　A-134　34　　1,000 　A-224　30　　　500 $32 \times 1,000 = 32,000$ $34 \times 1,000 = 34,000$ $30 \times 500 = 15,000$ $32,000 + 34,000 + 15,000 = 81,000$
⑦	THE COUNTRY OF ORIGIN: MEXICO	・L/C 47A-3	本欄應填：貨物原產國 ・發票與包裝單上須載明 "THE COUNTRY OF ORIGIN: MEXICO"（原產國：墨西哥）
⑧	HT (IN DIA) HOUSTON, TX, USA C/NO. 1-120 MADE IN MEXICO	・L/C 47A-2 ・L/C 44F ・出貨明細 ・L/C 47A-3	本欄應填：裝運標誌 ・主標誌：HT (IN DIA) 　件號：C/NO. 1-UP ・卸貨港：HOUSTON, TX, USA ・　品項　　數量　　每箱數量　箱數 　A-200　1,000 件　20 件　　50 　A-134　1,000 件　20 件　　50 　A-224　 500 件　25 件　　20 $50 + 50 + 20 = 120$ ・原產國：MEXICO
⑨	@20 PCS 1,000 PCS @20 PCS 1,000 PCS @25 PCS 　500 PCS	・出貨明細	本欄應填：各項貨物的包裝數量明細 ・　品項　每箱數量　總數量 　A-200　20 件　　1,000 件 　A-134　20 件　　1,000 件 　A-224　25 件　　 500 件
⑩	3,110	・出貨明細	本欄應填：貨物總毛重 ・　品項　箱數　每箱毛重 　A-200　50　　26 　A-134　50　　26 　A-224　20　　25.5 $26 \times 50 = 1,300$ $26 \times 50 = 1,300$ $25.5 \times 20 = 510$ $1,300 + 1,300 + 510 = 3,110$
⑪	ONE HUNDRED AND TWENTY (120) CARTONS ONLY.	・出貨明細	本欄應填：出貨總箱數大寫 ・計算式參見答案欄⑧
⑫	TO ORDER OF BANK OF AMERICA	・L/C 46A-3	本欄應填：受貨人 ・ISSUE TO OUR ORDER，意即受貨

		・Sender	人由我方（開狀銀行）指示，應填入「TO ORDER OF 開狀銀行名稱」 ・開狀銀行名稱
⑬	HANA TRADING CO., LTD. 2324 WEST BLEVEN MILE ROAD, SOUTHFIELD, MT 484123, USA	・L/C 46A-3 ・L/C 50	本欄應填：被通知人 ・NOTIFY APPLICANT WITH ADDRESS 意即以申請人為被通知人，並需填入地址 ・申請人名稱地址
⑭	HOUSTON, TX, USA	・L/C 44F	本欄應填：卸貨港 ・卸貨港：HOUSTON, TX, USA
⑮	27.400	・出貨明細	本欄應填：貨物總體積（立方公尺） A-200 $0.45 \times 0.65 \times 0.78 = 0.228$ $\quad\quad 0.228 \times 50 = 11.4$ A-134 $0.45 \times 0.65 \times 0.78 = 0.228$ $\quad\quad 0.228 \times 50 = 11.4$ A-224 $18 \times 26 \times 30 \div 1{,}728 \div 35.315 = 0.23$ $\quad\quad 0.23 \times 20 = 4.6$ $11.4 + 11.4 + 4.6 = 27.4$

第二次術科測試試題

㈠基礎貿易英文（本大題合計 20 分）

1. 請於下列答案語群中，選出最適當之答案，並將答案代號填入答案紙，完成函
電之內容。（本題語群選項不可重覆，共 5 小格，每小格 2 分，合計 10 分）

答案代號	答案語群
A	shipment
B	following
C	quantity
D	kitchenware
E	follows
F	stocks
G	offering
H	supply
I	furniture
J	quoted

Dear Mr. Hathaway,

Thank you for your e-mail of May 18. We appreciate the interest you have shown in our new range of ___①___ and are pleased to quote as ___②___ :

Extendable Dining Table	$2,500
Coffee Table with Double Drawers	$250
3-Drawer Mobile File Cabinet	$145

The prices ___③___ are CIF Seattle, and we are prepared to grant you a special discount of 15% if your order value is over $10,000 for one ___④___ .

As our ___⑤___ of these goods are limited, we suggest you place an order as soon as possible.

Sincerely,

Lisa Wu

答案欄

①	②	③	④	⑤

(一)解 答

①	②	③	④	⑤
I	E	J	A	F

(二)解 析

答案代號	答案語群	中文意義	答案代號	答案語群	中文意義
A	shipment	裝運	F	stocks	存貨
B	following	如下	G	offering	報價
C	quantity	數量	H	supply	供應
D	kitchenware	廚具	I	furniture	家具
E	follows	如下	J	quoted	報價

本信函的中文意義說明：

1. Thank you for your e-mail of May 18. We appreciate the interest you have shown in our new range of ① furniture are pleased to quote as ② follows:

   感謝您 5 月 18 日的電郵，得知您對我司新推出的家具頗感興趣，至表感激，茲報價如下：

2. Extendable Dining Table：可伸縮擴充式餐桌

   Coffee Table with Double Drawers：雙抽屜咖啡桌

   Drawer Mobile File Cabinet：可移動式三層抽屜文件櫃

3. The prices ③ quoted are CIF Seattle, and we are prepared to grant you a special discount of 15% if your order value is over $10,000 for one ④ shipment.

   以上報價的條件均為 CIF 西雅圖，若您一次裝運的訂單總值超過 10,000 美元，將給予 15% 的特別折扣。

4. As our ⑤ stocks of these goods are limited, we suggest you place an order as soon as possible.

　由於上述商品的存貨有限，建議您儘快下單。

2.請填入適當的語詞以完成下列翻譯。(本題為填空題，共 10 小格，每小格 1 分，合計 10 分)

　(1)請立刻結清逾期的貨款。

　　Please ____①____ the ____②____ payments immediately.

　(2)我們已經報上最優惠的價格。

　　We have ____③____ our most ____④____ prices.

　(3)貨物一裝運，我們就會以電郵告知。

　　As ____⑤____ as shipment has been effected, we will ____⑥____ you by email.

　(4)本公司專門生產時尚和負擔得起的鞋。

　　We ____⑦____ in fashionable and ____⑧____ footwear.

　(5)就類似品質的貨品而言，我們的價格遠比競爭對手的價格低得多。

　　Our prices are considerably lower than those of our ____⑨____ for goods of ____⑩____ quality.

答案欄

①		⑥	
②		⑦	
③		⑧	
④		⑨	
⑤		⑩	

①	settle	⑥	advise
②	overdue	⑦	specialize
③	quoted	⑧	affordable
④	favorable	⑨	competitors
⑤	soon	⑩	similar

㈡**貿易流程圖（本題共5小題，每小題2分，合計10分）**

　　請依下列之貿易流程圖，依序將①②③④⑤之步驟名稱填入答案紙之答案欄內。（本測試項目評分依公佈範例為準）

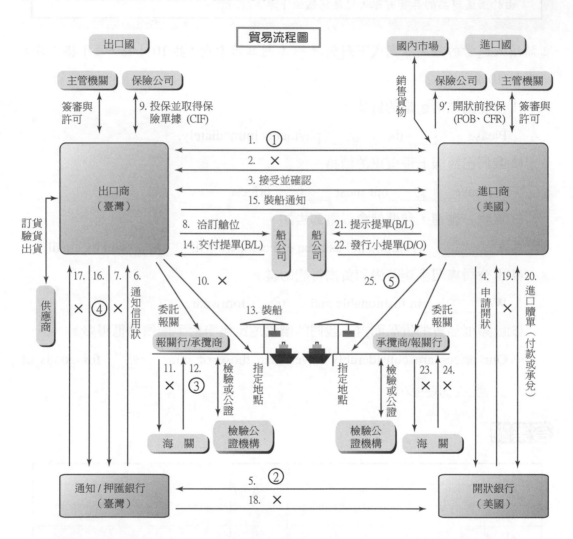

答案欄

題　號	答　　案
①	
②	
③	
④	
⑤	

題　號	答　案
①	招攬交易、信用調查
②	開發、交付信用狀
③	放行
④	辦理押匯
⑤	提貨

㈢出口價格核算（本題共 10 小題，每小題 2 分，合計 20 分）

　　根據以下資料，對貨號 TH-796 與貨號 TH-850 兩種以體積噸計算海運運費的貨物，分別以併櫃與整櫃運量，核算相關運費與報價。

產品資料：

貨　號	TH-796	TH-850
包裝方式	16 DOZ/CTN	8 BUNDLES/CRATE
包裝尺寸	$17'' \times 16'' \times 14''$	128 CM × 119 CM × 95 CM
採購成本	NTD 250/DOZ	NTD 580/BUNDLE

運費資料：

運　費	併　櫃 (CFS)	20 呎 (TEU) 整櫃	40 呎 (FEU) 整櫃
	USD 60	USD 830	USD 1,100
最低裝運量	1 CBM	25 CBM	50 CBM

其他報價資料：

匯率：USD 1 = EUR 0.919　　EUR 1 = TWD 33.90	利潤率：　15%
保險費率：ICC(A) 0.08%、罷工險 0.015%	業務費率：3.5%

注意事項：

1. 計算過程不需列出，直接填入數字答案。

2. 核算要求：CBM 計算至小數點第 4 位，四捨五入後取 3 位；其餘請計算至小數點第 3 位，四捨五入後取 2 位。

3. 含佣價計算方式：以所求報價條件本身為佣金計算基礎，如 FOBC, CFRC

與 CIFC 分別為 FOB, CFR 與 CIF 基礎之含佣價。

貨號 TH-796：併櫃方式報價

題　目	答　案	單　位
1. 每箱 CFT 數	①	CFT
2. 每箱 CBM 數	②	CBM
3. 每 DOZ（打）運費	③	EUR/DOZ
4. FOBC5 報價	④	EUR/DOZ
5. CFR 報價	⑤	EUR/DOZ

貨號 TH-850：TEU 方式報價

題　目	答　案	單　位
6. 每箱 CBM 數	⑥	CBM
7. TEU 報價箱數	⑦	CRATES
8. 每 BUNDLE（捆）運費	⑧	EUR/BUNDLE
9. CFRC6 報價	⑨	EUR/BUNDLE
10. CIFC8 報價	⑩	EUR/BUNDLE

答案欄

①	②	③	④	⑤
⑥	⑦	⑧	⑨	⑩

㈠解　答

①	②	③	④	⑤
2.20	0.062	0.21	9.46	9.25
⑥	⑦	⑧	⑨	⑩
1.447	18	5.30	29.06	29.73

㈡解 析

1. 貨號 TH-796：併櫃方式報價

每箱 CFT 數 $= 17 \times 16 \times 14 \div 1,728 = 2.20$

每箱 CBM 數 $= 2.20 \div 35.315 = 0.062$

每 DOZ（打）運費 $= USD\ 60 \times 0.062 \div 16 = USD\ 0.23$

$$USD\ 0.23 \times 0.919 = EUR\ 0.21$$

FOBC5 報價 $= NTD\ 250 \div 33.90 \div (1 - 15\%) \div (1 - 3.5\%) \div (1 - 5\%)$

$$= EUR\ 9.46$$

CFR 報價 $= [(NTD\ 250 \div 33.90) + EUR\ 0.21] \div (1 - 15\%) \div (1 - 3.5\%)$

$$= EUR\ 9.25$$

2. 貨號 TH-850：TEU 方式報價

每箱 CBM 數 $= 1.28 \times 1.19 \times 0.95 = 1.447$

TEU 報價箱數 $= 25 \div 1.447 = 17.\cdots = 18$（無條件進位）

TEU 報價 BUNDLE 數 $= 18 \times 8 = 144$

每 BUNDLE（捆）運費 $= USD\ 830 \times 0.919 \div 144 = EUR\ 5.30$

CFRC6 報價 $= [(NTD\ 580 \div 33.90) + EUR\ 5.30] \div (1 - 15\%) \div (1 - 3.5\%)$

$$\div (1 - 6\%)$$

$$= EUR\ 29.06$$

CIFC8 報價 $= [(NTD\ 580 \div 33.90) + EUR\ 5.30] \div (1 - 15\%) \div (1 - 3.5\%)$

$$\div (1 - 1.1 \times 0.095\%) \div (1 - 8\%)$$

$$= EUR\ 29.73$$

㈣商業信用狀分析（本題為填空題，合計 20 分）

請依下列信用狀之內容，回答答案紙所列問題，並將正確答案填入。

Authentication Result: Correct with Current Key
Instance Type and Transmission
Original received from SWIFT
Priority   : Normal
Swift Output: 700 ISSUE OF A DOCUMENTARY CREDIT
Sender   : HUA NAN COMMERCIAL BANK, LTD.
Receiver   : DEUTSCHE BANK AG

---Message Text---

27	: Sequence of Total
	1/1
40A	: Form of Documentary Credit
	IRREVOCABLE
20	: Documentary Credit Number
	6PH2-789356-201
31C	: Date of Issue
	170512
40E	: Applicable Rules
	UCP LATEST VERSION
31D	: Date and Place of Expiry
	170720
50	: Applicant
	NICE VILLAGE INDUSTRIAL CO., LTD.
	NO.789 SEC 5, CHUNG SHAN RD, LINKOU DIST, NEW TAIPEI CITY 244 TAIWAN, R.O.C.
59	: Beneficiary
	GERMAN STARLING VALVE GMBH
	FRIEDRICHPLATZ 999A, 47495 RHEINBERG, GERMANY
32B	: Currency Code, Amount
	EUR104,250.00
39B	: Maximum Credit Amount
	NOT EXCEEDING
41A	: Available with . . . by . . .
	ADVISING BANK BY DEFERRED PAYMENT
42P	: Deferred Payment Details
	30 DAYS AFTER B/L DATE
43P	: Partial Shipments
	PROHIBITED
43T	: Transshipment
	PROHIBITED
44E	: Port of Loading/Airport of Departure
	HAMBURG, GERMANY
44F	: Port of Discharge/Airport of Destination
	KEELUNG, TAIWAN
44C	: Latest Date of Shipment
	170705
45A	: Description of Goods and/or Services
	150 PCS OF STARTING VALVE
46A	: Documents Required

1. MANUALLY SIGNED COMMERCIAL INVOICE IN TRIPLICATE INDICATING L/C NUMBER AND P/I NO.NV-170410
2. FULL SET (3/3) OF CLEAN ON BOARD BILLS OF LADING MADE OUT TO THE ORDER OF HUA NAN COMMERCIAL BANK, LTD. MARKED FREIGHT PREPAID AND THIS CREDIT NUMBER NOTIFYING APPLICANT, INDICATING EURO NICE GLOBAL GMBHD AS SHIPPER
3. INSURANCE POLICY OR CERTIFICATE IN DUPLICATE IN NEGOTIABLE FORM FOR 110 PCT OF INVOICE VALUE BLANK ENDORSED AND WITH CLAIMS PAYABLE IN TAIWAN COVERING INSTITUTE CARGO CLAUSES (A) AND INSTITUTE STRIKES CLAUSES (CARGO) ALL IRRESPECTIVE OF PERCENTAGE FROM SELLER'S WAREHOUSE TO BUYER'S WAREHOUSE NEW TAIPEI CITY
4. NEUTRAL PACKING LIST IN TRIPLICATE
5. BENEFICIARY'S CERTIFICATE STATING THAT ONE COMPLETE SET OF NON-NEGOTIABLE STIPULATED DOCUMENTS HAVE BEEN FORWARDED BY COURIER TO APPLICANT WITHIN 5 DAYS AFTER SHIPMENT

47A	: Additional Conditions

1. ALL DOCUMENTS MUST BEAR OUR CREDIT NUMBER
2. A DISCREPANCY FEE FOR EUR 60.00 WILL BE DEDUCTED FROM THE PAYMENT FOR EACH SET OF DOCUMENTS CONTAINING DISCREPANCIES

3. ALL DOCUMENTS SHOULD BE ISSUED IN ENGLISH
4. TRANSPORT DOCUMENTS DATED PRIOR TO THE DATE OF ISSUANCE OF THIS CREDIT ARE NOT ACCEPTABLE
5. SHORT FORM B/L NOT ACCEPTABLE

71B	: Charges
	ALL BANKING CHARGES OUTSIDE TAIWAN ARE FOR ACCOUNT OF BENEFICIARY
48	: Period for Presentation
	DOCUMENTS MUST BE PRESENTED WITHIN 15 DAYS AFTER THE DATE OF SHIPMENT BUT WITHIN L/C EXPIRY DATE
49	: Confirmation Instructions
	WITHOUT
78	: Instructions to Paying/Accepting/Negotiating Bank
	+ALL DOCUMENTS MUST BE SENT TO US BY COURIER SERVICE IN ONE COVER ADDRESSED TO HUA NAN COMMERCIAL BANK, LTD. NO.331, WENHUA 3RD RD, LINKOU DIST, NEW TAIPEI CITY 244, TAIWAN, R.O.C.
	+UPON RECEIPT OF DOCUMENTS AT OUR COUNTERS AND PROVIDED ALL TERMS AND CONDITIONS HAVE BEEN COMPLIED WITH, WE SHALL CONFIRM MATURITY DATE AND PAYMENT SHALL BE EFFECTED AS PER INSTRUCTIONS

--Message Trailer--

答案欄

題　目	答　案
受益人？ （英文作答）（2 分）	
ADVISING BANK？ （英文作答）（2 分）	
提單之託運人？ （英文作答）（2 分）	
信用狀有效期限？（2 分）	西元＿＿＿＿年＿＿＿月＿＿日
裝船港？（2 分） （英文作答）	
依本信用狀內容，請選出（單選）下列各小題之正確答案	
保險金額幣別？（1 分）	□ USD　　　　□ EUR　　　　□ TWD
若遇地震，有效期限與裝船期限可否順延？（1 分）	□ 僅有效期限可　　□ 僅裝船期限可 □ 兩者皆可　　　　□ 兩者皆不可
貿易條件？（1 分）	□ FOB KEELUNG　　□ FOB HAMBURG □ CIF KEELUNG　　□ CIF HAMBURG
通知手續費由何方負擔？（1 分）	□ 通知銀行　　□ 開狀申請人　　□ 受益人
運送單據日期不可早於何日？（1 分）	□ 有效日期　　□ 裝船日期　　□ 開狀日期
使用方式？（1 分）	□ 讓購　　□ 延期付款　　□ 即期付款　　□ 承兌
投保時是否須包括內陸運輸？（1 分）	□ 是　　　　□ 否
瑕疵費由何方負擔？（1 分）	□ 買方　　□ 賣方
包裝單之簽署？（1 分）	□ 開狀申請人　　□ 受益人　　□ 不需要
信用狀種類？（1 分）	□ 跟單 L/C　　□ 無跟單 L/C

(一)解 答

題 目	答 案	信用狀相應電文代碼與解說
受益人?(英文作答)(2分)	GERMAN STARLING VALVE GMBH	59
ADVISING BANK?(英文作答)(2分)	DEUTSCHE BANK AG	Receiver
提單之託運人?(英文作答)(2分)	EURO NICE GLOBAL GMBHD	46A-2
信用狀有效期限?(2分)	西元 2017 年 7 月 20 日	31D
裝船港?(英文作答)(2分)	HAMBURG, GERMANY	44E
依本信用狀內容,請選出(單選)下列各小題之正確答案		
保險金額幣別?(1分)	☐USD ☑EUR ☐TWD	32B 保險的幣別應與信用狀一致
若遇地震,有效期限與裝船期限可否順延?(1分)	☐僅有效期限可 ☐僅裝船期限可 ☐兩者皆可 ☑兩者皆不可	依UCP規定,凡遇不可抗力事故,有效期限與裝船期限皆不得順延
貿易條件?(1分)	☐FOB KEELUNG ☐FOB HAMBURG ☑CIF KEELUNG ☐CIF HAMBURG	46A-2 運費預付 46A-3 須提示保險單據 由此判斷為CIF條件 CIF後須加目的港 44F 目的港為 KEELUNG
通知手續費由何方負擔?(1分)	☐通知銀行 ☐開狀申請人 ☑受益人	71B 通知銀行位於德國,臺灣以外的通知費用為費用
運送單據日期不可早於何日?(1分)	☐有效日期 ☐裝船日期 ☑開狀日期	47A-4
使用方式?(1分)	☐讓購 ☑延期付款 ☐即期付款 ☐承兌	41A
投保時是否須包括內陸運輸?(1分)	☑是 ☐否	46A-3 保險區間至買方新北市倉庫,故須投保基隆港至新北市倉庫的內陸運輸保險
瑕疵費由何方負擔?	☐買方 ☑賣方	47A-2

（1 分）		瑕疵費自支付款中扣除，故由受益人負擔
包裝單之簽署？（1 分）	☐ 開狀申請人 ☐ 受益人 ☑ 不需要	46A-4 本信用狀規定應提示中性包裝單，故不可出現出口商（受益人）名稱
信用狀種類？（1 分）	☑ 跟單 L/C ☐ 無跟單 L/C	Swift Output 載明為 700 ISSUE OF A DOCUMENTARY CREDIT（跟單信用狀）

㈡解　析

依題目所附信用狀，內容分析如下：

Sender	開狀銀行	HUA NAN COMMERCIAL BANK, LTD.
Receiver	通知銀行	DEUTSCHE BANK AG
40A	跟單信用狀格式	不可撤銷
20	信用狀號碼	6PH2-789356-201
31C	開狀日期	2017 年 5 月 12 日
40E	適用規則	UCP 最新版，即 UCP600
31D	有效期限與地點	2017 年 7 月 20 日
50	申請人	NICE VILLAGE INDUSTRIAL CO., LTD.
59	受益人	GERMAN STARLING VALVE GMBH
32B	信用狀金額	EUR 104,250.00
39B	信用狀金額上限	不得超過 EUR 104,250.00
41A	信用狀使用	限於通知銀行辦理延期付款
42P	延期付款細節	提單簽發日後 30 天付款
43P	分批裝運	禁止
43T	轉　運	禁止
44E	裝運港	HAMBURG, GERMANY
44F	卸貨港	KEELUNG, TAIWAN
44C	裝運期限	2017 年 7 月 5 日
45A	貨物	貨物名稱 啟動閥
		貨物數量 150 件
		貿易條件 未規定
		裝運標誌 未規定

名　稱	份　數	內　容
		商業發票
商業發票	3份	手簽，註明信用狀號碼與預估發票號碼 NV-170410
提　單	全套 (3份)	清潔 裝船 受貨人由 HUA NAN COMMERCIAL BANK, LTD. 指示 載明運費預付 註明本信用狀號碼 以申請人為被通知人 以 EURO NICE GLOBAL GMBHD 為託運人
保險單／保險證明書	2份	可轉讓型式 以發票金額的 110% 為保險金額 空白背書方式轉讓 保險理賠可於臺灣支付 投保協會貨物條款 (A) 與協會罷工條款（貨物） 不論損害百分比，均須賠償 保險區間自賣方倉庫至買方位於新北市的倉庫
包裝單（裝箱單）	3份	中性包裝單（包裝單上不註明賣方名稱）
受益人證明書	未規定	載明受益人已經於裝運後 5 天內將一整套不可轉讓單據以快遞方式寄給申請人

（左欄：46A 應提示單據）

47A	其他條件	1.所有單據均須載明本信用狀號碼 2.若所提示的單據有瑕疵，將自支付款項中扣除60歐元的瑕疵費用 3.所有單據皆須以英文開立 4.不接受簽發日期早於開狀日期的運送單據 5.不接受簡式提單
71B	費　用	臺灣以外的所有銀行費用均應由受益人負擔
48	提示期限	單據須於裝運日後 15 天內提示，但不得逾信用狀有效期限
49	保兌的指示	無須保兌
78	給付款／承兌／押匯銀行的指示	1.請將所有單據一次全部以快遞方式寄給 HUA NAN COMMERCIAL BANK, LTD.（開狀銀行） 2.若本行櫃檯所收到的單據完全符合本信用狀條件，本行將確認到期日，並依指示付款

㈤貿易單據製作（本題共 15 小題，每小題 2 分，合計 30 分）

請依所附信用狀部分內容及相關工廠出貨明細資料，填製㈠ Bill of Exchange、㈡ Invoice、㈢ Packing List、㈣ Shipping Order 等單據所要求之內容，並請依照題號①、②、③……依序將正確答案填入答案紙之答案欄內。

31C	: Date of Issue 170425
31D	: Date and Place of Expiry 170710 IN THE BENEFICIARY'S COUNTRY
52D	: DC Issuing Bank ALLIANCE BANK MALAYSIA BERHAD
50	: Applicant ASIA ENTERPRISES SDN BHD NO. 6862, JALAN DATO LIM HOE LEK, PAHANG, 25200 KUANTANG, MALAYSIA
59	: Beneficiary NOVELTY INDUSTRIAL COMPANY LIMITED NO. 7986, SEC 2, DENG LIN RD, WUGU DIST, NEW TAIPEI CITY TAIWAN, R.O.C.
32D	: Currency Code, Amount USD 53,325.00
42C	: Drafts at 90 DAYS FROM DATE FOR 100 PCT OF INVOICE VALUE
42A	: Drawee OPENING BANK
44E	: Port of Loading/Airport of Departure ANY PORT IN TAIWAN
44F	: Port of Discharge/Airport of Destination PORT KLANG
45A	: Description of Goods and/or Services CHILDREN'S TRICYCLE BT-12　1,500 PCS　　USD 18.75/PC BT-15　2,000 PCS　　USD 12.60/PC TRADE TERMS: FOB ANY PORT IN TAIWAN INCOTERMS 2010

46A	: Documents Required
	  1. MANUALLY SIGNED COMMERCIAL INVOICE IN QUADRUPLICATE
	  2. FULL SET OF CLEAN ON BOARD BILLS OF LADING MADE OUT TO ORDER AND ENDORSED IN BLANK MARKED FREIGHT PAYABLE AT DESTINATION AND NOTIFY APPLICANT
	  3. MANUALLY SIGNED PACKING LIST IN TRIPLICATE SHOWING NET WEIGHT, GROSS WEIGHT AND MEASUREMENT
	  4. CERTIFICATE OF ORIGIN ISSUED BY TAIWAN CHAMBER OF COMMERCE

47A	: Additional Conditions
	  1. COMMERCIAL INVOICE AND PACKING LIST MUST SHOW P/O NO. NI-170220
	  2. SHIPPING MARK: AE (IN REC)

工廠出貨明細資料：

貨　號	BT-12	BT-15
包裝方式	1 pc./ctn.	6 pcs./ctn.
每箱重量	N.W.: 4.20 kgs.；G.W.: 5.20 kgs.	N.W.: 12.50 kgs.；G.W.: 14.25 kgs.
每箱尺寸	34 cm × 59 cm × 54 cm	24″× 18″× 16″
出貨數量	600 pcs.	1,000 pcs.

BILL OF EXCHANGE

DRAFT NO. _____1968_____

FOR _____①_____　　　　　　　　　　　DATED ___JUNE 10, 2017___

AT ___90 DAYS FROM DATE___ SIGHT OF THIS FIRST OF EXCHANGE (SECOND OF THE SAME TENOR AND DATE BEING UNPAID) PAY TO THE ORDER OF

FIRST COMMERCIAL BANK

THE SUM OF _____×××_____ VALUE RECEIVED

DRAWN UNDER LETTER OF CREDIT NO. ___ABMB-7988___ DATED ___②___

ISSUED BY _____③_____

TO　　×××

_____　　　　　　×××

NOVELTY INDUSTRIAL COMPANY LIMITED

No. 7986, Sec. 2, Deng Lin Rd.

Wugu Dist., New Taipei City

Taiwan, R.O.C.

INVOICE

No. _____ AE-170608 _____　　　　　　　　Date: JUNE 10, 2017

Invoice of _____ ④ _____

For account and risk of Messrs _____ ×××

Shipped Per S.S. _____ EVER LIBRA V.1492-025W

Sailing on or about _____ JUNE 10, 2017

Shipment From _____ ××× _____ To _____ ⑤

Marks & Nos.	Quantity	Description of Merchandise	Unit Price	Amount
		CHILDREN'S TRICYCLE	×××	
×××	×××	BT-12 Plastic Tricycle Size: 70 cm × 45 cm × 50 cm BT-15 Plastic Tricycle Size: 53 cm × 49 cm × 45 cm	⑥	××× ×××
	××× PCS vvvvvvvvv			USD ××× vvvvvvvvvv
		SAY _____ ⑦ _____ DRAWN UNDER　××× _____ ××× _____		
		⑧		

NOVELTY INDUSTRIAL COMPANY LIMITED

No. 7986, Sec. 2, Deng Lin Rd.

Wugu Dist., New Taipei City

Taiwan, R.O.C.

PACKING LIST

No.　　AE-170608　　　　　　　　　　　　　　Date:　JUNE 10, 2017

Packing List of　　　　　　　×××　　　　　　　　MARKS & NOS.

For account and risk of Messrs　　　　　⑨　　　　　

　　　　　　　　　　　　　　　　　　　　　　　×××

Shipped Per S.S.　　　EVER LIBRA V.1492-025W

Sailing on or about　　　　JUNE 10, 2017

Shipment From　　　　　KEELUNG

To　　　　　　　　　×××

Packing No.	Description of Goods	Quantity	Net Weight	Gross Weight	Measurement
⑩	CHILDREN'S TRICYCLE BT-12 Plastic Tricycle Size: 70 cm × 45 cm × 50 cm BT-15 Plastic Tricycle Size: 53 cm × 49 cm × 45 cm —DO—	@1 pc. 600 pcs. @6 pcs. 996 pcs. 4 pcs.	×××	×××	×××
TOTAL: ××× CTNS vvvvvvvvvvv		××× PCS vvvvvvv	KGS vvvvvvvvvv	KGS vvvvvvvvvv	CBM vvvvvvvvvv
SAY TOTAL ×××					
⑪			✖✖✖		

長榮國際股份有限公司 EVERGREEN INTERNATIONAL CORPORATION	SHIPPING ORDER (B/L INSTRUCTION)	
Shipper:（發票如需另列抬頭人請註明） ××× 發票抬頭： 統一編號：　　　　提單傳真號碼：	Please receive for shipment the under mentioned goods subject to your published regulations and conditions (including those as to liability)	S/O NO.
	SPECIAL NOTE: 1.副本＿＿＿份　2.運費證明＿＿＿份　3.電報放貨＿＿＿ 4.危險品＿＿＿　5.其他＿＿＿ 填表請注意： 1.危險品請註明 UN NO. IMO CLASS 與燃點，並附上 Shipper's Certificate。（吉達地區請另附 Packing list 兩份）。 1. S/O 上之內容若有變更，請圈劃出，並於結關當天前傳真或送底至本公司。 2.嘜頭及品名如超過十行，請以附表繕打，俾便提單製作。 3.傳真專線：遠洋航線請傳 (02)25063878，近洋航線請傳 (02)25006658。	
Consignee: 　TO ORDER		
Notify Party: (Full name and address) ASIA ENTERPRISES SDN BHD NO.6862, JALAN DATO LIM HOE LEK PAHANG 25200 KUANTANG, MALAYSIA	洽訂船位之廠商： 電話／聯絡人： 報關行： 電話／聯絡人：	

Ocean Vessel 船名 ⑫	Voy. No. 航次 ×××	Final destination (On Merchant's Account And Risk)		
Place of Receipt 收貨地	Port of Loading 裝貨地　⑬	⑭ Freight to be: 付費方式：□Prepaid 預付　□Collect 到付		
Port of Discharge 卸貨港 ×××	Place of Delivery 交貨地 （美國線請註明州別）	領提單處　■臺　北　□臺　中　□臺中港　□高　雄		

Marks and Numbers/ Container No. and Seal No.	Quantity and Unit	Description of Goods （請詳實註明，如僅為 "GENERAL MERCHANDISE" 恕無法接受）	Gross Weight (KGS)	Measurement (M³)
EISU80429xx/45' /10175xx ⑮	××× SAY TOTAL　×××	CHILDREN'S TRICYCLE	××× 櫃型／櫃數 普通櫃：＿×20'／＿×40' 冷凍櫃：＿×20'／＿×40' H Q：＿×40' 超重櫃：＿×20' 貨主自有櫃：＿＿＿＿ 其他特殊櫃：＿＿＿＿ SERVICE REQUIRED □ 1. FCL/FCL 整櫃／整櫃 □ 2. LCL/LCL 併裝／併裝 □ 3. FCL/LCL 整櫃／併裝 □ 4. LCL/FCL 併裝／整櫃	×××

答案欄

題　號	答　案
①	
②	
③	
④	
⑤	
⑥	
⑦	
⑧	
⑨	
⑩	
⑪	
⑫	
⑬	
⑭	FREIGHT TO BE: ☐ PREPAID　　　☐ COLLECT
⑮	

題　號	答　案	參照處	解　析
①	USD23,850.00	・42C ・45A ・出貨明細	本欄應填：匯票金額小寫 ・匯票金額同發票金額 ・貨物單價 ・ 品項　單價　出貨量 　BT-12　18.75　　600 件 　BT-15　12.60　1,000 件 發票金額 = 18.75 × 600 + 12.60 　　　　　　 × 1,000 　　　　　 = 23,850
②	APRIL 25, 2017	・L/C 31C	本欄應填：開狀日期 ・開狀日期
③	ALLIANCE BANK MALAYSIA BERHAD	・L/C 52D	本欄應填：開狀銀行名稱 ・開狀銀行名稱
④	1,600 PIECES OF CHILDREN'S TRICYCLE	・L/C 45A ・出貨明細	本欄應填：貨物名稱與數量 ・貨物名稱 ・共出貨 1,600 件 　600 + 1,000 = 1,600
⑤	PORT KLANG		本欄應填：卸貨港

		· L/C 44F	· 卸貨港 PORT KLANG
⑥	US 18.75/PC 12.60/PC	· L/C 45A	本欄應填：各項貨物單價 · BT-12　　USD 18.75/PC 　 BT-15　　USD 12.60/PC
⑦	TOTAL US DOLLARS TWENTY-THREE THOUSAND EIGHT HUNDRED AND FIFTY ONLY.	· 45A · 出貨明細	本欄應填：發票金額大寫 計算式參見①
⑧	NOVELTY INDUSTRIAL COMPANY LIMITED	· L/C 59	本欄應填：發票簽發人 · 發票須由受益人簽發
⑨	ASIA ENTERPRISES SDN BHD NO.6862, JALAN DATO LIM HOE LEK, PAHANG, 25200 KUANTANG, MALAYSIA	· L/C 50	本欄應填：包裝單抬頭人 · 包裝單抬頭人為申請人
⑩	1~600 601~766 767	· 出貨明細 · 附件 PACKING LIST	本欄應填：各項貨物包裝箱號 · BT-12 1 件裝一箱，共出 600 件，共裝 600 箱 (600 ÷ 1 = 600) BT-15 6 件裝一箱，共出 1,000 件，裝 166 箱，剩餘 4 件裝於 1 箱 (1,000 ÷ 6 = 166 … 4) DO 係 DITTO 的縮寫，意為「同上」
⑪	P/O NO.NI-170220	· L/C 47A-1	本欄應填：訂單號碼 · 發票與包裝單須註明 P/O NO. NI-170220
⑫	EVER LIBRA	· 附件 INVOICE · 附件 PACKING LIST	本欄應填：船名 · Shipped Per S.S. 欄位填船名與航次，EVER LIBRA 為船名
⑬	KEELUNG	· L/C 44E · 附件 PACKING LIST	本欄應填：裝貨港 · 信用狀規定裝貨港為 ANY PORT OF TAIWAN，因為貨物已經交運，實際裝貨港已確定，從附件的單據可查得裝貨港 · Shipment From 所填的港口即為裝貨港
⑭	FREIGHT TO BE:		本欄應填：運費支付方式

☐ Prepaid ☑ Collect	· L/C 45A · 46A-2	· 貿易條件為 FOB，FOB 條件下，運費由賣方負擔，於貨物運抵進口地時再支付，提單上註明 Freight to be Collect · Freight payable at destination，意即運費於目的地支付，意同 Freight Collect	
⑮	AE (IN REC) PORT KLANG C/NO.1-767 MADE IN TAIWAN	· L/C 47A-2 · L/C 44F · 上述⑩ · 46A-4	本欄應填：裝運標誌 · 主標誌 AE (IN REC) · 卸貨港 PORT KLANG · 共裝 767 箱 · 由臺灣商會簽發產地證明，意即原產地為臺灣

㈠基礎貿易英文（本大題合計 20 分）

1. 請填入適當的語詞以完成下列函電。（本題語群選項不可重覆，共 5 小格，每小格 2 分，合計 10 分）

答案代號	答案語群
A	affordable
B	manufacturer
C	provide
D	trading company
E	expand
F	procure
G	advise
H	transit
I	regular
J	transact

Dear Sirs,

We have obtained your name from Exportpages. We are an established ___①___ in Taiwan, specializing in high-end kitchenware. As we are looking to ___②___ our business across China, we are searching for a reliable supplier and a long-time business partner.

Could you send us your latest catalogue and price list? Also, would you kindly ___③___ us of your payment terms, lead time, and discounts for ___④___ purchases?

In view of China's booming economy, we would expect to ___⑤___ a substantial volume of business provided your prices are competitive and your terms favorable.

We look forward to hearing from you soon.

Sincerely,

Bill Kuo

答案欄

①	②	③	④	⑤

㈠解 答

①	②	③	④	⑤
D	E	G	I	J

㈡解 析

答案代號	答案語群	中文意義	答案代號	答案語群	中文意義
A	affordable	負擔得起的	F	procure	促成
B	manufacturer	製造商	G	advise	告知
C	provide	提供	H	transit	過境
D	trading company	貿易公司	I	regular	定期的
E	expand	擴大	J	transact	辦理

1. We have obtained your name from Exportpages.

   我方由 Exportpages 得知貴公司的名稱。

2. We are an established ① trading company in Taiwan, specializing in high-end kitchenware. As we are looking to ② expand our business across China, we are searching for a reliable supplier and a long-time business partner.

   我們是一家專營高端廚具的知名貿易公司，位於臺灣，由於我們計畫拓展業務至中國大陸，正積極尋找可信賴的供應商與長期合作的生意夥伴。

3. Could you send us your latest catalogue and price list? Also, would you kindly ③ advise us of your payment terms, lead time, and discounts for ④ regular purchases?

   可否請您寄送最新的型錄與價目表給我們？此外，也請您告知貴公司的付款條件、交貨時間與定期採購的折扣。

4. In view of China's booming economy, we would expect to ⑤ transact a substantial volume of business provided your prices are competitive and your terms favorable.

有鑑於中國大陸經濟發展繁榮，倘若貴公司可以提供具競爭力的價格與優惠的條件，本公司期待與貴公司進行大量業務往來。

2. 請填入適當的語詞以完成下列翻譯。（本題為填空題，共 10 小格，每小格 1 分，合計 10 分）

(1)我們想進口瑞士乳酪，希望收到您目前的目錄及外銷價目表。

We are interested in ___①___ Swiss cheese and would ___②___ receiving your latest catalog and export price list.

(2)貨到時少了三箱。

Three cases in the consignment were ___③___ on ___④___

(3)請盡快開立相關信用狀，以便我方可以安排裝運，不致耽擱。

Please open the relative L/C as soon as ___⑤___ so we can arrange shipment without ___⑥___.

(4)為了成交，我方願意在價格上有一點彈性。

In order to ___⑦___ the sale, we are willing to be a little ___⑧___ on the price.

(5)除了上述的同業折扣外，我們還會給初次訂購九七折特別優待。

In ___⑨___ to the trade discount stated, we would allow you a special first-order discount of ___⑩___.

答案欄

①		⑥	
②		⑦	
③		⑧	
④		⑨	
⑤		⑩	

①	importing	⑥	delay
②	appreciate	⑦	make
③	missing	⑧	flexible
④	arrival	⑨	addition
⑤	possible	⑩	3%

㈡貿易流程圖（本題共 5 小題，每小題 2 分，合計 10 分）

請依下列之貿易流程圖，依序將①②③④⑤之步驟名稱填入答案紙之答案欄內。（本測試項目評分依公佈範例為準）

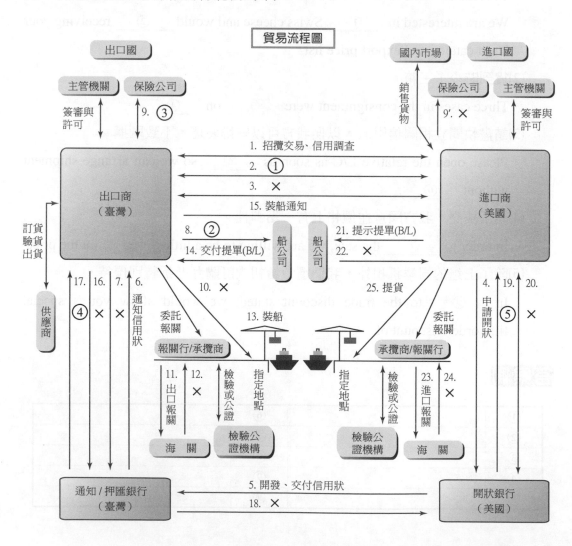

貿易流程圖

答案欄

題　號	答　案
①	
②	
③	
④	
⑤	

題　號	答　案
①	詢價、報價、還價
②	洽訂艙位
③	投保並取得保險單據 (CIF)
④	墊付押匯款項
⑤	單據到達通知

㈢出口價格核算（本題共 10 小題，每小題 2 分，合計 20 分）

　　根據以下資料，對貨號 A 與貨號 B 兩種以體積噸計算海運運費的貨物，分別以併櫃與整櫃運量，核算相關運費與報價。

產品資料：

貨　號	A	B
包裝方式	12 PCS/CTN	15 SETS/CTN
包裝尺寸	25″×18″×16″	48×40×40 (cm)
採購成本	TWD 320/PC	TWD 250/SET

運費資料：

運　費	併　櫃 (CFS)	20 呎整櫃	40 呎整櫃
	USD 90	USD 1,500	USD 2,400
最低裝運量	1 CBM	25 CBM	50 CBM

其他報價資料：

匯率：USD 1 = TWD 30.37	利潤率：12%
保險費率：0.35%，投保120%	業務費率：8%

注意事項：

1. 核算要求：計算過程無法整除者，CBM 計算至小數點第 4 位，四捨五入後取 3 位；其餘請計算至小數點第 3 位，四捨五入後取 2 位。

2. 佣金計算方式：以所求報價條件本身為佣金計算基礎，如 CIFC 以 CIF、CFRC 以 CFR 為基礎之含佣價。

3. 計算過程不需列出，直接填入數字答案。

貨號 A：20 呎整櫃方式報價

題　目	答　案	單　位
1. 每箱才數	①	CFT
2. 每箱 CBM 數	②	CBM
3. 20 呎櫃報價數量	③	PCS
4. CFR 報價	④	USD/PC
5. CIFC3 報價	⑤	USD/PC

貨號 B：併櫃方式報價

題　目	答　案	單　位
6. 每箱 CBM 數	⑥	CBM
7. 每箱運費	⑦	USD/CTN
8. FOB 報價	⑧	USD/SET
9. CFRC4 報價	⑨	USD/SET
10. CIFC6 報價	⑩	USD/SET

答案欄

①	②	③	④	⑤
⑥	⑦	⑧	⑨	⑩

(一)解　答

①	②	③	④	⑤
4.17	0.118	2,544	13.74	14.23
⑥	⑦	⑧	⑨	⑩
0.077	6.93	10.17	11.18	11.47

(二)解　析

1. 貨號 A：20 呎整櫃方式報價

每箱 CFT 數 $= 25 \times 18 \times 16 \div 1,728 = 4.17$

每箱 CBM 數 $= 4.17 \div 35.315 = 0.118$

20 呎櫃報價箱數 $= 25 \div 0.118 = 211. \cdots = 212$（無條件進位）

20 呎櫃報價件數 $= 12 \times 212 = 2,544$

每件運費 $=$ USD $1,500 \div 2,544 =$ USD 0.59

CFR 報價 $=$ (TWD $320 \div 30.37 +$ USD $0.59) \div (1 - 12\%) \div (1 - 8\%)$

$\qquad =$ USD 13.74

CIFC3 報價 $=$ (TWD $320 \div 30.37 +$ USD $0.59) \div (1 - 12\%) \div (1 - 8\%)$

$\qquad \div (1 - 1.2 \times 0.35\%) \div (1 - 3\%)$

$\qquad =$ USD 14.23

2. 貨號 B：併櫃方式報價

每箱 CBM 數 $= 0.48 \times 0.4 \times 0.4 = 0.077$

每箱運費 $=$ USD $90 \times 0.077 =$ USD 6.93

FOB 報價 $=$ (TWD $250 \div 30.37) \div (1 - 12\%) \div (1 - 8\%) =$ USD 10.17

每套運費 $=$ USD $6.93 \div 15 =$ USD 0.46

CFRC4 報價 $=$ (TWD $250 \div 30.37 +$ USD $0.46) \div (1 - 12\%) \div (1 - 8\%)$

$\qquad \div (1 - 4\%)$

$\qquad = 11.18$

CIFC6 報價 $=$ (TWD $250 \div 30.37 +$ USD $0.46) \div (1 - 12\%) \div (1 - 8\%)$

$\qquad \div (1 - 1.2 \times 0.35\%) \div (1 - 6\%)$

$\qquad =$ USD 11.47

㈣商業信用狀分析（本題為填空題，合計 20 分）

請依下列信用狀之內容，回答答案紙所列問題，並將正確答案填入。

```
-----------------------------------------Message Header-----------------------------------------
Swift Output: FIN 700 ISSUE OF A DOCUMENTARY CREDIT
Sender      : BANK OF TAIWAN CHUNGLUN BRANCH
Receiver    : BANK OF TAIWAN GUANGZHOU BRANCH
-------------------------------------------Message Text-----------------------------------------
: 40A      : Form of Documentary Credit
             IRREVOCABLE AND TRANSFERABLE
: 20       : Documentary Credit Number
             DC00045127
: 31C      : Date of Issue
             171223
: 40E      : Applicable Rules
             UCP LATEST VERSION
: 31D      : Date and Place of Expiry
             180323 IN THE COUNTRY OF BENEFICIARY
: 50       : Applicant
             MAYFULL CO., LTD.
             8F., NO. 52, SEC. 1, BADE RD., ZHONGZHENG DIST.
             TAIPEI CITY 100, TAIWAN (R.O.C.)
: 59       : Beneficiary
             GENERAL LIGHT ELECTRICAL APPLIANCES CO., LTD.
             3F., NO. 11, DEZHENG SOUTH ROAD, GUANGZHOU, CHINA
: 32B      : Currency Code, Amount
             USD 38,400.00
: 41D      : Available with . . . by . . .
             ANY BANK BY NEGOTIATION
: 42C      : Drafts at
             AT 60 DAYS AFTER SIGHT FOR 100% INVOICE VALUE
: 42A      : Drawee
             ISSUING BANK
: 43P      : Partial Shipments
             ALLOWED
: 43T      : Transshipment
             PROHIBITED
: 44E      : Port of Loading
             GUANGZHOU PORT, CHINA
: 44F      : Port of Discharge
             KEELUNG PORT, TAIWAN
: 44C      : Latest Date of Shipment
             180310
: 45A      : Description of Goods and/or Services
             12,000 PCS TUNGSTEN HALOGEN LAMPS W600
             AS PER SALES CONFIRMATION NO. HF1456 DATED NOV. 22, 2017
             PRICE: USD 3.20/PC CFR KEELUNG PORT, TAIWAN
             CCC CODE: 8539.21.00.00-9
: 46A      : Documents Required
             1. SIGNED INVOICE IN 2 ORIGINALS AND 3 COPIES INDICATING THIS CREDIT
                NUMBER.
             2. PACKING LIST IN 2 ORIGINALS AND 3 COPIES SHOWING ITEM CODE AS PER
                HARMONIZED SYSTEM.
             3. 2/3 SET OF ORIGINAL CLEAN ON BOARD BILL OF LADING MADE OUT TO THE
                ORDER OF SHIPPER AND BLANK ENDORSED MARKED FREIGHT PREPAID,
                NOTIFY APPLICANT.
```

4. BENEFICIARY'S CERTIFICATE STATING THAT ONE ORIGINAL B/L AND ONE SET OF NON-NEGOTIABLE SHIPPING DOCUMENTS HAVE BEEN SENT DIRECTLY TO THE APPLICANT WITHIN 24 HOURS AFTER SHIPMENT BY AIR COURIER.

5. PRE-SHIPMENT INSPECTION CERTIFICATE TO BE ISSUED BY SGS-CSTC STANDARDS TECHNICAL SERVICES CO., LTD. GUANGZHOU BRANCH REGARDING THE GOODS OF QUANTITY, QUALITY, SPECIFICATION AND MANUFACTURING YEAR.

: 47A : Additional Conditions

1. SHORT FORM BILL OF LADING/BLANK BACK BILL OF LADING, CHARTER PARTY BILL OF LADING ARE NOT ACCEPTABLE.

2. INSURANCE ARRANGED BY APPLICANT.

3. THIS L/C IS TRANSFERABLE BY THE ADVISING BANK.

4. NEGOTIATION AGAINST DISCREPANT DOCUMENTS MUST NOT BE MADE UNDER RESERVE WITHOUT OUR PRIOR APPROVAL.

5. ADDITIONS, CORRECTIONS, ERASURES, AMENDMENTS MUST BE DULY STAMPED BY THE PARTY/AUTHORITY ISSUING THE DOCUMENT IN QUESTION.

6. USD 90.00 (OR EQUIVALENT) WILL BE DEDUCTED AT PAYMENT FOR EACH PRESENTATION OF DISCREPANT DOCUMENTS UNDER THIS CREDIT.

: 71B : Charges
ALL BANKING CHARGES OUTSIDE TAIWAN ARE FOR ACCOUNT OF BENEFICIARY.

: 49 : CONFIRMATION INSTRUCTIONS
MAY ADD

: 78 : Instructions to Pay/Acc/Neg Bank
ALL DOCUMENTS MUST BE FORWARDED TO US (ADDRESS: NO. 184, SEC. 5, NANJING E. RD., SONGSHAN DIST., TAIPEI CITY 105, TAIWAN (R.O.C.) BY COURIER SERVICE IN ONE LOT.)

答案欄

題　目	答　案
PAYING BANK? （英文作答）（2 分）	
TRANSFERRING BANK? （英文作答）（2 分）	
如提單簽發日為 2018 年 2 月 25 日（星期日），最遲單據提示日期為何？ （2 分）	2018 年 ＿＿＿ 月 ＿＿＿ 日
信用狀種類（2 分）	☐ 賣方遠期信用狀　☐ 買方遠期信用狀（1 分） ☐ 可轉讓信用狀　☐ 不可轉讓信用狀（1 分）
在何種情況下允許受益人辦理保結押匯？ （中文作答）（2 分）	
根據本信用狀 46A 第 2 項規定，裝箱單上記載的 ITEM CODE 號碼?（2 分）	
售貨確認書號碼（1 分）	
根據本信用狀 46A 第 5 項規定，請回答有關 PRE-SHIPMENT INSPECTION	1.單據名稱（1 分） ＿＿＿＿＿＿＿＿＿＿＿＿＿＿＿＿＿＿＿

CERTIFICATE 相關問題。（中文作答）（3 分）	2. 應記載內容除商品品質及數量外，尚包括 (1)＿＿＿＿＿＿＿＿＿＿＿＿＿（1 分） (2)＿＿＿＿＿＿＿＿＿＿＿＿＿（1 分）
根據本信用狀 46A 第 3 項規定，受益人僅需提示 2/3 SET B/L，請問剩下 1/3 SET B/L：（中文作答）（4 分）	1. 寄送給誰（1 分） 2. 寄送方式（1 分） 3. 通常可用於何種提貨方式（2 分）

(一)解　答

題　目	答　案	信用狀相應電文代碼與解說
PAYING BANK?（英文作答）（2 分）	BANK OF TAIWAN CHUNGLUN BRANCH	42A Sender
TRANSFERRING BANK?（英文作答）（2 分）	BANK OF TAIWAN GUANGZHOU BRANCH	47A-3 Receiver
如提單簽發日為 2018 年 2 月 25 日（星期日），最遲單據提示日期為何?(2 分)	2018 年 3 月 19 日	本信用狀未規定提示期限，依據 UCP600 的規定，應於提單簽發日後 21 天內提示，且不得逾信用狀有效期限。提示期限若遇假日，可順延至下一營業日。 2 月 25 日 + 21 天 = 3 月 18 日 3 月 18 日為周日，可順延至下一營業日 3 月 19 日（周一）
信用狀種類?(2 分)	☑ 賣方遠期信用狀 ☐ 買方遠期信用狀（1 分） ☑ 可轉讓信用狀 ☐ 不可轉讓信用狀（1 分）	未規定遠期利息由何方負擔時，由賣方負擔，故為賣方遠期信用狀 40A
在何種情況下允許受益人辦理保結押匯？（中文作答）（2 分）	事先獲得開狀銀行同意	47A-4
根據本信用狀 46A 第 2 項規定，裝箱單上記載的 ITEM	8539.21.	45A HS (Harmonized System) 號碼共有 6 碼，我國的

CODE 號碼?（2 分）		C.C.C. Code 共有 11 碼，前 6 碼即為 HS 號碼。
售貨確認書號碼?（1 分）	HF1456	45A
根據本信用狀 46A 第 5 項規定，請回答有關 PRE-SHIPMENT INSPECTION CERTIFICATE 相關問題。（中文作答）（3 分）	1. 單據名稱（1 分） 　裝運前檢驗證明 2. 應記載內容除商品品質及數量外，尚包括 　(1)規格（1 分） 　(2)生產年份（1 分）	46A-5
根據本信用狀 46A 第 3 項規定，受益人僅需提示 2/3 SET B/L，請問剩下 1/3 SET B/L？（中文作答）（4 分）	1. 寄送給誰（1 分） 　MAYFULL CO., LTD. 2. 寄送方式（1 分） 　空運快遞 3. 通常可用於何種提貨方式（2 分） 　副提單背書	1. 46A-4, 50 2. 46A-4 3. 一份正本提單直接寄給申請人，申請人可持正本提單向銀行申請提單背書，憑以向運送人辦理提貨

(二)解 析

茲依據題目所附信用狀，將其內容分析如下：

Sender	開狀銀行	BANK OF TAIWAN CHUNGLUN BRANCH
Receiver	通知銀行	BANK OF TAIWAN GUANGZHOU BRANCH
40A	跟單信用狀格式	不可撤銷，可轉讓
20	信用狀號碼	DC00045127
31C	開狀日期	2017 年 12 月 23 日
40E	適用規則	UCP 最新版，即 UCP600
31D	有效期限與地點	2018 年 3 月 23 日，以受益人國家時間為準
50	申請人	MAYFULL CO., LTD.
59	受益人	GENERAL LIGHT ELECTRICAL APPLIANCES CO., LTD.
32B	信用狀金額	USD 38,400.00
41D	信用狀使用	任何銀行辦理押匯
42C	匯　票	見票後 60 天付款，匯票金額與發票金額相同
42A	匯票付款人	開狀銀行，即 BANK OF TAIWAN CHUNGLUN BRANCH
43P	分批裝運	允許

43T	轉　運	禁止
44E	裝運港	GUANGZHOU PORT, CHINA
44F	卸貨港	KEELUNG PORT, TAIWAN
44C	裝運期限	2018 年 3 月 10 日

45A	貨物	貨物名稱	TUNGSTEN HALOGEN LAMPS W600，品質規格依據 2017 年 11 月 22 日開立的 HF1456 號售貨確認書
		貨物數量	12,000 件
		貿易條件	CFR KEELUNG PORT, TAIWAN （單價每件 3.20 美元）
		商品號列	8539.21.00.00-9

46A	應提示單據	名　稱	份　數	內　容
		商業發票	2 份正本與 3 份影本	應簽署 註明本信用狀號碼
		包裝單（裝箱單）	2 份正本與 3 份影本	載明調和系統 (HS) 的商品號列
		提　單	2/3 套（2 份）正本	清潔 裝船 受貨人由託運人指示 空白背書轉讓 載明運費預付 以申請人為被通知人
		受益人證明書	未規定	載明受益人已經於裝運後 24 小時內，以空運快遞方式將一份正本提單與一整套不可轉讓單據以快遞方式直接寄給申請人
		裝運前檢驗 (PSI) 證明	未規定	由 SGS-CSTC STANDARDS TECHNICAL SERVICES CO., LTD. GUANGZHOU BRANCH 簽發 證明貨物的數量、品質、規格與生產年份

47A	其他條件	1.簡式提單／背面空白提單，備船提單，均不接受 2.由申請人負責辦理投保事宜 3.本信用狀限於通知銀行辦理轉讓 4.未經本行（即開狀銀行）事先同意，有瑕疵的單據不得以保結押匯的方式辦理 5.單據上凡有增加、修正、塗改或修改之處，均須由該單據的簽發人正式蓋章 6.本信用狀之下所提示的單據若有瑕疵，每次提示將從付款的金額中扣減 90 美元（或等同價值）的瑕疵費用
71B	費　用	臺灣以外的所有銀行費用均應由受益人負擔
49	保兌的指示	可保兌

78	給付款／承兌／押匯銀行的指示	請將所有單據一次全部以快遞方式寄給本行（地址：NO. 184, SEC. 5, NANJING E. RD., SONGSHAN DIST., TAIPEI CITY 105, TAIWAN, R.O.C.）

㈤貿易單據製作（本題共 15 小題，每小題 2 分，合計 30 分）

請依所附信用狀部分內容及相關工廠出貨明細資料，填製㈠ Bill of Exchange ㈡ Invoice ㈢ Packing List ㈣ Shipping Order 等單據所要求之內容，並請依照題號 ①、②、③……依序將正確答案填入答案紙之答案欄內。下列為信用狀部分內容：

```
------------------------------Message Header------------------------------
Swift Output: FIN 700 Issue of a Documentary Credit
Sender      : KCB BRUSSELS ORBAN
              RUE DE LA SCIENCE 25, 1040 BRUSSEL, BELGIUM
Receiver    : HUA NAN COMMERCIAL BANK, LTD., NORTH NANGANG BRANCH.
              2F-10 NO.3, PARK ST., NANGANG DIST., TAIPEI CITY 115, TAIWAN (R.O.C.)
------------------------------Message Text------------------------------
50          : Applicant
              BRUSSELS LACES AND GIFTS SERV. SA.
              RUE DE LUSAMBO 21/28, 1190 BRUSSEL, BELGIUM
59          : Beneficiary
              PLUSTEX CO., LTD.
              NO.145, PARK ST., NANGANG DIST., TAIPEI CITY 115, TAIWAN (R.O.C.)
32B         : Currency Code, Amount
              USD 21,200.00
39A         : Percentage Credit Amount Tolerance
              05/05
42C         : Drafts at...
              AT 60 DAYS AFTER B/L DATE FOR FULL INVOICE VALUE
42A         : Drawee
              ISSUING BANK
43P         : Partial Shipments
              ALLOWED
43T         : Transshipment
              ALLOWED
44E         : Port of Loading
              ANY PORT IN CHINA
44F         : Port of Discharge
              ANY PORT IN BELGIUM
44C         : Latest Date of Shipment
              180329
45A         : Description of Goods
              HUCK BOBTAIL
              BOM-T20-12GA    4,000 PCS    @USD 2.80
              BOM-A20-12GA    4,000 PCS    @USD 2.50
              AS PER ORDER NO.4529 CIF ANY PORT IN BELGIUM INCOTERMS 2010
              SHIPPING MARK: PUE (IN DIA)/C/NO: 1-UP
46A         : Documents Required
              1. MANUALLY SIGNED COMMERCIAL INVOICE IN TRIPLICATE.
              2. PACKING LIST IN TRIPLICATE.
              3. FULL SET CLEAN SHIPPED ON BOARD MULTIMODAL TRANSPORT BILLS OF
                 LADING MADE OUT TO OUR ORDER INDICATING SANYEI CO. LTD. AS SHIPPER
```

AND NOTIFYING APPLICANT AND US GIVING FULL NAME AND ADDRESS.

4. INSURANCE POLICY/CERTIFICATE IN NEGOTIABLE FORM AND BLANK ENDORSED COVERING ICC(B) FOR 110 PCT INVOICE VALUE SHOWING CLAIM PAYABLE AT BRUSSEL, BELGIUM.

47A　　: Additional Conditions

1. ALL SHIPPING DOCUMENTS MUST BE STATED L/C NO. AND DATE AND ISSUING BANK NAME.
2. COMMERCIAL INVOICE AND PACKING LIST MUST INDICATE COUNTRY OF ORIGIN.
3. FIVE PERCENT MORE OR LESS IN QUANTITY IS ALLOWED.

工廠出貨明細資料：

型　號	BOM-T20-12GA	BOM-A20-12GA
包裝方式	50 PCS/CTN	40 PCS/CTN
每箱重量	NW: 4 KGS； GW: 5 KGS	NW: 8.5 KGS； GW: 10 KGS
每箱尺寸	48×30×30 (cm)	20″×16″×16″
出貨數量	4,200 PCS	4,200 PCS

BILL OF EXCHANGE

Draft No.　HB-4256　　　　　　　　　　　TAIWAN,　MARCH 20, 2018

For　　　　×

At　　　①　　　sight of this **FIRST** of Exchange (Second of the same tenor and date being unpaid)

Pay to the order of　　**HUA NAN COMMERCIAL BANK, LTD.**

The sum of　　　　　　　　　　　②

Drawn under　　　　　　　　　　×

credit No.　KCB-4265389　　　Dated　　　DEC. 20, 2017

To

　　　　③　　　　　　　　　　　**PLUSTEX CO., LTD.**

　　　　　　　　　　　　　　　　XXX

PLUSTEX COMPANY LIMITED

NO.145, PARK ST., NANGANG DIST.

TAIPEI CITY 115, TAIWAN (R.O.C.)

INVOICE

No.   HB-4256   Date: MARCH 20, 2018

INVOICE of   AS FOLLOWS

For account and risk of Messrs.   BRUSSELS LACES AND GIFTS SERV. SA.

RUE DE LUSAMBO 21/28, 1190 BRUSSEL, BELGIUM.

Sailing on or about   MARCH 20, 2018   Per S.S.   ④

From   SHANGHAI   To   ⑤

Marks & Nos.	Description of Goods	Quantity	Unit Price	Amount
			⑦	
✕	⑥	✕	✕	✕
SAY TOTAL	✕			
DRAWN UNDER	✕			
COUNTRY OF ORIGIN: CHINA				
			PLUSTEX CO., LTD.	
			✕✕✕	

PLUSTEX COMPANY LIMITED

NO.145, PARK ST., NANGANG DIST.

TAIPEI CITY 115, TAIWAN (R.O.C.)

PACKING LIST

No.   HB-4256   Date: MARCH 20, 2018

PACKING LIST of   AS FOLLOWS   MARKS & NOS.

For account and risk of Messrs.   ✕

Sailing on or about   MARCH 20, 2018   Per S.S. ✕   ⑧

From   ✕   To   ✕

Packing No.	Description	Quantity	Net Weight (KGS)	Gross Weight (KGS)	Measurement (CBM)
⑨	✕	✕	@4.0 336.0 @8.5 892.5	@5.0 420.0 @10.0 1050.0	⑩
✕ vvvvvvvvv		✕ vvvvvvvvv	✕ vvvvvvvvvv	✕ vvvvvvvvv	
SAY TOTAL ⑪ DRAWN UNDER COUNTRY OF ORIGIN: ✕		✕			

PLUSTEX CO., LTD.

✕✕✕

Eco Transport Corporation		**SHIPPING ORDER**				
Shipper: 　　　× B/L Shipper: 　　　⑫		Please receive for shipment the under mentioned goods subject to your published regulations and conditions			S/O NO.	
Consignee: 　　　⑬		**ECO TRANSPORT CORPORATION**				
Notify Party: (Full name and address) 　　　⑭		洽訂船位之廠商：	電話／聯絡人：			
		報關行：	電話／聯絡人：			
Ocean Vessel 　COSOT	Voy. No. 　0023C	Final destination (On Merchant's Account And Risk)				
Place of Receipt	Port of Loading 　×	Freight to be: ⑮ ☐ Prepaid　　☐ Collect				
Port of Discharge 　ANTWERP	Place of Delivery	領提單處：	臺北	臺中	臺中港	高雄
Marks and Numbers	No. of P'kgs or Units	Description of Goods	Gross Weight (KGS)		Measurement (M³)	
×	×	×	×		×	
			櫃型 / 櫃數 __ ×20'/ __ ×40'			
TOTAL　　　× DRAWN UNDER　　×			SERVICE REQUIRED ☐ FCL/FCL　　☐ LCL/LCL ☐ FCL/LCL　　☐ LCL/FCL			
SPECIAL NOTE: 1.副本_____ 份　2.運費證明_____ 份　3.電報放貨_____　4.危險品_____　5.其他_____						

填表請注意：

1. 危險品請註明 UN NO. IMO CLASS 與燃點，並附上 Shipper's Certificate。
2. 嘜頭及品名如超過十行，請以附表繕打，俾便提單製作。

答案欄

題 號	答　案
①	
②	
③	
④	
⑤	
⑥	
⑦	
⑧	
⑨	
⑩	
⑪	
⑫	
⑬	
⑭	
⑮	FREIGHT TO BE: ☐ PREPAID　　☐ COLLECT

題 號	答　案	參照處	解　析
①	60 DAYS AFTER MARCH 20, 2018	・L/C 42C ・附件 INVOICE	本欄應填：匯票期限 ・匯票期限為提單日後 60 天 ・Sailing on or about 欄位，可知裝船日（一般即提單日）為 2018 年 3 月 20 日
②	US DOLLARS TWENTY-TWO THOUSAND TWO HUNDRED AND SIXTY ONLY.	・L/C 42C ・L/C 45A ・出貨明細 ・L/C 47A-3 ・L/C 39A	本欄應填：匯票金額大寫 ・匯票金額應與發票金額相同 ・各項貨物單價 ・品項　單價　出貨量 　T20　2.80　4,200 件 　A20　2.50　4,200 件 發票金額 ＝ 2.80 × 4,200 ＋ 2.50 × 4,200 ＝ 22,260 ・貨物數量至多可增減 5%，故兩項商品均可至多出貨 4,000 × 1.05 ＝ 4,200 ・信用狀金額亦至多可增減 5%，故至多可請求付款金額為 21,200 × 1.05

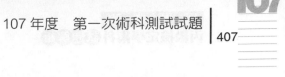
			=22,260，本次請求金額未超過上限
③	KCB BRUSSELS ORBAN	・L/C 42A ・L/C Sender	本欄應填：匯票付款人 ・匯票付款人為開狀銀行 ・Sender 即為開狀銀行
④	COSOT V-0023C	・附件 SHIPPING ORDER	本欄應填：船名與航次 ・Ocean Vessel 欄位為船名 　Voy. No. 欄位為航次
⑤	ANTWERP	・L/C 44F ・附件 SHIPPING ORDER	本欄應填：卸貨港 ・規定卸貨港為 ANY PORT OFBELGIUM，未確定為某一港口 ・Port of Discharge 欄位為卸貨港
⑥	HUCK BOBTAIL AS PER ORDER NO.4529 BOM-T20-12GA BOM-A20-12GA	・L/C 45A	本欄應填：貨物名稱與各項貨物規格 ・依 UCP 規定，發票上的貨物名稱需與信用狀的規定一致，本信用狀對貨物的描述有包括訂單號碼，故應一併列出
⑦	CIF ANTWERP INCOTERMS 2010	・L/C 45A ・附件 SHIPPING ORDER ・L/C 45A	本欄應填：貿易條件 ・僅規定 ANY PORT IN BELGIUM，未確定卸貨港 ・從 Port of Discharge 欄位，可知卸貨港為 ANTWERP ・依 UCP 規定，單據上的貿易條件，需與信用狀規定一致，本信用狀對貿易條件的描述包括 INCOTERMS 2010，亦須一併填入
⑧	PUE (IN DIA) ANTWERP C/NO. 1–189 MADE IN CHINA	・L/C 45A ・附件 SHIPPING ORDER ・出貨明細 ・附件 INVOICE	本欄應填：裝運標誌 ・主標誌 PUE (IN DIA) 　件號 C/NO.: 1-UP ・目的港 ANTWERP ・裝運箱數 　4,200 ÷ 50 = 84 　4,200 ÷ 40 = 105 　84 + 105 = 189 ・原產地為 CHINA
⑨	1–84 85–189	・出貨明細	本欄應填：各項貨物的箱號

			· 品項 出貨量 包裝箱數 T20 4,200件 84 A20 4,200件 105 計算式參見⑧
⑩	@0.043 3.612 @0.084 8.820 12.432 vvvvvv	· 出貨明細	本欄應填：各項貨物的體積與總體積 · T20 每箱體積 (CBM) $0.48 \times 0.3 \times 0.3 = 0.043$ 84 箱體積共 $0.043 \times 84 = 3.612$ · A20 每箱體積 (CBM) $20 \times 16 \times 16 \div 1,728 \times 35.315$ $= 0.084$ 105 箱體積共 $0.084 \times 105 = 8.820$ 計算式參見⑧ $3.612 + 8.820 = 12.432$
⑪	ONE HUNDRED AND EIGHTY-NINE (189) CARTONS ONLY.		本欄應填：總包裝箱數 計算式參見⑧
⑫	SANYEI CO. LTD.	· L/C 46A-3	本欄應填：託運人 · INDICATING SANYEI CO. LTD. AS SHIPPER，意即須以 SANYEI CO. LTD. 為託運人
⑬	TO ORDER OF KCB BRUSSELS ORBAN	· L/C 46A-3 · Sender	本欄應填：受貨人 · MADE OUT TO OUR ORDER，意即 受貨人須由我方（即開狀銀行）指示 · Sender 即為開狀銀行 請注意！ 不得填為 TO OUR ORDER 或 TO ORDER OF ISSUING BANK。需明確 寫出開狀銀行名稱
⑭	BRUSSELS LACES AND GIFTS SERV. SA. RUE DE LUSAMBO 21/28, 1190 BRUSSEL, BELGIUM KCB BRUSSELS ORBAN RUE DE LA SCIENCE 25, 1040 BRUSSEL,	· L/C 46A-3 · L/C 50 · Sender	本欄應填：被通知人 · NOTIFYING APPLICANT AND US GIVING FULL NAME AND ADDRESS，意即有兩位被通知人， 一為開狀申請人，一為開狀銀行，且 須填入名稱與地址 · 開狀申請人名稱與地址 · 開狀銀行名稱與地址

	BELGIUM		
⑮	FREIGHT TO BE ☑ PREPAID ☐ COLLECT	・L/C 45A	本欄應填：運費支付 ・CIF 條件係由賣方於交貨時支付運 　費，提單上記載 FREIGHT PREPAID

NOTE

(一)基礎貿易英文（本大題合計 20 分）

1. 請於下列答案語群中，選出最適當之答案，並將答案代號填入答案紙，完成函電之內容。（本題語群選項不可重覆，共 5 小格，每小格 2 分，合計 10 分）

答案代號	答案語群
A	delay
B	regular
C	as
D	but
E	shipment advice
F	shipping instructions
G	of
H	for
I	prompt
J	postpone

Dear Mr. Campbell:

On April 25 we placed our order No. AR311 ___①___ scarves and handkerchiefs. In your acknowledgement of our order you stated that the goods would be shipped within two weeks, and we are therefore much surprised that we have had no ___②___ yet.

When we sent you our order, we pointed out that ___③___ delivery was most essential. This ___④___ places us in an awkward position as we assured our own customers that the articles would be available in mid-June.

We must ask you to fulfill the order immediately; otherwise, we will have no choice ___⑤___ to cancel it and obtain the accessories elsewhere.

Regards,

Robert Chen

答案欄

①	②	③	④	⑤

(一)解 答

①	②	③	④	⑤
H	E	I	A	D

(二)解 析

答案代號	答案語群	中文意義	答案代號	答案語群	中文意義
A	delay	遲延	F	shipping instructions	裝運指示
B	regular	定期的，通常的	G	of	的
C	as	如	H	for	為了
D	but	但是	I	prompt	快速的
E	shipment advice	裝運通知	J	postpone	推遲

1. On April 25 we placed our order No. AR311 ① for scarves and handkerchiefs. In your acknowledgement of our order you stated that the goods would be shipped within two weeks, and we are therefore much surprised that we have had no ② shipment advice yet.

   我方於 4 月 25 日下訂圍巾與手帕，訂單編號為 AR311。貴公司於覆函中載明將於兩周內發貨，但本公司很訝異至今仍未接到裝運通知。

2. When we sent you our order, we pointed out that ③ prompt delivery was most essential. This ④ delay places us in an awkward position as we assured our own customers that the articles would be available in mid-June.

   我方於下訂時強調快速交貨至為重要，因我方已向客戶承諾貨物將於 6 月中交付，而今遲交一事造成我方處境相當尷尬。

3. We must ask you to fulfill the order immediately; otherwise, we will have no choice ⑤ but to cancel it and obtain the accessories elsewhere.

請貴公司立即依照訂單內容出貨，否則我方將不得不取消訂貨，轉往別處採購。

2. 請填入適當的語詞以完成下列翻譯。（本題為填空題，共 10 小格，每小格 1 分，合計 10 分）

(1)本公司為提供優質辦公室設備的製造商。

    We are   ①   of high quality office   ②   .

(2)隨函附上 1,530.75 美元的支票，支付編號 A531 發票帳款。

    We   ③   our check   ④ $1,530.75 in payment of your invoice number A531.

(3)請退回受損的貨品，我們將免費替換。

    Please return the   ⑤   goods. We will   ⑥   them free of charge.

(4)若您能寄一些材料的樣品過來，我們將感激不盡。

    It would be   ⑦   if you could send some samples of the   ⑧   .

(5)這些餐盤的包裝表面看起來完好無缺。

    The   ⑨   ⑩   the dinner plates appeared to be in good condition.

答案欄

①		⑥	
②		⑦	
③		⑧	
④		⑨	
⑤		⑩	

①	manufacturers	⑥	replace
②	equipment	⑦	appreciated
③	enclose	⑧	material(s)
④	for	⑨	package(s)
⑤	damaged	⑩	containing

㈡貿易流程圖（本題共 5 小題，每小題 2 分，合計 10 分）

請依下列之貿易流程圖，依序將①②③④⑤之步驟名稱填入答案紙之答案欄內。（本測試項目評分依公佈範例為準）

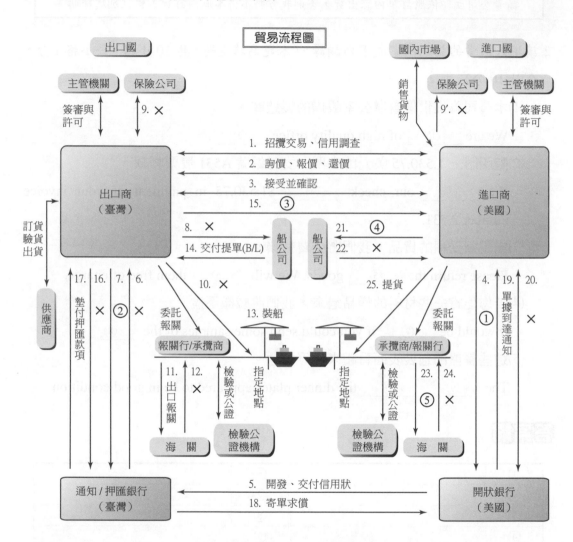

貿易流程圖

答案欄

題　號	答　案
①	
②	
③	
④	
⑤	

題　號	答　案
①	申請開狀
②	預售外匯（避險操作）
③	裝船通知
④	提示提單 (B/L)
⑤	進口報關

㈢出口價格核算（本題共 10 小題，每小題 2 分，合計 20 分）

根據以下資料，對貨號 A 與貨號 B 兩種以體積噸計算海運運費的貨物，分別以併櫃與整櫃運量，核算相關運費與報價。

產品資料：

貨　號	A	B
包裝方式	6 SETS/CTN	20 PCS/CTN
包裝尺寸	18″×20″×26″	56 cm×48 cm×42 cm
採購成本	TWD 480/SET	TWD 120/PC

運費資料：

運　費	併　櫃 (CFS)	20 呎整櫃	40 呎整櫃
	USD 80	USD 1,100	USD 1,800
最低裝運量	1 CBM	25 CBM	50 CBM

其他報價資料：

匯率：USD 1 = TWD 29.80	利潤率：　15%
保險費率：ICC(A) 0.10%、罷工險 0.02%	業務費率：6%

注意事項：

1. 核算要求：計算過程無法整除者，CBM 計算至小數點第 4 位，四捨五入後取 3 位；其餘請計算至小數點第 3 位，四捨五入後取 2 位。

2. 佣金計算方式：以所求報價條件本身為佣金計算基礎，如 CFRC, CIFC 以 CFR, CIF 為基礎之含佣價。

3.計算過程不需列出，直接填入數字答案。

貨號 A：併櫃方式報價

題　目	答　案	單　位
1.每箱 CFT 數	①	CFT
2.每箱 CBM 數	②	CBM
3.每 SET 運費	③	USD/SET
4. FOB 報價	④	USD/SET
5. CIFC5 報價	⑤	USD/SET

貨號 B：40 呎整櫃 (FEU) 方式報價

題　目	答　案	單　位
6.每箱 CBM 數	⑥	CBM
7. FEU 報價箱數	⑦	CTNS
8.每 PC 運費	⑧	USD/PC
9. CFRC5 報價	⑨	USD/PC
10. CIF 報價	⑩	USD/PC

答案欄

①	②	③	④	⑤
⑥	⑦	⑧	⑨	⑩

(一)解　答

①	②	③	④	⑤
5.42	0.153	2.04	20.16	23.94
⑥	⑦	⑧	⑨	⑩
0.113	443	0.20	5.57	5.30

㈡解　析

1. 貨號 A：併櫃方式報價

每箱 CFT 數 $= 18 \times 20 \times 26 \div 1,728 = 5.42$

每箱 CBM 數 $= 5.42 \div 35.315 = 0.153$

每 SET 運費 $= USD\ 80 \times 0.153 \div 6 = USD\ 2.04$

FOB 報價 $= TWD\ 480 \div 29.80 \div (1 - 15\%) \div (1 - 6\%) = USD\ 20.16$

CIFC5 報價 $= (TWD\ 480 \div 29.80 + USD\ 2.04) \div (1 - 15\%) \div (1 - 6\%)$

$\div (1 - 1.1 \times 0.12\%) \div (1 - 5\%)$

$= USD\ 23.94$

2. 貨號 B：40 呎整櫃 (FEU) 方式報價

每箱 CBM 數 $= 0.56 \times 0.48 \times 0.42 = 0.113$

FEU 報價箱數 $= 50 \div 0.113 = 442. \cdots = 443$（無條件進位）

FEU 報價 PC 數 $= 20 \times 443 = 8,860$

每 PC 運費 $= USD\ 1,800 \div 8,860 = USD\ 0.20$

CFRC5 報價 $= (TWD\ 120 \div 29.80 + USD\ 0.20) \div (1 - 15\%) \div (1 - 6\%)$

$\div (1 - 5\%)$

$= USD\ 5.57$

CIF 報價 $= (TWD\ 120 \div 29.80 + USD\ 0.20) \div (1 - 15\%) \div (1 - 6\%)$

$\div (1 - 1.1 \times 0.12\%)$

$= USD\ 5.30$

㈣商業信用狀分析（本題為填空題，合計 20 分）

請依下列信用狀之內容，回答答案紙所列問題，並將正確答案填入。

```
------------------------------------Message Header------------------------------------
Priority      : Normal
Swift Output: FIN710 ADV OF THIRD BANK'S DOC CREDIT
Sender        : HONG KONG AND SHANGHAI BANKING CORP. LTD., HONG KONG (HSBC, HONG
                KONG) (HSBCHKXXXXX)
Receiver      : SHANGHAI COMMERCIAL BANK LTD., HK (SCBKHKXXXXX)
------------------------------------Message Text------------------------------------
27            : Sequence of Total
                1/1
40A           : Form of Documentary Credit
```

	IRREVOCABLE TRANSFERABLE
20	: Documentary Credit Number
	DCBHKH-805111
31C	: Date of Issue
	180309
40E	: Applicable Rules
	UCP LATEST VERSION
31D	: Date and Place of Expiry
	180601 IN COUNTRY OF BENEFICIARY
52D	: Issuing Bank
	HSBC BANK USA N.A., NEW YORK, USA
50	: Applicant
	EINSTEIN CO., LTD.
	250 COCHITUATE RD., FRAMINGHAM, MA 01701, USA
59	: Beneficiary
	FREEDMAN CO., LTD.
	RM.305, 3 FL., 18 CANTON RD., TSIM SHA TSUI KOWLOON, HONG KONG
32B	: Currency Code, Amount
	USD 30,000.00
39A	: Positive/Negative Tolerance
	02/00
41D	: Available with...by...
	ANY BANK BY NEGOTIATION
42C	: Drafts at
	30 DAYS AFTER SIGHT FOR FULL INVOICE VALUE
42D	: Drawee
	HSBC, HONG KONG
43P	: Partial Shipments
	NOT ALLOWED
43T	: Transshipment
	ALLOWED
44A	: PLACE OF TAKING IN CHARGE/DISPATCH FROM/PLACE OF RECEIPT
	CHINA
44B	: PLACE OF FINAL DESTINATION/FOR TRANSPORTATION TO/PLACE OF DELIVERY
	UNITED STATES OF AMERICA
44C	: Latest Date of Shipment
	180522
45A	: Description of Goods and/or Services
	2,000 PAIRS OF LADIES FOOTWEAR
	AS PER P/O NUMBER E123
	FCA CHINA
46A	: Documents Required

1. SIGNED COMMERCIAL INVOICE IN TRIPLICATE INDICATING THE CREDIT NUMBER AND P/O NUMBER
2. DAMCO (FORWARDER) ORIGINAL OR PHOTOCOPY OF THE ORIGINAL FORWARDER'S CARGO RECEIPT (FCR) MARKED FREIGHT COLLECT CONSIGNED TO APPLICANT EVIDENCING RECEIPT OF MERCHANDISE AND THE FORWARDER'S CARGO RECEIPT NOTIFY PARTY
EXPEDITORS INTERNATIONAL (1234 WEST CENTURY BLVD., SUITE 200, LOS ANGELES, CA 90045, USA)
3. PACKING LIST IN TRIPLICATE

47A	: Additional Conditions

1. THE CREDIT IS TRANSFERABLE WITH SCBKHKXXXXX. HOWEVER, THIS CREDIT MAY NOT BE TRANSFERRED TO ANY FOREIGN ENTITY WHICH HAS BEEN IN VIOLATION OF THE U.S. LAWS (U.S.C.1592 OR 1592A)
2. DATE CARGO RECEIVED ON FREIGHT FORWARDER'S CARGO RECEIPT WILL BE CONSIDERED THE SHIPMENT DATE
3. ALL DOCUMENTS SHOULD BE ISSUED IN ENGLISH
4. THIRD PARTY DOCUMENTS ARE PERMITTED, BUT NOT INCLUDING THE DRAFT

5. A DISCREPANCY FEE FOR USD 75.00 WILL BE DEDUCTED FROM THE PAYMENT FOR EACH SET OF DOCUMENTS CONTAINING DISCREPANCIES

71B : Charges
ALL BANKING CHARGES OUTSIDE THE UNITED STATES OF AMERICA ARE FOR ACCOUNT OF BENEFICIARY

48 : Period for Presentation
DOCUMENTS MUST BE PRESENTED WITHIN 14 DAYS AFTER THE DATE OF SHIPMENT BUT WITHIN THE VALIDITY OF THE CREDIT

49 : Confirmation Instructions
WITHOUT

78 : Instructions to Paying/Accepting/Negotiating Bank
+DOCUMENTS MUST BE SENT TO PAYING BANK (HSBC, HONG KONG) BY COURIER SERVICE IN ONE COVER
+THIS CREDIT IS PAYABLE AT MATURITY AFTER RECEIPT OF DOCUMENTS COMPLYING WITH THE TERMS OF THIS CREDIT AT THE COUNTER OF PAYING BANK

----------Message Trailer----------

答案欄

題 目	答 案
匯票之付款人？（寫出英文名稱）（2 分）	
轉讓銀行？（寫出英文全名）（2 分）	
裝運單據上之受貨人？（寫出公司名稱）（2 分）	
銀行如何從裝運單據判斷 shipment date？（中文作答）（2 分）	
信用狀有效期限？（地點請寫出地名）	日期：2018 年____月____日（1 分） 地點：_____（1 分）
依本信用狀內容，請選出（單選）下列各小題之正確答案	
信用狀使用方式？（1 分）	☐ 即期付款　☐ 延期付款　☐ 承兌　☐ 讓購
是否可分批裝運？（1 分）	☐ 是　　☐ 否
信用狀使用金額之增減彈性？（1 分）	☐ 不可增減　☐ 可增加　☐ 可減少
貿易條件？（1 分）	☐ FCA USA　　☐ FCA CHINA ☐ CIP CHINA　☐ CIP USA
要求提示之裝運單據？（1 分）	☐ B/L　☐ AWB　☐ FCR
可接受之 THIRD PARTY DOCUMENTS 不包括？（1 分）	☐ 裝運單據　☐ 匯票　☐ 裝箱單
提示之單據應如何寄送？（1 分）	☐ 一批郵寄　☐ 分兩批郵寄 ☐ 一批快遞　☐ 分兩批快遞
提示銀行應將單據寄給誰？（1 分）	☐ 開狀銀行　☐ 付款銀行
第二受益人有何限制？（1 分）	☐ 限香港當地廠商 ☐ 不得為違反美國法律的廠商
單據瑕疵費由何方負擔？（1 分）	☐ EINSTEIN CO., LTD.　　☐ FREEDMAN CO., LTD.

㈠解 答

題 目	答 案	信用狀相應電文代碼與解說
匯票之付款人？（寫出英文名稱）（2分）	HSBC, HONG KONG	42D
轉讓銀行？（寫出英文全名）（2分）	SHANGHAI COMMERCIAL BANK LTD., HK	47A-1 Receiver
裝運單據上之受貨人?（寫出公司名稱）（2分）	EINSTEIN CO., LTD.	46A-2 50
銀行如何從裝運單據判斷 shipment date？（中文作答）（2分）	以承攬人貨物收據上的收貨日期為裝運日期	47A-2
信用狀有效期限？（地點請寫出地名）	日期：2018 年 6 月 1 日（1分） 地點： HONG KONG （1分）	31D 59
依本信用狀內容，請選出（單選）下列各小題之正確答案		
信用狀使用方式?（1分）	☐即期付款　☐延期付款　☐承兌 ☑讓購	41D
是否可分批裝運?（1分）	☐是　☑否	43P
信用狀使用金額之增減彈性？（1分）	☐不可增減　☑可增加　☐可減少	39A
貿易條件？（1分）	☐FCA USA　　☑FCA CHINA ☐CIP CHINA　☐CIP USA	45A
要求提示之裝運單據？（1分）	☐B/L　☐AWB　☑FCR	46A-2
可接受之 THIRD PARTY DOCUMENTS 不包括？（1分）	☐裝運單據　☑匯票　☐裝箱單	47A-4
提示之單據應如何寄送？（1分）	☐一批郵寄　☐分兩批郵寄 ☑一批快遞　☐分兩批快遞	78-1
提示銀行應將單據寄給誰？（1分）	☐開狀銀行　☑付款銀行	78-1
第二受益人有何限制？（1分）	☐限香港當地廠商 ☑不得為違反美國法律的廠商	47A-1
單據瑕疵費由何方負擔？（1分）	☐EINSTEIN CO., LTD. ☑FREEDMAN CO., LTD.	71B 47A-5 59

(二)解　析

Sender	第一通知銀行	HONG KONG AND SHANGHAI BANKING CORP. LTD., HONG KONG
Receiver	第二通知銀行	SHANGHAI COMMERCIAL BANK LTD., HK
40A	跟單信用狀格式	不可撤銷，可轉讓
20	信用狀號碼	DCBHKH 805111
31C	開狀日期	2018 年 3 月 9 日
40E	適用規則	UCP 最新版，即 UCP600
31D	有效期限與地點	2018 年 6 月 1 日，受益人國家時間
52D	開狀銀行	HONGKONG AND SHANGHAI BANKING CORP. LTD., USA N.A., NEW YORK, USA
50	申請人	EINSTEIN CO., LTD.
59	受益人	FREEDMAN CO., LTD.
32B	信用狀金額	USD 30,000.00
39A	信用狀金額上下限	可增 2%，不得減少
41D	信用狀使用方式	可於任何銀行辦理押匯
42C	匯　票	見票後 30 天付款的遠期匯票，匯票金額與發票金額相同
42D	匯票付款人	HSBC, HONG KONG
43P	分批裝運	禁止
43T	轉　運	允許
44A	接管地／發送地／收貨地	CHINA
44B	最終目的地／運往…／交貨地	UNITED STATES OF AMERICA
44C	裝運期限	2018 年 5 月 22 日

45A	貨物	貨物名稱	女鞋（規格依據第 E123 號訂單）
		貨物數量	2,000 雙
		貿易條件	FCA CHINA
		裝運標誌	未規定

46A	應提示單據	名　稱	份　數	內　容
		商業發票	3 份	簽署，註明信用狀號碼與訂單號碼
		承攬人貨物收據	未規定	由承攬人 DAMCO 所開立的貨物收據正本或影本 註明運費待付 受貨人記名為開狀申請人 載明已收到貨物

		被通知人為 EXPEDITORS INTERNATIONAL
包裝單（裝箱單）	3份	
47A	其他條件	1. 本信用狀僅限於 SCBKHKXXXXX 辦理轉讓。但禁止轉讓給任何違反美國法律（U.S.C.1592 或 1592A）的外國企業 2. 承攬人貨物收據上的收貨日期視為裝運日期 3. 所有單據皆須以英文開立 4. 接受第三者單據（但匯票例外） 5. 所提示的單據若有瑕疵，將從付款金額中扣除 75 美元的瑕疵費用
71B	費　用	美國以外的所有銀行費用均應由受益人負擔
48	提示期限	單據須於裝運日後 14 天內提示，但不得逾信用狀有效期限
49	保兌的指示	無須保兌
78	給付款／承兌／押匯銀行的指示	1. 請將所有單據一次全部以快遞方式寄給付款銀行 HSBC, HONG KONG 2. 當付款銀行於櫃檯收到符合本信用狀條件的單據之後，本信用狀即可於到期日付款

㈤貿易單據製作（本題共 15 小題，每小題 2 分，合計 30 分）

　　請依所附信用狀部分內容及相關工廠出貨明細資料，填製㈠ Bill of Exchange、㈡ Invoice、㈢ Packing List、㈣ Shipping Order 等單據所要求之內容，並請依照題號①、②、③……依序將正確答案填入答案紙之答案欄內。下列為信用狀部分內容：

```
20    : Documentary Credit Number
        NE-173456
31C   : Date of Issue
        171124
31D   : Date and Place of Expiry
        180122 IN THE BENEFICIARY'S COUNTRY
52D   : Issuing Bank
        NEDBANK LTD.
50    : Applicant
        BEAUTY INTERNATIONAL (PTY) LTD.
        50 JOHNSTONE RD., MAYDON WHARF, DURBAN SOUTH AFRICA 4052, SOUTH AFRICA
59    : Beneficiary
        LUCKY ENTERPRISE CO., LTD.
        10 FL., NO. 100, SEC. 3, TAIWAN BLVD., TAICHUNG CITY, TAIWAN, R.O.C.
32B   : Currency Code, Amount
        USD 26,100.00
41D   : Available with...by...
        ANY BANK BY NEGOTIATION
```

42C : Drafts at
　　　60 DAYS AFTER BILL OF LADING DATE FOR 100 PCT OF INVOICE VALUE
42A : Drawee
　　　ISSUING BANK
44E : Port of Loading/Airport of Departure
　　　ANY TAIWANESE PORT
44F : Port of Discharge/Airport of Destination
　　　DURBAN
44C : LATEST DATE OF SHIPMENT
　　　180115
45A : Description of Goods and/or Services
　　　GOLF BAGS
　　　GB-N1 240 PCS USD 60.00/PC
　　　GB-G2 180 PCS USD 65.00/PC
　　　CFR DURBAN INCOTERMS 2010
46A : Documents Required
　　　1. SIGNED COMMERCIAL INVOICE IN TRIPLICATE STATING THE GOODS ARE OF TAIWAN
　　　　 ORIGIN
　　　2. FULL SET CLEAN ON BOARD BILLS OF LADING MARKED FREIGHT PREPAID
　　　　 CONSIGNED TO ORDER OF SHIPPER AND BLANK ENDORSED NOTIFY APPLICANT
　　　3. PACKING LIST IN DUPLICATE SHOWING NET WEIGHT, GROSS WEIGHT AND
　　　　 MEASUREMENT
47A : Additional Conditions
　　　1. COMMERCIAL INVOICE AND PACKING LIST MUST SHOW ORDER NO. BI-171103
　　　2. SHIPPING MARK: BI (IN REC) C/NO.: 1-UP

工廠出貨明細資料：

貨　號	GB-N1	GB-G2
包裝方式	3 PCS/CTN	3 PCS/CTN
每箱重量	NW: 9.00 KGS；GW: 12.00 KGS	NW: 10.50 KGS；GW: 14.00 KGS
每箱尺寸	40 cm × 40 cm × 100 cm	40 cm × 45 cm × 100 cm
出貨數量	240 PCS	180 PCS

BILL OF EXCHANGE

DRAFT NO.   LE-170095

FOR   ×××   DATED: ×××

AT   60 DAYS AFTER B/L DATE   ~~SIGHT~~ OF THIS FIRST OF EXCHANGE (SECOND

OF THE SAME TENOR AND DATE BEING UNPAID) PAY TO THE ORDER OF

BANK OF TAIWAN

THE SUM OF _____ ① _____   VALUE RECEIVED

DRAWN UNDER LETTER OF CREDIT NO.   NE-173456   DATED: NOV. 24, 2017

ISSUED BY _____ ××× _____

    B/L DATE: _____ ② _____   LUCKY ENTERPRISE CO., LTD.

TO _____ ③ _____   *Vanessa Chou*

LUCKY ENTERPRISE COMPANY LIMITED

10 FL., NO. 100, SEC. 3, TAIWAN BLVD.

TAICHUNG CITY

TAIWAN, R.O.C.

INVOICE

No.   LE-170095   Date: JAN. 12, 2018

Invoice of   420 PCS OF GOLF BAGS

For account and risk of Messrs   ④

Shipped Per S.S.   EVER GAREND V.1862-085W

Sailing on or about   JAN. 12, 2018

Shipment From   ⑤   To   ×××

Marks & Nos.	Description of Merchandise	Quantity	Unit Price	Amount
			⑦	
	GOLF BAGS			
⑥	GB-N1	240 PCS	×××	×××
	GB-G2	180 PCS		
		420 PCS		
		vvvvvvv		
	ORDER NO. B1-171103			
	SAY ×××			
	THE GOODS ARE OF TAIWAN ORIGIN			
			LUCKY ENTERPRISE CO., LTD.	
			Vanessa Chou	

LUCKY ENTERPRISE COMPANY LIMITED

10 FL., NO. 100, SEC. 3, TAIWAN BLVD.

TAICHUNG CITY

TAIWAN, R.O.C.

PACKING LIST

No.　　LE-170095　　　　　　　　　　　　　Date:　JAN. 12, 2018

Packing List of　　　420 PCS OF GOLF BAGS　　　　MARKS & NOS.

For account and risk of Messrs　　　　×××

　　　　　　　　　　　　　　　　　　　　　×××

Shipped Per S.S.　　　EVER GAREND V.1862-085W

Sailing on or about　　　　　JAN. 12, 2018

Shipment From　　×××　　To　　×××

Packing No.	Description of Goods	Quantity	Net Weight	Gross Weight	Measurement
	GOLF BAGS				
	GB-N1	@3 PCS	@9.00 KGS		×××
⑧		240 PCS	720.00 KGS	⑨	
	GB-G2	@3 PCS	@10.50 KGS		
		180 PCS	630.00 KGS		
×××		×××	×××	×××	×××
vvvvvv		vvvvvv	vvvvvv	vvvvvv	vvvvvv
	ORDER NO. BI-171103				
	SAY TOTAL　　⑩				

LUCKY ENTERPRISE CO., LTD.

Vanessa Chou

長榮國際股份有限公司 **EVERGREEN INTERNATIONAL CORPORATION**		**SHIPPING ORDER (B/L INSTRUCTION)**	
Shipper:（發票如需另列抬頭人請註明） ××× 發票抬頭： 統一編號： 提單傳真號碼：		Please receive for shipment the under mentioned goods subject to your published regulations and conditions (including those as to liability)	S/O NO.
Consigne: ⑪		SPECIAL NOTE: 1.副本＿＿＿份 2.運費證明＿＿份 3.電報放貨＿＿＿ 4.危險品＿＿＿ 5.其他＿＿＿＿＿ 填表請注意： 1.危險品請註明 UN NO. IMO CLASS 與燃點，並附上 Shipper's 　Certificate。（吉達地區請另附 Packing list 兩份）。 2. S/O 上之內容若有變更，請圈劃出，並於結關當天前傳真或 　送底至本公司。	
Notify Party: (Full name and address) ⑫		3.傳真專線：遠洋航線請傳 (02)25063878，近洋航線請傳 　(02)25006658。	
		洽訂船位之廠商： 電話 / 聯絡人：	
		報關行： 電話 / 聯絡人：	
Ocean Vessel 船名 **EVER GAREND**	Voy. No. 航次 ⑬	Final destination (On Merchant's Account And Risk)	
Place of Receipt 收貨地	Port of Loading 裝貨 港 **TAICHUNG**	Freight to be: 付費方式■ Prepaid 預付　□Collect 到付	
Port of Discharge 卸貨港 ⑭	Place of Delivery 交貨地（美國線請註 明州別）	領提單處	□臺 北　■臺 中　□臺中港　□高 雄

Marks and Numbers/ Container No. and Seal No.	Quantity and Unit	Description of Goods （請詳實註明，如僅為 "GENERAL MERCHANDISE" 恕無法接受）	Gross Weight (KGS)	Measurement (CBM)
××× SAY TOTAL	××× ×××	GOLF BAGS	××× 櫃型 / 櫃數 ＿×20' ＿×40' SERVICE REQUIRED □FCL/FCL　□LCL/LCL □FCL/LCL　□LCL/FCL	⑮

答案欄

題 號	答 案
①	
②	
③	
④	
⑤	
⑥	
⑦	
⑧	
⑨	
⑩	
⑪	
⑫	
⑬	
⑭	
⑮	

題 號	答 案	參照處	解 析
①	US DOLLARS TWENTY-SIX THOUSAND AND ONE HUNDRED ONLY.	・L/C 42C ・L/C 45A ・出貨明細	本欄應填：匯票金額大寫 ・匯票金額需與發票金額相同 ・貨物單價 ・出貨金額 　品項　單價　出貨量 　GB-N1　60.00　240件 　GB-G2　65.00　180件 發票金額 ＝60.00×240＋65.00×180 ＝26,100
②	JAN. 12, 2018	・L/C 46A-2 ・附件 　INVOICE 　附件 　PACKING 　LIST	本欄應填：提單簽發日期 ・應提示裝船提單，則裝船日期即為提單簽發日期 ・Sailing on or about 欄位記載的日期為裝船日期

③	NEDBANK LTD.	・L/C 42A ・L/C 52D	本欄應填：匯票付款人 ・匯票付款人為開狀銀行 ・開狀銀行名稱
④	BEAUTY INTERNATIONAL (PTY) LTD. 50 JOHNSTONE RD., MAYDON WHARF, DURBAN SOUTH AFRICA 4052, SOUTH AFRICA	・L/C 50	本欄應填：發票抬頭人 ・開狀申請人（依 UCP 規定，發票抬頭人應為開狀申請人）
⑤	TAICHUNG	・L/C 44E ・附件 SHIPPING ORDER	本欄應填：裝貨港 ・L/C 僅規定由任一臺灣港口裝船，未明確指定哪一個港口，故實際的裝貨港須由裝運單據得知 ・Port of Loading 欄位可確定實際的裝貨港
⑥	BI (IN REC) DURBAN C/NO.: 1–140 MADE IN TAIWAN	・L/C 47A-2 ・L/C 44F ・出貨明細 ・L/C 46A-1	本欄應填：裝運標誌 ・主標誌 BI (IN REC) 　件號 C/NO: 1-UP ・目的港 DURBAN ・裝運箱數 　240÷3=80　　180÷3=60 　80+60=140，共 140 箱 ・原產地為 TAIWAN
⑦	CFR DURBAN INCOTERMS 2010	・L/C 45A	本欄應填：貿易條件 ・依 UCP 規定，發票上的貿易條件記載需與信用狀一致。本信用狀規定為 CFR DURBAN INCOTERMS 2010，需全部填入
⑧	1–80 81–140	・出貨明細	本欄應填：各項貨物的箱號 ・　品項　出貨量　包裝箱數 　GB-N1　240件　　80 　GB-G2　180件　　60 　計算式參見⑥
⑨	@12.00 KGS 960.00 KGS @14.00 KGS 840.00 KGS	・出貨明細	本欄應填：各項貨物的毛重明細 ・　品項　包裝箱數　每箱毛重 　GB-N1　　80　　12.00 KGS 　GB-G2　　60　　14.00 KGS 　12.00×80=960.00 　14.00×60=840.00
⑩	ONE HUNDRED AND		本欄應填：以文字敘明總包裝箱數

	FORTY (140) CARTONS ONLY.	·出貨明細	·計算式同⑥，共 140 箱
⑪	TO ORDER OF SHIPPER	·L/C 46A-2	本欄應填：受貨人 ·CONSIGNED TO ORDER OF SHIPPER，即規定提單的受貨人為 TO ORDER OF SHIPPER
⑫	BEAUTY INTERNATIONAL (PTY) LTD. 50 JOHNSTONE RD., MAYDON WHARF, DURBAN SOUTH AFRICA 4052, SOUTH AFRICA	·L/C 46A-2 ·L/C 50	本欄應填：被通知人 ·NOTIFY APPLICANT，即規定提單的被通知人為開狀申請人 ·開狀申請人名稱與地址（本欄規定需填入被通知人的 Full name and address）
⑬	1862-085W	·附件 INVOICE 附件 PACKING LIST	本欄應填：航次 ·Shipped per S.S. 欄位，V 之後即為航次
⑭	DURBAN	·L/C 44F	本欄應填：卸貨港 ·L/C 規定卸貨港為 DURBAN
⑮	23.6	·出貨明細	本欄應填：貨物總體積 · GB-N1 每箱體積 $40 \times 40 \times 100 \div 1,000,000$ $= 0.16$ (CBM) 共 80 箱 $(240 \div 3 = 80)$ $0.16 \times 80 = 12.8$ GB-G2 每箱體積 $40 \times 45 \times 100 \div 1,000,000$ $= 0.18$ (CBM) 共 60 箱 $(180 \div 3 = 60)$ $0.18 \times 60 = 10.8$ $12.8 + 10.8 = 23.6$

簡明經濟學

王銘正／著

　　本書利用眾多實際或與讀者貼近的例子來說明本書所介紹的理論，並與時事結合，說明「一例一休」新制的影響、我國實質薪資在過去十餘年間停滯的原因，以及如何從經濟的角度來看「太陽花學運」等重要的經濟現象與政府政策。此外，本書除了介紹「國際貿易」與「國際金融」的基本知識外，也說明歐洲與日本中央銀行的負利率政策，以及美國次級房貸風暴的成因、影響及相關政府政策等重要的國際經濟現象與政策。

經濟學原理

李志強／著

　　本書以淺顯易懂的文字來說明經濟學的基礎概念，寫作上搭配簡單淺顯的文字及圖形，減少枯燥的數學分析和公式，多用日常的生活經驗與清楚的邏輯推理來說明艱澀難懂的經濟概念，並以實例引導方式激發讀者的學習興趣。全書約有 70 個「經濟短波」小單元，補充統計數據或課外知識，提升學習的趣味性；各章章末的「新聞案例」則蒐集相關新聞並配合理論分析；另外，各章皆附有「本章重點」與「課後練習」，提供讀者複習之用。

會計學（上）（下）

林淑玲／著

　　本書依照國際財務報導準則 (IFRS) 編寫，以我國最新公報內容及現行法令為依據，並彙總 GAAP、IFRS 與我國會計準則的差異。本書分為上、下兩冊，以深入淺出的方式，上冊介紹會計原則、簿記原理及結帳相關的概念，讀者能夠完整掌握整個會計循環，最後一章介紹買賣業之會計處理，以便銜接下冊的進階課程。下冊則延續上冊的會計學基本概念，正式進入個別單元，介紹存貨、現金、應收款項、長期性資產、負債及股東權益，每個單元皆會說明各項目的特性及會計處理方式，並用範例詳細解說。此外，章節後均附有國考歷屆試題及問答題，可為讀者檢視學習成果之用。

商業簿記（上）（下）

盛禮約／著

　　本書中列舉之範例，相關數字皆以簡明、易於計算為原則，主要用意在使讀者熟悉簿記之原理，增加學習興趣。全書分上、下兩冊，共十八章。各章末皆附會計事務丙級技術士檢定考試之試題，幫助讀者迅速掌握各章重點及加強作答之能力。此外，本書內容簡潔詳盡，讀者詳讀後必能培養日後從事會計工作的基本能力，並奠定研究會計理論的基礎。

稅務會計

卓敏枝、盧聯生、劉夢倫／著

本書之編寫，建立在全盤租稅架構與整體節稅理念上，係以營利事業為經，各相關稅目為緯，綜合而成一本理論與實務兼備之稅務會計最佳參考書籍，對研讀稅務之學生及企業經營管理人員，有相當之助益。再者，本書對（加值型）營業稅之申報、兩稅合一及營利事業所得稅結算申報均有詳盡之表單、說明及實例，對讀者之研習瞭解，可收事半功倍之宏效。

財務報表分析

盧文隆／著

一、深入淺出，循序漸進：行文簡單明瞭，逐步引導讀者檢視分析財務報表；重點公式統整於章節後方，並附專有名詞中英索引，複習對照加倍便利。

二、理論活化，學用合一：有別於同類書籍偏重原理講解，本書新闢「資訊補給」、「心靈饗宴」及「個案研習」等應用單元，並特增〈技術分析〉專章，融會作者多年實務經驗，讓理論能活用於日常生活之中。

三、習題豐富，解析詳盡：彙整各類證照試題，有助讀者熟悉題型；隨書附贈光碟，內容除習題詳解、個案研習參考答案，另收錄進階試題，提供全方位實戰演練。

初級統計學：解開生活中的數字密碼

呂岡玶、楊佑傑／著

本書從生活案例切入，避開艱澀難懂的公式和符號，利用簡單的運算推導統計概念，最適合對數學不甚拿手的讀者。此外，以直覺且淺顯的文字介紹統計的觀念，再佐以實際例子說明，初學者也能輕鬆理解，讓統計不再是通通忘記！本書也以應用的觀點出發，讓讀者瞭解統計其實是生活上最實用的工具，可以幫助我們解決很多周遭的問題。統計在社會科學、生物、醫學、農業等自然科學，還有工程科學及經濟、財務等商業上都有廣泛的應用。

投資學

張光文／著

本書以投資組合理論為解說主軸，並依此理論為出發點，分別介紹金融市場的經濟功能、證券商品以及市場運作，並探討金融市場之證券的評價與運用策略。此外，本書從理論與實務並重的角度出發，將內容區分為四大部分，依序為投資學概論、投資組合理論、資本市場的均衡以及證券之分析與評價。為了方便讀者自我測驗與檢視學習成果，各章末均附有練習題。本書除了適用於大專院校投資學相關課程，更可為實務界參考之用。

國際貿易實務新論

張錦源、康蕙芬／著

本書特色有：

一、內容詳盡：按交易過程先後步驟詳細說明其內容，使讀者對全部交易過程能有完整的概念。

二、習題豐富：每章章末均附有習題和實習，供讀者練習。

三、備課方便：提供授課教師教學光碟，以提昇教學成效。

國際金融理論與實際

康信鴻／著

全書共分為十六章，循序描述國際金融的基本概念及演進，其中第十五章〈歐債危機對全球及臺灣金融及經濟影響〉和第十六章〈量化寬鬆政策對全球及臺灣金融及經濟影響〉介紹近年最新穎的議題。此外，每章最後均附有內容摘要及習題，以利讀者複習與自我測試。本書敘述詳實，適合修習過經濟學原理而初學國際金融之課程者，也適合欲瞭解國際金融之企業界人士深入研讀或隨時查閱之用。

國際貿易法規

方宗鑫／著

國際貿易業者除了必須遵守國內有關貿易的法規外，尚須遵守國際間貿易的公約、協定、慣例，與主要貿易對手國之貿易法規。因此，本書主要分為四大部分：

一、國際貿易公約。

二、主要貿易對手國之貿易法規。

三、國際貿易慣例。

四、國內貿易法規。

國際貿易實務

張錦源、劉玲／編著

本書以簡明淺顯的筆法闡明國際貿易的進行程序，內容包括國際貿易慣例與規則、國際貿易交易的基本條件、進出口簽證、信用狀、貨物運輸保險、輸出保險、進出口報關、貨運單據、進出口結匯、索賠與仲裁及 WTO 相關規範等。每章之後均附有豐富的習題，以供讀者評量閱讀本書的效果。

國際貿易實務詳論

張錦源／著

國際間每一宗交易，從初步接洽開始，經報價、接受、訂約，以迄交貨、付款為止，其間有相當錯綜複雜的過程。本書按交易過程先後作有條理的說明，期使讀者能獲得一完整的概念。除了進出口貿易外，本書對於託收、三角貿易、轉口貿易、相對貿易、整廠輸出、OEM 貿易、經銷、代理、寄售等特殊貿易，亦有深入淺出的介紹，另也包含電子信用狀統一慣例、本金／無本金交割遠期外匯等最新內容，為坊間同類書籍所欠缺。

信用狀出進口押匯實務──單據製作與審核

張錦源、葉清宗／著

本書的內容使初學者得以漸進且深入淺出的學習，配合案例檢討，深入瞭解全套信用狀內容與押匯文件製作實務，是貿易廠商、貿易相關服務業者、銀行辦理出進口押匯人員及有意從事貿易服務業的大學相關科系學生進修的最佳實務課程。